经济数字化与国际税收变革

谭崇钧　朱青　主编

中国财经出版传媒集团
中国财政经济出版社

图书在版编目（CIP）数据

经济数字化与国际税收变革 / 谭崇钧，朱青主编 .
--北京：中国财政经济出版社，2023.5
ISBN 978 -7 -5223 -1886 -8

Ⅰ.①经… Ⅱ.①谭… ②朱… Ⅲ.①信息经济 - 关系 - 国际税收 - 税收改革 - 研究 - 中国 Ⅳ.①F492 ②F812.423

中国国家版本馆 CIP 数据核字（2023）第 018373 号

责任编辑：刘五书 董小烨 责任印制：张 健
封面设计：楠竹文化

经济数字化与国际税收变革
JINGJI SHUZIHUA YU GUOJI SHUISHOU BIANGE

中国财政经济出版社 出版
URL：http：//www.cfeph.cn
E - mail：cfeph@cfeph.cn

社址：北京市海淀区阜成路甲 28 号 邮政编码：100142
营销中心电话：010 - 88191522
天猫网店：中国财政经济出版社旗舰店
网址：https：//zgczjjcbs.tmall.com
北京密兴印刷有限公司印刷 各地新华书店经销
成品尺寸：185mm × 260mm 16 开 16.5 印张 381 000 字
2023 年 5 月第 1 版 2023 年 5 月北京第 1 次印刷
定价：76.00 元
ISBN 978 - 7 - 5223 - 1886 - 8
（图书出现印装问题，本社负责调换，电话：010 - 88190548）
本社质量投诉电话：010 - 88190744
打击盗版举报热线：010 - 88191661 QQ：2242791300

序言一

坚持深化改革开放 应对百年未有大变局

国务院研究室原主任、党组书记　魏礼群

当今世界正处于百年未有之大变局。由于地缘政治、新冠疫情等多种因素的共同影响，经济全球化遭遇逆流，单边主义、保护主义、霸权主义对世界和平与发展构成威胁，全球进入动荡变革期，不确定不稳定性显著增强。特别是以数字化、智能化为代表的新一轮科技革命带来的深度变革及其在世界各国之间发展的不均衡，引发了一些新的经济社会政治问题，增加了国家治理的复杂程度，也加剧了国家之间的矛盾冲突。因此，党的二十大作出了“我国发展进入战略机遇和风险挑战并存、不确定难预料因素增多的时期”的新论断。面对世界大变局的深刻影响，如何做到预为之谋和化险为夷，妥善处理好发展与安全的关系，是推进中国式现代化需要高度重视和深入研究的重大课题。

习近平总书记在庆祝中国共产党成立100周年大会上的讲话中强调指出，“改革开放是决定当代中国前途命运的关键一招”。40多年来，正是由于坚定不移推进改革开放，战胜来自各方面的风险挑战，开创和发展中国特色社会主义，从而实现了从高度集中的计划经济体制到充满活力的社会主义市场经济体制、从封闭半封闭到全方位开放的历史性转变，实现了从生产力相对落后的状况到经济总量跃居世界第二的历史性突破，实现了人民生活从温饱不足到全面小康的历史性跨越，为实现中华民族伟大复兴提供了充满活力的体制保证和快速发展的物质条件。改革开放成为当代中国最显著的特征、最壮丽的气象，极大地改变了中国面貌、中华民族的面貌、中国人民的面貌。实践充分证明，改革开放是我国大踏步赶上时代的重要法宝，是实现高质量发展、推进中国式现代化、实现中华民族伟大复兴的必由之路。面对世界不断演进的大变局，必须继续坚定不移将改革开放推向前进。

为了应对日趋复杂的国际环境，党中央及时作出了“把握新发展阶段，贯彻新发展理念，构建新发展格局”的战略决策。在世界大变局加速演进的情况下，我国要实现“在危机中育先机、于变局中开新局”，就必须加速构建新发展格局，着力提高国家治理现代化水平，积极推进全球治理。

一方面，我们要全面深化改革，大力推进高水平开放，优化治理体系，改善营商环境，提振发展信心。要坚持全面深化改革。坚决破除深层次体制机制障碍，进一步优化资源配置，激发市场活力和社会创造力。要着力构建高水平社会主义市场经济体制，处理好国家与企业、政府与市场、中央与地方的关系；从法律和制度上采取有力措施，切实增强企业家的安全感和信心度，深化简政放权、放管结合、优化服务改革，推动有为政府和有效市场的更好结合；进一步理顺中央与地方的关系，正确有效地发挥中央和地方两个积极性。要持续改善营商环境。加强知识产权保护与产权保护并重，加快建立完善的产权保护制度；强化竞争政策的基础性地位，加强与国际经贸规则对接，创造各类市场主体公平竞争的市场环境，使各类企业平等获得资源要素，强化市场监管机构对经济政策的公平竞争审查。要坚持扩大高水平开放。既要持续深化商品、服务、资金、人才等要素流动型开放，又要稳步拓展规则、规制、管理、标准等制度型开放；积极主动扩大进口，显著降低进口环节制度性成本，以高水平开放推动中国市场与世界市场的深度融合。

另一方面，我们要积极参加国际交流和对话，推动完善全球治理体系，建设合作共赢的开放型世界经济体系。坚持以构建人类命运共同体为目标，高举多边主义旗帜，坚决反对单边主义和贸易保护主义，推动经济全球化朝着更加开放、包容、普惠、平衡、共赢的方向发展。近年来，《区域全面经济伙伴关系协定》（RCEP）达成并实施，中欧投资协定谈判完成，全面与进步跨太平洋伙伴关系协定（CPTPP）的申请加入，无不展现了中国进一步扩大开放的坚定决心，也是中国助力推进经济全球化和完善全球治理体系的重要举措。

国际税收规则是全球治理的重要一环。近年来，世界经济，特别是数字经济发展的不平衡、不充分问题以及长期以来大型跨国企业通过激进税收筹划侵蚀各国税基问题，引发了大多数国家对现行国际税收规则的不满，改革的呼声日渐高涨。一些国家更是试图通过单边措施扩大自身征税权，引发了双重乃至多重征税的风险，给本已疲弱的世界经济又笼罩上了一层阴霾。为此，G20、OECD和联合国等多边国际组织担负起了重塑国际税收规则的使命；中国高举多边主义旗帜，坚决反对单边主义，在不同的国际舞台上积极呼吁，推动国际税收规则向着更加开放、包容、公平的方向发展。

在国际社会的共同努力下，“双支柱”规则逐渐成型，尽管并不完美，但在当前纷纷扰扰的国际环境下，能够在代表着世界上绝大多数人口和经济总量的137个国家间取得共识，本身就已难能可贵。当然，“双支柱”国际税收规则的逐步落地，只是新一轮国际税收规则改革的开始，还需要密切跟踪各国进展和动态，相应优化国内税制及相关法律制度。

本书在技术演进和产业革命背景下，对数字经济征税权之争的来龙去脉进行了深入浅出的介绍，详述了“双支柱”方案的形成过程、主要内容和可能影响，对于读者全面了解国际税收领域百年未有之大变局颇有裨益。本书在系统分析数字化与国际税收变革的基础上，将一些国家、组织、机构、产业代表的不同观点作了系统性的梳理和展示，对于国内学者以更加丰富多元的视角研究问题也会有所帮助。希望本书的出版，能够对我国政产学研各界更加深入参与国际规则的研究和制订发挥积极作用。

是为序。

序言二

顺应数字经济发展 改革国际税收规则

中国社会科学院副院长、学部委员　高培勇

当今世界正处于百年未有之大变局加速演进的时期。特别是在经济领域，互联网、大数据、云计算、人工智能、区块链等新一代数字技术日益融入国民经济的各领域各环节，数字经济与实体经济加速融合，已经形成一种经济数字化的大趋势。

经济数字化不仅改变着全球经济结构和全球竞争格局，也极大地挑战着现有的国际税收规则。

如所周知，既有的国际税收规则是 20 世纪 20 年代由当时的国际联盟（联合国的前身）塑造的，迄今已有近百年的历史。作为传统工业经济时代的产物，它与现代数字经济越来越呈现不相适应之处。其中，较为突出的表现可归结为如下两条：其一，数字技术在经济活动中大量使用，改变了原有的国与国之间税收利益的分配格局。在现有的国际税收规则下，经济数字化程度较低的国家得不到应有的税收权益。其二，经济活动的数字化特别是产品的数字化，对传统的税收（尤其是增值税等间接税）征管模式形成冲击。由于税收征管模式变化的滞后，一些国家税收收入大量流失。

面对经济数字化带来的挑战，国际社会如果不对传统国际税收规则进行改革，各国出于维护本国的税收权益就要“各自为战”。比如，目前已有越来越多的国家和地区开征或准备开征数字服务税（DST）。显然，这将严重干扰国际经济秩序，影响世界经济的稳定发展。

自2013年起，受20国集团（G20）的委托，经合组织（OECD）组织由130多个国家和地区参与的包容性框架，开展了如何应对经济数字化对国际税收规则挑战的研究，并且逐渐形成了“双支柱”架构的解决方案。支柱之一：采用公式法人为地从跨国公司所在国向市场国（用户国）分配一部分剩余利润供其征税，以缓解数字经济造成的国与国之间的税收矛盾；支柱之二，通过制定全球最低税规则以防止跨国公司向低税区转移利润从中避税。

根据习近平总书记“要积极参与数字货币、数字税等国际规则制定，塑造新的竞争优势”的指示精神，我国有关部门不仅积极参与了包容性框架内的国际税收规则谈判，而且所提出的一些有利于发展中国家的合理建议也已被“双支柱”方案采纳。在这次涉及国际税收的改革中，我国已从国际税收规则的接受者转变为国际税收规则的制定者。迄今为止，在“双支柱”方案上签字的包容性框架成员（共142个）已达138个，作为签字国之一，我国在“双支柱”方案生效后也将履行所应承担的义务。除此之外，值得注意的是，近年来针对数字经济对增值税征管带来的挑战，OECD提出了一些改革的政策建议和应对策略供各国借鉴，一些国家在这方面也进行了一些有益的尝试。

毋庸赘言，对于国际税收领域即将发生的这一“百年未有之大变局”，我国的企业界和政府部门都需要加以充分的了解，以便跟上数字化时代的步伐。

呈现在读者面前的这本《经济数字化与国际税收变革》，正是在如此的背景下，基于如此的考量而编写的。着眼于全球数字化的发展趋势，全面、详细、专业地讲解未来新的国际税收规则，是这本书的一个重要特点和立意所在。

我相信，这本书可以成为理论界及实务界了解数字经济与税收问题的必备书目，也相信广大的读者可以从中受益。

正因为如此，我很乐意将这本书推荐给广大的读者朋友。

前言

经济数字化大背景之下的国际税制改革问题，是当前我国政界、商界、学术界十分关注的一个热门话题。深入研究这一话题对于我们积极应对百年未有之大变局，准确识变、科学应变，在参与数字经济国际合作、推动全球税收治理变革中争取主动，加快构建新发展格局，具有十分重要的现实意义。

以跨国企业利润征税权再分配（即支柱一方案）和建立全球最低企业所得税（以下简称全球最低税，即支柱二方案）为核心内容的国际直接税制改革方案，在二十国集团（G20）领导人的政治支持下，经 137 个经济合作与发展组织（OECD）、G20 和 BEPS 包容性框架成员批准，已进入落地实施的最后冲刺阶段。国际直接税规则涉及跨国所得在各国的分配，影响国际投资和贸易，实为税之要者，对中国这样的经济大国、国际贸易大国、资本输入和资本输出的大国而言，尤为重要。按照习近平总书记加强全球税收合作、打击国际逃避税的指示精神，我国积极参与国际税制改革的全过程，提出了许多建设性的意见，展现了中国的形象和大国的力量，并发出了铿锵有力的“中国声音”。国际税收新规则的实施同样对中国提出了严峻的挑战，迫切需要相关政府部门和跨国经营的企业未雨绸缪，学习和理解新规则，从全球价值链的角度进行系统的设计和应对。

纵览百年国际税收风云，每一时期国际税收重大规则的建立和改革，莫不与经济的全球化、数字化密切相关，跨国公司和各国政府尤其是发达国家政府成为背后的主要推手。第一次世界大战后，随着企业所得税在欧美国家的普遍推行，跨境所得的分配和避免双重征税问题成为建立国际税收规则的当务之急。以四位经济学家的报告和卡罗尔报告为基础，以税收忠诚度为原则，构建了跨国利润分配的基本规则：通常，积极经营所得在来源地纳税，非居民只有构成常设机构才需就营业利润在来源地纳税；股息、利息、特许权使用费等消极所得按照双边税收协定约定的税率由来源国与居民国共享征税权，居民国对来源国已征收的税款通过境外税收抵免、免税等方式予以消除，避免双重征税。跨国企业的每一集团成员在投资所在国均为独立的法人实体，单独进行会计核算和申报纳税，集团成员间的关联交易以寻求市场可比价格或可比对象的独立交易原则加以处理。1946 年国际税收协定的伦敦范本和墨西哥范本的出现，标志着传统国际税收规则的进一步完善。

第二次世界大战之后，跨国公司蓬勃发展，经济全球化的步伐明显加快，以 OECD 国际税收协定范本和转让定价指引为标志的国际税收规则逐步丰富和发展。为实现利润的最大化和税收成本的最小化，跨国公司将生产经营、管理、劳务、研发等各环节遍布于全球，构成了跨国公司的全球价值链，对传统国际税收规则的适用提出了新的挑战，在股东利益至上和法律形式为要的指导思想下，跨国公司利用国与国之间的竞争和税制差异，以无形资产为主要工具，以避税地、低税地为重要平台，进行全球的税收筹划，出现了以双边甚至多边不交税、少交税、迟交税为特征的税基侵蚀和利润转移的现象，传统国际税收规则进一步滞后和失灵。以 2013 年的 G20 圣彼得堡峰会为标志，国际税制改革进入了由 G20 领导人政治支持、多边集体行动的快车道。从 2015 年的反税基侵蚀和利润转移的 15 项行动计划，到双支柱方案，从更新完善传统规则，到制定应对数字经济和知识经济的新规则，国际税收规则从未像今天这样成为全球聚焦的热点之一，成为 G20 政治领导人每年关心和讨论的重要议题。百年的历史演变中，从未出现过在如此短的时间内，140 多个国家（或地区）集体行动并取得支柱一、支柱二这样高难度的成果。在逆全球化阴霾密布的大环境下，国际社会能取得这样的共识和成果颇为不易，更需珍惜。

放到国际税制百年演变的大历史、大格局中来观察，这次新的国际税制改革使国际税收出现了一些前所未有的新现象和新特征。一是由包容性框架 140 多个成员集体决定跨国公司集团常规回报和剩余利润的阈值，决定剩余利润在各国分配的比例，决定在各国分配的公式，具体操作时，由跨国公司母公司提出方案，母公司所在国税务局进行审定，并召集相关国家的税务局进行磋商，以取得共识，这就使国际税收渗入了更多国际财政的元素。二是各国磋商不成，则由 OECD 牵头的专家组进行裁定，这就使跨国税务争议的解决由共同审议下的行政措施，演变成了准司法措施的专家组裁定，管理层级之高，超过了巴塞尔协议对金融业监管的共同审议的行政措施水准。适应以全面与进步跨太平洋伙伴关系协定（CPTPP）为代表的跨境电子商务、金融服务、知识产权领域涉税问题和税收争议的处理，应当建立这一税收裁定机制的长远考量；三是无论是支柱一的适用对象，还是支柱二针对的企业，规模标准不同，但都以全球合并财务报表为基础，计算税基和税负，进行剩余利润的分配和全球最低税的补足，跨国公司的纳税第一次从集团成员作为单独实体核算和纳税，转变为以跨国集团为核算和缴税的单一实体，这对国际税收征管带来的挑战同样是革命性的。

我国作为世界第二大经济体，一方面，适用支柱一和支柱二的跨国企业数量名列世界前列，落实国际税制改革的任务相当繁重和复杂。另一方面，我国又是最大的发展中国家，尚处于社会主义初级阶段，从这一特殊国情出发，是我们应对国际税制改革的基本出发点。我国的跨国企业国际化经营的时间还不长，进行全球税收管理的经验也不多，适用国际税收新规则既是对其国际化水准的严峻考验，又是化挑战为机遇，提升跨国税收管理水平的难得机会。我国的对外投资税制还不够健全和完善，相关税收征管的经验不足，对那些以返程投资、红筹架构、可变利益实体（VIE）协议控制为全球架构并且生产经营和营业收入主要体现在中国市场的大型跨国企业，如何适用公式法分配利润和全球最低企业所得税，同时维护国家的核心利益和经济安全，则是对有关政府部门治理水平和业务水准的多重考验。如何培养一批商务、法务、财务、税务知识融通，懂语言、精专业、会谈判的国际化税收人才，更是落实国际税制改革措施，提高我国税收国际化水准的关键所在。

相对于直接税而言，经济数字化给间接税特别是增值税的跨境征收也带来了巨大的挑战。只不过，国际社会比较早地对此作出了回应，近些年来跨境增值税的征管改革已形成比较清晰的脉络。总的来看，这种回应主要是为了解决以下问题，即在层出不穷的数字化新业态面前，各国怎么才能在不违背增值税中性原则和保证增值税有效征收的前提下，既不需纳税人承担过重的遵从成本，也不给政府部门增加过多的征管成本。为此，OECD和一些征收增值税的国家针对跨境企业向企业（即跨境“B2B”）及跨境企业向消费者（即跨境“B2C”）提供服务或货物、共享和零工经济等数字经济业态，提出了增值税政策指南和应对策略，并就此问题基本达成国际共识，从而完善了各国应对数字经济对间接税征管带来挑战的政策措施。

鉴于国际税收规则变革对数字经济发展的重要意义，以数字经济为重点研究对象的阿里研究院有幸邀请到业内权威的专家学者，本着客观、理性、包容的原则，系统梳理数字经济的发展脉络和主要特点，深入剖析对国际税收规则带来的机遇和挑战，从直接税和间接税两个维度系统阐述国际税制变革的前世今生、重点内容和未来影响。中国财政学会常务理事、中国税务学会学术委员、阿里研究院谭崇钧副院长策划和组织了本书的写作出版，与中国税务学会副会长、中国国际税收研究会学术委员会副主任、中国财政学会常务理事、中国人民大学朱青教授商定了全书框架，共同对全书内容和观点进行了多轮修改和审校。

本书由以下专家写作完成：第一章，安琳、雷晏平、刘明；第二章，何杨；第三章，邱冬梅；第四章，刘奇超、沈涛；第五章，李鹏、成硕、Conrad Turley；第六章，沈瑛华、于芳；附录，刘奇超。各位专家本着精益求精的态度，将自己沉淀的思考和洞见付诸文字并不断打磨，大家相互之间还提供资料、共同讨论，为全书的高质量提供了有力的保障。

本书得到了中国国际税收研究会会长、原国家税务总局副局长张志勇先生的大力支持和悉心指导。在策划立意、框架设计、内容写作的过程中，中国国际税收研究会学术委员会副主任委员、苏州大学国际税收战略研究与咨询中心学术委员会主任姜跃生先生和中国税务杂志社《国际税收》编辑部韩霖编审分享了自己的创见，提升了全书的水准。谨在此对他们的专业精神和宝贵建议深表谢意！本书在写作出版的不同阶段，还得到了阿里巴巴集团副总裁、阿里研究院高红冰院长的鼎力支持，罗汉堂李勇、罗璇和阿里研究院张凌霄、袁媛、娄磊五位资深专家深度参与，提供了必不可少的重要帮助，在此一并表示感谢！后有本书主要贡献者的简介。

本书力求实现以下目标：一是逻辑的严谨性。当前国际税收规则面临的问题，哪些是因经济数字化而产生或强化的，哪些跟经济数字化缺乏相关性，背后的逻辑机理是什么？本书力戒将国际税收面临的各类问题都简单归于数字化的思维惯性。二是观点的包容性。对企业所得税和增值税国际上单边措施、双支柱带来的影响和发展趋势怎么看？其理论依据在哪？各国政府、学术界、产业界都存在哪些不同的观点？为帮助读者更好理解并引发思考，本书尽量兼顾国内外的不同观点。三是资料的权威性。本书在写作过程中，尽量直接引用权威渠道的第一手英文资料，对于必要的间接资料，也努力通过第一手资料进行核实。四是规则的及时性。对于 OECD 不断发布的双支柱细则、重点国家实施的单边措施、增值税国际规则及各方对此的不同反应，在成书过程中不断更新，已吸收本书送印前 2023 年 4 月底的最新规则。因此，希望本书作为一本开卷有益、学理扎实、服务实务、启发思考的专业书籍，能对在政府部门、跨国企业、高等院校、研究机构和中介机构从事经济、财税、法律、国际贸易等工作的读者有所裨益。

由于经济数字化带来的新业态、新模式仍处于不断迭代之中，对国际税收规则产生的影响还在持续，各国税收制度的改革对经济数字化的反作用也将越来越大，要及时洞察这些变化并加以理论化，对参与写作的专家们无疑是一种很大的挑战，因此，本书一定存在一些研究不到位、叙述不透彻甚至观点有失偏颇之处，希望各界读者予以批评和指正。

主要贡献者

安琳，北京航空航天大学博士。现任阿里研究院数字经济研究中心主任，主要从事数字消费创新、产业数字化升级、平台型产业生态组织等数字经济议题研究。2012—2020年，曾先后在中国电子信息产业发展研究院、中国软件评测中心工作，任智能制造测试验证与评价工信部重点实验室主任，在智能制造成熟度标准、制造业数字化转型领域主持多个部级重点课题，深度参与国家制造强国战略和智能制造工程的规划、评估工作。

成硕，清华大学法学学士，中国注册会计师。现任阿里巴巴集团税务合规管理部总监，近年来专注于数字经济税收的研究。曾在IDG资本、安永中国和普华永道中国税务部工作多年。

韩霖，中国税务杂志社《国际税收》编辑部编审、副主任（主持工作），中国人民大学经济学博士。曾在《财贸经济》《财政研究》《税务研究》《国际税收》等核心期刊发表论文20余篇，出版过专著《国际税收竞争的效应、策略分析：结合我国国情的研究》，个人科研成果曾荣获“全国税务系统优秀税收科研成果”二等奖、三等奖，并两次荣获“全国国际税收优秀科研成果”一等奖，合作科研成果先后荣获“全国优秀财政理论研究成果”一等奖、“全国税务系统优秀税收科研成果”一等奖。

何杨，中央财经大学财政税务学院教授、博导、副院长及税收教育研究所所长、国际税务研究中心执行主任，首批全国税务领军人才、北京市青年英才和国家治理青年人才。主持国家社会科学基金重点项目之青年项目和国家自然科学基金青年项目，主持和参与多项国际国内合作课题，在《经济研究》等学术期刊发表论文四十多篇，出版《国际税收规则变革与我国应对》、*Improving Tax Compliance in a Globalized World* 等中英文专著。先后荣获全国国际税收优秀科研成果特等奖和一等奖、邓子基国际税收优秀论文奖等学术奖励。

姜跃生，中国国际税收研究会学术委员会副主任委员，苏州大学国际税收战略研究与咨询中心学术委员会主任，曾任江苏省国税局国际处负责人、省局国际税收分管领导二十多年，有丰富的国际税收实务经验，在国内外出版专著10多本，发表专业文章30多篇，尤其擅长国际税收的战略研究与案例分析，2012至2013年间曾任国际经济与合作组织（OECD）财政委员会顾问。

康拉德·特雷（Conrad Turley），毕马威中国税务合伙人，担任毕马威亚太区税务政策研究以及BEPS 2.0项目小组负责人，并负责毕马威中国的税务政策和技术研究部。曾在欧盟委员会税务司以及毕马威爱尔兰、荷兰和中国香港的办公室工作多年。在推动毕马威BEPS 2.0税收改革方面以及全球其他税收政策相关倡议方面发挥着主导作用。经常为*International Tax Review*、*Tax Notes International*等国际税务和金融期刊撰稿，并在国际税收方面著有多本专著。

雷晏平，北京大学法学和电子商务学双学士、荷兰阿姆斯特丹大学国际法与欧盟法硕士。现任中国铁塔股份有限公司税务总监。曾先后供职于全国人大常委会预算工作委员会、财政部税政司，长期从事财税法律法规和政策研究工作，获财政部青年五四奖章，出版过《增值税法律制度比较研究》等专著。曾代表中国参加经济合作与发展组织（OECD）国际税收规则研究，作为BEPS包容性框架指导委员会副主席助手陪同参加G20、包容性框架、OECD关于应对经济数字化带来的税收挑战的规则研究。

李鹏，阿里巴巴集团税务合规管理部资深总监、阿里巴巴首席数字经济税收专家，负责集团日常税务管理工作。在数字经济税收制度和税收征管数字化两个领域拥有丰富的研究经验。曾在毕马威中国工作了14年，担任税务合伙人职务。

刘明，阿里巴巴集团政策法规研究室副主任，主要从事数字经济和网络法治研究工作。曾在中国人民大学法学院从事博士后研究，并任职于中国社会科学院法学研究所民法室，主要研究方向为网络法、侵权法，作为中国社科院民法典工作项目组成员参与过《民法典》立法建议支持工作。在《法学家》《现代法学》等国内核心期刊发表多篇学术论文，并作为主要成员参与撰写《民法总则评注》《中国社会科学院民法典分则草案建议稿》等多部学术著作。

刘奇超，天津市滨海新区财政局干部。主要研究领域包括数字经济、财政预算与政府债务、国际税收、海南自贸港财税制度。主持和参与过国家社会科学基金、财政部等课题30余项，在《改革》、*Tax Notes International* 等刊物发表文章100余篇，参与编写《中国政府收入全景图解（2020）》、*Removing Tax Barriers to China's Belt and Road Initiative* 等著作。曾荣获“邓子基国际税收论文奖”一等奖、中国法学会财税法学研究会青年优秀论文一等奖，入选财政部第一批财政人才库（税政管理）。

罗璇，中国人民大学经济学学士、硕士，伦敦商学院经济学博士，罗汉堂经济学家，主要研究领域为数据和隐私、不确定性下的决策论、风险偏好与风险管理等。博士期间专注于研究群体对风险性决策的影响，获英国 Economic and Social Research Council（ESRC）研究基金支持。自2019年加入罗汉堂以来，一直致力于研究数据和隐私，与迈克尔·斯宾塞等信息经济学领域国际一流学者合著《数字时代的数据和隐私》（*Understanding Big Data: Data Calculus in the Digital Era*）。

邱冬梅，荷兰莱顿大学国际税法硕士、厦门大学法学博士、香港大学法学博士后，现任厦门大学法学院副教授、硕士生导师，主要从事国际税法和中国税法的教学和研究工作。在 *British Tax Review*、《法学》等国内外法学和财税法学专业学术刊物上发表中英文论文三十余篇，出版专著《资本弱化税制研究》，并参与多篇英文论著的撰写，为荷兰财税文献局（IBFD）撰写“中国税收协定政策”国别报告。曾主持并参与多项财政部、国家税务总局委托课题和省部级课题。

沈涛，华东政法大学国际法学院，博士研究生。主要研究领域为财税法、国际税法，在《税务与经济》《财政科学》《中国财经报》《中国税务报》《第一财经日报》等刊物上发表文章20余篇，曾荣获中国税务报社和阿里研究院联合举办的“数字经济与税收”征文二等奖。

沈瑛华，安永中国税务合伙人，曾任另外一家头部会计师事务所的亚太区间接税主管合伙人。在中国、澳大利亚、美国和新加坡等国从事过税务工作，有着近20年的执业经验。2008年起积极协助全国人大常委会预算工作委员会和财政部税政司等部门的增值税改革政策咨询项目，还就物流、金融和房地产等行业营改增改革问题研究提出政策建议，参与多个大型国有企业和跨国公司的增值税改革落地项目。曾获 *International Tax Review* 在2016—2022年颁发的间接税领导者以及女性税务领导者的奖项。

谭宗钧，中国人民大学经济学博士和法学硕士，英国曼彻斯特大学发展经济学理学硕士，中国财政学会常务理事、中国税务学会学术委员、阿里研究院副院长。1990—2018年，在财政部从事财税体制改革、税制方案设计、税收法律法规起草、税收政策研究拟订、税收调查数据定量分析、税收国际交流、国家重大信息系统规划设计等工作。2018 年以来，在阿里研究院从事数字经济领域的治理、财税、就业、中小微企业、ESG（环境、社会和治理）、乡村振兴等方面的研究和政策分析工作。

于芳，中国注册会计师和中国注册税务师，对外经济贸易大学金融学硕士。现任毕马威中国的税务合伙人，有超过 16 年的税务工作经验，自 2012 年开始一直积极参与国内各级财税部门组织的增值税政策调研工作，尤其是数字经济相关的间接税政策研究。

张凌霄，阿里研究院数字财税研究中心主任、数字经济财税沙龙秘书长。曾长期就职于政府税务部门。重点研究方向是数字经济财税政策、平台经济治理。多次承担国家发改委、财政部、商务部、海关总署、国家税务总局等部级课题，曾参与中国（杭州）跨境电子商务综合试验区总体方案设计。参与撰写过《互联网 +：未来空间无限》《新经济崛起：阿里巴巴 3 万亿的商业逻辑》《平台经济协同治理三大议题》等多部著作。

朱青，中国人民大学财政金融学院教授、博士生导师。主要研究领域包括宏观经济、财政税收理论、中国税制、国际税收、税务筹划及社会保障；曾在欧盟委员会预算司和关税司实习，并在美国纽约州立大学管理学院和美国加州大学伯克利分校经济系作高级访问学者。目前兼任中国税务学会副会长、中国国际税收研究会学术委员会副主任、中国财政学会常务理事，并担任财政部专家工作室专家。

目录

第一章

全球经济数字化的发展

经济决定税收。要研究透彻经济数字化对国际税收带来的影响，自然需要先了解清楚全球经济数字化是如何发生的。数字技术对产业、经济、社会、治理带来了哪些深层次的变化？经济数字化和数字经济是什么关系？数据作为新的生产要素有什么特点，怎么产生价值？这些正是本章所要回答的问题。

第一节 数字技术革命

科学技术的每一次进步，都为经济社会发展带来了强大动力。16 世纪以来，也就是近代科学诞生以来的四百多年，人类在科学技术方面取得的创新成果超过之前几千年的总和，由此引发了机械化、电气化、自动化、信息化等多次产业革命，世界发展面貌和格局相应发生了深刻改变。

经济数字化的发展，正是新一轮数字技术进步的产物，是科技发展再一次推动世界进步的标志。数字技术的发展和应用，早在“自动化”革命中已经崭露头角，在 20 世纪 50 年代形成的以数控机床为代表的高精度数控加工技术，是当时各国工业发展的大国重器。20 世纪 80 年代以来，个人计算机大规模普及应用，各种单机应用拉开了“信息化”革命的大幕，数字技术的应用范围进一步扩大。20 世纪 90 年代中期之后，互联网大规模商用，网络化拓展了数字技术应用的广度和深度。

当前，我们正进入以数据的深度挖掘和融合应用为主要特征的新阶段，以“万物均需互联、一切皆可编程”为目标，数字化、网络化和智能化呈融合发展新态势，数字技术也开始从助力社会经济发展的辅助工具向引领社会经济发展的核心引擎转变[①]。尤其

① 梅宏．大数据与数字经济．求是，2022（02）.

是以云计算、大数据、移动通信、物联网、人工智能、区块链、量子信息、虚拟现实等为代表的新一代数字技术加速突破应用，引发了生活方式、产业竞争和全球经济格局的深刻变化。在新冠肺炎疫情的冲击和影响下，数字技术在各国维持经济运行、保障民生服务、优化公共治理等方面发挥了巨大的作用，让人们对其有了更加直观的感受，同时也引发了各界对数字技术变革重大机遇和挑战的关注。

下面先从长周期的历史视角回顾历次科技和产业变革的底层逻辑，再介绍数字技术的最新进展，然后对数字技术变革的趋势作出研判。

一、前三次技术革命的产生和演进

科学革命是人类对世界认知能力的突破，技术革命是人类改造世界的实践手段或方式的飞跃，产业革命是人类社会经济发展范式的升级。人类认知能力的突破为技术革命提供了指导，当技术革命的成果在经济活动中得到大规模的应用时，便转化为产业革命。人类历史上已经发生过三次科学革命引发的技术革命和产业革命，每一次技术革命和产业革命都形成了新的生产要素，进而推动产业结构和经济制度变革，改变竞争实力对比，并最终导致国际经济格局重塑①。

（一）第一次技术革命及英美德法的崛起

第一次科学革命发生于16世纪至17世纪后半叶，始于哥白尼创立太阳中心说，到牛顿《自然哲学的数学原理》出版，主导学科是力学。

第一次技术革命以机械化为特征，源自人们对力学理解的认知突破。第一次技术革命的发生有三个标志性的技术突破事件：

标志一：水力纺纱机的出现。1771年英国实业家阿克莱特在克隆福德的工厂开业，水力驱动的机械化设备极大地削减了棉纺织业的成本，提高了棉纺织产品产量，而棉纺织品贸易的日益繁荣，又进一步导致了河运、水道及收费公路等基础设施的快速发展。

标志二：蒸汽动力技术的出现。1829年史蒂芬森的“火箭号”蒸汽机车在从利物浦到曼彻斯特的铁路上赢得了比赛，这不仅意味着新动力来源的出现，还意味着贸易规模的扩大，有了船舶和公路畜力运输以外的新的运输工具的选择。

标志三：转炉钢厂的出现。1875年，安德鲁·卡内基的酸性转炉钢厂在匹兹堡开工，它不仅大幅度降低了钢铁的生产成本，还助力了铁路和用于制造轮船的蒸汽动力的大发展。铁路和蒸汽动力的广泛应用从英国逐渐扩展到欧洲和美洲，又使铁矿业和煤炭业在蒸汽动力等新技术的带动下逐渐成为经济增长的核心支柱产业。与此同时，铁路、邮政服务、电报业、大型港口、桥梁、隧道等一批基础设施也开始出现并得到了快速发展。

第一次产业革命，后人将其总结为“对以蒸汽动力为主要技术特征的机械化技术大规模的渗透和应用”。在第一次产业革命中，纺织、煤炭、冶金等近代工业逐步兴起，铁路和船运的发展使经济活动的范围不断扩大，世界也开始变得更“小”。

---

① 戴建军，熊鸿儒，马明杰，国务院发展研究中心“国际经济格局变化和中国战略选择”课题组，2019年4月。

英国引领了第一次产业革命，其综合实力一度引领全球。在高峰时期，英国的金属制品、棉织品、铁、煤等工业产品产量约占世界一半，轮船建造、铁路修筑等居世界首位。1840年，英国工业生产总值占世界工业生产总值的51%，1850年英国城市人口占比60%以上①。第一次产业革命从英国发生后逐渐扩散到美国和欧洲等其他国家，到1870年，英国工业产量占世界工业产量的比重为31.8%，美国为23.3%，德国为13.2%，法国为10%，英、美、德、法成为当时世界上最有竞争力的国家。

值得注意的是，制度建设实际上也是第一次产业革命的产物之一。第一次产业革命初期，以英国为代表的国家大多采用重商主义的市场经济。在获取了资源优势后，英国首先颁布了专利的相关法律，目的是利用法律授予的独占经营权进一步保护竞争优势，并促使英国工业在纺织、冶炼、采矿、机械加工、交通运输等领域进一步取得创新成就。在巨大利益的驱使之下，继英国之后，美国国会于1790年制定了美国第一部专利法，随后，法国于1791年也在著名的《拿破仑法典》中规定了有关工业产权的内容。

（二）第二次技术革命及德美超越

第二次科学革命发生在18世纪末至19世纪末，达尔文出版的《物种起源》，施莱登和施旺建立的细胞学说，门捷列夫发现元素周期律并推动了无机化学和有机化学的发展，法拉第、麦克斯韦、焦耳等先后发现并建立了电子理论，这些在化学、生物学和物理学等学科研究的重大突破，进一步提升了人类对自然界的认知水平。

第二次技术革命源自化学、生物学和物理学等新认知能力的积累，并以电能突破应用和内燃机的出现为标志。到19世纪60年代至19世纪末，钢铁、煤炭、机械加工等诞生于第一次技术革命的行业门类得到进一步的巩固和提升，而它们的发展又催生出石油、电气、化工、汽车、航空等新的工业部门。

后人将第二次产业革命总结为“电力和内燃机技术在全世界范围内的大规模应用”。在第二次产业革命中，工业和输运业的面貌焕然一新。世界范围内更多的大型桥梁、隧道、高速公路、机场等民用工程加速发展，与电话电报通信网络、电力输送网络、石油管道网络等共同组成了新的基础设施。

经过第二次产业革命，德、美取代英、法成为新的世界强国，日本也抓住机遇实现了快速发展。20世纪初，德国的国民生产总值、钢铁产量、煤产量、铁路里程等都超过了英国，酸、碱等基本化学品产量居世界第一，燃料产量占世界的五分之四。1913年，德国的电气产品占世界的34%，超过头号工业强国英国5个百分点。1870年至1913年，英国贸易额只增长了89%，而同期德国增加了1.8倍，美国增加了1.6倍，英国从贸易的霸主地位开始逐步走下坡路。

美国能够迅速超越英国，还有一个重要的原因是公司科学管理的发展和广泛应用。1895年，被称为“科学管理之父”的费雷德里克·W. 泰勒发表了他的第一篇有关“科学化管理”的论文，并于1911年出版了《科学管理原理》，开创了企业管理的新时代，泰勒强调管理要科学化、标准化，这使企业生产效率大幅度提升。“公司”是第二次产业革命的伟大发明，而这个发明出现在美国。美国直到今天，依然重视在法律制度设计

① 钱乘旦. 世界现代化历程（总论卷）[M].. 南京：江苏人民出版社，2012.

上，让公司的利益与劳动者的利益都能得到均衡考虑。这就是为什么德国人把“伴随着劳动分工基础上的电力驱动大规模生产”作为第二次工业革命的划分标志，“劳动分工”是由美国“支薪经理”出现以及泰勒科学管理的推出而逐渐成熟起来，是美国企业后发制人的一个重要原因。

（三）第三次技术革命及“一超多极”格局

第三次科学革命发生于19世纪和20世纪之交，以相对论和量子力学带来的物理学大飞跃为标志。

第三次技术革命发生在20世纪40年代至60年代，以原子能技术、电子计算机技术、空间技术和生物工程技术等方面的一系列重大发明和应用为标志，指导这次技术革命的正是源自相对论和量子力学的现代物理学。20世纪70年代以后，第三次技术革命掀起了新的发展浪潮，计算机微型化技术、芯片技术、互联网技术、高温超导材料技术、基因技术、纳米技术、受控核聚变实验等高新技术快速发展，自动化和信息化领域原有的各类基础设施不断更新换代，世界数字远程通信、互联网服务、水陆空三位一体的高速物流运输系统等新基础设施也不断涌现。

第三次产业革命，后人将其总结为“对电子、计算机和信息网络技术的大规模应用”。与以往两次以能源动力技术革新推动的产业革命不同，第三次产业革命是一场由信息和控制技术革新而推动的产业革命。它不仅导致工业的面貌再次焕然一新，而且还用科技改变了人们衣、食、住、行等日常生活方式，使科技的影响从生产活动进一步延伸到了社会经济、政治、文化等诸多领域。

在第三次产业革命中，美国成长为超级大国，日本、前苏联等国步入发达国家行列。1948年，美国国内生产总值占到世界生产总值的二分之一，出口贸易占全球份额的近四分之一，黄金储备占全球份额的三分之二以上。美国在“二战”后的20年时间里，维持着以其为中心的新的单极国际贸易格局。1970年以后，世界则呈现“一超多极”的贸易格局，美国进出口贸易增速放缓，德国、日本贸易份额迅速增长，以亚洲“四小龙”为标志的亚洲贸易份额迅速上升，欧盟的发展推动了欧洲区域化的贸易发展。

日本能够在第三次产业革命中脱颖而出，很大程度上依靠的是精益生产。精益生产要求全员参与，持续改善。例如，日本丰田公司在20世纪70年代每年收到的员工改良建议超过70万件，其中82%被公司采纳；员工的参与率超过65%，平均每人每月的建议数超过2件。这样带来的结果是，丰田公司在设备、技术等远不及美国同行的情况下（当时的生产效率仅为美国福特汽车公司的八分之一）利润额却在几年后达到美国通用汽车公司的10倍。日本的成功实际上是以人为本理念的成功，它重视激发员工的主动性和积极性，从而弥补了在其他方面的不足。此外，在全世界的司法实践中，日本也是为数不多的能把以人为本的理念真正作为司法实践和司法改革重要目标的国家。

（四）小结

以史为鉴可知兴替。在历次科技产业革命的发展脉络中，我们看到先进技术在产业中的渗透应用不仅创造出新的生产力，也推动形成了与之相适应的生产关系。比较典型的是，第一次产业革命形成了保护工业产业的专利制度，第二次产业革命创造了公司制和现代科学管理制度。今天我们在商业环境中的制度安排，很多是在公司制和现代科学管理的基础上进一步发展完善而来。

许成钢在其《制度决定产业革命》[①] 的文章中认为，三次产业革命的共同规律是，每一次产业革命发源都是发明家、企业家个人的创新，他们的创新，不是有组织、有计划的，都是自发产生的。每次自发产生的革命性的创新技术都把过去老的技术基础上的经济破坏了，这个破坏非常残酷，非常痛苦。发明家、企业家自由发展的成就都取决于所在国的制度。如果没有基本科学技术上的创新，靠行政、计划、仿制、改进，是不可能在产业革命中取胜的，最多只能缩小差距，而创新需要市场制度的激励和优胜劣汰机制。市场制度为发明家、企业家提供了巨大的激励机制。优胜劣汰机制的核心是筛选，原因是创新，尤其是革命性的创新，在产生之前，没人能够预测。市场的判断则会对创新进行筛选，即优胜劣汰的市场机制可以在大量发明里筛选出来最好的东西。这些都是产业革命的基础。产业革命都产生于市场，而不产生在政府组织的活动里，原因是政府无法复制市场制度提供的激励机制和资源竞争性配置机制。也正因如此，保护民间投资对抓住产业革命的机会尤其重要。所有过去已有产业革命和正在兴起的产业革命，其中重大的发明都来自民间投资。民间投资具有灵活、服从市场判断等特点。保护民间投资是产业革命的必要条件，保护民间投资实际上就是保护个人发明，保护发明家。

当今世界正处在新一轮技术革命的浪潮之中，新鲜事物层出不穷。接下来，我们将对数字技术革命的最新进展和未来发展的趋势性特征进行讨论。

二、数字技术的最新进展

每一轮科技和产业革命的发生都是一个长周期的过程，正如佩雷斯在其《技术革命与金融资本》一书[②]中所指出的，面对纷繁复杂的技术发展形势，人们需要特别关注的，是那些能够引发经济发展范式重大变化的主导性技术。比如，第一次产业革命中的蒸汽动力技术及相关机械制造技术，第二次产业革命中的电力技术、内燃机技术及电磁通讯技术，第三次产业革命中的计算机、微电子技术、自动控制技术等。当前，作为主导性技术群落的数字技术，如果从 1946 年第一台电子计算机算起，已经经历了计算机、互联网和数据智能技术三阶段。

（一）数字技术发展的简要回顾

1. 计算机阶段（1946 年—20 世纪 70 年代）

第二次世界大战（以下简称二战）中，同盟国为满足快速计算需要，在艾伦·图灵和冯·诺依曼的指导下研发电子计算机。1943 年，英国发明了第一台可编程的电子计算机——巨人计算机（Colossus Computer），以破译德军密码；同年，美国为完成火炮弹道运算，开始研制可编程的通用计算机 ENIAC。1946 年 2 月 14 日，该机器在宾夕法尼亚大学宣布诞生，标志着数字时代的来临。从 1946 年电子计算机的发明到 20 世纪 70

---

① 许成钢．什么机制能够有效激励创新［R］．财新，2021－4－6.

② ［英］卡萝塔·佩雷斯．技术革命与金融资本：泡沫与黄金时代的动力学［M］．北京：中国人民大学出版社，2007.

年代，是数字技术发展的第一阶段，主要由计算机驱动，历经了真空管、晶体管、集成电路、大规模集成电路等关键技术里程碑，贝尔实验室、施乐帕克研究中心、IBM、仙童半导体公司、德州仪器、英特尔、通用电气是当时无可争议的风云公司。

2. 互联网阶段（1969—2015 年）

1969 年 10 月 29 日，美国国防部高级研究计划局（ARPA）组建的阿帕网（ARPA-NET）第一期工程投入使用，它连接了加州大学洛杉矶分校（UCLA）、斯坦福研究院、加州大学圣巴巴拉分校和犹他大学四个节点。1983 年 1 月 1 日，ARPA 决定使用由罗伯特·卡恩和温特·瑟夫开发的 TCP/IP 协议为阿帕网扩容，随后阿帕网迅速成长为一个全球互连的网络，标志着数字技术进入以互联网为主的发展阶段。1989 年 3 月，欧洲核子研究中心（CERN）的英国工程师蒂姆·伯纳斯-李（Tim Berners-Lee）提交了关于万维网（WWW）的项目开发计划，标志着互联网进入万维网时代，并在 1991 年诞生了全球第一个网站（网址为 http：//info. cern. ch）。1993 年 4 月 30 日，CERN 宣布万维网对所有人免费开放。同年，美国提出信息高速公路战略。1994 年 4 月 20 日，我国全功能接入国际互联网。互联网浪潮席卷全球。

3. 数据智能阶段（2010 年至今）

李国杰院士指出："20 世纪 90 年代发明万维网以后，信息领域虽然不断冒出新的热词，但一直没有出现称得上基本创新的重大发明。"① 与前两个阶段是由重大发明创造引领不同，数据智能阶段是数字技术加速与经济社会全方位深度融合，释放数据要素价值的阶段。梅宏院士把这个阶段描述为"以数据的深度挖掘和融合应用为主要特征的智能化阶段。在'人机物'三元融合的大背景下，以'万物均需互联、一切皆可编程'为目标，数字化、网络化和智能化呈融合发展新态势"。

（二）数字技术的最新进展

1. 数字化技术群落

形成海量数据资源的技术基础。传感器、边缘计算技术能够用 0 和 1 的数字代码表征用户、产品、设备等物理对象，将它们的运行状态、行为特征映射到数字空间，形成海量数据资源。中国信通院 2022 年 8 月发布的《"边缘计算 +"技术白皮书》认为，按照边缘计算的技术实现方式不同，边缘计算已形成了运营商边缘、云边缘和工业边缘三类。运营商边缘技术基于运营商网络，在基站、中心机房等位置部署计算资源，通过与 5G 等技术的深度融合让网络流量通过各种低成本的本地专线方式接入云网络，降低数据采集上传的成本。云边缘技术是云服务商通过虚拟化技术，将算力"下沉"到距离用户较近的城域内，可以进一步把从云边缘到终端用户的时延控制在 20 毫秒以内，满足部分低时延的应用要求。工业边缘技术则进一步下沉融合到制造、能源、仓储物流等各个环节中，如制造车间、变电站、物流分拨中心、工业园区的网络机房等，在人、机、料、法、环、测等各个环节完成数据采集和毫秒级时延的实时计算，为人和设备的安全提供保障、对生产物料质量进行识别纠错、对工作设备进行预测性维护、对周围环境进行监测预警等。

① 李国杰．数字经济引领创新发展［N］．人民日报，2016－12－16．

2. 网络化技术群落

让数据得以流动和共享，分散的数据聚合形成大数据。在移动互联领域，第五代无线网络（5G）是目前全球竞争的焦点，能够提高数据传输速度，降低延迟，支持更多的用户、设备和服务，同时提升网络效率。我国已率先完成了大规模的5G商用网络部署。在物联网（万物互联）领域，窄带物联网（NB-IoT）[①] 是新兴且目前最受关注的技术，它支持低功耗设备在广域网的蜂窝数据连接，也被叫作低功耗广域网（LPWAN）。NB-IoT 支持待机时间长、对网络连接要求较高设备的高效连接，同时还能提供非常全面的室内蜂窝数据连接覆盖。在工业互联网领域，时间敏感型网络（TSN）[②] 协议在已经广泛但非确定性的以太网中，定义了以太网数据传输的时间敏感机制，为标准以太网增加了确定性和可靠性，能确保数据实时、确定和可靠地传输，在工业中有巨大的应用潜力。这些新型网络技术拓展了连接的覆盖范围，提升了连接的性能水平，让用户、产品、设备数据能够高速率、低延时互联互通，将碎片化分布的“小数据”汇聚成高价值的“大数据”。

3. 智能化技术群落

云计算、大数据、人工智能等技术将数据与模型、算法融合起来，实现了智能化的感知、分析、决策、反馈闭环，并与区块链、虚拟现实等技术深度融合，开启了人们对下一代互联网（web 3.0）甚至元宇宙的想象。

上述技术群落推动了数据新生产要素的产生，正在引发生产、流通、分配、消费等围绕新技术体系和生产要素重构，引发细分领域更多产业技术的升级，促成数字经济新范式的发展，并终将造成各个国家竞争优势和竞争格局的深刻变化。

三、数字技术革命未来的发展趋势

进入 21 世纪以来，全球科技创新已经呈现空前密集活跃的特点，可以预见，未来 10 到 15 年，全球科技进步与创新速度还会继续加快，并同步引发产业变革。我们正处于新一轮科技和产业变革的发端期。习近平总书记深刻指出：“新一轮科技革命和产业变革正在重构全球创新版图、重塑全球经济结构，信息、生命、制造、能源、空间、海洋等的原创突破为前沿技术、颠覆性技术提供了更多创新源泉，学科之间、科学和技术之间、技术之间、自然科学和人文社会科学之间日益呈现交叉融合趋势，科学技术从来没有像今天这样深刻影响着国家前途命运，从来没有像今天这样深刻影响着人民生活福祉”[③]。

（一）颠覆性技术和前沿科技创新空前活跃

颠覆性技术层出不穷，将催生产业重大变革，成为社会生产力新飞跃的突破口[④]。

---

① NB-IOT 即窄带物联网，支持低功耗设备在广域网的蜂窝数据连接，特别适合支持待机时间长、对网络连接要求较高设备的高效连接。

② TSN 即时间敏感型网络，让标准以太网具有确定性传输的优势，是目前国际产业界正在积极推动的一种工业通信技术。

③ 习近平．努力成为世界主要科学中心和创新高地［J］．求是，2021（06）．

④ 白春礼．创造未来的科技发展新趋势［N］．人民日报，2015－7－5．

作为全球研发投入最集中的领域，信息网络、生物科技、清洁能源、新材料以及先进制造等正孕育着一批具有重大产业变革前景的颠覆性技术。量子计算机与量子通信、干细胞与再生医学、合成生物与“人造叶绿体”、纳米科技和量子点技术、石墨烯材料等，已展现出诱人的应用前景。先进制造正向结构功能一体化、材料器件一体化的方向发展，极端制造技术正在向极大（如航母、极大规模集成电路等）和极小（如微纳芯片等）方向迅速推进。人机共融的智能制造模式、智能材料与3D打印结合形成的4D打印技术，将推动工业品由大批量集中式生产向定制化分布式生产转变，引领“数码世界物质化”和“物质世界智能化”。

这些颠覆性技术将不断创造新产品、新需求、新业态，为经济社会发展提供前所未有的驱动力，推动经济格局和产业形态深刻调整，并成为创新驱动发展和国家竞争力的关键所在。这一轮科技发展，是我国真正意义上完整参与并在局部领域实现引领的科技革命，为我们进一步自主创新、自立自强提供了丰厚的科技土壤①。

前沿基础研究向宏观拓展、微观深入和极端条件方向交叉融合发展，一些基本科学问题正在孕育重大突破。随着观测技术手段的不断进步，人类对宇宙起源和演化、暗物质与暗能量、微观物质结构、极端条件下的奇异物理现象、复杂系统等的认知将越来越深入，把人类对客观物质世界的认识提升到前所未有的新高度。合成生物学进入快速发展阶段，从系统整体的角度和量子的微观层面认识生命活动的规律，为探索生命起源和进化开辟了崭新途径，并将掀起新一轮生物技术的浪潮。人类脑科学研究将取得突破，有望描绘出人脑活动图谱和工作机理，有可能揭开意识起源之谜，这将极大地带动人工智能、复杂网络理论与技术的发展。

前沿基础研究的重大突破可能改变和丰富人类对客观世界与主观世界的基本认知，不同领域的交叉融合发展有望催生新的重大科学思想和科学理论。

（二）科技和产业的创新体系不断升级

科技创新活动日益社会化、大众化、网络化，新型研发组织和创新模式将显著改变创新生态。网络信息技术、大型科研设施开放共享、智能制造技术提供了功能强大的研发工具和前所未有的创新平台，使创新门槛迅速降低，协同创新不断深化，创新生活实验室、制造实验室、众筹、众包、众智等多样化新型创新平台和模式不断涌现，科研和创新活动向个性化、开放化、网络化、集群化的方向发展，催生出越来越多的新型科研机构和组织。以“创客运动”为代表的小微型创新正在全球范围掀起新一轮创新创业热潮，以互联网技术为依托的“软件创业”方兴未艾，由新技术驱动、以极客和创客为重要参与群体的“新硬件时代”正在开启。这些趋势将带来人类科研和创新理念及组织模式的深刻变革，激发出前所未有的创新活力。

社会化活跃的科技活动折射出传统产业创新体系正在重构②。数字技术面向海量创新需求进行精准感知和洞察，通过对全球创新资源的广泛连接、高效匹配和动态优化，构建起多主体协作、多资源汇集、多机制联动的创新生态，进而形成新技术、新产品、

① 李晓红．着力提升科技创新能力 实现科技高水平自立自强［J］．求是，2021（06）．

② 安筱鹏等．基于平台的新型创新体系，2021年1月．

新业态的快速孵化、规模扩散、持续迭代的平台型、生态型的新型创新体系，为科技创新与产业化之间的“断裂带”找到一条连接新路。跨越科技创新“死亡之谷”的探索，百年来经历了三个阶段：

产业创新1.0。企业科学实验室制度。工业时代有三个实验室为美国的发展贡献了巨大力量：GE中央研究院、IBM工业实验室、AT&T贝尔实验室。100年前企业建立科学实验室是人类科技史上的创举，从GE中央研究院发明白炽灯、无线电和X射线，AT&T贝尔实验室发明晶体管、半导体、太阳能电池、C及C++语言、UNIX系统、移动电话，到IBM工业实验室创造的DRAM、硬盘技术、处理器、关系数据库、网络、超级计算机等。这些试验室涌现了几十位诺贝尔奖获得者、10多万项专利，是人类科技发展从个人自由探索转向制度化研发的里程碑，有力支撑了美国迈向世界强国。

产业创新2.0。基础共性技术供给体系。发达国家不断探索共性技术的供给体系和模式。二战后德国组建弗劳恩霍夫研究所，为中小企业需要的共性技术、产品、工艺提供系统化的支持。今天这一机构也是德国工业4.0战略的发起者、组织者和实施者。奥巴马政府当年提出要建立一个适应先进制造业技术工艺、快速高效商业化的国家制造业创新网络（NNMI，后更名为Manufacturing USA），计划在10年内建成45个面向不同领域的扁平化和自治型的联合创新研究新组织。类似的战略也包括英国的弹射中心、中国的制造业创新中心等。其核心是整合政府、企业、协会、院所优势资源，建立跨领域、协同化、网络化的国家创新体系。

产业创新3.0。平台型创新体系涌现。伴随着苹果iOS、安卓、搜索引擎、云计算、电子商务、社交生态、工业互联网的发展，多个快速增长、超级复杂、急速演化、在线统一的创新加速平台开始浮现。它们一端连接着多维复杂的商业场景，对海量新技术提出实时、精准的需求，另一端连接着海量基础技术和应用研究能力，能够构建起一个新技术高效研发、低成本验证及大规模、快速商业化的新场景和协同创新体系。而今，这些平台及生态系统，已成为新技术、新产品、新品牌、新商业模式的超级孵化器和核心加速器。

（三）创新生态成为产业创新3.0的重中之重

数字技术催生的产业创新3.0，其核心关键是创新的生态。创新生态越繁荣、越完善，创新的成果就越丰富。数字技术已经催生了终端产品、云计算开发、工业互联网三种典型的创新生态。

1. 终端产品生态

苹果构建起以“iOS+开发工具+应用商店+各类APP”为核心的产业生态，涵盖了数亿级用户、上千万应用开发者、超过300万款APP，以全球手机市场8.7%的出货量，获得了75%的利润。特斯拉等智能汽车新锐也正在将这种生态模式移植到汽车领域。在我国，阿里斑马AliOS是首个自研汽车智能操作系统，它采用云端一体架构、多模态交互方式、去APP化生态服务，可支持OTA在线升级。目前15个汽车品牌的40多款车型、近200万辆搭载AliOS系统的智能汽车已经跑在路上，合作伙伴开发的APP和小程序服务超过了100多个。

2. 云计算开发生态

全球最大云计算厂商亚马逊的云计算服务（AWS），其2020年的收入增速达30%，金额超过了450亿美元，并占据美国云计算45%的份额。2014年AWS推出合作伙伴计划（APN），支持合作伙伴技术、商务开发，在过去3年AWS合作伙伴每年新增1万人。在AWS Marketplace上，已有2000多家软件供应商，6000多应用软件，活跃用户超过30万人。AWS每年在计算、存储、数据库、物联网、人工智能、增强现实、媒体和企业级应用等方面新增2000种应用。

3. 工业互联网生态

作为全球前十、欧洲第二大工业软件厂商，西门子公司2013年开始推动核心工业软件和工业知识向云端迁移，启动了传统工业平台化转型。2016年，西门子推出MindSphere平台，将客户、代理商、供应商、服务商资源聚合在该平台，建立了基于工业互联网平台的智能工厂运营和高端智能装备管理体系。目前西门子公司MindSphere平台上有1000多大客户、650个合作伙伴、1000万连网设备、23万APP、10万名开发者，生态建设初具规模。在国内的阿里工业互联网平台supET平台上，目前也连接着各类工业设备约200万台，平台上有工业APP超过5万，服务企业5万多家，开发者数量约15万人。

整体来看，基于数字技术的新型创新体系正在全球范围内连接客户、供应商、开发者及合作伙伴，重构研发体系中信息流、产品流、资金流的运行模式，培育新的创新链、产值链、价值链。尽早构建起这种创新体系的国家，未来都将具有巨大的技术和产业创新优势。

第二节 数字化中的数据

当前，全球正处于大数据变革的新时代，数据逐渐成为推动经济转型和社会发展的新动能。在此背景下，2019年10月，党的十九届四中全会通过的《中共中央关于坚持和完善中国特色社会主义制度、推进国家治理体系和治理能力现代化若干重大问题的决定》正式将数据与劳动、资本、土地、知识、技术、管理等并列，纳入生产要素范畴，并多次强调要加快培育数据要素市场，旨在通过促进数据要素的高效合规流动发挥其内在价值，带动其他要素生产效率提升。上述目标的实现，需要依托合理的制度设计，在对数据要素生产者形成有效激励的同时，发挥市场机制对于数据要素的优化配置作用，让数据蕴含的丰富价值在更多场景得到释放，这也将成为数字经济时代国与国之间法律制度层面直接竞争的重要领域。

一、数据作为生产要素的理论证成

目前，我国经济正处于新旧动能转换期，数字经济成为驱动中国经济实现高质量发展的新引擎，正是在此背景下，作为数字经济发展核心动力之一的数据，被历史性地纳入了生产要素范畴。回顾人类过往数千年的发展历史可以发现，每一次新型生产要素的出现，都是技术与社会变革的产物，是人们对于更高生产效率、更优化资源配置的追求，而数据上升成为生产要素的合理性基础亦是如此。具体理由如下：

第一，数字技术的进步为数据成为生产要素提供了基础条件，特别是数据、算力和算法三方面的实质性提升，不仅在技术层面让人们获得了从数据中提取和创造价值的能力，也在经济层面使此种能力能够在更多应用场景中得到实现，进而在市场机制的助力下，形成了激励人们不断投入资源、获取和提炼数据价值的正向循环。首先，在摩尔定律的加持下，信息数字化技术取得了长足进步，数据的可获得性大大提升，能够以数据形式记载的信息无论是数量还是类型都呈现指数级增长；其次，在算力方面，云计算等基础设施全面覆盖极大降低了数据处理成本，使海量数据的存储、处理、应用成为可能；最后，算法的快速迭代升级，让人们获得了从海量数据中分析提取出有价值信息的能力，降低成本①。

第二，海量数据中潜藏着巨大且区别于传统生产要素的独特价值。具体来说，数据对于传统经济具有引领和改造作用，是将现有生产要素进一步联系起来的桥梁型生产要素②。主要表现为通过对海量数据进行分析，可以在特定应用场景中有效减少信息不对称情况，从而加速资源流通速度，优化资源配置，最终实现全要素生产率的提高③。随着数字技术的发展，数据应用场景的广度和深度均在持续拓展，涉及经济、商业、公共管理、国家安全、科学研究等诸多领域和部门；依托数据分析技术产生的，能够更高效进行资源匹配的新型商业模式也层出不穷，并深刻改变着传统的设计、生产、流通和销售模式，如个性化广告、柔性生产等均属此类。

第三，围绕数据本身的市场供需关系也已经客观存在，特别是随着数据合规成本的日益提高，以及数据处理专业化分工的不断细化，通过数据交易等形式实现的数据流动需求日益凸显，数据服务产业也在市场需求的指挥棒下快速发展。在此种情况下，将数据纳入生产要素，既有利于畅通其交易和流通机制，也使其顺理成章地实现根据贡献参与分配，从而形成激励机制。

二、数据要素的特征

（一）数据作为生产要素的时代意义

数字经济基于新一代信息技术，孕育了全新的商业模式和经济范式。它不仅是对原有经济体系的补充和融合，更是对底层生产力的深刻变革，进而正在重塑全球经济图景。将数据定位为生产要素意味着最大程度发掘和利用其内在价值将成为相关制度建设的首要目标。

目前，以产业互联网为核心特征的互联网“下半场”已经开启，而数据正是推动传统产业转型、提高生产效率的必备要素。以制造业为例，根据麦肯锡研究报告测算，

① 戚聿东，刘欢欢．数字经济下数据的生产要素属性及其市场化配置机制研究［J］．经济纵横，2020（11）．

② 杨俊，李小明，黄守军．大数据、技术进步与经济增长——大数据作为生产要素的一个内生增长理论［J］．经济研究，2022（4）．

③ 徐翔，赵墨非．数据资本与经济增长路径［J］．经济研究，2020（10）．

制造企业在利用大数据技术后，其生产成本能够降低10%—15%[①]。可以预见，随着产业互联网的进一步发展，市场对于数据的需求将愈发突出，数据也将发挥着如工业时代电力般的作用，成为驱动各行各业发展的基础性动力。同时，在社会治理方面，“用数据说话、用数据决策、用数据管理、用数据创新”，也已经成为政府实现国家治理体系和治理能力现代化转型的重要标志。在此次抗击新冠肺炎疫情的工作中，数据就成为了疾控机构准确研判疫情发展态势以及科学制定防控措施的关键依据。通过对电信运营商信令数据的调取，疾控机构得以准确掌握患病和易感人群的行踪轨迹和联系方式，从而为及时采取隔离措施，切断疫病传染源赢得了宝贵时间。

人类社会的发展历史经验表明，经济形态重大变革的背后，往往是生产要素的创新与变革。一如劳动力和土地是农业时代的主要生产要素，资本和技术是工业时代最重要的生产要素，当人类社会步入数字时代后，数据这一新型生产要素成为了驱动社会进步的动力来源[②]。劳动、资本、土地、知识、技术、管理与数据的协同，共同构成了数字经济时代社会财富创造和生产力提升的关键。在此背景下，能否在准确掌握数据要素本质特征的基础上，通过良好的制度设计，促使数据要素规模不断扩大增量、盘活存量，并以市场化机制促进数据要素资源的有序流动和优化配置，从而使其蕴含的丰富价值得以充分释放，将成为数字经济时代下，数字治理目标顺利得以实现的关键。

（二）数据要素的本质特征

1. 数据是承载与记录信息的载体，数据的价值来源于其记录的信息

如何在数字经济时代准确界定“数据”的法律概念，曾经是学界长期讨论的问题，不同研究者在使用“数据”一词时一度存在较为明显的定义偏好，往往偏好使用自己的定义，难以形成有效共识。为有效统一法律概念，并为数据治理相关规则的制定奠定制度基础，全国人大常委会在2021年通过的《数据安全法》中对数据的法律概念作出了较为清晰的界定。根据该法第三条规定，所谓数据，是任何以电子或者其他方式对信息的记录。我们认为，可以从以下两个方面对数据的概念进行理解。

（1）数据是对信息的记录，是记录信息的数字化载体。所谓信息，是指在特定语境下具有特定含义的客体，例如事实、事件、事物、过程或思想（包括理念）等，是一种对不特定的受众具有一定含义的内容，它来自于人对于主客观世界的认识和反映。在现实世界中，大自然和人类活动无时无刻不在传播和创造信息，而人们也在毫不间断地接收和处理着这些信息，并根据处理结果对自己的各类行为进行指引。从某种意义上来说，信息与空气一样，弥散于全世界每个角落。然而，从法律规范的角度看，只有那些外化于人且传播范围能够受到人为控制的信息，才有可能成为法律保护和规制的对象。这就意味着，法律概念中的信息，通常需要被固定于某种载体之上，只有借助于信息载体这一中介，信息的价值才有可能成为法律评价的对象。以著作权为例，绝大多数作品都需要“栖身”于某种物质载体（如纸张、光碟乃至建筑物等）之上，才有可能真正获得法律保护，如果仅仅是人脑中存在的想法而没有将其外化，则无法受到法律的

① 梅宏. 大数据与数字经济［J］. 求是，2022（2）.

② 梅宏. 数字经济发展的趋势、挑战与思考［J］. 网络安全和信息化动态，2022（02）.

保护。事实上，口述作品在司法实践中面临的保护困境，也在相当程度上说明了信息载体对于信息价值保护的重要性。可以说，正是信息载体的出现，为信息成为受法律保护的权利客体，特别是财产性权利的客体创造了基础性条件。

与传统信息载体相比，数据具有更强的通用性和可延展性，一切能够被数字化（digital）的信息，在理论上都可被以数据的形式记录。这就决定了，数据所能记录的信息类型包罗万象且仍将持续扩展，其中既包括已经作为法定权利客体或规制对象的信息类型，如版权作品、发明专利、隐私信息、个人信息等，也必然会包括大量尚未被法定权利纳入麾下的信息类型，而如何为这些信息的归属和使用设定规则，将成为构建数据基础制度所需要解决的重点和难点问题。

信息是人类社会运行所仰赖的血液、食物和生命力①。它渗透到社会生产生活和科学研究的各个领域之中，并随着人类信息价值发掘能力的提升，改变着其所到之处的面貌。人类社会的发展历程已经无数次证明，每一次信息采集、传播和分析技术的革命性进步，都将成为人类科学技术、社会治理乃至交往方式转型升级的重大动力来源。以数据为关键要素的数字经济的诞生和快速发展，则再一次验证了这一历史规律。

（2）数据随着信息的记录产生，数据的价值完全来源于其记录的信息。具体来说，与纸张、光碟、磁带等有体物信息载体即使在不记录任何信息的情况下仍可独立存在不同，数据的形成和存续与其记录的信息是完全同步的。一方面，数据是随着各类电子设备或计算终端对于信息的记录而产生的，并非被提前生产出来而等待用于记录信息的；另一方面，一旦数据记录的信息无法被有效读取，数据就将成为计算机系统中的冗余。这意味着，尽管从物理属性上看数据是客观存在的电磁记录，但其价值却完全来自于所记录的信息内容，因此，数据无法像纸张或空白光盘那样，在不记录任何信息内容的情况下能够成为一项独立的民事权利客体。

此外，由于数据的价值完全来自其记录的信息，数据与信息内容天然具有共生性和一致性，因此，当数据承载的信息原本就属于法定权利的客体或规制对象时，对于该数据的使用将必然会受到相关法律的约束。例如，当数据承载的信息为个人信息时，对于此等数据的收集、使用、保管以及传输等，都需要遵循个人信息相关法律规范的约束。在法定情形下，数据控制者还需要根据个人信息主体的意愿对数据进行删除、修改等操作。总之，信息与数据犹如一枚硬币的正反两面，在数据记录的信息内容对数据的使用行为产生制约的同时，任何以数据为客体或对象设置的权利，其法律效果也将反作用于承载的信息内容，进而对信息的传播和使用产生直接或间接的影响。

此外，与传统信息载体不同，数据作为信息的载体，自身也需要其他物理载体的支撑才可以持续存在。目前用于承载数据的常见载体包括各类计算机信息系统（如电脑、手机以及其他智能终端等）和其他不具备独立计算能力的存储设备（如U盘、光盘等）。这意味着，任何以数据为对象的操作行为，如访问、复制、修改、删除等，必须同时建立在对数据载体的实际使用之上，因此在设置数据相关权利时，需要同时考量对数据载体的影响是否恰当。

① 詹姆斯·格雷克．信息简史［M］．高博，译．北京：人民邮电出版社，2013：5.

2. 数据的经济与法律特征

“数据是石油”的生动比喻，使社会各界迅速认识到了数据的重大价值。然而，数据与石油乃至其他生产要素，在产生、使用和流转方式上都存在着本质的区别，从这个意义上说，“数据并非石油”。唯有深刻把握数据要素自身的特性和规律，才能确保数据治理规则的构建符合正确的方向。

第一，数据并非自然资源，而是人类劳动的产物。如前所述，数据是以数字或其他方式记录的信息。由于信息天然具有瞬时性特征，人们若想对信息的价值进行重复利用和深度挖掘，就必须将其固定于特定载体之上，而从各类信息收集转换为以比特形式呈现的数据开始，数据的存储、归类、加密、清洗、分析、流转等各个环节，无不需要数据控制者付出相应的成本。根据洛克的劳动财产权理论，这种数据产生的机制决定了，当发现并将信息内容固定于载体之上的行为足以达到将信息从其自然状态中分离开来的标准时，劳动者将有理由对其劳动成果主张权利。我国将数据纳入生产要素范畴，并由市场评价其贡献，按贡献决定报酬的分配机制，也正是为了给予这些成本付出以一定的回报。

第二，数据具有可再生性和非竞争性。一方面，信息自身的无限性决定了，因记录信息而产生的数据也具有“取之不尽，用之不竭”的可再生属性。只要具备数据采集技术能力，新的数据每分每秒都在产生着，并且随着信息技术的不断进步，采集和存储数据的成本还将进一步下降，从而使数据的形成愈发常态化。事实上，随着智能终端设备的广泛普及，几乎所有终端用户都具备了采集和存储数据的基本能力。根据权威机构预测，2020 年全球数据产生量约为 47ZB（zettabyte），而预计到 2023 年，全球数据产生量将达到 2142ZB，可见增速之迅猛①。另一方面，数据可以通过复制的方式实现无损裂变，因此与石油等实物商品不同，它可以被无限次地生产和使用，而在这个过程中初始数据和数据主体都不会被损耗掉。相较于石油的比喻，数据更像是可以传递且不会消耗的火种，在数据用途不存在经济利益冲突的情况下，将产生价值倍增的效果。此外，由于同一来源的信息可以被多方记录形成数据，这种“一源多数”的格局决定了除非能够对信息源头进行绝对控制，否则任何主体都很难对数据形成独占，从而无法仅凭数据规模优势谋取垄断利益。

第三，数据的价值具有多元性。数据的价值来自其记录的信息，而在信息之中往往蕴含着十分丰富且多元的价值，不同主体基于不同场景、不同的使用方法可以从中发掘出各类不同的价值。从某种程度上说，数据像是一座冰山，数据收集者在收集数据时直接指向的价值目标，很可能只是冰山的一角，在海面之下还可能蕴藏着巨大的潜在价值。以个人信息数据为例，对于信息主体来说，其价值主要表现为对个人隐私和人格尊严的保护；对于政府部门来说，公民个人信息数据则是其依法履行各项职责，开展社会治理活动的重要工具；对于企业来说，通过对用户个人信息数据进行分析，则可以准确洞悉市场发展趋势，进而产生巨大的商业价值。

需要注意的是，数据在物理属性上的可复制性，使其蕴含的多元价值具备了被多方

---

① 数据来源：中国信息通信研究院《大数据白皮书（2020 年）》。

主体同时使用，而不会因此而发生耗损的特性。这也构成了数据与土地、自然资源等实物资源在价值实现方式上的巨大差异。实物资源的物理属性决定了其在权利归属上具有唯一性，只能被特定主体排他性地占有，进而在垄断其全部潜在价值的基础上选择某一特定用途进行使用。然而，数据却可以通过复制被多个主体同时获取并用于不同用途，在各自用途不存在直接冲突的情况下，各方主体均可以并行不悖地享有数据价值，实现数据使用价值的帕累托改进。

第四，规模性聚集带来数据价值的指数级提升。在实践中，如果数据是相互孤立的，数据控制者对于数据的使用只是为了获得其直接记载的信息内容，那么此类数据的使用价值与以非电子形式记录的信息并无本质区别，因为价值密度较低而不足以被上升为一项资源。只有当数据聚集达到一定的规模，以至于数据控制者可以借助技术手段在其直接记载的信息内容背后发掘出新的有价值的信息时，此种“数据集”才有资格被视为一种资源。以病历数据为例，如果医生对于电子病历的使用只是为了个案的诊断，那么其与纸质病历在使用价值上并无本质区别，只不过更便于查询和存储而已。只有当医院收录的病例达到一定数量，以至于医生可以通过对大量样本的分析和汇总，对既有诊疗方法进行改良和创新时，电子病历数据才真正实现了“资源化”转变。

当然，要想成为生产要素意义上的数据，不仅在数据量上需要达到一定规模，在数据的准确性、完整性、及时性、规范性、一致性等方面，也需要符合一定的质量要求，而后者往往是决定数据要素价值高低的关键。此外，数据要素的价值浮现虽然是一个聚沙成塔、集腋成裘的过程，但此种从量到质的“蜕变”过程却并非线性的，往往是当数据规模达到一定临界点后发生的“跃迁”。这也是舍恩伯格教授在其开创性著作《大数据时代》中将规模性作为大数据的四大特征之首的主要原因①。

第五，数据价值高度依托数据使用的场景。数据的非竞争性和价值多元的特点共同造就了数据要素的另一个鲜明特征，即数据价值与应用场景之间具有紧密的联系。真正创造价值的数据要素是经济活动的一部分，是经济活动中信息交互的结果和副产品。因此对数据价值的评估难以脱离经济活动场景而独立进行。换言之，信息交互是在特定场景中由于特定目的而进行的，因此一旦离开交流的场景和目的，数据往往也就失去了价值和意义。例如，智能汽车对于车辆行驶过程中各种参数的记录，在发现和预防车辆故障、分析交通事故发生原因，以及研判驾驶员安全驾驶习惯等场景中，具有无可替代的重要价值。然而一旦脱离上述具体用途，数据的价值将大打折扣甚至成为企业的成本。

三、数据要素的价值

数据流所蕴含的信息流与资金流、商品流一样，是经济活动必不可少的一部分。数字化革命的到来大大增强了数据作为经济发展引擎的重要作用，让数据要素的价值日益凸显。然而，这并未从本质上改变数据发挥作用的方式。诚如经济学家道格拉斯·诺斯所说，协作的效率，往往取决于参与者的规模、各参与者自身决策和行动的质量以及参与者之间配合的默契程度，而能否通过信息流通探知他人的偏好和行为模式，将是决定

① 舍恩伯格，库克耶．大数据时代［M］．周涛，译．杭州：浙江人民出版社，2013：39．

协作效率的关键。数据要素的价值，正在于它通过高频甚至实时、海量和多维的信息交互，有效减少了信息不对称，从而变革了协作方之间连接、决策和信任的机制，最终实现社会资源优化配置，极大提高经济社会运行效率。

（一）数据要素的价值转换链条："数据—信息—知识—智慧"

DIKW（Data，Information，Knowledge and Wisdom）"知识金字塔"模型简单地阐述了人类是如何逐步从纷繁的世界获取数据，并从中提取有用信息、组织成知识、最终形成智慧，即从数据中提炼价值的过程。为避免概念混淆，本文将在对上述四个概念分别进行定义的基础上，进一步说明数据要素的价值形成路径。详见图 1－1。

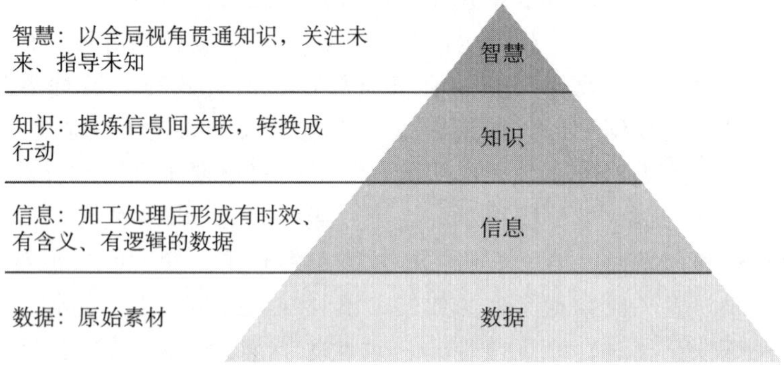

图 1－1　数据 DIKW 金字塔模型

所谓数据（data），如前所述，是依托数字技术对认识论意义上的信息进行的记录，如通过 IOT 设备中的传感器记录的地理位置数据、网络信息服务提供者通过智能终端收集的用户行为数据、气象观测机构依托专业设备观测收集的气象数据等。从使用价值的角度看，由于数据是对客观事实的直接记录，数据中虽然蕴含着极具价值的信息，但往往还伴随着大量"冗余"和"杂音"，因此在实践中，往往需要对数据进行清洗、提炼和分析，才能使其价值得以呈现。

DIKW 模型中的信息（information）是一个相对狭义的概念，其外延小于认识论意义上的信息，仅指在对数据进行加工处理后所形成的有意义、有价值、有逻辑的信息[①]。由此可见，从数据中提炼出新的信息，是数据价值化链路中非常重要的一步，而从数据到信息的过程，也是随着底层数据源源不断地采集和上层数据应用场景的需求驱动，持续不间断地进行迭代和优化演进的过程。

所谓知识（knowledge），是结合经验和技术手段，挖掘信息中内在规律、关联关系和潜在价值，高效地提炼和沉淀成为知识，并进行利用。知识是对信息进行深入洞察，获得对行动能力的支持，以完成当下任务。早期受制于数据收集的规模、分析的技术和工具的局限性，人们往往停留在有用的、直接的、可感知的、小范围的数据应用层面，而在大数据时代，数据可以被广泛且深入地应用于管理运营、洞察客户、资源配置等各项生产经营活动之中，让市场主体以及社会治理者能够更好地知己知彼，并在此基础上

① 叶继元，陈铭，谢欢，华薇娜．数据与信息之间逻辑关系的探讨——兼及 DIKW 概念链模式［J］．中国图书馆学报，2017（05）．

进行利益权衡。在实践中，针对此类需求已经衍生出了管理驾驶舱、客户画像、营销推荐、风险管控、供应链集成、预测性维护等各类数据智能化应用场景。

处于价值金字塔顶层的智慧（wisdom），是指以全局视角贯通的知识，能够关注未来、指导未知。智慧是人类基于已有的知识，针对物质世界运动过程中产生的问题，根据获得的信息进行分析、对比、演绎，找出解决方案的能力。这种能力运用的结果是将信息的有价值部分挖掘出来并使之成为已有知识架构的一部分。“智慧源于数据，高于数据”，智慧是一种全局、长期知识的高度提炼。

为更直观地理解“数据—信息—知识—智慧”的转化路径，在此以著名短跑运动员苏炳添在训练过程中所使用的基于大数据分析技术的“冠军模型”为例进行说明①。

第一步：在苏炳添训练过程中，教练组会借助各类设备对其步长、卧推、高翻、深蹲时长等信息进行记录，形成大量无特征、无解读的基础数据沉淀。这些数据（data）属于原始素材，无法为运动员改进训练提供直接帮助。

第二步：在这些数据基础上，教练组会根据训练科学对其进行筛选和再加工，形成量化反映运动员体能状态和技术能力的 14 项指标。这种对数据进行筛选、分析和计算的过程，就是从数据（D）到信息（I）的转换过程，而这一过程的实现，往往需要专家知识和经验的大量投入，外行很难替代。

第三步：通过对各项指标进行分析，教练得以发现苏炳添技术中的不足，针对性地改进技术环节，并通过与队友、对手之间数据的横向对标，不断优化训练计划和训练方案，这就是从信息（I）到知识（K）的过程。

第四步：经过全局分析，还可将数据应用于不同队员、不同项目，可为百米赛制定策略和探寻答案。用数据支持制定运动员选拔原则和运动发展策略，如“种族和年龄不是短跑运动关键要素”，“以赛养兵，以接力带单项”，这就是知识（K）到智慧的过程（W）。

（二）数据要素的三重价值

数据要素的核心价值，集中体现在对其他生产要素价值发挥的带动效应之上，许多传统产业正经历以数据要素为基础驱动力的数字化转型，通过对生产模式的重塑实现效率与质量的提升。在实践中，数据要素主要体现为以下三重价值。

第一重价值体现在“业务数据化”和“数据业务化”的相互促进。通过将“业务数据化”，市场主体可以获得更为充分和多元的数据要素资源，在此基础上，通过对数据要素进行分析和处理，进而将数据要素转化为各种增值性的服务和能力，实现“数据业务化”，从而提升自身业务的生产效率，实现对各类生产要素资源的更科学配置。

在消费互联网和产业互联网两个数字经济发展重点领域，数字化能力的提升依赖于数据要素的转化速度和效率。在消费互联网中，核心竞争力是增强客户洞察力的用户画像，即基于用户行为数据，对用户消费偏好、经济状况、健康等能力进行勾画，然后将其应用于精准营销与征信风控中。这项业务支撑了超万亿美元的市场。在产业互联网

---

① 苏炳添，邓民威，徐泽，梁伟，姜自立，王国杰．新时代中国男子 100m 短跑：回顾与展望［J］．体育科学，2019（02）．

中，核心竞争力是数字孪生，它基于设备运行数据，对核心装备的性能、状态进行画像，能够进行设计仿真、预测性维护并优化产品迭代和产线生产效率。

通过增加数据和增强算法，在场景中实现数据自驱的高速提效，也就是把数据作为驱动，来实现业务和服务自动化流程。通过降低进入门槛，扩大使用群体和规模，则可以获取更多的数据。再利用数据去优化模型，从而优化服务，最终形成自驱高效提速的良性循环。数据自驱，能够显著改善服务效率、扩大服务范围，从而克服鲍莫尔病。“服务业具有以下经济学意义上的重要特征：一是没有规模经济，二是技术含量低。由于这两个原因，工业革命以来劳动生产率提高的主要因素都体现不到服务业上”①。针对鲍莫尔病的一种治疗方案，就是要积极应用数字技术，帮助“停滞部门”生产率提升，帮助产品和服务触达更多的用户。因为以数据为依据进行自动化决策和行动，能够做到和传统服务业一样的千人千面、因时而异。同时，全程自动化受益于技术提效并能降低服务门槛，具备前所未有的规模效益。

第二重价值体现在由数据规模带来的效率提升。以电子商务领域的数据应用为例，在电商平台中消费者有数十亿种商品和服务可供选择，生产者或卖家面临数以亿计的潜在客户，双方都难以通过简单的浏览和搜索找到合适的交易对象，因此需要通过使用行为大数据，并基于消费者的购买历史、搜索行为，利用推荐算法进行智能匹配。在一项学者与淘宝网合作开展的研究中发现，当平台关闭个性化推荐功能时，平台推荐的商品会明显集中于少数集中头部商品之上，排名前1000位的商品几乎占到了所有曝光量的90%。同时，随着推荐商品种类的减少，以及出现的大量无效推荐，也会导致消费者购买意愿的降低。对比个性化推荐功能开启时，点击率综合下降77%，商品浏览量下降33%，交易量的降幅更高达81%②。

第三重价值体现在成就迭代试错、敏捷柔性等新型生产方式。《国富论》第一章就是“论分工”，其中提出每个工序的标准化奠定了工业化发展的基础，此种标准化的生产流程和行业分工，也为日后经济的全球化发展趋势埋下了伏笔。但当每道工序、每个设备甚至每个生产单元都可以数据化时，企业就可以更好地支持模拟仿真、A/B Test，实现“迭代试错”。此外，还可以支持消费、制造、仓储、物流之间的需求快速响应，实现“柔性调度”。通过跨部门、跨系统的数据互联、互通、互操作，实现纵向集成、横向集成、端到端集成，实现从局部优化到全局优化，从企业级协同到产业链协同。通过协同研发平台、供应链平台，将企业资源优化的边界从内部走向全产业链、从封闭走向开放，再进一步催生新业务、新模式，从产业链系统向构筑产业生态演进，在既定商业契约外形成新的合作关系。

总而言之，数据产生价值的根本原因，是根据科学决策，合理地分配有限资源；是实现全程数据自驱，提高生产力；是实现迭代试错、敏捷柔性，改进生产方式；是通过

① 江小涓．用数字技术克服“鲍莫尔病”［N］．北京日报，2021－10－26．

② Chen，Long，Patrick Bolton，et al. Understanding Big Data：Data Calculus in the Digital Era．（2021）；Sun T，Yuan Z，Li C et al. The Value of Personal Data in Internet Commerce：A High-Stake Field Experiment on Data Regulation Policy. Working Paper. Available at SSRN：https：//ssrn. com/abstract＝3566758

产生新的商业模式，优化生产关系。

（三）数据的价值评估路径

数据作为数字经济时代的新型生产要素，其经济价值不言而喻。然而，若想以传统的会计规则对数据的价值进行评估，并将评估结果反映在企业资产负债表中，却可能在实践和理论中面临重大挑战。

第一，虽然企业在运营过程中可能会产生或收集大量数据，且某些数据在经过有效的挖掘和整合后，可以通过提高效率、降低成本、创新业务等方式为其带来经济价值，但并非所有数据都有被利用的价值。即使是相同的数据，对于处于不同行业、数据处理能力不同的企业来说，可被利用的空间也大相径庭，如果对于一个企业来说，数据的采集和维护成本长期大于其可能产生的直接收益，那么这部分数据的价值应如何评估，乃至能否被视为企业的资产，均值得慎重考量。

质言之，企业掌握数据的规模，与数据能够给企业带来的价值之间并非总是正相关关系。在图 1－2 中，左图为 Facebook 和安客诚两家数据型企业的用户规模和市值对比，从中可以看出，两者虽然在用户数量上相差不大，但市值却相差了 270 倍；右图为国内某运营商，在 2007 年的市值高点时，其拥有 3.7 亿用户，但在时隔 14 年之后，虽然用户上涨了三倍，但市值却只有以前的 1/3。由此可见，只有当数据被用于能够实际产生更多经济或社会价值的用途时，数据规模才可能与企业自身的价值挂钩；也只有通过效率、服务和粘性，构建了数据驱动的外循环，为企业外部的生态、产业、客户和用户所用，才能重新调整社会资源的配置，获得更高收入。

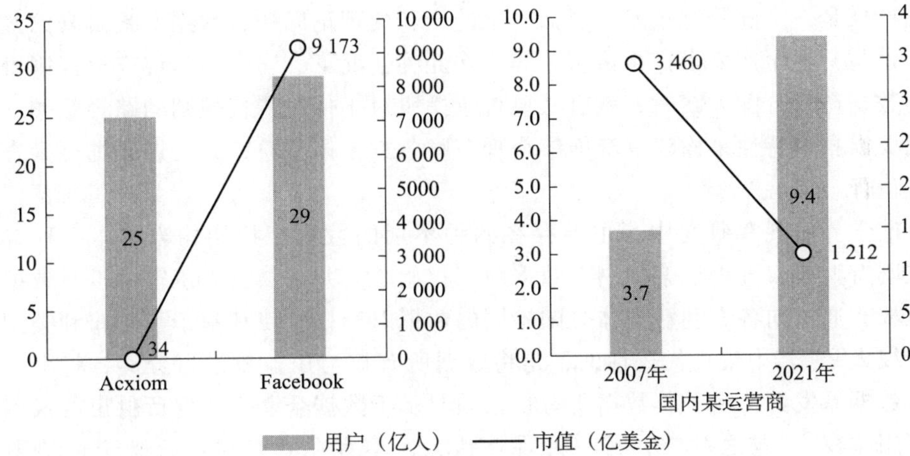

图 1－2　规模与市值对比图

第二，对数据资产的价值进行评估，一个前提条件是能够将其与企业的其他资产进行分离。但实际情况是，企业掌握的大部分数据，往往来源并使用于其日常经营活动之中，如客户消费数据，企业收集分析后用于更好地为客户服务，逐渐形成良好的“客户关系”。在这种情况下，“客户数据”的价值与“客户关系”的价值息息相关，数据资产难以与客户关系区分开来，这也导致数据的间接价值很难衡量。换言之，数据资产往往是企业持续经营的产物，因此数据资产难以与企业的具体业务相互分割，单独评估其价值。

此外，数据的价值还与其应用场景和使用主体的能力息息相关，以支撑普惠金融的征信类数据为例，只有在供需信息交换便利且拥有成熟的大数据风控能力的平台生态圈内，才能真正发挥其促进信贷的内在价值。如果将相同的数据从平台生态圈的土壤迁移出来，其还能否带来相同的价值，将存在很大变数。

第三，数据质量、数据应用、数据合规风险也是影响数据价值的关键因素。数据质量包含数据的准确性、完整性、及时性、规范性、一致性等特征，而数据的质量将直接决定数据的价值。在产业中数据的质量直接影响到计算和建模的效果，企业或组织会从管理和技术两个层面都投入大量的人力和物力进行数据清洗、数据质量监控和问题数据整改，甚至从数据的表现反推业务流程的规范化或优化。这部分投入会包含大量成本，也较难匹配和量化到一项数据、指标或者模型中。数据应用也正如前文所说数据的价值要在场景中体现，数据只有被用到才会发挥价值。

此外，如果让数据的价值完全依赖于数据使用者的反馈，通过业务人员的评价和对业务发挥的作用来主观定义数据的价值，对于数据提供方来说显然也是不公平的。因此，在市场实践中，越来越多的市场主体选择将数据以附加服务的方式对外提供，并让市场供需决定数据服务而非数据本身的价值。

四、数据要素的产权和分配

（一）突破传统产权规则路径，建立以价值为对象的权属规则

数据产权是一个随数字技术发展而产生的全新的理论问题，数据要素自身的经济和法律特性也与其他生产要素存在诸多差异。在此种情况下，当参照传统产权规则难以得出恰当的数据产权分配方案时，就有必要勇于摆脱对于传统产权规则的路径依赖，真正结合数据要素自身特性来构建一套能够合理兼顾各方主体利益，并促进数据要素合理配置的制度设计。

在目前学界的既有研究中，主要存在两种不同的数据产权架构方案。一种观点认为，应在既有财产权理论框架内创设数据财产权概念，并以物权为逻辑模板对数据进行系统性赋权，通过向各方利益主体分配不同的数据财产权，使其基于不同权利类型成为数据财产权人①。其中较具代表性的，是将数据所有权与用益权进行分离，将个人信息权人作为数据原发者，赋予其数据所有权，同时基于数据企业为数据所付出的成本，赋予其数据用益权②。与之对应，另一种观点认为，不宜在既有财产权理论框架内创设“数据财产权”，而应通过开放式的界权方案对诸多数据利益冲突一事一议。代表性观点认为，数据承载的利益类型过于多元化，难以用一套体系化的权利架构解决所有可能出现的权利冲突，因此应采取权利束的结构，通过类型化的方式对数据权利体系进行

① 沈建州．数据财产的权利架构与规则展开［J］．中国法学，2022（04）．

② 申卫星．论数据用益权［J］．中国社会科学，2020（11）．

构建①。

实际上，数据作为信息的载体，往往蕴含丰富且多元的价值，并可能涉及多方主体之间的利益交织，加之数据的可复制、非竞争性等特征，使任何一方主体都不具备充分的理由来独占数据中蕴含的所有现实和潜在价值。因此，在构建数据产权规则时不宜照搬以资源稀缺性为基础构建的产权规则，直接以数据为权利客体，以“全有或全无”的方式将数据产权排他性地归属于某一特定主体，而应以不同类型的价值为对象，在各利益相关方之间寻求一种合理分配的解决方案。当数据价值的归属不存在相互冲突时，可由多个主体分别享有；当存在冲突时，则应根据相关各方利益诉求的不同位阶设定优先级，在确保先位利益得以实现的基础上，为后位利益的实现提供制度依据。所以，从某种程度上说，构建数据产权规则的主要难点不是要解决“公地悲剧”，而是要有效解决“反公地悲剧”的问题。以个人信息为例，法律对于信息主体人格利益的保护优先于市场主体对个人信息经济价值的利用，因此市场主体在收集和使用个人信息时，需要获得信息主体的授权同意。但这并不妨碍市场主体在对个人信息进行匿名化处理后，将相关数据用于商业用途并获取收益。这与法律对模特肖像权的保护并不妨碍摄像师对肖像照享有著作权，并基于著作权将照片用于不侵害模特人格利益用途的自由，具有异曲同工之处。

因此，在构建数据产权制度体系时，有必要充分认识到数据承载价值和利益相关方的多元性特点，突破传统产权制度的路径依赖，避免对数据要素的权属作出“要么归A，要么归B”式的排他性（exclusive）规定，而应以不同类型数据为对象，在各利益相关方之间寻求合理的产权分配方案。

（二）综合权衡多方主体权益，构建激励相容的数据价值分配规则

数据作为人造物，并非大自然对人类的馈赠，而是数据处理者进行了清洗、加工等投入而付出对应成本后形成的生产要素。根据制度经济学的基本原理，为了鼓励市场主体持续创造和利用数据要素资源，数据产权规则应当具有制度激励效果，通过让市场主体获得合理受益，激励其继续投入创造更多数据并发挥其价值。唯有如此，才能在确保权利人能够得到合理回报的同时，为数据其他价值得到充分利用创造条件。欧盟数据库权（sui generis database right）将实质性投资作为数据库制作者取得数据库权的核心标准，理论基础即在于此。在我国司法实践中，将通过收集和整理获得的数据视为数据处理者的劳动成果并对其价值予以保护，也已经得到了充分认可。例如，在面对因数据抓取引发的法律纠纷时，我国法院普遍认为，考虑到数据处理者在收集和分析数据方面付出的大量成本，理应对其合理的竞争性利益予以保护，防止其他竞争者通过“搭便车”方式对其造成侵害，从而削弱市场主体发掘数据价值的内在动力②。

与此同时，数据价值的多元性特征也决定了，在尊重和保护数据处理者对于数据收益的合理预期的基础上，还应平衡兼顾数据中可能涉及的其他利益，如个人数据中的人

① 包晓丽，熊丙万．通讯录数据中的社会关系资本——数据要素产权配置的研究范式［J］．中国法律评论，2020（02）．

② 参见上海知识产权法院（2016）沪73民终242号民事判决书。

格利益、重要数据中的国家安全利益等，从而构建一套各方主体利益激励相容的制度安排。可概括为以下两个基本原则：

一是以对数据形成利用激励和同等程度的保护激励为基本目标。如果法律规则只是简单地明确数据记录者和加工者的财产权益，不对流通规则进行必要设定，可能会带来过度的数据记录和加工，损害数据相关主体的合法权益。在坚持数据财产权益抑或大数据集的数据库权利归于数据处理者的同时，应当明确对数据内容涉及的他人法定权利的优先保护责任。即数据处理者在数据生产加工及流通过程中，不得侵犯其他个人的隐私权和个人信息，不得侵害其他组织的商业秘密、著作权等知识产权，坚持保护国家安全相关重要数据的安全。

二是数据财产权益的分配不应当是零和博弈，而应当是共赢机制。产业实践中通过合同的方式实现场景化的数据财产权益分配，虽然有无法实现规模化数据流通的局限，但其反映出当下一个产业共识：在数字经济环境下，很难或者不应当主张独占性的数据财产权益。数据的可复制、可共享本身也是数字经济的独特优势，独占性的数据财产权益很可能减损数据价值的发挥。强调数据处理者的财产权益确权，是因为此类主体是推动数字经济发展的核心力量来源，且容易受相关方的法定权益或权利主张的过度限制而造成生产激励不足的问题。但是这样的确权机制，不能形成独占性的权益分配，也不能排除相关方的依法主张权益，否则就陷入另一个极端，带来规范不足的更大弊端。

五、数据要素的跨境流动

（一）数据跨境流动的作用

数字经济天然具有跨地域属性，这使基于数字技术的数字贸易，无论是在贸易方式还是贸易对象方面，都呈现出与传统贸易截然不同的表现形式，其中一个最为明显的特点，是数据跨境流动对于数字贸易运行的基础性作用。安全、通畅的跨境数据流动环境，将在促进经济增长、加速创新、推动全球化等方面发挥着不可忽视的作用，具体体现为以下几个方面：

第一，促进经济增长。基于生产要素国际流动理论，数据的跨国界流动可以帮助企业更直接、更合理地利用全球要素资源，不仅支撑起包括商品、服务、资本、人才等其他几乎所有要素的全球化活动，也在发挥着越来越独立且重要的作用。

第二，提升创新能力。数据跨境流动意味着信息、知识的传播与共享，自由流动的数据是国家创新的重要催化剂。根据 Frost & Sullivan 的 2025 年大趋势预测，未来 90% 的变革性创新都将依赖于数据。目前，几乎所有行业都依赖跨境数据的流动和实时分析数据的能力，以此作为其供应链、运营和商业模式创新的推动力。数据跨境流动使创新性的想法在全球扩散，使全球的互联网用户都可以接触、利用最新研究成果和技术，并激发更多创意，催生新业务、新模式和新企业，实现国家创新能力的整体提升。

第三，推动全球化发展。互联网开放互联的特性满足企业天然的全球经营需要和便利。数据是企业经营的“血液”，跨境数据流动极大地推动了企业面向全球的商业拓展。也正是在此背景下，数据跨境流动规则逐渐作为一种新型贸易壁垒，成为了国家间开展市场竞争的政策工具，而能否在全球或者区域范围内掌握制定数据跨境流动规则的主动权，在相当程度上决定着一国数字经济产业发展所能获得的空间。

（二）国际数据跨境规则的实践与发展

作为数字经济产业的核心资源，数据的跨境流动规则，在相当程度上决定着一国企业在拓展海外市场时可能面临的经营环境和竞争格局。在国际数字规则竞争的大背景下，不同国家正利用其在政治、经济、科技等方面的优势地位，在全球范围内积极推广符合自身利益的数据跨境流动规则，在此种趋势影响下，基于统一的数据跨境规则形成的"朋友圈"，已经日益成为一道隐形贸易壁垒，对非成员国企业进入其市场造成阻碍。

目前，西方发达国家正通过在一系列多双边自由贸易协定中加入数字贸易相关条款，逐步构建有利于本国企业在海外开展经营的制度基础。其中，美国主要通过在《美韩自由贸易协定》《美墨加协定》《美日数字贸易协定》中加入保障数据自由流动的条款，确保美国企业能够较为顺畅地将海外数据传回境内处理。欧盟则为了给境内企业的发展营造有利环境，打造了一套"内松外紧"的数字跨境流动规则。一方面，通过制定《一般数据保护条例》（GDPR）和《非个人数据自由流动条例》等法律，解决欧盟成员国内部的规则碎片化问题，打通成员国内部的数据流动通道；另一方面，对个人数据向非欧盟国家流动设置了较高标准，使欧盟本地企业获得更大竞争优势。日本也积极参与多边和双边数据跨境协定谈判，希望通过联通更多市场，吸引海外企业赴日投资，并为本国数字经济产业发展创造条件。目前，日本已经获得了欧盟对其的充分性认定，并与美国签订了《美日数字贸易协定》，从而在美、日、欧这三大经济体之间实质性地建立了一个数据自由流动区，这为日本在东亚乃至更大区域内占据数据传输枢纽的市场地位，打下了良好的制度基础。

当前，我国数字经济产业竞争力不断上升，大批科技企业开展了全球化布局。在这样的发展趋势下，构建数据跨境流动管理体系应当服务于我国建设"网络强国"的战略目标，通过把握全球产业竞争和政策演进的趋势，认清我国当前产业能力和发展目标，明确我国国家安全和网络安全的"红线"，并建立有助于提高我国数字经济全球竞争力的数据跨境流动互认区域。在这方面，《区域全面经济伙伴关系协议》（RECP）已经取得了里程碑式的成就。通过在 RECP 中专门设立电子商务一章，并围绕跨境电商交易的各个流程环节，设置诸多便利线上跨境交易的贸易规则（包括无纸化贸易、电子认证和电子签名、线上消费者保护、关税等），为成员国之间开展跨境电商合作奠定了重要基础；与此同时，RECP 还在网络安全、个人信息保护、数据跨境传输等数据治理规则方面形成了共识，将为各成员国加强电子商务领域合作提供制度保障，有利于营造良好的电子商务发展环境，增强各成员电子商务领域的政策互信、规制互认和企业互通，大大促进区域内电子商务的发展。

此外，我国还在申请加入《全面与进步跨太平洋伙伴关系协定》（CPTPP）和《数字经济伙伴关系协定》（DEPA）两个与数字贸易具有紧密关联的国际协定，旨在通过积极参与数字经济国际合作，在数字贸易规则方面与更多国家达成广泛共识，消除数字贸易市场的隐形壁垒，这将成为决定我国数字经济产业未来能否充分融入并有效拓展国际市场的关键一步。

第三节 经济的数字化

一、数字经济的概念

（一）数字经济概念的提出

数字经济是现代信息通信技术，特别是计算机、互联网、移动通信等技术普遍应用后引发的一系列创新性经济活动的统称。新技术带来的数字化转型正在驱动生产方式、生活方式和治理方式发生深刻变革，并对世界经济、政治和科技格局产生深远影响。

数字经济概念最早可追溯到20世纪90年代。被誉为“数字经济之父”的加拿大经济学家、商业策划大师唐·塔斯考特在1994年出版了名为《数字经济》一书，他在书中预言：“信息技术的革新掀起新时代的数字革命，将彻底改变经济增长方式以及世界经济格局，带领企业进入数字经济时代”“消费者和生产者可以通过网络直接接触，使两者之间的中间商逐步消失”。此后，尼古拉斯·尼葛洛庞帝的《数字化生存》、曼纽尔·卡斯特的《信息时代：经济、社会与文化》等著作问世，数字经济的概念也随之流行。

与此同时，各国政府也把发展数字经济作为推动经济增长的重要手段。1997年日本通产省开始使用数字经济一词。1998年美国商务部发布《浮现中的数字经济》报告，此后持续关注这一新经济现象，并以数字经济为主题发布了多个研究成果。进入本世纪，尤其是2008年国际金融危机以来，各国纷纷制定数字经济战略，加快发展数字经济已成为世界共识。

国际组织在推动数字经济方面也功不可没。联合国、OECD、世界银行（WB）、世界经济论坛（WEF）、G20、金砖国家领导人会晤、亚太经合组织（APEC）、全球移动通信协会（GSMA）等国际组织和平台均通过各种方式，推动数字经济研究与发展。

（二）数字经济与经济数字化

数字经济是一个内涵比较宽泛的概念，截至目前国际上对于“数字经济”的概念尚无权威、公认的统一定义，而且随着人类社会逐渐进入以数字化为主要标志的新阶段，数字经济的内涵不断扩展延伸。

OECD财政事务委员会于2013年9月成立数字经济工作组，负责研究与数字经济有关的税收问题。但经过深入研究，OECD认为，随着信息通信技术的快速发展，数字经济与传统经济活动已经无法清晰地划分，传统经济活动的数字化程度也在不断提升。为此，2015年OECD在其发布的税基侵蚀与利润转移（BEPS）第1项行动计划报告中将“数字经济”的表述修改为“经济数字化”，并在此后的研究中一直沿用“经济数字化”的概念。

2016年，二十国集团（G20）杭州峰会通过了《G20数字经济发展与合作倡议》，首次将“数字经济”列为G20创新增长蓝图中的一项重要议题，并对数字经济的概念进行了阐述：“数字经济是指以使用数字化的知识和信息作为关键生产要素、以现代信息网络作为重要载体、以信息通信技术的有效使用作为效率提升和经济结构优化的重要推动力的一系列经济活动。互联网、云计算、大数据、物联网、金融科技与其他新的数字技术应用于信息的采集、存储、分析和共享过程中，改变了社会互动方式。数字化、网络化、智能化的信息通信技术使现代经济活动更加灵活、敏捷、智慧。”2017年成立了G20数字经济任务组，并每年举办一次G20数字经济部长会议。

G20将数字经济作为一项独立的重要议题提出后，并未对数字经济的概念作出界定，这在一定程度上影响了国际社会对数字经济有关问题的探讨。2018年IMF在其报告中指出，“对‘数字经济’或‘数字领域’缺乏公认的定义，以及对互联网平台及其相关服务缺乏行业和产品分类，这些都给衡量数字经济发展情况造成了阻碍”。

为此，按照G20的要求，2020年OECD提交了《数字经济测度路线图》报告，尝试给出了一个相对宽泛、模糊的“数字经济”概念：数字经济包含所有依赖数字投入或者通过使用数字投入而显著得到增强的经济活动，包括数字技术、数字基础设施、数字服务和数据，它指所有生产者和消费者，包括政府在内，使用数字投入在各自的经济活动中。OECD在报告中还明确提出，上述定义是为了“数字经济”宏观数据测量的需要而提出的，从其他政策目的出发，可能会对“数字经济”作出不同的定义。

综上可以看出，目前对于“数字经济”并没有一个国际公认的权威定义，各方的共识在于，由于互联网、云计算、大数据、物联网等ICT技术的普遍应用，引发了经济活动乃至社会治理的显著变化，在经济领域而言集中体现为一些全新的商业模式和一系列数字化产品与服务。

从国内数字经济发展情况看，国家高度重视和积极鼓励数字经济的发展，使我国在数字化技术应用方面走在了世界前列。2017年12月8日，中共中央政治局就实施国家大数据战略进行第二次集体学习，习近平总书记指出，要构建以数据为关键要素的数字经济，发挥数据的基础资源作用和创新引擎作用，加快形成以创新为主要引领和支撑的数字经济。

自2018年起，每年全国人民代表大会上的政府工作报告都对数字经济的发展提出明确要求，这对推动数字经济的蓬勃发展起了重要的推动作用。到2021年底，我国建成了全球规模最大的光纤网络和4G网络，累计建成并开通5G基站数达142.5万个；网民规模达到10.32亿人，互联网普及率达73%；网上零售额超过13万亿元，其中实物商品网上零售额达到10.8万亿元，首次突破10万亿元，占社会消费品零售总额的24.5%①；新能源汽车产量367.7万辆，比上年增长152.5%；集成电路产量3594.3亿块，比上年增长37.5%。近年来，我国深入实施数字经济发展战略，新一代数字技术创新活跃、快速扩散，加速与经济社会各行业各领域深入融合，有力支撑了现代化经济体系的构建和经济社会的高质量发展。特别是在新冠肺炎疫情肆虐全球、世界经济陷入严重衰退、外部环境更加复杂严峻的情况下，我国网络建设迅猛发展，新业态、新模式

① 中国互联网络信息中心（CNNIC）. 第48次中国互联网络发展状况统计报告［R］. 2022-2-25.

竞相涌现，数字经济的新引擎作用愈加凸显，成为稳定经济增长的重要动力。

综上，可以发现，“数字经济”议题在全球治理层面由我国首倡提出，“数字经济”概念主要是从基础设施（现代信息网络）、技术（信息通信技术）、生产要素（数据资源）这三者与产业结合的角度，去发现和定位数字化程度较高的产业范围，从而在整体上衡量经济数字化的进展程度。目前国际上对“数字经济”概念虽然莫衷一是，但对于经济活动的数字化转型这一过程达成了普遍共识，也正是因此，OECD 更多地使用了“经济数字化”的提法，强调经济活动朝着数字化方向发展的动态过程，聚焦高度数字化的新兴商业模式，从其共性特征出发研究与之相适应的国际税收规则。“数字经济”和“经济数字化”关注的角度有所差别，但并无实质上的不同。考虑到本书写作的目的在于研究数字化这一现象对于税收制度的影响及其应对，将在后文着重介绍 OECD 提出后经过 130 多个包容性框架成员认可的对“经济数字化”及数字经济商业模式的研究成果。

二、数字经济的商业模式

自 20 世纪八九十年代以来，随着 ICT 技术的不断进步，数据处理的单位成本迅速下降。数据的井喷和对其分析利用方法的创新应用，促使经济活动高速增长、效率提升的同时，边际成本大幅度下降，高度数字化商业模式也不断涌现。

鉴于 OECD 在这一领域进行了深入研究，成果受到了包括 G20 国家和包容性框架成员在内的世界上主要国家的高度认可，下面主要介绍 OECD 关于数字化商业模式的研究成果。

（一）数字化商业模式

OECD 按照业务组织形式及与用户之间的关系不同，将数字化商业模式划分为四大类：

（1）多边平台。类似于在线贸易市场，提供一个在线的平台供终端用户（包括买方与卖方、数字内容的提供方与受众）在上面进行交互或交易，平台不是交易的参与方，仅提供必要的交易环境管理，将对消费者（买方）的大部分管理权和责任都交给供应商（卖方）。终端用户附属于平台（即脱离平台无法与其他方沟通联系）并通过平台与其他各方互动，因此间接网络效应在这一模式下十分重要。多边平台模式在数字经济中十分普遍，其中的典型例子包括滴滴、Uber、Airbnb、微博、亚马逊电商平台、淘宝、Facebook、网易、Google 等。例如，在滴滴（或者 Uber）平台上，乘车人与司机可以进行交互并达成交易，平台自身并不提供交通服务，而是为服务的供需双方提供了信息发布、交易撮合、支付结算等中介服务。在多边平台模式中，平台上的需求方越多，就会吸引越多的供给方加入，反过来供给方的规模越大，平台对于需求方的吸引力就越大（即间接网络效应），平台将数量众多的供需双方编织成了一个巨大的网络，在提高效率的同时也降低了交易成本。

（2）经销商。从供应商处获得商品及其控制权，并将其出售给其他买方的企业。经销商控制价格并作为卖方承担对消费者的责任。他们不允许终端用户（商品的原始提供方与最终消费者）之间的交互，也不必然要求消费者从属于其在线平台（网站或 APP

等，即消费者可以不使用其平台而从其他渠道获取商品和服务）。例如，京东自营电商、阿里巴巴自营电商、亚马逊自营电商、腾讯音乐、Spotify、Netflix（购买影视作品并提供播映服务）等。

（3）纵向一体化企业。从供应商手中取得所有权，从而将市场供应端合并到本企业的企业。例如，亚马逊自营电商（仓储和物流）、小米（终端用户设备和应用）、华为（硬件和云计算）、Netflix（影视制作并播映）等。纵向一体化企业将产业链向上延长至产品服务的生产环节，通过数字化手段实现了产品服务的产、供、销全环节的管理，从而在提高效率的同时使其利润最大化。

（4）投入供应商。为另一家企业的商品或服务过程提供中间投入品的企业或个人。不同于多边平台，中间产品供应商并不是供需双方之间的中介，只与供给方合作而不与最终消费者发生直接交易。例如Intel或清华紫光，其处理芯片或存储芯片，都是最终电子产品的中间投入品。投入供应商也是数字经济活动的重要参与者，但又与其他商业模式有着很大的不同，即其不直接面向最终消费者。详见图1-3。

	多边平台	经销商	投入供应商	纵向一体化企业
间接网络效应	是	是	否	是
中介	是	是	否	否
用户关联	高	低	-	低
价格控制和债务	终端用户	经销商	公司	公司
最终货物生产	否	否	否	是

图1-3 典型数字化商业模式

资料来源：OECD《数字化带来的税收挑战：2018年中期报告》

（二）数字化商业模式的特征

OECD在对不同数字化商业模式深入分析的基础上，概括出它的三大共同特征：

一是大规模无实体的跨境经济。数字化使不同行业的企业可以将其生产过程的不同环节分置于不同国家（或地区，以下简称国家），同时在世界范围内发展并服务更多客户。数字化也使很多高度数字化企业可以在不同国家开展实质性商业活动而不必设置实体机构，从而在没有当地实体的情况下实现属地经营（以下称为“大规模无实体”）。需要说明的是，由于OECD重点关注的是数字化商业模式对跨境税收，特别是企业所得税征税权的影响，而现行国际税制对此的安排主要基于常设机构原则（即要求跨国企业在市场国有一定程度的物理存在，市场国才有权对其经营所得征税），因此OECD特别强调了数字经济能够实现跨境无实体经营这一特点。从这些数字化商业模式本身的特征而言，更为恰当的表述可能是——经营活动突破了传统的物理区域限制，能够实现跨境远程经营。

二是高度依赖包括知识产权（IP）在内的无形资产。数字化企业的特点是对无形资产，特别是其中的IP资产，投资的重视程度增加。对于很多数字化企业而言，密集使用软件、算法等 IP 资产以支持其平台、网页和其他关键功能是其商业模式的核心。经济数字化，本质是知识和技术推动下的经济转型升级、效率提升的过程，数字化商业模式都是基于新技术的商业创新应用，是 IP 市场化的结果，IP 是其核心，能够形成数字化企业独特的竞争优势，而一旦这一优势无法保持，则可能导致该企业在竞争中迅速失利。

三是数据、用户参与及其与 IP 协同的重要性。数据、用户参与、网络效应和用户生成内容在高度数字化商业模式中非常普遍。随着从特定用户或客户处收集的信息量的增长，对信息数据挖掘所能获得的收益也将随之增长。另外，用户参与发挥的重要作用在社交网络的案例中体现得十分显著：若没有数据、网络效应和用户生成内容，我们目前所熟知的业务（如微博、推特、Facebook 等社交网络应用）将根本不会出现。用户参与可以分为主动的和被动的两种。但是用户参与度并不必然与数字化程度相关，例如，云计算被认为是高度数字化的行业，但它只涉及有限的用户参与。数据是数字化商业模式的核心和基础，对数据的分析和利用的方法（IP）就是数字化商业模式竞争的焦点和关键，用户的参与和贡献的内容一方面可以贡献更多的数据，另一方面能够通过网络效益扩大整个系统的价值，这也是数字化商业模式区别于传统的根本特征。

三、数字经济的统计与评价

数字经济的蓬勃发展对数字经济核算工作提出了迫切要求。为准确衡量数字经济的规模、速度、结构、发展程度，必须首先制定科学合理的数字经济的统计口径与评价标准。对此，目前各国及国际组织有着各式各样的衡量方法和标准，其中具有典型代表性的有美国商务部的数字经济统计测算、欧盟数字经济与社会指数（DESI）、中国国家统计局数字经济统计口径和 OECD 数字经济统计指标。

（一）美国商务部数字经济统计测算

美国商务部经济分析局（BEA）于 2018 年 3 月首次构建了数字经济卫星账户（satellite account），并进行了规模测算，之后每年对其修正更新，并逐步将其范围从“以数字化为主”的商品和服务扩展到包括“部分数字化”的商品和服务。在 2022 年 5 月更新的《美国数字经济统计数据更新（2005—2020 年）》报告中，BEA 声明其数字经济统计涵盖如下 3 种商品和服务：

（1）基础设施，即支撑计算机网络及数字经济的物质环境和组织安排，主要包括 ICT 产品和服务。基础设施产品可以划分为硬件和软件①。

（2）电子商务，即通过计算机网络远程销售商品和服务。包括 B2B（批发）和 B2C（零售）两类。

（3）收费数字服务，即与计算和通信相关的、向消费者收取费用的服务。包括云服务、电信服务、互联网服务、数据服务和所有其他收费的数字服务。

按照 BEA 的统计，2020 年美国数字经济总产出为 3.31 万亿美元，高于 2019 年的 3.17 万亿美元，增长了 3.8%。2012 年至 2020 年，数字经济总产出的年增长率平均为

---

① 美国商务部经济分析局，https://www.bea.gov/data/special-topics/digital-economy.

4.8%，远高于同期1.5%的整体经济增长率。可见数字经济增速远远快于整体经济。

BEA还提出，其正在对一些由于技术进步而带来快速发展的数字经济领域加强调查，如卫星制造和云服务。此外，BEA还计划在未来的统计中进一步扩大其数字经济统计范围，将数字中介平台服务纳入。

（二）欧盟数字经济与社会指数

欧盟数字经济与社会指数（DESI）是欧盟委员会发布的，用以评估和监督欧盟各国数字化发展程度的合成指数，该指数由人力资本、网络接入、数字技术融合应用和数字化公共服务4个主要方面及33项指标组成。人力资本维度评估公民的互联网应用技能和ICT专家的高级技能水平；网络接入维度评估固定宽带和移动宽带的供给和需求情况及其服务价格；数字技术融合应用维度包括了三个子维度：具备基本数字化程度的中小企业情况、选定的数字化技术（电子信息共享、社交媒体、大数据、AI、环境可持续方面的ICT技术、电子发票等7项）的应用情况及中小企业网上销售（含跨境销售）情况；数字公共服务维度描述了电子政务的需求和供应以及开放数据政策。

2022年DESI结果显示：在人力资本方面，16—74周岁的欧盟人员中有87%经常上网，但只有54%掌握了基本的数字化技能，尽管绝大部分工作要求求职者具备这些技能，但从全欧盟范围看，人口中的很大一部分并不掌握。欧盟劳动力市场上的ICT专家供给普遍紧张，2020年有55%的企业反映ICT专家招聘困难。在网络接入方面，尽管全欧盟都实现了宽带覆盖，但只有70%的家庭可以享受千兆宽带网络，同时，宽带接入方面的城乡差距显著。在数字技术融合应用方面，2021年，欧盟范围内的中小企业只有55%达到了最基本的数字化程度。企业的数字化程度在不断提升，但先进数字化技术的应用率仍比较低。尽管34%的企业开始应用云计算技术（2021年数据），但只有8%的企业使用了AI技术（2021年数据），14%的企业使用了大数据技术（2020年数据）。大型企业与中小企业数字化水平差距巨大。在数字公共服务方面，DESI通过对会员国是否能够完全在线完成关键服务的全流程来测评其数字公共服务水平。2021年，公民数字公共服务的质量分数达到了75分，企业服务分数达到了82分（满分100分）。

（三）中国国家统计局数字经济统计口径

国家统计局从理论层面梳理OECD、G20等国际组织及美国、英国等国家对数字经济的定义，探析数字经济的内涵、外延以及数据生产要素发挥的作用，辨析数字经济相关概念，明确数字经济统计范围，形成了覆盖全产业全要素全过程的《数字经济及其核心产业统计分类（2021）》（以下简称《数字经济分类》）。[①]

《数字经济分类》从“数字产业化”和“产业数字化”两个方面，确定了数字经济的基本范围，将其分为数字产品制造业、数字产品服务业、数字技术应用业、数字要素驱动业、数字化效率提升业等5大类。

其中，前4大类为数字产业化部分，即数字经济核心产业，是指为产业数字化发展提供数字技术、产品、服务、基础设施和解决方案，以及完全依赖于数字技术、数据要素的各类经济活动，对应《国民经济行业分类》中的26个大类、68个中类、126个小

① 国家统计局.数字经济及其核心产业统计分类（2021）[R].2021-6-3.

类，是数字经济发展的基础。

第5大类产业数字化部分，是指应用数字技术和数据资源为传统产业带来的产出增加和效率提升，是数字技术与实体经济的融合。该部分涵盖智慧农业、智能制造、智能交通、智慧物流、数字金融、数字商贸、数字社会、数字政府等数字化应用场景，对应《国民经济行业分类》中的91个大类、431个中类、1256个小类，体现了数字技术已经并将进一步与国民经济各行业产生深度渗透和广泛融合。

在《数字经济分类》中，数字产业化和产业数字化形成了互补关系。以制造业为例，数字产品制造业是指支撑数字信息处理的终端设备、相关电子元器件以及高度应用数字化技术的智能设备的制造，属于"数字产业化"部分，包括计算机制造、通讯及雷达设备制造、数字媒体设备制造、智能设备制造、电子元器件及设备制造和其他数字产品制造业。智能制造是指利用数字孪生、人工智能、5G、区块链、VR/AR、边缘计算、试验验证、仿真技术等新一代信息技术与先进制造技术深入融合，旨在提高制造业质量和核心竞争力的先进生产方式，属于"产业数字化"部分，主要包括数字化通用专用设备制造、数字化运输设备制造、数字化电气机械器材和仪器仪表制造、其他智能制造。数字产品制造业和智能制造是按照《国民经济行业分类》划分的制造业中数字经济具体表现形态的两个方面，互不交叉，共同构成了制造业中数字经济的全部范围。

上述分类标准兼顾了科学性和可操作性，有助于进一步推动更具可比性的数字经济统计核算。该标准出台以后，国家统计局组织了天津、辽宁、江苏、重庆四个省市就数字经济统计测算进行试点，目前正在总结试点经验。下一步将加快建立国家层面的数字经济统计监测制度。但国家统计局设计管理司司长徐荣华也表示，目前看，数字经济要进入常规统计核算还有很长一段路要走。当前国际社会对于数字经济的概念和统计分类的标准还没能达成一致，联合国也没有出台相关的统计数据分类标准，国民经济核算体系（SNA体系）对于数字经济的相关核算方法和核算原则还没有成熟的解决方案。尽管当前部分国家统计或研究机构在数字经济统计领域也做了一些探索尝试，但由于对数字经济的定义、分类不同，导致测算数据的可比性不强。

（四）OECD数字经济评估指标

OECD官方出版物《2017年OECD数字经济展望》（*OECD Digital Economy Outlook 2017*）、《衡量数字经济——一个新的视角》（*Measuring the Digital Economy: A New Perspective*）对数字经济有长期的跟踪和前瞻性研究①。OECD对数字经济的测度是两种方法兼顾，《衡量数字经济——一个新的视角》中主要采用了对比法，其构建的数字经济指标体系涵盖了具有国际可比性的38个指标，但是并未进行全面的数据采集、对比和评价，所罗列的数字经济的关键领域和采分点可供参考。

如前所述，2020年OECD提交G20的《数字经济测度路线图》报告，出于统一数字经济宏观统计口径的需要，提出了数字经济的定义及分层的统计口径，即把数字经济分为核心、狭义、广义以及数字社会四个由窄到宽层面，每层包含四个层次：核心定义主要包括ICT商品生产以及为数字化服务提供相关的经济活动；狭义定义在核心定义的

① https://www.oecd-ilibrary.org/science-and-technology/oecd-digital-economy-outlook-2017_9789264276284-en.

基础上加上依赖于数字投入的经济活动；广义定义则在狭义定义的基础上加上因使用数字投入而显著增强的企业的经济活动；数字社会比数字经济涵盖范围更广，包含不在国内生产总值核算内的数字化互动和活动，例如免费使用数字化平台等。除上述四个层次外，还有一种从订购和交付方式角度（而非最终产品和服务角度）定义数字经济的方法，即将所有通过数字化方式订购或交付的活动都定义为数字经济。

为了评估数字经济，OECD 报告从数字经济对就业、技能和发展三方面影响的角度提出了一系列指标：就业方面指标主要包括数字密集型行业和信息产业的就业、ICT 领域工作及 ICT 专家岗位、外国最终需求支撑的信息产业和数字密集型行业就业等。技术方面指标主要包括个人 ICT 技术和补充技能、工作中应用的数字化技术、NSE 与 ICT（自然科学、工程与信息通信）专业毕业生等。发展方面指标主要包括数字经济增加值、数字经济投资与生产率、与数字经济有关的国际贸易等。OECD 力图通过上述指标全面反映数字经济对经济产出及人民生活的影响。

需要说明的是，OECD 的报告中还提出，对用户免费的数字化服务这种新兴商业模式创造的价值未被纳入统计范围以及数字经济背景下数据价值应当如何评估等问题，并建议通过将“数据和广告驱动的平台”纳入统计范围加以解决。

上述对于数字经济不同的衡量标准和统计口径，有的聚焦统计口径以衡量数字经济的规模和发展速度，有的着重从软硬件环境和人的发展角度反映数字化进展程度，有的兼而有之，虽然大的方向和总体思路上基本一致，但在具体的范围、标准和指标方面仍有较大不同。这充分说明从全球范围看，各方对于数字经济（或者说经济数字化）究竟是什么、如何理解认识、如何评估计量等问题，并未形成成熟、公认的结论。OECD 在 G20 授权下提出的研究报告也仅提供了一个框架体系，仍有许多具体的细节和开放性问题需要进一步研究解决。正如 OECD 所言，数字化转型仍处于进展过程中，还会有许多新的经济现象不断涌现，对数字经济的统计和评估将为政策研究提供必要的背景和基础，还需要国际社会的持续关注和共同努力。

四、数字经济中的平台经济

平台经济是在数字技术基础上，由数据驱动、平台支撑、网络协同的经济活动单元所构成的新经济系统，是数字经济时代的新事物，也引领着数字经济的技术、模式和场景等创新。但从本质上而言，平台经济其实是数字经济时代当前最为重要的一种产业组织形式，到目前经历了两个阶段。

（一）平台经济发展的第一阶段：双边市场模型的数字经济

双边市场模型解释了平台经济在初期的发展形态。2014 年诺贝尔经济学奖获得者梯若尔在其《产业组织理论》[①] 一书中指出，平台经济是一种双边（或多边）市场模型下的产业组织方式。数字技术降低了信息获取和传递的成本，数字平台通过有效的双边价格策略对供给和需求的错配进行牵引调整，提高了经济效率。20 世纪 90 年代，全球经济表现平平，但美国实现了连续 118 个月“两高两低”的增长（高经济增长率、高

① 让·梯若尔. 产业组织理论［M］. 北京：中国人民大学出版社，2015.

生产增长率和低失业率、低通货膨胀率）。同期正是互联网开启商业化进程的年代，GAFA（谷歌、亚马逊、脸书、苹果）等平台企业先后成立并快速发展。美国前劳工部长罗伯特赖克曾表示，美国这一轮经济增长中的70%应归功于计算机和互联网①。

双边市场模型不是平台经济的全部。近20年来，我国平台经济蓬勃发展，形成了中美共同引领数字经济发展的全球格局。与美国相比，我国平台经济的可竞争性更加突出。除腾讯、阿里、百度外，又涌现出了如京东、字节、美团、拼多多等新的平台企业。绝大部分的卖方和买方同时在多个平台交易，几乎各类平台都能跨界开展电商业务。这些情况说明，梯若尔基于对美国平台经济观察而得到的双边市场模型，在解释我国平台经济发展时是不充分的。清华大学学者研究表明②，商户会根据自己的目标客群，选择最为匹配的平台为主、其他平台为辅来分配经营支出。这就要求平台必须与其他平台开展差异化竞争。

（二）平台经济发展的第二阶段：专业互补型的产业互联网经济

平台经济的价值创造机制不仅是对交叉需求弹性的利用，必然要向更深层次的用户服务和产业服务延伸，这就是平台经济发展的第二阶段。数据要素在产业活动中发挥作用，形成专业互补的生态型产业组织方式，构成了产业互联网经济。数据要素具有经济学意义上的“非竞争性”（Non－rival）特征，可以带来规模收益递增。随着数字技术向更多产业部门的渗透，数据要素和各行各业的知识相结合，其价值创造的角度更丰富，应用范围也更广。在数字经济时代，相隔越远的行业间如能共享和交流数据，越有利于经济的增长。此时，不同行业的企业相互协作，形成了超越产业链的创新网络。以阿里“双11购物节”为例，它就经历了从平台经济第一阶段到第二阶段的演进。今天的“双11”已经不只是一场营销活动，而是数字化的消费品制造业、批发零售业、物流快递业和消费者共同完成的社会化大生产行为，支撑“双11”成交大盘的主力商品绝大部分是消费者定制预售（C2M）以及厂家专门新开发的新品，每年的“双11”都有不一样的新技术、新产品、新服务诞生。这张数字化的创新网络，是一种社会生产的新型组织形式，也就是平台经济的第二阶段——产业互联网经济阶段。生态体系中的主体越多样、越丰富，数据要素能发挥的规模效益就越大。

平台型生态是产业互联网经济时代当前最优的产业组织形式。历次科技产业革命都带来了生产力和生产关系的创新升级，平台经济正是本轮数字技术产业革命对产业组织形式的又一次创新升级。当前，数字技术进步的“摩尔速度”以及飞速下降的“技术价格”共同作用，在很多行业中表现为产品更新换代越来越快。北京大学学者研究指出③，随着数字技术在更多产业领域的渗透，市场的竞争会进一步加剧，行业间在技术、效率、成本上的差异会加大，微观层面企业间的优胜劣汰不可避免，宏观层面必须要让资源更快、更自由地流动。一方面让这种竞争性的资源配置通过“创造性破坏”而成就创新，另一方面也要借此加强宏观经济的整体稳定性，“西方不亮东方亮”。构

① 李韬．二十世纪九十年代美国经济持续增长的原因分析［J］．发展论坛，2003（3）．

② 王勇等．流量博弈与流量数据的最优定价——基于电子商务平台的视角［J］．管理世界，2022（8）．

③ 黄益平等．平台经济创新、治理与繁荣［M］．北京：中信出版集团，2022．

建于数字技术之上的平台经济是现阶段显而易见的最优产业组织方式，是加快资源流动和竞争性配置的必然选择。产业互联网经济发展的动能，根植于繁荣、多样、密切协同的生态系统。产业生态和自然环境生态很相似，生态系统越复杂、越多样，各种市场主体的生存空间越大，创新活动越活跃。

纵观平台经济发展的两个阶段不难发现，类比于工业经济时代的“跨国公司”，平台经济的本质是平台型的产业组织。这种以数字技术为基础，以市场为导向、大范围灵活高效协同产业资源的新型产业组织，比传统的跨国公司运转的效率更高，从而成为了当今国际产业分工和布局的重要参与者，同时也是数字经济时代国际产业合作规则博弈的关键抓手。

第四节 经济数字化的影响

数字技术主导的新一轮技术革命正在推动着产业、经济、社会、治理数字化的逐渐转型。从微观主体到宏观环境，从理念、组织到文化，从生产力到生产关系，从国内发展到国际竞争，这都将产生越来越深刻的影响，这些影响还将随着科技的进步和对经济社会的渗透而不断迭代升级。西南财经大学甘犁教授在《数字经济：一个文献综述》[①]中，在 Avi Goldfarb 和 Catherine Tucker 于 2019 年对数字经济的英语文献所作综述[②]的基础上，作了有益的补充，让关于数字经济的文献综述更加全面。下面，结合上述文献和新的视角，来深入分析数字经济对经济社会带来的深远影响。

一、对经济的影响

（一）降低交易成本

数字技术促进了信息的传递，显著降低了供需双方的交易成本，从而对流通组织和产业组织带来了重构。

数字化的线上搜寻成本低于线下搜寻成本。在商业互联网出现之初，众多学者就关注了搜索成本的降低是如何通过降低价格和价格分散度，减少失业、职业空缺和库存来影响经济活动的，并在金融市场（Barber and Odean，2001）、劳动力市场（Autor，2001）和零售市场（Borenstein and Saloner，2001；Bakos，2001）中讨论了低搜寻成本带来的后果。

线上搜寻成本的降低使得线上产品价格下降，这是因为更低的搜寻成本便利消费者的比价行为，进而对同质或相似的产品价格产生压力。考虑到商家特征差异，消费者比价的商品即便是同质的，但是提供商品的商家在产品质量、渠道数量、购物体验、运送

① 甘犁在《数字经济：一个文献综述》中，总结和扩展了《A. Goldfarb&C. Tucker（2019）》文献综述。

② Goldfarb A Tucker C. Digital economics［J］. Journal of Economic Literature，2019，57（1）：3－43.

方案等方面存在差异，商家的品牌越强，声誉越好，商品溢价也就会越高（Waldfogel and Chen，2006；王强等，2010），而只在网上销售、提供更多配送和支付方式、更早进入在线市场的商家相对定价更低（赵冬梅，2008）。

搜寻成本的降低会产生长尾效应（Anderson，2006），低搜寻成本意味着更容易搜寻到稀缺和利基产品（Yang，2013），这促使利基产品的销售比重增加。同时，相对于互联网和数字技术出现之前，企业主要通过品牌声誉传递商品质量的信息（Tadelis，1999；Smith and Brynjolfsson 2001；Waldfogel and Chen，2006），数字市场给很多没有品牌宣传预算的小型商家提供了声誉识别的机制，进一步促进了长尾效应的发生。赵冬梅和王明（2019）以消费者网购茶叶为例，发现电商市场搜索成本降低能正向影响消费者购买利基产品的数量，从而产生长尾现象；Brynjolfsson et al.（2011）基于同时拥有线上和线下销售渠道的零售商数据，研究发现线上出现和购买的产品种类多于线下。Bar-Isaac et al.（2012）解释了搜寻成本降低如何产生明星效应和长尾效应。如果产品在同时存在纵向差异化和横向差异化，搜寻成本的下降会形成以下均衡：生产大量的最受欢迎和最优质的产品以出售给所有消费者，利基产品则通过长尾零售商进行销售。搜寻成本降低导致产品种类的变化会影响消费者福利，更低的搜寻成本使消费者更容易购买到匹配自身偏好的商品，进而增加消费者福利（Brynjolfsson et al.，2003）。

低搜寻成本便利了交换，提高了市场双方参与者的匹配质量，这通常由大型数字平台来实现。Dana and Orlov（2014）发现航空公司通常能更好地满员，Ellison et al.（2014）发现线上消费者更容易找到他们需要的特定书籍，Kroft and Pope（2014）发现基于互联网广告平台的线上搜寻能够有效匹配租客和出租房屋，降低了出租房屋的空置率。裴长洪等（2018）认为中国的物流行业高度碎片化，物流成本高，效率低下，而“货车帮”等互联网平台运用数字技术，将全国的货物和货车情况精准地匹配起来，大大地降低了空载率，从根本上解决了车货不匹配的难题；除了供需匹配，中国电子商务和“淘宝村”的快速发展也极大促进了要素的自由流动和精准匹配（荆文君和孙宝文，2019）。搜索活动通过改变交易机会的分布函数，减少信息不对称，实现电子市场效率的提高，但匹配能力也会受到市场本身聚集规模的影响（黄浩，2014）。也有研究发现，移动互联网的信息搜索成本更高，这可能在特定情境下产生新的行为偏误，降低匹配效率，如投资者使用手机进行投资时更偏好于排名靠前的投资标的，降低了投资绩效（江嘉骏等，2020）。

交易成本降低在我国起到了提升流通体系能力的作用，在一定程度上解决了供需错配造成的有效供给不足问题。电子商务出现前，我国线下零售体系覆盖是不足的。中国每千人零售营业面积仅为美国的 1/60，53%的线下零售渠道皆为分散独立的非现代零售渠道①，营运效率普遍偏低，无法充分满足消费者需求。2003 年以后，淘宝等本土电商公司创业起步，开始直接为消费者提供多样化的商品，新型支付中介公司使用信息技术，将担保交易从企业级服务转为消费者服务，物流快递延伸了零售服务半径。据罗汉堂的研究，消费者购物半径从传统线下零售的 10 千米左右扩大到电子商务的 1000 千米

① 波士顿咨询公司．解读中国互联网特色［R］．波士顿：波士顿咨询公司，2017．

左右[①]。电子商务发展大大弥补了零售业供给不足的问题，特别是低线城市及偏远落后地区的补充作用。

电子商务发展的同时推动了配套服务业的发展，并间接推动了包括实体商业在内的我国流通体系的全面升级。以物流快递业为例，电商企业依托平台大市场轻松触达全国消费者，全境配送打破了区域流通壁垒，物流技术和装备技术的不断创新，使流通时效大大提升，售后服务日益便利完善。国家邮政局最新数据显示，2020 年全国重点地区快递服务全程时限已缩短为 58.23 小时。履约成本从“十一五”末期的 24.57 元持续下降，“十二五”末期履约成本约为 13.41 元，到 2017 年降低至 12.37 元/件。物流业的现代化精细化水平不断提高，城际配送随之也出现高速增长。至此，我国横跨流通领域与消费领域的商品流通、商业技术、服务水平呈现全面发展态势。

（二）重构产业组织形式

平台经济是数字经济时代最主要的商业模式和产业组织形态，从需求侧与供给侧两端看，线上交易与消费习惯、消费升级与产业升级、数字技术的发展与应用、物流运输的高效与智慧化是推动中国平台经济发展的四大关键因素（李赞和张其仔，2020）。在李允尧等（2013）早期对平台经济理论的文献综述中，回顾了作为平台经济载体的双边市场发展现状及趋势，包括交易中介、媒体类型、支付工具和软件平台等主要类型；余文涛的系列文章则关注了互联网平台经济的市场扭曲改善效应和对行业生产效率的影响机制，以及地理租金如何通过厂商和消费者两端来促进平台经济发展（余文涛，2019；余文涛和吴士炜，2019、2020）；2020 年“新冠”疫情暴发后，以平台经济为主要代表形式的数字经济作用被激发和显现出来，在满足人们生活需求、恢复生产、降低疫情传播、保障社会安定等方面，成为抵御疫情冲击的重要力量（李赞和张其仔，2020）。实际上，今天我们已经看到平台经济重构了更具效率和活力的新型现代流通组织。平台企业只是载体，海量的消费者和服务商是生态系统的主体，他们通过平台完成连接、信息交换、需求匹配、资金收付、货物交收等经济活动，和平台一起构成了平台型的生态组织体系。平台型生态组织在我国流通体系中扮演着重要角色，它们通常是任务导向（如，每年的“双 11”、“618”网络购物节）的，整个组织呈网状结构，组织内的企业能够“以消费者为中心”相互影响、相互合作、协同服务，进而为创造更大的价值提供可能性。以阿里零售平台为例，近 10 亿消费者、约 1000 万在线商家、不同门类的生态服务商，共同构成了全球性的平台型现代流通组织。

信息流动会改变组织结构，搜寻是信息流动的一种形式（Lucking-Reiley and Spulber，2001）。Garicano（2000）表明低成本数字信息流动使总部和组织负责人能够更好地了解远距离发生的事情，可以提高集权度；低成本的通讯技术可以使一线员工访问以前仅总部高级员工可以访问的信息，从而降低集权度。研究强调数字技术对组织产生集权还是分权的影响取决于具体的技术类型。Bloom et al.（2014）直接利用欧洲和美国制造企业的数据测试上述观点，其表明信息技术（information technology）能加强集权度，而通讯技术（communication technology）降低集权度（Acemoglu et al.，2007）。此外，

① 罗汉堂．了解大数据：数字时代的数据和隐私［M］．杭州：浙江出版集团数字传媒有限公司，2021.

裴长洪等（2018）指出，数字经济时代，包括搜寻成本在内的交易成本下降会使大企业裂变为小企业，将非核心业务外包，从事专业化生产；简兆权等（2017）也研究了海尔案例，认为“平台＋小微企业”型组织结构为互联网环境下制造业的转型升级提供了一种可借鉴的组织方式。

除了对企业国内边界的影响外，搜寻成本的减少也导致了国际雇佣和外包的增加。虽然国际外包并不是一个新现象（Leamer，2007），但近来国际劳动力数字市场平台的兴起为国际雇佣提供了一条不同的途径。Agrawal et al.（2016）表明，拥有标准化信息的在线平台使发展中国家的工人受益匪浅，在线提供的客观信息，加上远程工作输出（通常是数据或软件代码等信息）的能力，有益于远离企业的工人。但这样的在线劳动力市场面临着几个重要挑战，Lyons（2017）利用在线劳动力市场的数据表明，跨文化的国际团队可能会因为沟通方面的问题而降低生产率。

（三）促进实体经济高质量发展和绿色发展

数字经济牵引了消费和供给的双向创新，解决了部分行业供需错配的问题。阿里研究院支持国务院发展研究中心在2021年完成的一项高水平消费和供给动态平衡的研究表明，我国每100元实物商品网络零售额中，有36元是纯新增消费。这个增量主要来自于结构性供需错配问题的解决，是消费创新带动供给侧产能更有效利用而释放出的增量价值。从更微观的层面看，在过去的两年里，淘宝、天猫新增了2100多个实物商品叶子类目，超过100条过亿销售额的新品类，国潮消费、银发消费、数字生活服务消费、城乡协调消费等消费创新和产业升级的案例层出不穷。截至2022年7月31日，淘宝2022年平台日均在线的首发新品有1.8亿款，超过1500家消费品头部品牌企业；基于天猫平台开发了超过10万款新品，平均研发周期从24个月缩短到6个月，新品成功率达到60%。

数字化现代服务的发展助力了市场主体能力的提升，服务于产业资源的有序重组。电子商务发展后期，数字技术独立于信息技术发展，信息流升级为数据流，数据成为新的生产要素。数据流与信息流最大的差异在于：信息流仅具备信息携带功能，通常作用于组织或行业内部的提效，是工业经济的产物；而数据流除了颗粒度更细以外，由于数据要素的高流动性和非竞争性，额外增加了对低流动性要素的配置功能，体现数字经济的特征。数据流的增值过程是通过与其他“三流”的化学反应实现的，以有形产品或无形服务为载体。这时，我国的数字平台企业在全球范围率先开始走出电子商务的渠道商业模式，转向技术密集型与知识密集型的企业专业服务领域。当前电商领域的代表性平台企业均已推出专门的企业服务。如阿里平台的企业数字化转型一站式服务（天猫新品牌孵化服务、1688数字化产业带服务、瓴羊数智化商业运营服务、阿里云信创级别企业服务）、京东平台的数字化供应链服务等。

数字化专业服务也助力了市场主体能力的提升。阿里研究院支持清华大学学者的研究发现，在长尾市场中，淘宝提供的市场洞察、供应链托管等服务显著提升了中小主体创新创业活动发生的几率，而更加分层的专业服务又在品质消费的市场中提高了创新活动的成功率。二者共同作用下，助力了部分行业产业集中度的有序提升。阿里研究院与中国市场学会一起观察了阿里1688内贸平台上超过100万家企业（四成是制造业工厂，六成是贸易商，99%是线上年销售额在1000万元范围内的中小企业）的情况后发现，近5年来，在线上新开展数字化经营的企业数量平均增速为5%，而线上销售额平均增速在27.5%，这表明平台经济通过扩大市场，给中小企业转型提供了生存和发展的空间。进一步观察了其中制造工厂企业在2021年的表现，发现这一年里有一部分新的工厂上线，也有一部分工厂退出，全年线上销售额在1000万元以内的制造企业数量微降1.2%，但他们的交易规模增长了14.7%。这表明平台经济以市场为牵引，在总量稳步提升的前提下，服务了部分制造业更有效率地进行资源重组和集中度提升，帮助产业实现转型。

当前，数字技术正在向更多行业深层次渗透融合。中国信息通信研究院发布的《2021年数字经济白皮书》指出，在数字消费方面，截至2021年6月，智能家居、可穿戴设备、汽车联网设备的使用率分别达到19.8%、13.3%和12.3%。随着数字化产品及服务释放出巨大的隐性价值和社会福利，在对满足人民群众美好生活的需要方面也发挥了重要作用。产业数字化对数字经济的主导地位也进一步凸显，农业、工业、服务业三大产业数字化转型深入推进。在农业方面，无人拖拉机、无人抛秧机、“5G+智能大棚”等智能设备推动农业生产养殖过程的精准感知和智能决策，助力农业发展从信息化走向标准化和智能化。工业方面，截至2021年6月，企业关键工序数控化率、数字化研发设计工具普及率分别达53.7%和73.7%，制造业数字化转型准备度持续提升；协同研发设计、远程设备操控、柔性生产制造、无人机巡检等“5G+工业互联网”数字化应用场景加速拓展。服务业方面，从餐饮、旅游到办公、教育、医疗等各类传统服务市场因数字化赋能实现了线上线下共融，进一步带动服务业繁荣发展。同时，数据平台支持企业完善运营规则和策略，为服务业高质量发展提供新机遇。

数字经济将克服地理障碍，有效消弭不同地区间的发展不平衡问题，为后发地区带来新的发展机遇。智慧民生的普及让全民参与社会治理成为可能。中国互联网络信息中心（CNNIC）发布的第48次《中国互联网络发展状况统计报告》显示，截至2021年6月，我国网民规模达10.11亿人，互联网普及率达71.6%。超10亿用户接入互联网，形成了全球最庞大、生机勃勃的数字社会。全国行政村通光纤和通4G比例均超过99%，农村和城市“同网同速”。农村群体与城镇居民互联网普及率差异较2020年12月缩小4.8个百分点。

数字经济促进绿色发展。信息通信技术有助于节能减排，促进绿色发展。一方面，信息通信技术自身的发展有助于减少社会经济活动对部分物资的消耗。另一方面，将信息通信技术应用于其他产业可以带来更大的节能效果。数字经济可以将互联网流量价值转化为经济价值和生态价值，为绿色消费提供技术储备和产品应用激励。借助数字技术开发绿色消费产品、打造绿色消费平台，可以提高大众绿色消费的参与度和获得感，提升绿色消费理念传播效率，从而形成全民参与绿色消费的自觉行动。在互联网时代，只要动动手指，就可以将“蚂蚁森林”里的虚拟树种在真实的沙漠中，在此基础上打造的绿色农产品，可以带动当地生态旅游业发展，提高农牧民的经济收入。“蚂蚁森林”的生动实践表明，数字技术让低碳生活更丰富、让低碳公益变得简单，“绿水青山”是可以向“金山银山”成功转化的。

（四）带动创新创业并深度影响就业结构

在新一轮科技革命和产业变革的带动下，全球在数字经济领域形成新一波创业创新浪潮，创业群体迅速扩大。数字经济的发展孕育了一大批极具发展潜力的互联网企业，成为激发创新创业、带动就业的驱动力量，不断有基于新科技、新产品、新模式、新业态的新企业诞生。在商业模式上，移动支付等一些领域出现了我国原创和领先的商业模式。在被市场所接受的细分领域，一些初创企业发展迅速，用户数量快速增长，吸引了大量投资，资本市场价值不断提高。

数字经济深刻影响就业结构。一方面，部分就业领域会随着产业转型、商业模式的变革而消失，部分中低技能的岗位会被机器所取代；另一方面，数字技术也会创造出一些新的商业模式和就业岗位，未来的市场将在用户价值挖掘、技术优势和模式等方面有所创新。总的来看，数字经济将对就业结构带来一定的调整。中国信息通信研究院发布的《中国数字经济就业发展研究报告：新形态、新模式、新趋势（2021 年）》就此作了深入分析。一方面，我国数字产业化就业岗位的占比显著高于同期数字产业化实现的国内生产总值占比，说明其高端就业的吸纳能力较强。同时，数字产业化领域招聘岗位占数字经济总招聘数量的 32.6%，而同期数字产业化增加值约占数字经济增加值的 20%。另一方面，产业数字化领域则是就业吸纳的主体，呈现出三产大于二产、二产大于一产的特征。产业数字化领域招聘岗位数占数字经济总招聘岗位数的 67.4%，吸纳数字经济就业能力更强。从招聘岗位看，第三产业数字经济就业岗位占比高达 60.2%，远高于第二产业的 7.1% 和第一产业的 0.1%；第三产业的岗位薪资也高于第二产业和第一产业。第三产业中，科研和生活性服务业是就业需求“主战场”，第二产业中高科技产业推动就业效果明显，而第一产业的数字经济岗位还有待强化。

二、对社会的影响

（一）对宏观经济增长的拉动效应

国家层面主要聚焦于数字技术对宏观生产率和经济增长的影响。自“生产率悖论”（Solow，1987）被提出后，大量文献关注了这一问题，Jorgenson et al.（2008）和 Bloom et al.（2010）总结指出，1995 年后生产力的增长主要是由于数字技术的投资和使用。但是衡量生产率的变化仍然较为困难，一个关键的挑战在于无形资本（Corrado and Hulten，2010），美国和英国的案例都证明了这一点（Corrado et al.，2009；Marrano et al.，2009）。Soloveichik（2010）确定了与书籍、电影、音乐和电视相关的约 650 亿美元的无形资本；郑世林和杨梦俊（2020）则基于 CHS 分类框架估计了 2000—2016 年中国各省（直辖市、自治区）无形资本存量，发现中国无形资本存量从 2000 年的 0.51 万亿元增长到 2016 年的 13.31 万亿元，年均增速为 22.69%，对经济增长贡献率已达到 35.79%，且主要集中在经济发达地区。对于数字技术与经济增长的关系，OECD 国家的案例被广泛关注。Rōller and Waverman（2001）发现在 1971—1990 年间，OECD 国家约三分之一的经济增长率可以直接或间接归因于电信基础设施；Czernich et al.（2011）也发现宽带基础设施的普及显著促进了 OECD 国家的经济增长，宽带普及率每增加 10 个百分点，年人均增长率就会提高 0.9—1.5 个百分点。

近年来，中国数字经济发展在减缓传统经济增速下行压力、促进经济结构转型升级、推动高质量发展方面发挥了重要作用（许宪春等，2020）。赵涛等（2020）构建数字经济综合指数发现，数字经济显著促进了高质量发展，并且激发大众创业是其重要机制；但姜松和孙玉鑫（2020）发现，数字经济的影响呈现倒U型特征，跨越临界值前表现为促进效应，跨越临界值后表现为挤出效应，并且存在东部挤出、中西部促进的异质影响。

（二）对国际贸易的重塑作用

数字经济发展对国际贸易的影响已成为当前学术界探讨的热门话题，现有研究普遍认为互联网及ICT的应用能够显著提高国际贸易规模（Freund and Weinhold，2004；Meijers，2014；施炳展，2016；Abeliansky and Hilbert，2017）。Freund and Weinhold（2004）研究发现互联网降低了国际交流成本，进而增加实物商品的贸易；Gomez-Herrera et al.（2014）认为这会更有利于英语国家的发展；虽然上文发现，数字经济时代，距离在某些情况下仍然起作用，但距离在贸易中的影响的确有所减少（Freund and Weinhold，2004；Clarke，2008；Lendle et al.，2016；Hui，forthcoming）。

近年来，国际上的贸易保护主义有所抬头，中国对外贸易的发展势头也随之减缓，进出口总额甚至在个别年份出现了负增长。然而，以跨境电商为代表的数字贸易却逆势而上，成为国际贸易领域的热点（刘航等，2019）。范鑫（2020）发现，进口国数字经济的发展能够显著降低我国出口效率损失，提高我国出口贸易效率，且这一作用对我国出口至中低收入水平国家更明显；马述忠等（2019）基于跨境电商物流数据和传统贸易出口数据的研究表明，跨境电商出口受地理距离的负面影响较小，而贸易伙伴国互联网的发展能够在一定程度上弱化地理距离的负面影响；鞠雪楠等（2020）则发现我国中小企业B2B跨境电商出口更倾向于互联网渗透率高、移动网络覆盖率高的国家，并且出口贸易与距离呈正相关关系；而微观上，消费者购买商品的重量、跨境物流信息服务费以及消费者所处的经济社会环境均对消费者跨境物流信息偏好产生影响（马述忠等，2020）。

数字经济的浪潮也将对跨国公司的商业模式产生深刻影响。世界银行（2017）指出，数字化跨国企业41%的资产和73%的销售额在海外，相比之下，传统跨国企业的比例分别为65%和64%；詹晓宁和欧阳永福（2018）认为，数字经济跨国企业的崛起是当前跨国企业发展的重要现象，跨国企业国际投资模式出现轻海外资产、低就业、区位决定因素变化、服务业投资比重上升、非股权投资增多以及跨国公司全球布局更加灵活六大特征。

（三）对区域发展产生多元影响

区域层面主要关注经济利益在国家内部的重新分配，即数字技术对城市还是农村地区的促进作用更大。总体而言，有两种力量在起作用，集聚效应意味着城市更受益，但低成本的通讯可以使地理位置偏远的人们受益。在任何特定情况下，总体结果取决于两者的平衡，通常，技术使用起来越困难，聚集效应就越有可能成为主流。

部分文献表示，城市因为聚集效应而受益更大。Gaspar and Glaeser（1998）认为数字通信是城市的补充，在线媒体的主要早期受益者是城市，因为在城市地区产生了质量最高的在线内容，这也是城市居民更愿意为宽带付费的原因之一（Savage and Waldman，2009）；Formam et al.（2012）指出，富裕城市是商业互联网的主要受益者；Eichengreen et al.（2016）的研究表明，外汇市场中高效的信息通信导致离岸货币交易增加，随之而来的是伦敦和少数其他主要金融中心的货币市场聚集。

因为中国特殊的城乡二元关系，国内学者较多关注数字经济对农民收入、乡村振兴和城乡差距的影响，对数字经济的城市效应关注较少。万广华和张琰（2021）发现信息技术代理变量的互联网使用率可以解释大部分的城市化加速，并且互联网人力资本的集聚将形成新的互联网中心城市，并通过改变贸易供求关系影响城市收入水平（张家滋等，2021）；王波和甄峰（2016）利用百度指数发现，互联网下城市的网络被搜索关注程度差距明显，存在等级差异，城市等级体系空间布局呈现出空间集聚特征。

互联网使用对偏远地区的个人和农村地区也具有益处。互联网可能会减少对特定任务工作区的需求，从而增加了“远程办公”的普及率（Autor，2001；Gaspar and Glaeser，1998），宽带也给人口密度低的地区带来就业方面的好处（Kolko，2012）；Forman et al.（2005）也发现互联网技术会让农村和偏远城市更受益。但也有研究发现，互联网技术会更加促进教育程度更高、人口更多、经济发展水平更高的县的工资增长，而在其他县则没有发现增长效应（Forman et al.，2012）。具体到中国，一般认为互联网普及显著提升了农村居民消费水平（祝仲坤和冷晨昕，2017），降低了城乡居民消费差距，并且是通过城乡居民生存型消费、享受型消费差距和发展型消费差距多维路径实现的（程名望和张家平，2019）；同时，光纤规模对于农村非农就业具有显著带动作用，且具有门槛效应，并依赖于农村人力资本的积累（李卓和封立涛，2021），宽带建设使农村家庭创业概率显著上升了4.8个百分点，这种促进作用显著高于同期道路建设（王剑程等，2020），数字技术的普及和使用丰富了农民收入来源（周冬，2016），减小了城乡收入差距（程名望和张家平，2019），促进了乡村地区高质量发展（张俊，2020）。

随着“电商综合示范县”“数字乡村”等政策的实施，农村电商发展产生了显著的扶贫增收效应。淘宝村是新阶段中国农村电子商务发展的典型产物（曾亿武等，2020），崔丽丽等（2014）和范轶琳等（2018）学者研究了“淘宝村”的社会创新因素和形成机理，认为邻里示范、社交示范、电商协会组织等因素能显著促进淘宝村商户销售业绩增长和创新集聚的形成。电商下乡的相关政策也让获得数字赋能的农户能够更加有效地参与市场活动，进而实现农民增收（曾亿武等，2019；李琪等，2019；唐跃桓等，2020），提升农户的经济获得感（王瑜，2019），电商带来的跨地区交易成本降低也增强了中小城市对人口的吸引力（王领和胡晓涛，2016），但也有文献表明电商加剧了农户内部的收入不平等程度（曾亿武等，2018）。对于农村消费，部分学者使用阿里巴巴的电商数据，发现电子商务缓解了偏远地区和农村与中心城市的消费福利差异（Fan et al.，2018；Couture et al.，2020）；李洁和邢伟（2020）认为由于搜寻成本下降和产品逆差的存在，电商市场发展对城乡消费差距有完全相反的两种影响，但其净效应是缩小城乡消费差距；但刘长庚等（2017）则发现电商经济发展显著提高了总体消费规模，促进了跨区域的消费集聚，却拉大了城乡消费差距。整体来看，电子商务对农村地区的收入增长促进效应明显，但消费促进效应仍存在一定争议。

数字金融是实现低成本、广覆盖和可持续的包容性金融的重要模式。它可以降低传统金融对物理网点的依赖，具有更强的地理穿透性和低成本优势，可以推动普惠金融（李继尊，2015），这为经济落后地区实现经济赶超提供了可能（郭峰等，2019）。已有文献表明，数字金融服务缓解了农村地区金融排斥（冷晨昕和陈前恒，2017），促使农户享受到信用卡、投资理财等更多的金融服务（陈宝珍和任金政，2017），增加了农民收入（刘心怡等，2020），缩小了城乡居民收入差距（宋晓玲，2017），降低了农户脆弱性和农村贫困的发生率（彭澎和徐志刚，2021；周利等，2021），促进了我国的包容性增长（张勋等，2019）。同时，数字金融还提升了农村消费性信贷需求（傅秋子和黄益平，2018），拓展出更多的消费方式和服务方式，显著改善和提升了农村居民消费结构和消费水平（张李义和涂奔，2017；郭华等，2020）。已有文献表明，对于农村地区的贫困户和非贫困户，数字金融的马太效应十分明显（王修华和赵亚雄，2020）；数字金融究竟是发挥“红利”还是“鸿沟”效应，还需要进一步研究（何宗樾等，2020；周利等，2020）。

（四）对缩小数字鸿沟带来挑战

如何防范数字鸿沟问题一直受到关注。自 20 世纪 80 年代以来，个人电脑和因特网发展和普及，对整个经济社会产生了巨大影响，拥有计算机、网络等数字科技者，正快速拉大与未拥有者在知识取得、财富分配以及社会地位方面的距离，形成新的社会不公平现象（何枭吟，2005），这种因社会数字化的结果而加大个人之间在知识、经济、社会差距的事实，被称为数字鸿沟现象（U. S. Department of Commerce，1998）。数字鸿沟现象与知沟假说（Knowledge Gap Hypothesis）密切相关，是指社会信息的增加可能会促使社会信息分配不均（Tichenor et al.，1970；Donohue et al.，1975）。DiMaggio et al.（2004）在回顾相关文献后提出，数字鸿沟的发展经历了两个阶段：接入机会差异导致的数字鸿沟和因使用互联网的差异而产生的数字不平等。早在 2000 年左右，胡鞍钢和周绍杰（2002a）就撰文指出全球面临新的贫富差距，即日益扩大的“数字鸿沟”，使中国与西方发达国家存在巨大的信息差距和知识差距。加速中国网络经济的发展，尽快缩小与发达国家知识与信息发展差距是 21 世纪新的“追赶战略”的核心所在（胡鞍钢和周绍杰，2002b）。在随后的发展中，有三个关键因素缩小了中国数字可及性差异，分别是接入设施覆盖性地扩展、使用设施的便利化和互联网的有用性（邱泽奇等，2016）。截至 2020 年 3 月，我国所有地级及以上城市均建成了光纤网络全覆盖的“光网城市”，行政村通宽带、光纤和通 4G 比例均超过 98%，贫困村通宽带比例达到 99%，网民规模为 9.04 亿人，互联网普及率达 64.5%（中国信息通信研究院，2020）。

因互联网使用差异带来的“数字红利”差异受到重视。“数字红利”概念由世界银行（2016）正式提出，是指由互联网的广泛应用而产生的发展效益。金春枝和李伦（2016）也认为我国网民尤其是城乡网民在互联网各类应用中的规模和使用率存在着差异，数字鸿沟问题的实质是经济鸿沟；程名望和张家平（2019）发现现阶段互联网普及缩小城乡居民收入差距的直接原因在于微观层面上互联网使用对农村居民的收入效应要大于城镇居民；当前区域间信息鸿沟相对差异在逐渐减小，应该更多地着眼于民众网络使用能力的培养及网络内容应用的优化与精准定位（孙杰等，2019）。就具体的金融服务而言，何宗樾等（2020）也发现数字金融发展给能够接触到互联网的居民带来便利以及机会，挤占了未能接触到互联网的居民原先可能获得的资源，这种数字鸿沟使位于贫困线附近和贫困线以下的居民由于数字金融的发展而愈加贫困；郭峰和王瑶佩（2019）发现农户使用传统金融的频率越高，受教育程度越高，使用数字金融服务的可能性就越大。

（五）对社会治理体系提出新要求

数字经济改变着社会治理模式，促使社会治理从单向管理向双向互动、从线下向线上线下融合、从单纯的政府监管向更加注重社会协同治理转变。数字经济治理理念，一是体现在聚焦个体价值，从工业社会的通用型、标准化、注重专业性效率的服务方式，转向数据时代更加突出精准化、个性化、注重多样性效率的服务方式；二是体现致力于满足人民对美好生活的需要，并以此为治理目标，持续改进经济调节和市场监管方式方法，更加注重完善社会管理和公共服务，提高公共服务供给的质量、水平和均衡度，使发展成果为广大人民群众所共享；三是体现在重视企业组织等其他它主体的内生治理作用，充分发挥公众的主体作用，政府治理从管理走向赋能，从一元主导走向多元共治。

（六）给新兴市场国家带来机遇

在技术竞争方面，数字经济时代的国家间的比较优势从传统资本、工业技术和劳动力等转向数据、数字技术和网络市场，特别是网络市场的价值随用户数量的增加而增加，它是应用驱动技术发展的关键因素。这使人口基数更为庞大、各类交易数据更为丰富的新兴市场国家迎来重要的技术发展机遇。新兴经济体的技术追赶自 2000 年以后明显提速，而且与发达国家在部分领域缩小了差距。特别是中国、印度、土耳其等新兴经济体的优势技术领域在不断增多，美国、德国、英国等传统上的技术领先国家的领先优势有所下降，这一变化趋势还将持续下去。

在贸易竞争方面，数字经济背景下的全球贸易同样发生着巨大变革，国际贸易的主体、商品、流程和规则都发生了变化。主要表现在以下方面：贸易主体从跨国公司和大企业为主，转向以中小微企业为主；贸易形态从大批量、规模化的集装箱，转向大量碎片化、定制化的小包裹订单；商业模式从 B2B 走向 B2C，并进一步向 C2B、C2M 转型；数据成为核心资源，在生产贸易中发挥重要价值；数字贸易帮助中小微企业和发展中国家普惠发展。在“逆全球化”潮流抬头的国际环境下，互联网平台、海量小企业、全球消费者，正在探索和实践一种数字经济环境下的经济全球化之路。《互联网时代的全球贸易新机遇：普惠贸易趋势》[①] 指出，互联网使得国际贸易出现了新机遇并得以转型。各个阶层的贸易主体，尤其是贸易弱势群体能够参与到贸易中来，其核心是有效、全方位地为社会所有阶层和群体提供贸易服务。一方面，是那些被传统贸易忽视的中小微企业等能够融入贸易中；另一方面，消费者也可以直接与全球的商户进行沟通，直接参与到国际贸易中来，并且获得更加多样化的产品和服务，实现全球性的消费。

① 阿里研究院．互联网时代的全球贸易新机遇——普惠贸易趋势［R］．2015.

经济数字化是新兴市场国家发展的重要战略机遇，特别对我国来说，是实现从人口红利向技术红利的转换、推进高质量发展的重要引擎。未来15—20年，中国、美国由于具备良好的网络市场基础和大规模数据潜力，数字经济发展有望领先。而借助数字技术革命带来的知识外溢和技术快速迭代效应，以中国为代表的新兴经济体的创新实力将随着数字技术进步提供的机会而快速上升。

第二章

经济数字化对国际税收规则的挑战及应对

数字技术加速突破应用，数据要素在价值创造中发挥了前所未有的重要作用，数字化转型成为不可阻挡的全球经济发展趋势，这些不仅颠覆了经济活动传统的业务模式，而且将重新塑造一国内部和国际税收利益的分配格局，对现行以工业经济为基础的国际税收规则带来了巨大的挑战。一些国家出台了单边的税收应对措施，虽然可在短期内筹集一定的税收收入，但是可能造成无法消除的跨国重复征税，甚至加剧国家之间贸易和投资关系的紧张。为了破解这一税收难题，在 G20 和 OECD 带领下有 141 个成员参与的包容性框架提出的“双支柱”方案已取得突破性进展，这标志着国际税收领域百年未有之大变局正在拉开序幕，对未来国际税收的治理必然产生深远的影响。我国既是数字经济大国，同时又是全面改革开放的发展中大国，面临着应对国际税收规则变革与促进自身发展的双重挑战。基于上一章对于数字技术、数据要素和经济数字化趋势的分析，本章详细阐述经济数字化对国际税收规则在理论和实践方面产生的深层次影响，分析国际税收规则发生变革的原因、机制和趋势，并回顾和展望各国的政策选择。

第一节 经济数字化对国际税收带来的挑战

正如上一章所述，当前正处于新一轮科技产业革命的初期，数字技术的突破应用，有力地推动了生产力的发展和生产关系的重塑，引发了生产生活方式的巨大变革，也给各国社会经济和国际竞争造成了深刻影响。数据要素成为一种新的生产要素，随着数据搜集、存储、利用的技术不断更新迭代，数据在新商业场景中创造出比其他历史时期更高的价值。数字化不仅成为生产和生活中的一种新趋势，而且给国家治理带来了深度变革。税收作为国家治理的重要组成部分，同样也面临着深层次的制度调整和革新，在国际层面这种矛盾更加突出。经济数字化的快速发展，使众多的商业活动可以不通过在当地设立分支机构等实体而遍及全球各地，跨境利润转移也变得更加复杂，不同国家和地区（以下简称国家）的税收权益的分配严重失衡。由于税收管辖权的基础是国家主权，而且世界上并没有一个全球性的中央政府来协调各国的征税权，所以在传统国际税收规则受到经济数字化挑战的情况下各国为了维护本国的税收利益只能“各自为战”，开征单边的数字服务税，而这样又给国际经济秩序造成了严重的冲击。像一百年前那样，国际社会坐下来重新研究和实施一种各方都能接受的国际税收新规则，成为一种当务之急，也是一种历史的必然。

一、国际税收规则的由来与现状

（一）国际税收规则的演变历程

当前的国际税收治理体系初步形成于20世纪20年代，并在20世纪60年代后逐渐完善成熟。在此之前，人类的国际经济活动主要以商品的国际贸易为主，国际资本流动的特征表现为宗主国对殖民地或半殖民地的投资，殖民地或半殖民地几乎谈不上独立的税收管辖权。当时国际上税收领域的主要矛盾体现为各国的关税保护与企业自由贸易的需求。关税的减让和协调逐步形成关税和贸易的国际规则[①]。

但是到了19世纪末20世纪初，国际经济活动的内容和形式逐渐发生了变化。尤其是资本的流动更加活跃，发达国家之间相互投资激增，发达国家对发展中国家的投资也迅速增加。跨国企业从这一时期也开始快速发展，同一纳税人从不同国家获得收入，导致不同国家对其所得的双重征税，从而引发国际社会对如何消除国际投资和财产所得重复征税问题的关注。1872年英国和瑞典签署了第一个关于避免遗产双重征税的协定，1899年奥匈帝国与德国签署了世界上第一个解决所得双重征税问题的国际税收协定，随后有十几个类似的避免双重征税协定签订[②]。这种税收协定开始将与个人相关的征税权分配给居民国[③]，将非个人即财产或商品交易相关的征税权划分给来源国[④]以解决双重征税问题。

第一次世界大战后，单边主义和保护主义抬头，国际重复征税问题更为严重，困扰着跨境贸易、借贷与投资。为了促进国际经济合作和世界经济复苏，1920年国际联盟（联合国的前身）成立。在当时具有重要影响力的国际商会（International Chamber of Commerce）的推动下，国际联盟着手研究解决国际重复征税问题，并成立了一个由四位来自不同国家的经济学家组成的专门委员会[⑤]。经过激烈争论，委员会达成妥协，并

① 何杨．国际税收规则变革与中国的应对［M］．北京：中国税务出版社，2015．

② 1901年，奥匈帝国和列支敦士登；1903—1913年，奥匈帝国和德意志联邦其他州：萨克森，巴伐利亚，符腾堡，巴登，黑塞；1909年，卢森堡和德国；1910年，瑞士和德国；1913年，卢森堡和黑塞。

③ 这里的居民是指税收居民，即由于国籍、住所、居所、管理机构所在地、总机构所在地、注册地或任何其他类似标准而在该缔约国负有纳税义务的人，包括自然人和法人。

④ 获得收入（如工资薪金、利润、股息、利息等）的所在国。

⑤ 廖体忠．国际税收政策的世纪选择与未来出路［J］．国际税收，2021（2）：3－11．

于1923年4月5日向国际联盟提交了一份名为《双重征税报告》① 的研究报告，即历史上著名的"国际联盟经济学家报告"，也被称为1923年的"伟大妥协"。

在国际联盟的主导下，国际税收法律和制度框架初步形成。一是该时期确立了国际税收的两大基本原则，即单一课税原则（single tax principle）和受益原则（benefit principle）。单一课税原则是指所得应该只被课征一次税收；而受益原则是指积极投资所得（如营业利润）应在来源国征税，消极投资所得（如股息、利息、特许权使用费等）应由居民国对其征税。构成现行国际税收体系基石的三大基本设计也在这一阶段出现②，分别是对来源国征税设定门槛的常设机构原则（permanent establishment，PE）③、常设机构和关联企业之间利润归属适用的独立交易原则（arm's length principle，ALP）④ 以及会计处理适用的独立会计原则（separate accounting principle，SAP）。

第二次世界大战爆发后，国际联盟由欧洲迁到美国，其工作更多地由美国、加拿大、拉丁美洲的代表主持进行。1954年之后，欧洲经济合作组织（Organisation for European Economic Co-Operation，OEEC）⑤ 即经济合作与发展组织（OECD）的前身代替了过去的国际联盟⑥，成为讨论国际税收问题的主要国际组织。随着越来越多的发展中国家开始签署双边税收协定，联合国对国际税收问题的关注也不断增加，尤其是关注维护发展中国家的税收利益。1967年，联合国成立了一个由发达国家和发展中国家专家和官员组成的小组，专门讨论发达国家和发展中国家双边税收协定的签署事宜。

在跨境经济活动不断增加的同时，国与国之间缺乏税收政策协调的问题显得日益突出，尤其是部分国家或地区（即税收管辖区，以下简称国家）之间相互开展所得税的逐底竞争，以及双重不征税问题越发引起了国际社会的广泛关注。OECD在1979年发布《转让定价指南》⑦，其双重目的在于：一是避免纳税人由于双重征税而加重税收负担；二是防止跨国企业通过转让定价造成国际避税。针对避税地对于跨国企业利润转移

---

① 《关于重复征税的专家报告（the Report by the Experts on Double Taxation）》，由意大利商业大学的布鲁恩斯教授、荷兰托瑞斯大学的艾劳蒂教授、美国哥伦比亚大学的斯里格曼教授和英国伦敦大学的斯丹普教授撰写，提出了国际税收规则的一些基本原则。

② 廖体忠．全球化与国际税收改革（上）（下）[J]．国际税收，2021（8）（9）．

③ 指外国企业在另一国进行其全部或部分营业活动的固定场所，或虽未设固定场所，但外国企业在另一国有非独立代理人，并通过该非独立代理人从事特定性质活动，则该外国企业被认定为在该另一国有常设机构，应就其营业所得向该另一国交税的原则。

④ 两个关联企业之间的交易应该与独立企业之间的交易一样，参照与第三方独立企业的交易来确定交易价格，如因交易价格不合理造成未取得应有利润，税务机关将根据独立企业间的交易情况给予调整。第一个采纳ALP的是1932年美国与法国签署的税收协定，国际联盟在1933年将其纳入协定范本。参见：Eduardo Baistrocch，The International Tax Regime and Global Power Shifts，Virginia Tax Review，Vol. 40，No. 2，Winter 2021，p. 219 - 340. HeinOnline.

⑤ 为联合起来实施马歇尔计划，以稳定欧洲经济，英国、法国等18个国家根据1948年4月16日通过的《欧洲经济合作公约》成立了欧洲经济合作组织，并在1961年更名为经济合作与发展组织。

⑥ 第二次世界大战结束后，联合国成立并取代国际联盟，国际联盟于1946年4月18日通过决议宣布解散，其所有财产和档案移交给联合国。

⑦ 参见：OECD. *Report of the OECD Committee on Fiscal Affairs on Transfer Pricing and Multinational Enterprises* (1979)，https：//research. ibfd. org/#/doc？url = /linkresolver/static/oecd_ tp_ fiscal_ mne。联合国在2013年也发布了转让定价指南，并于2017年进行更新。

的影响，OECD 从 1996 年开始采取措施打击这种有害税收竞争，并在 1998 年发布一份题为《有害税收竞争：一个全球性问题》的报告，同时还设立有害税收竞争论坛（Forum on Harmful Tax Practices，FHTP）专门讨论该问题。OECD 在 2000 年发布的《趋向全球税收合作：认定和消除有害税收行为的进程》[①] 报告中列举了 35 个避税地和 47 个有害税收制度的清单。

2008 年全球金融危机和 2010 年欧元区债务危机后，国际税收治理也开始面临新的形势，许多饱受危机折磨和负债累累的政府开始急于增加收入，国与国之间也加强了打击国际逃避税行为的合作和努力。2013 年 6 月，OECD 发布题为《关于税基侵蚀与利润转移（Base Erosion and Profit Shifting，简称 BEPS）的行动计划》[②] 的研究报告，提出了 15 项应对 BEPS 的具体行动计划，其中第 1 项行动计划即为《应对数字经济的税收挑战》（Address the tax challenges of the digital economy）。这份研究报告于 2013 年 9 月在 G20 圣彼得堡峰会上得到各国领导人背书。2015 年，BEPS 的 15 项行动计划的最终报告在 G20 安塔利亚峰会上获得通过。为了让更多的国家尤其是发展中国家参与该项行动，确保 BEPS 一揽子行动计划的有效实施，OECD 在 G20 的呼吁下构建了 BEPS 包容性框架（Inclusive Framework on BEPS），截至 2021 年 11 月包容性框架的成员国已经达到 141 个。图 2－1 描述了国际税收规则演变的历程。

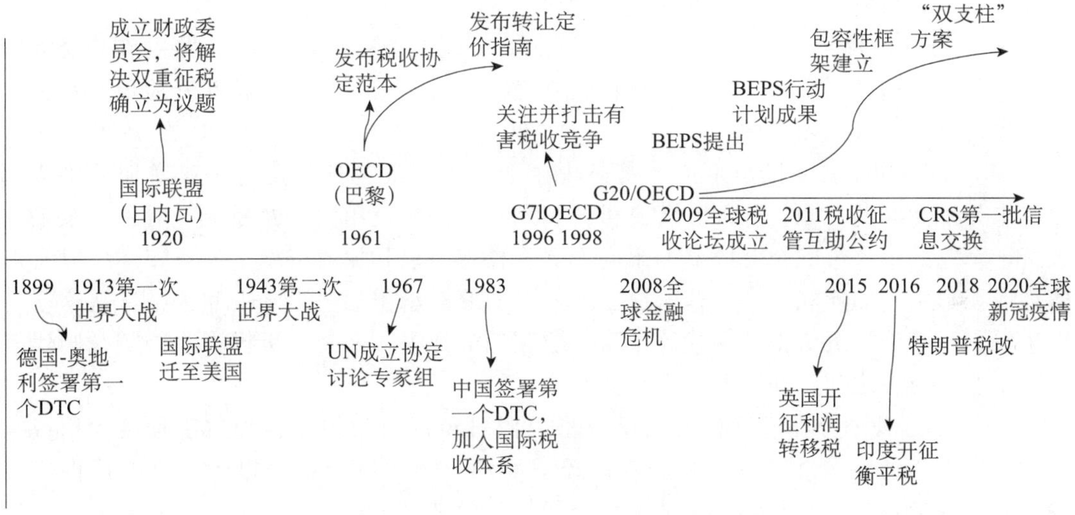

图 2－1 国际税收规则主要演变图

国际税收规则的形成对于促进国际投资以及推动经济全球化的发展都起到了十分重要的作用。这主要体现在：一方面，通过来源国和居民国之间的协调减轻了国际重复征税；另一方面，通过国际协调打击跨国逃避税，以独立交易原则为核心的转让定价税

① OECD. Towards Global Tax Co-Operation：Progress in Identifying and Eliminating Harmful Tax Practices，https：//read. oecd-ilibrary. org/taxation/towards-global-tax-co-operation_ 9789264184541-en#page17.

② OECD. *Action Plan on Base Erosion and Profit Shifting*，https：//www. oecd. org/tax/beps/action-plan-on-base-erosion-and-profit-shifting-9789264202719-en. htm.

务管理以及其他反避税措施在越来越多的国家得到采用，这对于跨国纳税人从事避税活动起到了一定的遏制作用，从而有利于维护公平的国际税收秩序，有利于促进国际投资和经济的全球化发展。但是，也需要看到，一百年前开始构建的国际税收规则是在有形投资占主导的大背景下进行的，之前提到的四位经济学家 1923 年提交的《双重征税报告》[①]（以下简称“1923 年双重征税报告”）中的结论是：来源国放弃征税（即实行纯居民国税收）应是首选的解决国际重复征税方法，但报告也承认鉴于来源国将坚持本国的征税权，所以为了协调国家之间的税收权益，最终应当采用一种折中的解决办法，即按照所得类型在来源国和居民国之间划分征税权。

（二）国际税收管辖权划分的现状

按照“经济忠诚（economic allegiance）学说”，现行国际税收规则基于以下两种联接来划分跨境所得的征税权，即确定一个国家对某项所得是否具有征税权。一是基于人的联接，二是基于来源地的联接。基于人的联接确定的税收管辖权称为属人管辖权，而基于来源地的联接确定的税收管辖权则称为属地管辖权。一个国家行使哪种税收管辖权取决于两个方面：一是理论上的合理性，二是实践中的可行性。征收所得税的国家一般都实行属地管辖权，即对非居民来源于本国（地区）境内的所得征税；大部分国家还同时实行属人管辖权，即对居民（或公民）来源于境外的所得征税；但也有少数国家放弃了属人管辖权，实行单一的属地管辖权。

在划分征税权之前，这套规则将所得划分为两大类：积极投资所得和消极投资所得。对所得的这种划分构成现行国际税收制度的重要基础。从制度设计者的角度看，作出这种划分主要有三点考虑：

第一，假定世界上的全部所得都是由企业增值活动创造。每个企业增加的价值都是其未分配利润的总和，外加它所支付的利息、特许权使用费以及租金，后者代表了向投资于企业的个人分配企业收益的不同方式。投资可以是权益资本、债务资本，以有形资产或无形资产的形式存在。这取决于投资者所愿意承担的风险水平和类型。从这个角度来看，对积极投资所得征税代表了对企业利润的征税，而对消极投资所得征税则代表了对企业投资者之间利润分配的征税。

第二，这种划分在某种程度上反映了人们对经营活动的参与和控制程度。积极投资所得来自于纳税人直接参与和控制的经济活动，例如生产和销售产品或者提供劳务等，其表现形式为经营利润；而消极投资所得一般来自于纳税人的消极投资活动，例如购买股票或拆借资金等，其表现形式为股息、利息、特许权使用费、租金、财产转让收益等。

第三，积极投资所得主要应由来源地征税、消极投资所得主要应由居住地征税的原因，从财政角度来讲，积极投资活动往往更多地需要使用当地的基础设施、公共服务，包括道路、法律、员工基础教育等，而消极投资活动则更多地与财产、资金、无形资产的所有者有关。按照谁使用、谁付费的原则，来源地对积极投资所得应该具有更多

① 1921 年 9 月，国际联盟财政委员会邀请四位经济学家撰写一份关于解决双重征税问题的经济学报告，该报告对于后续国际税收规则的讨论发挥了重要作用。

的征税权，而居住地对消极投资所得应有更多的征税权。

根据惯例，所得来源地享有征税的优先权是因为它便于对来源于本辖区的各类所得征税。但是，1923 年双重征税报告建议各国在未来的谈判中，要按照所得的性质在两国之间相应地分配所得征税的优先权，并提出，积极投资所得应该主要在它产生的那个国家征税（即来源国），而消极投资所得则应该主要在取得者所居住的国家（即居民国）征税①。一方面，报告中界定了在一个既定国家什么可以被认为构成了经营活动（“常设机构”标准），并且赋予来源国对来自于经营活动的利润优先课税的权利。对这些利润，只要来源国已经征税，居民国就必须采取一定措施消除双重征税。另一方面，力求尽可能地减少来源国对从该国境内取得的消极投资所得课税，而尽量把对消极投资所得课税的权利留给居民国（见图 2－2）。

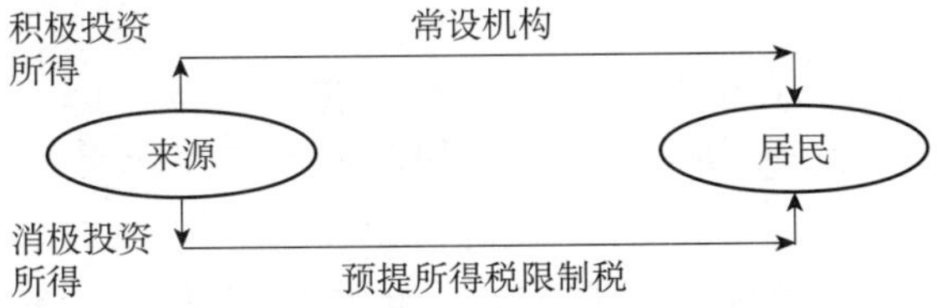

图 2－2 居住国和来源国的征税权划分

现行征税权按所得类型在来源国和居民国之间进行分享，具体规定为：

（1）跨国企业通过设立机构、场所（如分企业）到境外从事经营活动所取得的利润（积极投资所得），来源国是否有权对其征税，主要是看该机构、场所在来源国是否构成常设机构，只有构成了常设机构，来源国才有权对这笔利润征税，否则由居民国征税。

（2）跨国企业如果通过持有股权、债权或无形资产所有权的形式在来源国从事投资活动（消极投资），并没有在来源国设立常设机构，或虽设立了常设机构但所从事的消极投资活动并没有通过该常设机构进行，这时来源国有权以预提所得税的方式对跨国企业从本国取得的股息、利息、特许权使用费等消极投资所得征税。但预提所得税的税率一般要低于企业所得税税率，居民国需要通过与来源国签订税收协定对预提所得税的税率进行限定。

经济数字化远程无实体交易带来的问题是，跨国企业取得的所得在来源国属于积极投资所得，但在来源国又没有设立常设机构，这时来源国就失去了征税的联接度（tax nexus）。

（三）跨境利润分配原则的现状

管辖权确定了一个税收管辖区对于一笔跨境所得是否有征税权，而利润分配原则进一步确定该税收管辖区能够对多少利润征税。在这方面有两个原则：一是实际联系原则，也就是跨国企业在来源国设有常设机构之后，由常设机构本身活动取得的营业利润来源国可以对其征税，而与常设机构没有实际联系的所得，来源国不能征税。《经济合

① 主动经营所得主要是和企业直接投资或者个人的劳动联系在一起的，如企业生产经营所得或者个人的劳务所得；被动所得主要是企业或者个人拥有资本、技术或者财产获得的股息、利息、租金、特许权使用费等。

作与发展组织税收协定范本（简称 OECD 范本）》中明确，来源国的征税权不能延伸到跨国企业未通过该来源国设立的常设机构取得的利润。二是引力原则，只要跨国企业在来源国设有常设机构，其利润无论是否直接通过该常设机构取得的，只要利润来源于与常设机构业务范围相同或类似的经营活动，则来源国都可以对这笔利润征税。《联合国税收协定范本（简称联合国范本）》主张这种做法。《联合国范本》（2017 年）第七条第一款规定，缔约国一方企业通过在缔约国另一方的常设机构进行营业，其利润可以在另一方征税，但其征税的利润应仅属于：（1）该常设机构；（2）在缔约国另一方销售与常设机构销售的货物或商品相同或类似的货物或商品；（3）在缔约国另一方进行其它与常设机构进行的经营活动相同或类似的经营活动。但是如果实施引力原则，可能会对企业的正常营业活动产生影响，因此大多数国际税收协定都不采纳引力原则，而采用实际联系原则。

来源国对常设机构的利润有权征税，还有一个税基大小的问题，即如何合理地确定常设机构的应税所得。在这个问题上两个税收协定范本都坚持独立交易原则（arm's length principle）。常设机构不是独立的法人，但是为了更好地行使来源地管辖权，来源国可以将它视作独立的法人企业，用独立交易的原则来确定其在来源国应当纳税的利润。一般来说，总、分企业同属于一个实体，常设机构就是一个分企业，它是总企业设立的派出机构。跨国企业往往在境外设立常设机构，这时总企业与境外常设机构进行交易也属于一种关联交易，这时如果交易价格制定得不合理，很可能就会损害来源国的税收利益。所以，来源国为了维护税收利益，对常设机构征税时必须坚持独立交易原则。

实际上，独立交易原则还更多地被用于应对跨国关联企业之间的避税活动。关联企业由于相互之间特殊的控制或利益关系，可以不按市场价格进行交易作价，加之全球范围内低税地的大量存在，很容易通过人为操纵转让定价的方式向低税地的关联方转移利润，从而达到减轻全球总税负的目的。对关联企业征税实行独立交易原则，就是要求关联方之间的交易也要像两个独立企业（非关联企业）之间的交易一样按照公平的原则作价，不能人为地抬高或压低价格。目前这一原则被广泛应用于各国对关联企业转让定价的税务管理之中。早在 1910 年代，英、美两国率先在本国的所得税法中加进了这项原则，以约束纳税人的转移利润行为。OECD 范本和联合国范本在第九条“关联企业”中也都主张实行独立交易原则。此外，OECD 历次发布的《跨国企业与税务机关转让定价指南》（以下简称《转让定价指南》）[①] 中也都坚持独立交易原则，并且明确表明不接受公式分配法作为独立交易原则的替代。

但是，独立交易原则在被广泛认可的同时也一直备受一部分人的质疑。比如，独立交易原则要求关联方之间要按照独立交易那样定价，但是关联交易与独立交易的各种条件和环境都不相同，实施独立交易原则所要求进行的可比性分析或功能风险分析较为复杂，尤其是在涉及无形资产等高度整合交易[②]的情况下更加难以确定合理的交易价

① OECD Transfer Pricing Guidelines for Multinational Enterprises and Tax Administrations 2022.

② 在《OECD 跨国企业与税务机关转让定价指南》中指各参与方交易高度关联，且难以单独评估各方交易结果的情况。

格，这也使独立交易原则在实践中更多是采取一种近似或者折中的实现方式。因此，一直以来就有专家建议取消独立交易原则，另辟蹊径。经济数字化的发展使高度整合交易越来越普遍，独立交易原则的运用也面临着更大的挑战。

二、经济数字化对传统国际税收规则带来的挑战

（一）交易的远程无实体特征使来源国失去征税的依据

经济数字化产生了大量不依赖实体存在的商业模式，割断了国家与跨境税基之间的物理联接，从而对经济活动发生地的税收管辖权带来了挑战。经济数字化的重要特征之一就是企业不再依赖物理的存在而开展经营活动，而设立子企业、分支机构、常设机构等往往需要有一定的物理存在。也就是说，在数字化商业模式下，企业跨国经营可以不再需要在来源国（市场国或用户国）设立常设机构，这样就使来源国失去了对跨国企业征税的依据或联接点。为了解决电子商务引起的国际税收问题，OECD 范本注释将互联网服务器界定为一种特殊的常设机构。但是这种解决问题的办法仍是在传统的常设机构框架内进行的，由于服务器的可移动性特点，使跨国企业很可能将服务器搬到国际避税地，从而出现双重无税（double no-tax）的局面。

另外，经济数字化的快速发展以及数字商业模式的大量出现，尤其是云计算等新一轮数字技术的普遍应用，使服务器所在的数据中心得以在全球范围内布局，数据和应用可以在不同数据中心之间实时切换，使准确界定服务器位于哪个国家更加困难，同时，开展营业活动而无需在当地拥有服务器等有形存在也成为现实。因此，来源国在现行税收规则下对这些数字化商业活动的营业利润更加无法征税，很多人都在担心企业所得税“对企业利润征税的能力正在消失”。

对于来源国而言，由于跨国数字化企业无需在本国设立实体，就可以远程运作向本国的消费者或用户提供数字化产品或服务，这样它们从本国获得的营业利润就无需缴纳所得税；同时，这些利润属于积极投资所得，所以也不需要缴纳预提所得税。以脸书（Facebook）企业为例，其绝大部分收入来自在线广告，2019 年的广告费收入超过了 696 亿美元，占其全部营业收入的 98.6%，这些收入除居民国美国以外很大一部分来自印度、墨西哥、英国等国[①]。由于在线广告服务无需在当地设立任何实体，所以这些市场国或用户国也无法对 Facebook 企业的在线广告收入征收所得税。鉴于这种情况，人们开始探讨修改积极投资所得的常设机构征税标准以及扩大对消极投资所得征收预提税的范围，这些研究都在尝试对国际税收规则进行一定的突破。

（二）经济数字化对传统的利润分配原则带来挑战

经济数字化对税收的挑战主要来自两个方面。

一方面是经济数字化对整个税制的影响，目前还尚属于前瞻性的讨论。有观点认为，古代社会以自然经济为特征，主要生产部门是农业，主要生产资料是土地，所以最初的国家财政收入主要来自土地的生产物，地主是土地的所有者，同时也是土地税的主

① Clement J. Number of active advertisers on Facebook 2016—2020 [EB/OL]. https://www.statista.com/statistics/778191/active-facebook-advertisers/. 2020-11-09.

要纳税人。在工业经济时代，资本家（企业）是资本的所有者，同时也是企业所得税的纳税人，广大消费者使用了各类要素创造出来商品和服务，同时也是商品税的纳税人①。而随着经济数字化的发展，不但大数据本身成为一个行业，而且大数据技术与其他产业相结合，快速地推动了传统经济的数字化转型，催化出新的经济形态和交易模式。数据在土地、资本、劳动、技术等之外成为新的生产要素②。数据要素在经济发展中发挥着越来越大的作用，用户在一些数字商业模式的价值创造过程中成为核心要素之一。但是由于数据价值创造的边界、计量还不明确，并且数字产业融合的程度越来越深，目前各国也普遍将推动数字经济发展作为重要的发展战略，短期内还鲜有在政策层面讨论对数据价值征税的案例。

另一方面，如何在不同国家之间进行征税权的分配，也就是说在不构成常设机构的情况下，来源国应依据什么对非居民企业远程运作创造出来的营业利润征税也是需要探讨的问题。在“双支柱”方案正式提出之前，英国的“用户参与提案”就认为数据和用户是某些高度数字化企业价值创造的关键组成部分，应修订利润分配规则，将一定数量的利润分配给那些参与度高而且活跃的企业用户群所在的税收管辖区，而不管企业在这个管辖区是否有实体存在。一些市场国或用户国为了实现对远程运作的跨国企业进行征税，开始探索并开征了数字服务税（DST）。这种单边措施将客户或用户作为征税的重要依据，但如果国际社会拿不出一个统一的应对方案，让不同国家通过数字服务税“各自为战”，那么必然会破坏正常的国际经济秩序，阻碍世界经济的发展。

（三）经济数字化给原有税收征管模式带来的挑战

数字技术的发展也带来了国家治理的数字化，税收征管模式亟需适应数字政府的要求，为经济数字化背景下的税收制度变革提供征管保障。

在经济数字化背景下，不见面的交易增加③，人与人、物与物、人与物之间的连接不仅依靠传统基础设施，更依靠新型基础设施④。在这样的背景下，增值税和所得税都可能遇到现实困境。例如，一些类型的电子商务中，征纳双方都无法准确判定价款中的纳税主体、计税依据、适用税率（征收率）和应纳税额。我国现行税收征管主要依靠纳税人登记、发票管理、纳税申报等方式，数字技术的发展将为税收征管模式带来新的变革。

在跨境层面，经济数字化也为税收征管模式带来了挑战。一方面如何有效获取非居民通过数字化方式远程交易的信息，另一方面现行的增值税和企业所得税跨境征管如何适应经济数字化的发展。OECD《跨境增值税指南》中，强调目的地原则应该是经济数字化背景下各国应该采用的共同原则，并将为跨国纳税人的注册和管理建立“一站

① 冯俏彬．数字经济时代税收制度框架的前瞻性研究——基于生产要素决定税收制度的理论视角［J］．财政研究，2021（06）：31－44．

② 党的十九届五中全会第一次将数据作为一种新的生产要素，与劳动、资本、技术等并列。

③ 王卫军、朱长胜．应对数字经济的挑战：从生产增值税到消费生产税［J］．税务研究，2020（12）．

④ 李海舰，李燕．企业组织形态演进研究：从工业经济时代到智能经济时代［J］．经济管理，2019（10）：22－36．

式”的简便服务作为未来跨境税收征管的方向。OECD 发布的《税收征管 3.0》[①] 报告中也提出，在经济数字化背景下，税收管理环境、技术、理念、方式等方面都在发生重大变革，应该从信息化走向数字化，从合作遵从走向合作生态（自动化），税务机关与纳税人、第三方等建立更加开放的平台。

第二节　经济数字化给各国税收制度造成的影响

一、国家之间税收分配失衡更加严峻

由于数字经济发展的不均衡，一些国家或地区拥有数字经济的独角兽企业，而另一些国家只是消费数字化产品和服务，这样就造成国家之间税收利益分配的严重失衡。

由于经营利润归于来源地征税的基础正在消失，大型数字经济企业在全球创造价值以及转移利润的能力空前增强，过去建立在来源国和居民国之间分配税权的平衡逐渐被打破，从而开始引发国与国之间的税权争夺战。从 2016 年以来世界上不断有一些国家开征或准备开征数字服务税，这给未来跨国投资活动造成了很大的税收不确定性。

首先，远程无实体经营逐步消除来源国利润归属的基础，跨国公司所在的居民国和经济活动发生的市场国之间税收矛盾不断加剧。数字化企业可以在不设立大量实体存在的前提下，在不同的国家进行大量的商业活动，通过远程技术，企业的运营成本大幅缩小。而各国在经济数字化的世界中发展是不平衡的。根据联合国贸易发展会议相关研究，全球近一半人口仍无法上网，在所有贸易发展援助资金中，只有略高于 1% 的资金流向发展中国家信息和通信技术相关援助项目[②]。上述缺陷加大了发展中国家错失数字经济发展机遇的风险。即使是发达国家之间，数字经济发展也并不平衡，比如欧美之间、欧盟各成员国之间数字经济发展也差异巨大[③]。截至 2021 年 3 月，全球市值排名前十的企业中有 8 家是美国全球化的企业，并且有多家是数字经济企业，欧洲无一家企业进入前十[④]。但是欧洲国家又是数字产品和服务较大的消费地，德国、英国和法国的数字经济规模均超过 1 万亿美元。数字经济形态不依赖当地的实体机构，主要作为消费者或用户所在的欧洲国家无法对其利润征税，因此美欧博弈是这轮国际税收改革的重要推动力量。

---

① OECD（2020）. Tax Administration 3.0：The Digital Transformation of Tax Administration，OECD，Paris. http：//www. oecd. org/tax/forum-on-tax-administration/publications-and-products/tax-administration-3-0-the-digital-transformation-of-tax-administration. htm.

② 全球电子商务发展不平衡问题待解［N］. 经济日报，2019－4－9.

③ 欧盟数字经济发展不均衡［N］. 人民日报，2016－8－25.

④ 2021 年全球市值最大的十家企业，腾讯新闻，2021 － 6 － 16. https：//news. qq. com/omn/20210616/20210616A00WAA00. html.

其次，数据、用户等无形资产带来剩余利润，未经过税收再分配的剩余利润在国家之间（包括发达国家之间）的分配极不均衡。OECD 转让定价指南指出，常规利润主要是企业承担基本功能和从事经营活动的回报，但并不包括企业承担风险的收益，也不包括企业无形资产发挥作用带来的收益。企业取得的超过常规利润之外的那部分利润就是超额利润或剩余利润，它一般是企业承担风险或者拥有的无形资产带来的。在数字经济条件下，用户参与和互动类似于无形资产，它可以给数字企业带来一笔超额利润，但这笔利润全部由企业所在的居民国独享，并没有惠及市场国或用户国。

再次，跨国避税活动加剧，避税地和非避税地之间的利益分配失衡加剧。OECD《数字化带来的税收挑战：2018 年中期报告》中提出，尽管数字经济不一定会产生新的避税方式，但是却加剧了税基侵蚀和利润转移的程度[①]。在全球化和经济数字化的背景下，企业的生产链条、供应链条、消费链条不受地域的局限，跨国企业进行利润转移的空间也更大。美国联邦政府的企业所得税在税收收入中的占比是比较低的，2018 年仅为 6.7%，而 OECD 成员国平均水平是 14.5%；其占国内生产总值的比重只有 0.7%，也比 OECD 成员国 2.9% 的平均水平低了很多。美国企业所得税对联邦税收贡献率低的一个重要原因是跨国企业将大量的利润转移到境外并滞留在海外低税区，以规避美国的税收[②]。据统计，2017 年《财富》美国 500 强中的跨国企业在海外滞留的利润已多达 2.6 万亿美元。英国公平税标（Fair Tax Mark）的研究显示，2010—2019 年，亚马逊、脸书、谷歌、苹果、微软等企业逃避了超过 1000 亿美元的全球税收[③]。防止这些头部跨国企业的利润转移也成为国际税制改革的一大动力。

二、税收制度的收入汲取能力减弱

税收收入汲取能力是国家能力的重要体现之一[④]。一个国家只有具有合理的税负水平才能提供基本的公共服务，从而满足国民基本的公共需要。尽管在具体的税收政策上各国千差万别，但是随着全球化的发展，各国在税制要素的选择和征管流程的设计上逐渐趋同。经济数字化是否会影响现行税制的收入汲取能力已成为一个备受关注的问题。目前这方面的挑战主要来自以下几个方面：

一是数字技术诞生的新数字交易模式和数字生态对收入的定性、所得来源地判定、纳税主体的确定等变得越来越复杂。例如，平台依托数字技术搭建新的交易模式和组织形式可以较为自由地建在任何国家，在一个国家经营并不必须依托于物理存在，这样就可能使企业在该国“虚无化”，挑战传统的征税模式。面对这种挑战，一些国家不得不

① OECD（2018）. Tax Challenges Arising from Digitalisation—Interim Report 2018：Inclusive Framework on BEPS, OECD/G20 Base Erosion and Profit Shifting Project，OECD Publishing，Paris，https：//doi. org/10. 1787/ 9789264293083-en.

② 朱青．全球最低企业税：美欧博弈的产物［N］. 中国财经报，2021 - 8 - 17（008）.

③ https：//maketaxfair. net/new-oxfam-paper-on-capital-gains-tax-avoidance/.

④ Brennan H. G. Buchanan J. M. The power to tax：analytical foundations of a fiscal constitution［J］. Southern Economic Journal，1980，48（2）. Besley T，Persson T. The Origins of State Capacity：Property Rights，Taxation，and Politics［J］. American Economic Review，2009，99（4）：1218 - 1244.

在征管制度上作出一些调整。例如，在跨境电子商务中，为了保障目的地征税，对于部分大型电商平台，澳大利亚等国家规定由平台作为间接税的纳税义务人。美国、欧盟、澳大利亚、印度等国也都强调了平台具有企业所得税代收代缴的义务，从而保证在平台模式下的税收汲取能力。

二是用户价值在数字经济中的作用更加明显，而现行国际税收规则无法确定收入归属。在线广告等数字经济商业模式的革新导致用户数据的使用和用户参与在价值创造中发挥重要的作用。用户数据日益成为企业战略决策分析的信息来源，最终影响企业的经营决策。用户参与也使用户作为消费者逐渐转换为企业的合作生产伙伴。在一些社交媒体，用户在网站参与互动，产生用户彼此之间的网络效应，这些都有助于企业创新并创造更多的价值。虽然从理论上说用户数据和用户参与有助于增加企业的利润，但是在中间各环节用户和参与者所在的国家却无权参与对利润的征税。

三、税收征管模式难以适应经济数字化的发展

数字经济的发展产生了共享经济、平台经济、零工经济等新的商业模式，传统的税收征管模式已经难以适应。在经济数字化的背景下，大企业主导的商业世界已出现更多的小企业、自我雇佣和自由就业者。对很多国家而言，税收征管需要获得更多平台上所有交易参与者的交易记录和交易信息，海量数据对于税务部门现有的信息技术能力、征管流程设置、部门职能协作等都带来了挑战。

为了应对经济数字化对税收征管的挑战，各国都积极行动起来。2021 年世界税收征管大会重点探讨应对数字经济挑战的税收征管能力建设，多国出台了适应数字经济发展的税收征管发展战略，中国也出台了一系列政策文件以鼓励和支持征管数字化的发展。伴随着区块链电子发票、电子税务局、智能化纳税服务等不断涌现，大数据、区块链、人工智能等数字技术带来了更加便捷和高效的税收管理模式和管理手段，数字化税收征管的趋势不可阻挡。国际税制改革带来的跨境税收征管模式的变革也需要数字税收征管模式的更新，包括为跨国纳税人注册和管理建立的“一站式”简便服务和“自上而下”的全球税收征管。

经济数字化改造着企业的经营和税务管理，也改造着政府部门的治理和税收征管。为了拥抱经济数字化所带来的变化，包括中国在内的各国政府都在积极应对。概括而言，数字经济对于税收带来的影响集中在三个方面：一是需要税收征管数字化来解决的征管能力建设问题；二是需要税收制度的调整来解决税制的收入汲取能力问题；三是需要不同国家之间的协调来解决税收利益分配问题。在这三个方面的影响中，征管模式的变革技术上可行、共识上明确，各国都已经积极行动；税制的收入汲取能力问题虽然重要但并不急迫，因为数字经济尚在蓬勃发展阶段，正在为经济增长注入新的动力，需要对数字经济的发展给予更多的税收支持；而国家之间税收利益的分配问题却迫在眉睫。税收主权历来是最难协调的国家主权之一，在数字经济迅猛发展的背景下，如何分配税收收入这块大蛋糕就成为国际社会最为关注的税收议题，这也促成了百年以来影响最大也最为深刻的国际税制改革。

第三节
经济数字化与税收理论创新

经济数字化仍在深刻地改造着我们的生产和生活，税收制度作为生产关系、上层建筑范畴，其形成、变化和发展也与生产力层面、经济基础层面某种最主要的因素相关[①]。一方面，数字化对于税收归宿、税制设计的理论研究带来了新的思路，数字商业模式带来的税基侵蚀以及税收制度如何适应这一发展趋势已成为理论界研究的一大热点；另一方面，国际税收治理的历史性变革，对原有的税收管辖权、独立交易原则、国际税收竞争与合作等基本原则和规范形成了挑战，同时也开创了国际税收研究的新领域。

一、数据要素与税制理论创新

理论研究认为，数据生产要素主要通过驱动知识生产影响经济增长，并促使越来越多的企业开始从管理者主导的经验型决策转向高度依赖数据分析结果的科学决策模式。新的经济形态和经济模式是否需要新的税种和新的税制结构与其相适应，研究者进行了长期的探索。

早期的研究可以追溯到对“比特税”（bit tax）的讨论。自从 Cordell（1997）提出针对网络空间课税可以成为政府收入的新形式之后，该观点引发理论界很大的争论。赞成的观点认为，比特税将与增值税一样成为重要的筹集财政收入的税种，因为在数据信息领域传统的增值税难以奏效，主要是数据传输成本与服务价值无关，因而以数据流量为计税依据较为公平（Soete & Kamp，1996）。反对比特税的观点认为，数据流量难以精确计量，且难以区分作为征税对象的数据信息形成的产品或服务的价值规模，如果仅按照数据流量征税，会导致新的横向不公平。由于当时仍处于互联网发展的初期，尽管联合国曾经发出征收比特税的提案，但由于反对的声音过大最终该提案只能不了了之。

电子商务兴起之后，关于如何更好地确保传统交易方式和电子商务方式征税的中性也引发了广泛讨论。人们普遍认为，电子商务的税收待遇应该与传统交易方式相一致。在国际税收规则中，由于电子商务早期还需依赖有形的服务器，OECD 税收协定范本注释中对于服务器是否构成常设机构的条件进行了明确。大数据、物联网、人工智能、3D 打印等数字技术主导的新一轮技术革命对于生产方式和经济增长方式带来了更大的变革，税收制度是否需要根本性变革再次成为关注的焦点。

经济数字化会对现行税收制度产生影响。张斌（2016）认为，数字经济发展将使自然人纳税人在经济活动中的地位不断上升，以制造—批发—零售模式建立起来的企业

① 冯俏彬．数字经济时代税收制度框架的前瞻性研究——基于生产要素决定税收制度的理论视角［J］．财政研究，2021（06）：31－44.

所得税和增值税体系将难以长期维持，未来数字经济时代的税制将很有可能最终放弃对日益复杂和难以识别的企业以及流转环节的征税，而将征税对象的主体聚焦为自然人。蒋震等（2021）提出，随着经济数字化的发展，部分行业的需求呈现个性化、非标准化特征，工业社会“企业+雇员”的要素合约形态可能会被基于数字技术的短期市场交易契约替代，企业组织形态不再是最节省交易成本的生产方式。经济社会运行领域的这些新变化必然会推动税制体系变革：数据流转课税将成为新税种，个人所得税比重会不断上升，增值税等传统流转税比重趋于下降。冯俏彬（2021）提出在未来的税制中流转税将从增值税为主转向销售税为主，个人所得税将成为调节收入分配的主力，需要重构不同区域间和不同层级政府间的税收管辖权与税收分享新格局。

改变现行税收管辖和税收征管的新思路。刘怡等（2019）提出建立国内增值税的消费地分享机制，并利用投入产出表等数据构建综合权重指标。焦瑞进（2016）较为大胆地提出，未来适应经济数字化的趋势，可以建立以自然人为中心、以现金流为抓手的消费和所得两个税系，对每一笔交易通过价税分离直接将税款分缴入库。王卫军、朱长胜（2021）从系统论角度出发，建议将生产者增值税优化为以消费者消费税为主、生产者生产税为辅的组合税——消费生产税，实现间接税和直接税连接、流转税和所得税融合。

这些理论研究着眼于经济数字化对于税收制度的根本挑战，甚至对于增值税和所得税的征税基础提出了新的思考，并对于重构适应经济数字化发展趋势的税收体系进行了探索。

二、数字经济与国际税收理论创新

经济数字化对现有国际税收秩序形成挑战，产生了突破现有国际税收规则的单边措施和重构国际税收规则的多边方案。Bunn et al.（2020）将数字税划分为数字消费税、数字服务税、数字企业的税收优惠（tax preferences for digital businesses）、数字化常设机构（digital permanent establishment rules）以及跨境数字服务预提税（gross-based withholding taxes on digital services）五种类型。相比于英国、法国目前实行的总收入数字服务税（gross-receipts DST），Avi-Yonah and Fishbien（2020）主张开征数字消费税收（digital consumption tax），相当于我国的流转税。它并不是一种新的税种，而是一种对数字交易征收的流转税（例如欧洲的增值税、美国的销售税），即将数字产品和服务纳入到本国流转税的征税范围中（Bunn et al.，2020）。这种税收将适用于 Facebook（以及其他类似企业）与其用户之间看似免费的交互。主张的理由，是 Facebook 用户免费注册并登录平台，而平台具有收集用户数据并在该平台上提供针对性建议的权利，这些权利应视同于用户向企业支付特许使用费，需要对这类“易货交易”征税。

数字服务税会带来以下两方面的政策影响。一方面，数字服务税的作用类似于关税或特殊消费税，它有可能会使数字企业的成本增加，投资回报率降低，从而影响企业的盈利能力（Hathorne and Breunig，2020）；另一方面，随着出台数字服务税的国家不断增加，数字企业需要及时适应不同的制度规则，由此带来高额的遵从成本和交易成本（Bunn et al.，2020）。政府课征数字服务税，除了对微观企业具有影响外，还会影响到财政收入、供需均衡、社会福利、税负公平等诸多方面。在税收归宿方面，大型跨国企业仅承担不足5%的最终税负，超过一半的税负由国内消费者承担。Ntiamoah and Asare（2020）运用次优理论研究发现，数字服务税可能导致税收扭曲和福利损失；从税收归宿角度看，受数字服务税影响最大的一方不一定是数字服务的供应商，它取决于数字服务市场需求和供给的相对弹性。另外，数字服务税的实施在增加财政收入的同时，由于多重征税的风险、税法解释和经济活动衡量的难度等，也会加剧税基的不确定性，增加新的税收监督和管理成本，相关费用甚至可能超过征税产生的收入（Hathorne and Breunig，2020）。

多边方案引发的从根本上改革国际税收秩序的理论创新。应对BEPS的行动计划成果之一，是国际社会提出了税收与经济活动发生地和价值创造地相一致的原则。数字化经营的跨国纳税人在市场国并没有设立实体，这时就需要价值创造（value creation）的理论观点为市场国的征税权提供支撑。一些研究认为，价值创造应该成为国际税收规则中的一个重要原则。但是，到目前为止，价值创造的定义仍然比较模糊，并且存在反对的意见。

商品和服务的价值究竟应当如何定义，又是如何产生的？这是全世界经济学家多年来一直试图从理论上予以解答的问题。总体而言，价值有两方面含义，客观价值与主观价值，前者指的是事物的一种内在属性，它源于使事物存在的因素（例如，在劳动价值论中，凝结在商品中的社会必要劳动），后者基于那些希望获得一件事物的人对其的主观评价。正是由于理论界对于“价值”的概念莫衷一是，对于“价值”是如何创造以及在哪里被创造的这一问题显然也难以达成一致。因此，当OECD在反对税基侵蚀与利润转移（BEPS）项目中提出更好地“使征税与价值创造相结合”（“利润应在价值创造地征税”）这一原则时，在税收理论界引发了广泛而深入的讨论。

众多国内外专家学者对于“价值创造”这一概念的模糊性和以此作为征税权划分标准的可行性提出了质疑。有学者认为，OECD把“（实际）经济活动”与“价值创造”相提并论，已经表明这一概念并不清晰。创造价值的程度不一定与经济活动的强度合乎比例。低工资生产场所对于价值创造的贡献并不多，尽管会有大量人员参与到密集型的实际经济活动之中①。对于应该归属于该管辖区的税基的数额，这两个要素可能会得出不同的结果。对于实际经济活动和价值创造在意义层次上不加区分，将导致突出的武断随意性②。还有批评意见指出，价值创造标准在性质上也是含糊的，OECD凭空生造了一项指导原则，却对其作用并无透彻的分析，也没有清楚的理论依据③。印度财政部税收司一级联合秘书拉斯米·兰詹·达斯（Rasmi Ranjan Das）认为，价值创造理论的难点是衡量某一特定因素创造了多少价值，即使人们在其确切含义或对价值的贡献方面达成了共识。当经济活动发生在多个管辖区时，不可能就两个管辖区的价值创造程度

---

① Herzfeld M. The Case against BEPS: Lessons for Tax Coordination [J]. *Fla. Tax Rev.*, 2017, 42 (01): 42.

② Written by Johanna Hey. “Taxation Where Value is Created” and the OECD/G20 Base Erosion and Profit Shifting Initiative [J]. 2018 *IBFD*. The original English-language work was published in 72 Bulletin for International Taxation 4/5.

③ Morse S C. Value Creation: A Standard in Search of a Process [J]. *Bull. Intl. Tax.*, 2018, 72 (4/5).

达成一致。随着经济日益数字化发展，以及运作商业模式生态系统的复杂性，这个问题变得越来越严重[①]。

同时，也有专家指出，这一概念和原则虽然并不完美、清晰，但也为解决数字化背景下征税权的国际分配提供了一个思维框架，其本质上是利益原则（或称为“受益性原则”）的另一种表达方式。中国国际税收研究会张志勇会长和天津商业大学会计学院励贺林院长在合著的论文中阐述，数字经济带来技术性失业是大概率的趋势，从遏制不平等、谋求共同富裕角度，在数字经济给企业和投资者带来巨大红利的时期，应通过分配制度，尤其是二次分配，使作为资源共有者或参与价值创造的广大公众普遍受益、长期受益[②]。厦门大学廖益新教授认为，应摒弃传统的供应利润观，回归供需利润观，确认销售市场对企业利润应有的贡献。他提出，需要转换传统的供应利润观，回归符合市场经济内在规律的供需利润观，承认除生产要素的投入运作外，商品或服务的市场需求和消费也对企业利润的产生具有贡献作用，重构一种基于最终市场销售的跨境营业利润税收分配秩序，才能在经济全球化和数字化时代实现跨境营业利润国际税收权益分配基本均衡合理的同时，从根本上消除跨国企业税基侵蚀和利润转移行为以及国际税收竞争这两大难题产生的制度性根源[③]。

公式分配法由于其可能带来的国家之间的争议以及操作上的复杂性等原因，一直没有成为国家之间利润分配的方法。然而，强调以一些参数（销售收入、资产、雇员人数、无形资产等）为依据进行利润分配的公式分配法一直是国际税制改革中人们讨论的热点话题。21 世纪以来，Reuven Avi-Yonah、Kimberly A. Clausing 等学者也都曾提出改革全球企业所得税的设想[④]，提出了包括基于目的地的现金流所得税（destination-based cash flow tax）、所得的剩余利润分配[⑤]、用公式分配法全部或部分代替独立交易原则等[⑥]。Avi-Yonah 和 Clausing（2008）提出应该只基于销售额进行公式分配，Avi-Yonah，Clausing 和 Durst（2009）再次提出基于销售额的利润分割公式法。经济数字化带来的企业所得税问题在《应对 BEPS 行动计划》（简称 BEPS 行动计划）发布之后引发了人们

① Rasmi R D. The Concept of Value Creation: Is It Relevant for the Allocation of Taxing Rights? [J] Bulletin for International Taxation, 2020 (74): 3.

② 张志勇，励贺林．数字经济、价值创造和财富分配——基于税收视角的分析［J］．国际税收，2021（09）．

③ 廖益新．在供需利润观基础上重构数字经济时代的国际税收秩序［J］．税务研究，2021（05）．

④ Reuven A Y. International Tax as International Law [M]. New York: Cambridge University Press, 2007. Clausing, Kimberly A. Who Pays the Corporate Tax in a Global Economy [J]. National Tax Journal, 2013, 66 (1), 151 - 184.

⑤ The destination-based cash flow tax 的理念和剩余利润分配有内在的相关之处，参见：Richard S. Collier 和 Michael P. Devereux, The Destination-Based Cash Flow Tax and Double Tax Treaties, Working Paper, Oxford University Centre for Business Taxation, W17/06.

⑥ 美国学者 Avi-Yonah、Reuven S.，以及 Kimberly A. Clausing 等多次提出这一观点。参见：Avi-Yonah, Reuven S., and Kimberly A. Clausing. Reforming Corporate Taxation in a Global Economy: A Proposal to Adopt Formulary Apportionment. 来自 Furman, Jason, and Jason E. Bordoff 编著的 Path to Prosperity: Hamilton Project Ideas on Income Security, Education, and Taxes [C]. Brookings Institution Press, 2008: 319 - 344. 以及 Avi-Yonah, Reuven S., Kimberly A. Clausing, and Michael C. Durst. Allocating Business Profits for Tax Purposes: A Proposal to Adopt a Formulary Profit Split [J]. *Florida Tax Review*, 2009, 9 (5): 497 - 553.

更多的关注。从 2014 年开始，以 Michael P. Devereux 教授为代表的牛津大学团队①一直从事研究设计数字经济条件下企业所得税的改革方案，他们的研究直接影响了 OECD 包容性框架“第一支柱”方案的形成。

目前，人们正在探索基于所得来源和居民身份规则征收的企业所得税制度，转向目的地原则的现金流量税（DBCFT）（Devereux and Feria，2014）。Auerbach et al.（2017）论证了基于目的地原则的现金流量税在理论与实践方面的可行性，现有跨国企业进行国际避税的三种方式，包括转让定价、利用债务、将无形资产配置于低税区域，由于 DBCFT 下内部交易不影响国别税负，因此，普遍推广现金流量税有助于限制相应的跨国利润转移。Auerbach and Devereux（2018）还建立了现金流量税对企业利润的影响模型，主要考虑了三种形式的现金流量税，所有这些在封闭经济中都是等价的：对跨国企业按来源征收的现金流量税、按目的地征收的等价税和按销售公式分摊税基的税收。研究表明，从基于来源地的税收转向基于目的地的税收减少了扭曲，提高了福利。

在某种程度上，建立新的征税关系并将征税权分配给市场国或来源国，可能被视为国际税收框架的根本变化。全球税收治理问题一直由一些国际机构负责研究，包括曾经的国际联盟、国际货币基金组织（IMF）、世界银行（WB）、世界贸易组织（WTO）、联合国（UN）等，但最重要的还是经济合作与发展组织（OECD）。在 2008 年经济危机之后，由于有二十国集团（G20）的支持，经济合作与发展组织在这方面的影响力更大了。在过去的几十年中，一些著名的公众人物提出了一系列改革企业所得税的政策建议，他们呼吁建立一个独立的国际税收组织（ITO），或加强现有的国际合作论坛。创建国际税收组织的第一个系统性建议，是由意大利经济学家维托·坦齐（Vito Tanzi）于 1999 年提出的。2000 年，时任联合国秘书长科菲·安南（Kofi Annan）向联合国发展筹资项目的筹备委员会提交了一份报告，建议对国际税收组织的可行性进行认真深入的研究。“双支柱”国际税制改革共识的达成，是否会产生更具有实质性的国际税收组织，也成为研究关注的重点之一。

第四节 应对经济数字化国际税收挑战的政策选择

一、不同国家的政策选择

由于各国数字经济发展并不均衡，所以其在应对经济数字化带来的税收挑战中的立场也具有较大的差异。BEPS 行动计划的第一项行动计划将当时应对经济数字化的税

① Michael P. Devereux，Alan J. Auerbach，Michael Keen，Paul Oosterhuis，Wolfgang Schōn and John Vella. Residual Profit Allocation by Income [R]. the Oxford International Tax Center，Working Paper，WP 2019/01. 另外，Richard Collier，Avi-Yonah 等学者的研究也对“第一支柱”方案产生了重要影响。

收单边应对方式归纳为三种：全新的税收联结规则、针对数字交易的预提税、数字均衡税（类似于对收入全额征收的数字服务税）。OECD 在 2018 年发布的《数字化带来的税收挑战——2018 年中期报告》中，将各国采取的单边措施归纳为四类：常设机构的替代性适用、预提税、流转税以及针对大型跨国企业的特殊反避税措施。

对应本章第一节分析经济数字化对现行国际税收制度的挑战可以看出，单边措施主要解决的是国际层面的税收管辖权和利润归属问题，分为直接税的单边措施和间接税的单边措施。这些单边税收措施反映出一些国家非常急迫地需要解决经济数字化带来的税源流失和税收分配失衡问题，但也可能带来新的重复征税的风险。例如，对在线广告、社交媒体等企业的营业利润按照全额进行征税，虽然能够短期内征收一定的税款，但是可能使企业（大部分是平台企业）在面临亏损的情况下也要承担企业所得税的税负，最终这个税负会在很大程度上转嫁给消费者或其他企业。

欧美的博弈在数字经济税收上得到了充分的体现。例如，为了抑制谷歌、苹果、脸书等美国数字化企业在欧盟避税的问题，欧盟 2015 年就明确规定向欧盟成员国个人消费者提供的数字服务，均应按照消费者所在国的增值税税率缴纳增值税。2019 年 7 月，美国宣布将对法国即将通过的数字服务税法案开展“301 调查”，并扬言要对法国向谷歌、苹果等美国科技企业征收数字服务税的行为施以加征关税作为报复。在 2021 年 10 月 OECD 包容性框架参与方达成多边“双支柱”方案后，美国立刻和法国、英国、意大利、西班牙、奥地利等国家签署了取消数字服务税单边措施的协议。

发展中国家如何应对经济数字化的税收挑战也成为一个难题。国际货币基金组织（IMF）等国际组织提出，一部分欠发达国家可能会落后于经济数字化时代，另一些数字化商品和服务的消费大国，例如巴西、印度和印度尼西亚等，也会因现行国际税收规则未向其提供征税权而处于不利地位。在这种情况下，选择单边措施还是赞同多边方案，这是发展中国家普遍面临的一个重要选择。Astuti（2020）等学者的研究比较了每一种方案的利弊，认为采取单边措施需要就税收潜力、负面影响和报复风险等进行成本和效益分析，而多边方案仍可能是发展中国家更好的选择①。

二、国际组织的多边方案

目前应对经济数字化对国际税收规则挑战的多边方案有两个，一个是联合国提出的在国际税收协定中增加“12B 条款”，另一个是 OECD 和 G20 包容性框架（简称包容性框架）下的“双支柱”方案。IMF 等国际组织也积极参与了国际税制改革的方案设计和影响测算。尽管在国际税收规则的形成和演变过程中大国始终占据着主导地位，“一次又一次，地球上最富有、最强大的国家聚集在一起，决定全球经济和财政政策制定的命运”②，但是随着发展中国家经济实力的不断增强，其在国际税收治理中的参与

① Melanie D A. Three Approaches to Taxing Income from the Digital Economy-Which Is the Best for Developing Countries?［J］. *Bulletin for International Taxation*, 2020（74）: 12.

② Tarcisio D M. What Is Really Wrong with Global Tax Governance and How to Properly Fix It［J］. *World Tax Journal*, 2018（11）.

度也不断提升，尤其是在包容性框架的“双支柱”方案的谈判中，以中国、印度为代表的发展中国家对国际税收规则的制定发挥了重要作用。

2020年8月6日，联合国发布了税收协定范本的第12B条款的讨论稿，允许缔约国对自动数字服务（ADS）的所得进行源泉课税。这一条款将额外的征税权选项赋予了自动数字服务的用户所在国，为各国就自动数字服务所得的征税权分配提供了一个在税收协定框架内的解决办法。讨论稿提出，缔约国可以对在本国发生的自动数字服务根据一个分摊公式所计算的净利润进行征税，然而，如果该所得的受益所有人属于另一缔约国的税收居民，那么来源国通过预提税的形式所征收的税款不应超过服务总收入的一个确定的比例，具体适用的比例应由税收协定双方通过谈判来最终确定。联合国税收协定范本的这一新条款，一方面为数字服务税重复征税的消除提供了保证，另一方面给予各国在双边税收协定谈判中进行政策选择提供了空间。但是，这种做法也有一定的缺点，包括：在广泛的税收协定网络下用双边谈判的方式来解决这个问题可能需要很长的时间，说服发达国家接受这一条款也会面临相当大的挑战。

2023年3月28日，联合国国际税务合作专家委员会批准通过了联合国协定范本应税所得（STTR）文本草案和注释草案，条款形式类似于自动数字服务。与此同时，联合国也在探索一揽子的改革方案。2022年12月30日，第77届联合国大会通过《在联合国促进包容和有效的国际税务合作》的决议，并于2023年2月17日公布《联合国税收公约》提案，提出建立包容性的全球税务机构，加强全球打击非法资金流动，包括避税和逃税等整体性的改革方案。

OECD在2018年3月发布《数字化带来的税收挑战——2018年中期报告》之后，于2019年1月又发布了《应对经济数字化税收挑战：政策说明》[①]，其中就提到了两大支柱的方案。2020年1月，包容性框架的成员方发表声明，承诺在2020年底之前就数字经济的税收问题达成共识，并拿出一个统一的解决方案。2020年底，包容性框架发布了支柱一和支柱二的蓝图报告[②]，并面向公众征求意见。2021年7月，包容性框架发布《应对经济数字化税收挑战的双支柱方案的声明》[③]，并在当年10月进行了更新。其中，支柱一通过设立特殊的关联规则重新分配征税权，确保大型跨国企业向实际产生利润的国家纳税；支柱二设立了15%的全球最低企业所得税有效税率（Global Anti-Base Erosion，GloBE），各国可以借此保护各自的税基。2021年10月8日包容性框架的136个国家就国际税收制度重大改革达成共识[④]，其中支柱一突破现行国际税收规则中关于物理存在的限制条件，向市场国或用户国重新分配企业的利润和征税权，以确保跨国企

① OECD. Addressing the Tax Challenges of the Digitalisation of the Economy——Policy Note, https：//www. oecd. org/tax/beps/policy-note-beps-inclusive-framework-addressing-tax-challenges-digitalisation. pdf.

② OECD. Cover Statement by the Inclusive Framework on the Reports on the Blueprints of Pillar One and Pillar Two, https：//www. oecd. org/tax/beps/cover-statement-by-the-oecd-g20-inclusive-framework-on-beps-on-the-reports-on-the-blueprints-of-pillar-one-and-pillar-two-october-2020. pdf.

③ OECD. Statement on a Two-Pillar Solution to Address the Tax Challenges Arising From the Digitalisation of the Economy.

④ 截至2021年11月4日，达成共识的税收辖区增加为137个。

业在数字经济背景下更加公平地承担全球纳税义务。根据方案设计，支柱一将影响全球规模最大且最具营利性的大约 100 家跨国企业集团，每年将有超过 1250 亿美元的利润重新分配给市场国[1]。

企业所得税并不是唯一受到经济数字化影响的税种，间接税领域中的一些税种，如增值税，也面临数字经济的挑战。广义的间接税是指对商品和服务征收的流转税环节的税收，主要包括对于商品和服务普遍征收的税收（如增值税）、对部分特定商品和服务征收的税收（如消费税）以及在进口环节征收的关税。其中，受经济数字化发展影响最大的是增值税。目前全球 220 多个国家和地区中，已有将近四分之三的国家通过增值税（各国的叫法不尽相同[2]）对商品和服务普遍征税。在关税领域，数字产品和服务的征税还没有达成统一的多边共识，但 WTO 主要成员国提出了重构电子商务规则的诉求，预计数字产品关税问题将会成为 WTO 新一轮谈判的重要议题。

国际税收治理体系是全球治理体制的重要组成部分，和其他领域的国际治理规则共同形成世界性的治理体系，并由此影响中国参与国际经济合作。党的十八大以来，习近平总书记多次对我国参与国际税收全球治理发表重要论述，中国政府也采取了一系列行动积极参与国际税收治理体系的改革，努力发挥在国际税收治理领域的大国责任[3]。当前世界正处在百年未有之大变局和国际税收规则的百年变革，数字经济在我国经济发展中的重要性不断增强。应对经济数字化带来的税收挑战，我国需要密切关注全球走向，始终积极参与国际税收改革，同时结合中国的国情，不断完善税收制度，促进数字经济的进一步发展。

---

① 国家税务总局．G20/OECD 包容性框架 136 个辖区就应对经济数字化税收挑战“双支柱”方案达成共识［R］2021－10－9．http：//www.chinatax.gov.cn/chinatax/n810219/n810724/c5169582/content.html.

② 绝大多数国家将其称为增值税；另一些国家虽然没有明确称为增值税，但其设置的税种具有类似增值税性质，如澳大利亚、加拿大、新西兰、新加坡等国的货物和劳务税（GST），日本、牙买加的消费税，巴西的工业产品税（IPI）和商品流通、运输、通信服务税（ICMS），马来西亚的销售税和服务税等。

③ 国家税务总局办公厅．G20 第十次领导人峰会对国际税收治理达成共识，http：//www.chinatax.gov.cn/n810219/n810724/c1906577/content.html。

第三章

各国直接税的单边措施

第一节

直接税单边措施的发展、演进和现状

BEPS 行动计划项下针对数字经济课税的改革是一场对国际税收规则的重塑，与这场多边机制下的税收改革同步进行的是，部分国家在国内推行的针对数字经济课税的单边措施。2015 年，OECD 在应对 BEPS 第 1 项行动计划的报告《应对数字经济的税收挑战》中提出了可供各国考虑的三种课税方案，报告虽未将其中任何一种方式作为推荐模板，但也没有反对各国在不违反税收协定的前提下采取单边措施。这一报告发布后，一些数字化产品和服务的消费大国率先引入了单边措施，成为倒逼数字经济国际税收改革的"先行者"。

2020 年初以来，全球新冠肺炎疫情再次将国际税收改革推到了风口浪尖，许多国家在面对财政收入紧缩的背景下，还需要为国内企业和个人提供财政支持，从而给政府带来了巨大的财政压力，拓宽课税权并寻找新的税源迫在眉睫。但与此同时，一些高度数字化的企业凭借着其经营的网络化和远程性等优势，在疫情中不仅没有受到重创，反而取得了更丰厚的利润。如何对这类企业取得的收益征税，成为一些国家进行单边税制改革关注的焦点。

截至 2022 年 6 月，全球范围内已有 30 多个国家或地区引入并实施了专门针对数字经济领域的企业所得税新规则，这些单边措施的立法模式各异，例如采用数字服务税、均衡税、预提所得税、数字型常设机构等，而且适用的行业和主体范围、税基计算、税率确定等也存在着较大的差异。虽说单边措施带来了一些立竿见影的效果，譬如在短时间内为市场国（含用户国，下同）增加了税源，并刺激跨国企业实施商业重整计划以便将更多的收益留在市场国，从而在一定程度上缓解市场国税基侵蚀的问题，但由于缺乏协调，特别是由于“各自为战”，国家之间的税源争抢更加无序，并激化了国家之间的税收矛盾。这些单边措施也与既定的国际法规则（例如 WTO 规则、税收协定以及欧盟税法等）存在冲突，使跨国企业面临着双重征税甚至是多重征税的窘境。

以历史的眼光看，在国际税收规则形成的过程中，单边措施往往是倒逼多边共识形成的起点或导火索。一些国家在国内税制中引入的单边措施，经由其他国家的普遍采纳，便可能逐步形成国际范围内通用的税收规则。从这个角度看，各国在直接税领域基于单边行动的积极探索，某种意义上也可以被视为是建立反映各国诉求的全球机制的一个重要跳板。不仅如此，在 2024 年全球共识方案最终落地实施之前，各国已引入的单边措施还将继续适用。因此，关注各项单边措施的设计方案、背后的理念、运行的效果、潜在的风险，并作出利弊分析，具有重要意义。

一、BEPS 行动计划对于各国实施单边措施的态度

2015 年 9 月 OECD 发布的《应对数字经济的税收挑战》报告，一方面指出解决对数字经济企业的课税问题需要各国的通力合作，另一方面也为各国采取“单边措施”留下余地。该报告提出的三种应对的可选方案包括：（1）以显著经济存在（significant economic presence）作为建立联结度的新规则；（2）对于某些数字交易征收预提所得税；（3）征收均衡税。报告虽没有推荐各国采纳上述三种方案，但允许各国在尊重现行税收协定或条约义务的前提下，试行上述课税方法，作为应对 BEPS 行动方案的补充。这些措施都侧重于维护或扩大服务或货物的消费者或使用者所在地的税基，在指导思想上均认可了市场国对于价值创造的贡献。

2018 年 3 月，OECD 发布了《数字化带来的税收挑战——2018 年中期报告》[①]，对各国自 2015 年以来实施的单边措施进行了梳理，并归纳出四种做法：（1）对传统的常设机构概念作出新的界定。包括引入“显著经济存在”作为建立联结度的规则，扩大课税范围，如以色列（2016 年）、斯洛伐克（2017 年）和印度（立法中）；或是将虚拟服务型常设机构纳入常设机构的范畴，如沙特阿拉伯和印度。（2）适用预提所得税。具体的措施包括，扩大特许权使用费的定义和适用范围，增加“技术服务费”（fees for technical services）条款，或针对特定的网络服务（例如在线广告）开征预提所得税。（3）在企业所得税框架之外，对于非居民企业提供电子产品和服务取得的营业收入征税。例如，印度的均衡税（2016 年）、意大利对数字交易的课税（2017 年）、匈牙利的广告税（2014 年）以及法国针对在线发布视频的课税（2016 年）。（4）针对大型跨国企业规避常设机构、利用超额费用支付等侵蚀税基的做法设计反避税措施。典型的代表是，英国（2015 年）和澳大利亚（2017 年）先后引入的“转移利润税”、澳大利亚颁布的《跨国企业反避税法》（2015 年），以及美国实施的“税基侵蚀和反滥用税”（base erosion and anti-abuse tax，BEAT）（2018 年）。

这些单边措施为相关国家在短期内增加税源起到了立竿见影的效果。然而，由于

---

① OECD/G20 BEPS Project. Tax Challenges Arising from Digitalization-Interim Report 2018 [R]. March 2018, pp. 180 – 182.

这些措施缺乏有效的协调，相互各异的规则设计不仅会带来经济扭曲和双重征税等问题，而且还会大大增加企业跨境税务遵从成本和不确定性，并可能引发与税收协定、区域性条约或国际公约的冲突。为了尽可能减少这些负面影响，OECD 在《数字化带来的税收挑战——2018 年中期报告》中建议相关国家采取的单边立法措施应满足下列条件：（1）遵从其在国际法上的义务；（2）具有临时性，即这些措施在 2020 年国际社会对于数字经济课税方法达成共识后应终止实行；（3）具有针对性，如针对特定类型的电子服务；（4）确保重复征税的风险最小化；（5）减少对于初创企业、创建中的企业和小型企业的影响；（6）降低成本和复杂程度[①]。

随着越来越多的国家在数字经济领域出台单边课税措施，一场围绕“双支柱”方案的多边谈判也在同步进行。但如何才能协调正在磋商中的多边统一方案与各国单边措施之间的关系？针对这一问题，2021 年 10 月 8 日 OECD/G20 包容性框架发布的《应对经济数字化税收挑战的双支柱方案的声明》（以下简称《双支柱方案的声明》）中给出了答案，即要求所有缔约方废除所有数字服务税以及类似单边措施，并承诺未来不再引入类似措施。《双支柱方案的声明》提出，自 2021 年 10 月 8 日至 2023 年 12 月 31 日和多边公约生效日中较早一日，各国不得对任何企业实施新出台的数字服务税或者类似的单边措施，并应妥善协调废除现行数字服务税以及类似措施。至于何为“类似措施”，《双支柱方案的声明》承诺将在未来通过的多边公约及其解释性声明中作出明确定义。《双支柱方案的声明》的这一立场事实上“冻结”了一些国家正在积极酝酿推出数字服务税的单边行动，[②] 但这并未完全阻止一些国家引入新的数字服务税法案来未雨绸缪。例如，加拿大财政部在 2021 年 12 月 14 日发布了数字服务税（Digital Services Tax，DST）的立法草案，规定若 2024 年 1 月 1 日 OECD/G20 包容性框架的多边方案未能如期生效，将对提供数字服务并从加拿大用户获得数据和内容贡献的大型跨国企业按照收入的 3% 征收数字服务税，并且 2024 年支付的数字服务税将追溯适用于跨国企业自 2022 年 1 月 1 日起取得的收入。截至 2021 年 11 月 4 日，包括 OECD 成员国和 G20 在内的 137 个国家均同意该《双支柱方案的声明》[③]，另有包括尼日利亚、肯尼亚、斯里兰卡和巴基斯坦等 4 个包容性框架成员国持保留意见。这 4 个国家对加入“双支柱”计划尚存顾虑的原因各不相同，包括实施“双支柱”中的税收争端解决机制会在国内引发违宪风险，“双支柱”计划带来的利益小于现有单边措施下已取得的税收收入，或者实

---

① OECD/G20 BEPS Project. Tax Challenges Arising from Digitalization-Interim Report 2018 [R]. March 2018, pp. 180 – 182.

② 一些管辖区通过出台立法草案和征求公共意见等方式，积极筹备并酝酿单边立法行动，例如比利时、巴西、捷克、以色列、拉脱维亚和新西兰。

③ Members of OECD/G20 Inclusive Framework on BEPS joining the Oct. 2021 Statement on a Two-Pillar Solution to Address the Tax Challenges Arising from the Digitalization of the Economy as of Nov. 4, 2021, see https://www.oecd.org/tax/beps/oecd-g20-inclusive-framework-members-joining-statement-on-two-pillar-solution-to-address-tax-challenges-arising-from-digitalisation-october-2021.pdf.

施数字经济课税是其获得对外借款的前提条件等①。

二、单边措施背后的权益之争

这场全球性国际税收改革的导火索之一，是一些大型跨国数字化企业利用其特有的经营方式规避了大量的税收。自2010年以来，不断有报道揭示，美国一批数字企业巨头（以亚马逊、苹果、脸书、谷歌、微软五大数字企业为代表）作为市值排名全球前列的跨国企业集团，从美国境外取得的所得不仅在市场国承担低税负甚至是零税负，而且在居民国也不纳税，导致这些所得成为了“无归属国收入”（stateless income），这一情况引发了市场国的广泛声讨。有数据显示，由于全球五大数字企业纳税不足，给G20国家每年造成的税源流失预计达到320亿美元。② 如何填补现有国际税收规则中的漏洞和罅隙，应对跨国企业集团激进的税收筹划给相关国家造成的税基侵蚀，是整个BEPS行动计划的核心议题。自2013年以来，国际社会针对数字经济所得课税的立法，实质上演化成了一场数字化产品和服务的输出国（以美国为代表）与数字化产品和服务的消费国（以欧盟国家为代表）之间的利益博弈③。2021年10月OECD的《双支柱方案的声明》中各方一致同意的“双支柱”方案同样也是欧盟和美国在各种利益交换和相互妥协后的结果④。

欧盟成员国作为数字产品和服务的主要消费国，从2013年起就开始了一系列推动数字经济课税制度改革的努力，目的是维护市场国对于数字经济所得的课税权，并在欧盟统一的数字市场内建立一套公平和有效的税制⑤。2018年3月，欧盟委员会在一项题为《是应该为数字经济建立现代、公平和有效税收标准的时候了》的报告⑥中提出了两

① 例如肯尼亚从国际货币基金获得贷款用于疫情后经济复苏，其中一项贷款条件是引入数字服务税以增加税源。See N. Sarfo, Digital Services Taxes may be difficult to remove, Forbes, https://www.forbes.com/sites/taxnotes/2021/03/22/digital-services-taxes-may-be-difficult-to-remove/?sh=787530556e12, 22 May 2021; Chuks Okoriekwe, Why Nigeria Cannot Agree to the OECD's Two-Pillar Approach-For Now Nigeria OECD International, Journal Articles & Opinion Pieces IBFD, 25 Oct. 2021; Carlos Mureithi, Why Kenya and Nigeria haven't agreed to a historic global corporate tax deal, https://qz.com/africa/2082754/why-kenya-and-nigeria-havent-agreed-to-global-corporate-tax-deal/, Nov. 2, 2021.

② ActionAid International. World's largest economies losing up to $32 billion in annual tax revenue from Silicon Valley's top five tech companies, https://actionaid.org/news/2021/worlds-largest-economies-losing-32-billion-annual-tax-revenue-silicon-valleys-top-five, May 20, 2021.

③ Grinberg, Itai, “International Taxation in an Era of Digital Disruption: Analyzing the Current Debate” (2019). Georgetown Law Faculty Publications and Other Works, https://scholarship.law.georgetown.edu/facpub/2145; 朱炎生. 经合组织数字经济税收规则最新提案国家间利益博弈分析 [J]. 国际税收，2019 (03).

④ 参见朱青. 全球最低企业税——美欧博弈的产物 [N]. 中国财经报，2021-8-17；朱青. 如何理解拜登的增税计划与OECD的“双支柱”方案 [N]. 中国税务报，2021-5-12.

⑤ European Commission, Expert Group on Taxation of Digital Economy, May 28, 2014; European Commission, Communication from the Commission to the European Parliament and the Council, A Fair and Efficient Tax System in the European Union for the Digital Single Market, COM (2017) 547, Sept. 21, 2017, https://eur-lex.europa.eu/legal-content/EN/TXT/?uri=CELEX%3A52017DC0547&qid=1632123290472；关于欧盟数字经济所得税收改革的演进动态，参见Georg Kofler & Julia Sinnig, Equalization Taxes and EU's Digital Services Tax (Chapter 6), in Tax and the Digital Economy: Challenges and Proposals for Reform (Werner Haslehner, Georg Kolfer ed.), Wolters Kluwer, 2019, pp. 106-113.

⑥ European Commission, Communication from the Commission to the European Parliament & the Council, Time to Establish a Modern, Fair and Efficient Taxation Standard for the Digital Economy [R]. COM (2018) 146 final & Annex.

项立法草案。第一项是长期性的解决方案，即引入显著数字存在（Significant Digital Presence，SDP）的概念，作为现行常设机构规则的补充，但该方案的实施要求欧盟成员国与第三国重新修订税收协定①。第二项是短期的替代性方案，即针对特定类型的数字服务按照营业收入的3%进行课税，亦即所谓数字服务税（DST）方案（以下称数字服务税指令建议）②。这两项立法草案最终因欧盟成员国内部分歧较大而未能获得一致通过，但其立法设计为不少国家后来引入单边措施提供了重要的参考蓝本。

新冠肺炎疫情暴发后，为了增加欧盟的自有财源，欧盟委员会又提出在2023年之前引入"数字课税"（digital levy）的计划，作为2021－2027年经济复苏计划中新增的一部分欧盟自有财源③，以提高欧盟在新冠肺炎疫情对经济重创的情况下恢复借贷和偿还债务的能力。从这项计划概括性的描述看，这一数字课税主要适用于年收入超过2.5亿欧元的跨国企业集团，采用较低的税率，其制度的设计将独立于"双支柱"方案，并迥异于欧盟在2018年提出的数字服务税和显著数字存在的方案，同时会尽量避免与WTO和其他国际规则产生冲突④。2021年7月，由于美国的介入，欧盟同意在2021年10月份之前暂缓实施该数字课税。2021年10月，欧盟与美国达成协议，宣布不再开征数字课税，从而结束了一场围绕数字课税的长期贸易战。2021年12月22日，在OECD发布《应对经济数字化税收挑战——支柱二全球反税基侵蚀规则立法模板》后，欧盟委员会也快速做出回应，发布了《确保跨国企业集团在欧盟内实施全球最低税标准的指令（草案）》，该草案要求在遵循全球"双支柱"方案统一规则的前提下，将欧盟税法的特征纳入考虑范围⑤。

作为数字经济输出国和重要市场国的美国，在OECD/G20包容性框架下的多边谈判中扮演着举足轻重的角色。2018年，美国先是提出"营销性无形资产"概念，主张新设税权的适用范围不应局限于经营社交平台、搜索引擎和网上市场等高度数字化企业，还应该包括其他面向消费者的传统行业。2019年10月，在支柱一方案初步成形后，美国认为支柱一项下金额A剑指美国的大型数字化企业，构成了对美国企业的歧

① European Commission，Proposal for a Council Directive laying down rules relating to the corporate taxation of a significant digital presence，COM/2018/0147 final-2018/072（CNS）. 根据这一立法草案，在以下任一情况下，数字平台将被视为在欧盟成员国拥有应税数字存在或虚拟常设机构：在成员国的年收入超过700万欧元的门槛；在一个纳税年度，在成员国拥有超过100000名用户；在一个纳税年度，企业与成员国的商业用户签订了3000多份数字服务商业合同。

② European Commission，Proposal for a Council Directive on the common system of a digital services tax on revenues resulting from the provision of certain digital services COM/2018/0148 final-2018/073（CNS）（on the DST）.

③ European Commission，Roadmap for the introduction of a digital levy（14 Jan. 2021），available at https://ec.europa.eu/info/law/better-regulation/have-your-say/initiatives/12836-A-fair-&-competitive-digital-economy-digital-levy_en.

④ 关于欧盟"数字税"的讨论，参见 Pasquale Pistone，João Félix Pinto Nogueira & Alessandro Turina，Digital Services Tax：Assessing the Policy Reasons for its Introduction in the European Union，International Tax Studies，2021（Volume 4），No. 4；Mery Alvarado，Digital Services Taxes Across Europe in the Midst and Aftermath of the COVID-19 Pandemic，A Plausible Option to Raise Tax Revenue?，European Taxation 2021，Vol. 61，No. 9.

⑤ European Commission，Proposal for a Council Directive on Ensuring a Global Minimum Level of Taxation for Multinational Groups in the Union，COM（2021）823，December 22，2021.

视，因此建议将支柱一整体作为“安全港”，由企业自主决定对于其取得的全球所得究竟是适用支柱一还是沿用现有的规则。这一主张无异于架空了支柱一方案，很快就遭到了OECD和包容性框架成员方的反对。2020年6月17日，在与欧盟国家之间的数字服务税谈判未能取得实质性进展的情况下，美国财政部长宣布暂停参与多边谈判，“双支柱”方案的谈判一度陷入困境。直到2021年初美国拜登政府上台，事情才发生了转机。拜登政府为了确保国内新一轮税收改革计划得以实施，防止美国企业因国内税负增加而将利润转移到国外或企业所得税收倒置[①]，希望借力于支柱二项下的全球最低税方案，确保美国在提升自身税率的情况下能够最大限度地保持其税制的国际竞争力。为此，美国撤回了之前就支柱一方案提出的安全港建议，转而支持支柱一的方案，但力推扩大支柱一项下金额A规则的适用范围，使其不再局限于数字化企业，而是将经营规模大、利润率高的跨国企业都囊括进来。美国态度的转变对于国际共识方案的达成起了重要的推动作用。

针对一些国家对数字企业陆续采取的单边课税措施，美国贸易代表处（USTR）2019年底就挥起《1974年贸易法》中的“301条款”的大棒对法国数字服务税展开调查[②]，并以施加关税报复相威胁，迫使法国承诺将数字服务税的开征时间推迟到2020年底以后。2020年6月，美国贸易代表处又将同样的调查行动扩大到了奥地利、巴西、捷克、欧盟、印度、印度尼西亚、意大利、西班牙、土耳其和英国等十个已经实施或正在筹备实施单边税制的国家或国家集团。2021年6月，美国贸易代表处结束了一年的调查活动，认定奥地利、印度、意大利、西班牙、土耳其和英国实施的单边措施构成对于美国企业的歧视，违背了国际税收基本原则，对美国企业的商业活动构成不当的限制并加增其负担。为此，美国贸易代表处建议从2021年11月底起对这些国家出口到美国的商品加征与该国实施数字服务税取得的税额大致相等的关税。同时，由于巴西、捷克、欧盟及印度尼西亚的数字服务税尚未实施，美国贸易代表处宣告调查行动暂时中止，但是不排除任一国家或国家集团一旦实施这一税制，美国将启动新的调查行动。

在2021年10月8日包容性框架成员方发布《双支柱方案的声明》后，美国立刻马不停蹄地与采取了单边措施的市场国分别展开磋商谈判。10月21日，美国财政部与奥地利、法国、意大利、西班牙和英国发布了一份联合声明。根据该声明，自2022年1月1日至2023年12月31日，这些欧盟国家和英国根据其单边措施对美国企业课征的数字服务税，如果超出这些国家按照支柱一规则可以课征的税额，则征收的超额税可以与企业未来在支柱一金额A项下在相关国家承担的企业所得税相抵免。作为交换，美国贸易代表处将取消对奥地利、法国、意大利、西班牙和英国出口到美国的货物征收25%的报复性关税。当年11月，美国又分别与土耳其和印度两国签订了从现有的土耳其数字服务税及印度均衡税向全球“双支柱”方案过渡的协议，而且协议将从2023年实施。基于这些协议，美国也承诺将终止针对土耳其数字服务税和印度均衡税所采取的

---

① 朱青．如何理解拜登的增税计划与OECD的“双支柱”方案［N］．中国税务报，2021-5-12.

② Office of the United States Trade Representative, Initiation of a Section 301 Investigation of France's Digital Services Tax, July 2019.

贸易措施。12 月 15 日，在加拿大发布数字服务税法案后的次日，美国贸易代表处也向加拿大提出了警告，指出加拿大单边采取的数字服务税措施已对美国企业构成了歧视，并质疑其中的追溯性条款。美国贸易代表处指出，若加拿大今后实施数字服务税，美国将采取一切可能的反制措施，包括重新审查现有的贸易协定。

有意思的是，正当美国政府对其他国家准备或已经实施的数字服务税进行一系列调查或反击时，美国国内也有一些州正在积极筹备引入与数字服务税类似的税制。马里兰州（Maryland state）是美国第一个开征数字广告税（digital advertisement tax）的州，根据该法案，从 2022 年 1 月 1 日起，马里兰州对全球范围内取得收入超过 1 亿美元并且有 100 万美元是来源于马里兰州的广告收入的纳税人，就其从马里兰州取得的广告收入课税，税率为 2.5%—10% 的四级累进税率。尽管该立法提案的合宪性至今备受挑战和质疑[①]，但该州政府仍在积极筹备相关立法的实施[②]。至今美国在联邦税制层面上还未实施类似数字服务税的制度，但作为数字经济大国，引入维护市场所在地税收利益的制度却可能在一些州先行实施。在美国，同样也在考虑引入类似数字广告税的还有康涅狄格州、纽约州、印第安纳州、俄勒冈州和华盛顿州。

三、从区域视角看单边措施的实施

迫于国内增加财政收入的现实压力（尤其是新冠肺炎疫情之后），自 2018 年以来，针对数字服务或商品采取单边征税措施的立法之风开始在全球范围内蔓延。截至 2021 年底，已有 30 多个国家在国内税制中增加了数字服务税或相关措施。在这些国家中，一部分采用的是单一措施，另一些则采取多管齐下的方式。

1. 欧洲

在欧洲，受 2018 年欧盟发布的数字服务税指令建议的影响，有近一半的欧盟成员国已经实施或正在筹备引入数字服务税[③]。这些国家采用的数字服务税在很大程度上参照了欧盟的数字服务税指令建议，但是在适用范围、确定销售收入的阈值、实施程序等方面存在一定的差异[④]。相对而言，西欧国家（如法国、意大利、西班牙和英国）数字服务税适用的数字经济活动的范围更广，而东欧和中欧国家（奥地利、匈牙利和波兰）的数字服务税适用的范围相对较窄，主要针对的是特定的数字服务活动。在欧洲，斯洛

① 对于马里兰所提出的 DAT，各界质疑声不断，有多起诉讼案件挑战其合法性。最新的一起是 2021 年 8 月初，美国商会联合其他行业协会对马里兰州颁布的数字广告税及其修订立法提出质疑，要求美国马里兰州地区法院否认马里兰州驳回其对首例州数字广告税合宪性提出质疑的动议，并宣布该税收非法且不可执行。See Jannica Robles Santos, Trade Groups Seek To Declare Maryland's Digital Advertising Tax Illegal and Unenforceable, August 3, 2021. See Chamber of Commerce of the United States of America v. Peter Franchot, Case No. 1：21-cv-410-DKC（29 July 2021）.

② Jannica Robles Santos, Maryland Comptroller Proposes Draft Regulations on 1st of its Kind Digital Advertising Tax, September 2, 2021.

③ 已经实施 DST 的管辖区包括奥地利、法国、匈牙利、意大利、波兰、西班牙和英国，已有相应立法草案或是实施计划的管辖区包括比利时、捷克、立陶宛、挪威、斯洛伐克、斯洛文尼亚。

④ Mery A. Digital Services Taxes Across Europe in the Midst and Aftermath of the COVID-19 Pandemic, A Plausible Option to Raise Tax Revenue?［J］. *European Taxation*, 2021（61）：9.

伐克是唯一通过引入数字型常设机构概念实施单边措施课税的国家。此外，法国（2016年）、波兰（2020年）以及葡萄牙（2020年）还引入了对提供试听媒体或在线发布视频等服务征税的措施。

2. 亚洲

亚洲是一个数字经济快速发展且人口密集的地区，由于没有类似于欧盟的协调机制，各国采取的做法差异较大。其中，印度在积极尝试对数字经济活动采取单边措施课税方面冲在了最前面：2016年2月，印度引入了均衡税[①]，并在2020年将这一税种的适用范围从原先的“在线广告支付”扩大到“电子商务行业”。从2020年10月起，印度对于通过电子商务平台销售包括电子产品在内的货物或提供服务的印度销售商，要求电子商务平台运营商按销售商取得销售收入的1%扣缴预提所得税。2021年5月，印度引入了“显著商业存在”概念，向非居民数字企业课税，并计划从2022年4月起实施。同样作为人口大国的印度尼西亚，在2020年引入了电子交易税（electronic transaction tax）的基础上，要求那些在印度尼西亚没有商业实体存在但却与印度尼西亚居民有巨额数字交易行为从而构成“显著经济存在”的外国企业，在印度尼西亚缴税。还有一些亚洲国家和地区，如中国台湾（2017年）、越南（2020年）、马来西亚（2017年）和巴基斯坦（2018年），对境外数字服务提供商或跨境电子商务取得的收入采取预提所得税的方式进行课税。在新加坡[②]和中国香港[③]，为应对数字经济快速变化的环境，税务机关先后发布行政解释，进一步明确电子商务环境下的所得来源地规则以及对数字资产交易的税收政策，为数字交易提供税收规则上的确定性，并填补立法上对新型数字交易行为课税规定的空白。

3. 非洲

非洲是近年来另一个积极推进对数字企业课税的地区。2019年1月，津巴布韦实施新规，对提供电子商务平台和卫星广播服务的非居民企业进行课税[④]。同年，肯尼亚也修改了所得税法，将“通过数字市场取得的所得”（income accruing through a digital marketplace）纳入课税范围。2020年，尼日利亚基于“显著经济存在”概念，向从事数字服务和电子商务活动的非居民企业课税。为了给更多的非洲国家提供数字经济税收立法指引，2020年10月，非洲税务管理论坛（ATAF）发布了一份题为《关于起草数

---

① Mansi A. India at the Forefront in Implementing BEPS-Related Measures: Equalization Levy in Line with Action 1 [J]. *International Transfer Pricing Journal*, 2016 (718).

② IRAS, IRAS e-Tax Guide: Income Tax Guide to e-Commerce (first published on 31 Aug. 2000, and the latest edition published on 18 Aug. 2015); IRAS, IRAS e-Tax Guide: Income Tax Treatment of Digital Tokens, para. 5.1 (17 Apr. 2020); See Vincent Ooi, Adapting Taxation for the Digital Economy in Singapore, Asia-Pacific Tax Bulletin, 2021, No. 1.

③ The Hong Kong Inland Revenue Department (IDR), revised version of Departmental Interpretation and Practice Notes No. 39 ("revised DIPN 39"), 27 March 2020.

④ 自2019年1月1日起，位于津巴布韦境外的电子商务平台/卫星广播服务提供商或其代表从津巴布韦境内居民处收取的任何款项应视为来自津巴布韦境内来源的收入，如果年收入超过500000美元，应按5%的税率纳税。

字销售服务税立法的建议方法》的文件[①]。该文件提出了供各国参鉴的实施数字服务税的立法模板，建议针对企业通过在线广告服务、数据服务、提供在线市场或中介平台服务取得的收入按1%至3%的税率征税。至今，已实施数字服务税的非洲国家包括突尼斯（2020年）、肯尼亚（2021年）和塞拉利昂（2021年）。

4. 拉丁美洲

拉丁美洲也有一部分国家引入了针对数字交易课税的单边措施，但各国的做法大相径庭。巴西在2020年5月至2021年3月期间密集出台了5项针对数字服务收入课税的立法提案，其中既有类似于欧盟数字服务税的CIDE数字法案[②]，也有针对数字服务企业的其他税费，例如社会保障融资计划基金（COFIN）[③]、数字服务贡献金（CSSD）[④]、针对特定网络服务或产品交易的课税[⑤]以及干预数字服务经济的贡献金（CIDE）[⑥]。但受制于美国的“301调查”和加征关税的威胁，巴西的立法草案均未获得通过。也有几个拉美国家已经实施了单边措施。乌拉圭（2018年）对于非居民企业通过数字平台提供调解（mediation）和中介（intermediation）服务以及提供视听服务取得的所得征税。阿根廷（2020年）对于从事在线赌博行为的纳税人通过阿根廷境内的数字平台下注按5%、10%、15%不等的税率征收税款[⑦]。墨西哥（2020年）对于在数字平台上销售商品和服务的墨西哥居民个人征收个人所得税，并要求处理支付的数字中介服务机构进行所得税的代扣代缴。此外，2021年12月墨西哥城还通过了一项法案，对操作、使用和管理用于分发和交付货物（包括食物）的应用程序或数字平台的个人或实体每月按总收入额的2%进行征税，该税是向数字平台征收的直接税，不能转嫁给消费者[⑧]。巴拉圭（2020年）采用预提所得税的方式对于非居民企业在B2B和B2C交易中取得的数字服务所得进行课税。

---

① African Tax Administration Forum, ATAF Publishes a Suggested Approach to Drafting Legislation On Digital Sales Tax Service, Oct. 1, 2020. https://www.ataftax.org/ataf-publishes-an-approach-to-taxing-the-digital-economy.

② 根据巴西“CIDE数字”法案，针对居民和非居民企业通过在线广告、提供中介数字平台服务以及数字传输活动取得的收入，应该适用1%—5%的累进税率进行课税，该税将适用于上一年全球收入超过30亿南非兰特、巴西总收入超过1亿南非兰特的经济集团。

③ 基于2020年5月22日的第131号立法提案法案。

④ 该法案提议设定3%的数字服务贡献金，对本地和非本地企业从针对巴西市场的数字服务中获得的收入征收，前提是这些企业是全球年收入超过45亿巴西雷亚尔的集团。

⑤ 根据2020年9月提交的法案，对于企业提供下列服务，如在线游戏、应用程序和软件及其应用程序升级，或是允许经济交易或交易的电子应用程序用户之间任何数字内容的交易，或是通过电子渠道将赌注商业化的交易，若上一年总收入超过1亿巴西雷亚尔，将对以下来源的总收入征收3%的税。

⑥ 2021年3月1日，立法机关提出了《640/2021法案》。该法案旨在对巴西提供以下数字服务的居民和非居民按照总收入3%课税，称为“干预经济对数字服务的贡献金”：广告、赞助或销售；内容定位；收集、分发或处理用户数据；对服务使用的激励或影响；支付平台；利用或传播与自然人或法人有关的图像、文本、视频或声音。

⑦ 通过数字平台在阿根廷境内或从阿根廷境内进行的押注将征收5%的税费。如果非居民企业直接或间接参与赌博平台的开发，标准税率将提高至10%；如果非居民企业在非合作或低/无税司法管辖区，标准税率将提高至15%。

⑧ KPMG, Mexico: Tax on digital platforms for distribution and delivery of goods and food (Mexico City), Dec. 15, 2021, https://home.kpmg/us/en/home/insights/2021/12/tnf-mexico-tax-on-digital-platforms-for-distribution-and-delivery-of-goods-and-food-mexico-city.html.

5. 中东

在中东地区，对数字经济采取单边措施课税的国家有以色列和土耳其。以色列规定，从2016年起，非居民企业通过网络提供数字服务或销售货物，如果构成“显著经济存在”，则被视同在以色列设立了常设机构，因而要向以色列缴纳所得税。2019年1月，土耳其对非居民企业取得在线广告服务的所得开始征收预提所得税。2020年3月，土耳其开征数字服务税，该税受到了美国政府的强烈反对。主要原因是其适用的范围过大，税率高达7.5%，而且没有设立全球收入阈值，设定的区域收入阈值又偏低，甚至还规定企业如未缴纳税款则要受到禁业的处罚。

第二节 数字经济下直接税单边措施的三种主要类型

一、基于营业收入对数字企业征税

1. 均衡税

2015年OECD发布的《应对数字经济的税收挑战》报告将征收均衡税（equalization levy）作为数字经济环境下市场国课税不足的解决方法之一。报告指出，均衡税旨在确保提供电子产品和服务的非居民企业与开展同样业务活动的居民企业在税收上处于公平竞争的地位，以此实现税收中性[①]。

2016年2月，印度首当其冲地在数字经济领域引入了均衡税[②]。起初，其均衡税仅适用于B2B的商业模型。具体来说，当非居民企业向印度居民企业或非居民企业位于印度的常设机构提供在线广告及与之相关的服务，而且取得的收入总额超过10万印度卢比（折合约1355美元）时，该非居民服务提供商需要就其取得的营业收入按照6%的税率缴纳均衡税，并由位于印度的支付方（即服务接受方）代扣代缴[③]。

2020年，基于对印度财政法案的修订，均衡税的适用范围扩大到电子商务行业，并适用于B2C的交易。具体而言，从2020年4月1日起，作为非居民的电子商务运营商（e-commerce operator）在向以下三类主体在线销售商品或提供服务时，若取得的收入总额超过2亿印度卢比（折合约270万美元），则应按照营业收入的2%缴纳均衡税：（1）印度居民；（2）非居民（以印度居民或使用印度IP地区的居民为客户群体的在线广告销售以及数据销售）；（3）使用位于印度的IP地址购买商品或服务的人。

在这一新规中，“电子商务运营商”特指拥有、运营或管理在线销售商品或在线提

---

① OECD/G20 BEPS Project, Addressing the Tax Challenges of the Digital Economy, Action 1, 2015 Final Report, Sept. 2015, para. 302.

② 关于印度均衡税的具体规定，参照 Sections 163 to 180, Equalisation Levy Act.

③ 如果支付方未能履行扣缴义务，将面临着自行承担税负以及缴纳罚金和利息的风险。

供服务的数字平台或电子设施的非居民企业。而应税的“电子商务的供货或服务”（e-commerce supply or services）包括：（1）在线销售电子商务运营商拥有的商品；（2）在线提供电子商务运营商提供的服务；（3）电子商务运营商通过平台促成的在线商品或服务交易；（4）上述各项的任意组合。

与“在线广告服务”的居民支付方代扣6%的均衡税不同的是，电子商务运营商适用的2%的均衡税是由该非居民电子商务运营商按季度自行支付的，因此非居民电子商务运营商需要在印度进行税务登记。如果非居民电子商务运营商提供的服务属于特定服务，可以被6%均衡税所涵盖，则不再需要缴纳2%的均衡税。

在印度，均衡税的适用与企业所得税具有相互替代性，也就是说，如果非居民服务提供商缴纳了均衡税，就免于缴纳印度的企业所得税。反之，如果非居民服务提供商在印度的活动构成了常设机构，且该项服务与常设机构存在着实际联系，或是可以适用于企业所得税项下特许权使用费或技术服务费条款课税，则不再适用均衡税。由于印度的均衡税是在企业所得税体系之外开征的，因此不会引发与税收协定的冲突，也无需对税收协定进行修改。但潜在的问题是，如果均衡税不属于税收协定适用的范围，那么产生的重复征税也无法消除①。从2016年开征以来，均衡税收入呈现出逐年快速增长的趋势。截至2021年初，该税的税收收入累计达到4500亿印度卢比（折合约60亿美元）②。

2. 欧盟数字服务税提案

2018年3月欧盟委员会提出的数字服务税③，是基于建立欧盟统一数字市场的需要而设计出的欧盟版的“均衡税”，它要求成员国对特定类型的数字交易产生的营业收入按照3%的税率进行课税。数字服务税以“用户参与”理论作为理论基础。该理论提出，在数字经济环境下用户参与是数字企业完成价值创造并实现获利的重要环节，因此，用户参与度是数字企业参与市场竞争的一个核心要素。

基于上述认识，数字服务税适用于以用户参与作为价值创造核心的数字服务活动，具体包括三种类型：（1）在线广告；（2）数字中介服务，其为用户互动或买卖商品和服务提供交易平台；（3）销售从用户收集的数据④。在适用主体上，数字服务税的纳税人，是指上一年度全球年营业收入超过7.5亿欧元，并且在欧盟范围的营业收入超过5000万欧元的企业集团⑤。数字服务税应当由市场国（含用户国，下同）征收，因此，

---

① Sagar Wagh, The Taxation of Digital Transactions in India: The New Equalization Levy, Bulletin for International Taxation, Sept. 2016; Ashok K. Lahiri, Gautam Ray, D. P. Sengupta, Equalization Levy, January 2017, https://www.brookings.edu/wp-content/uploads/2017/01/workingpapertax_march2017_final.pdf.

② 据印度税务机关公布的数据显示，过去五年来均衡税的年收入为338亿卢比（2016），589亿卢比（2017），938亿卢比（2018），1136亿卢比（2019）以及1492亿卢比（2020）. See Google Tax: Government Collects Rs 1494 Crore Equialisation Levy between April 2020-January 2021, https://www.businesstoday.in/latest/economy-politics/story/google-tax-govt-collects-rs-1494-crore-equalisation-levy-between-april-2020-january-2021-287380-2021-02-12, January 2021.

③ European Commission, Proposal for a Council Directive on the common system of a digital services tax on revenues resulting from the provision of certain digital services COM/2018/0148 final-2018/073 (CNS) (on the DST).

④ Article 3, EC Proposal on DST (2018).

⑤ Article 4, EC Proposal on DST (2018).

界定数字服务的用户所在地具有重要意义①。对于符合条件应缴纳数字服务税的企业，应通过自行申报的方式缴纳税款。此外，为了减轻与企业所得税同时适用所产生的重复征税问题，数字服务税法案还建议成员国在计算企业所得税时将数字服务税税款作为费用从税基中扣除。尽管欧盟数字服务税的提案最终未能在欧盟内部获得一致通过，但却为后来一些国家采取数字服务税单边措施提供了重要的立法借鉴。

对比欧盟的数字服务税提案与印度的均衡税后我们不难发现，二者具有以下几个共同点：一是均赋予了市场国对提供特定数字服务的非居民企业课税的权力；二是税基都是营业收入而非净所得；三是立法者均认为这个税种不属于直接税，不能被税收协定所涵盖②。不过，两者之间的差异也很明显，主要体现在以下几个方面③：

一是，从适用范围来看，欧盟的数字服务税基于"用户参与"的理念，主要适用于用户对价值创造具有重要影响的特定类型的数字服务活动，其适用的范围较窄；而印度的均衡税课征的目的在于为居民和非居民企业提供同等的税收待遇，弥补市场国对提供数字服务的非居民企业课税不足的缺憾，因而适用范围较宽。例如，跨境电子商务活动被纳入了印度的均衡税征税范围，而不在欧盟数字服务税的征税范围。

二是，从适用主体看，印度均衡税的适用范围仅限于在印度没有常设机构的非居民企业；而欧盟的数字服务税为了避免与 WTO 规则和欧盟法律相冲突，适用对象并未区分居民企业和非居民企业。不过，由于欧盟的数字服务税规定了较高的全球和区域的收入阈值，这就在客观上锁定了位于特定税收管辖区的大型跨国企业，从而实际上构成了对非居民企业的歧视。

三是，从课税地以及利润归属的角度看，印度均衡税的设计主要是基于传统的居民课税原则和来源地课税原则，其强调的是只有接受在线广告服务或电子商务服务的一方位于印度时，印度才享有课税权；而欧盟数字服务税在确定适用范围时引入了"用户所在地"，使其作为新的课税连接点和利润分配的基础，但在立法上界定用户所在地不仅存在大量技术和法律上的困难，而且也对税收征管提出了挑战④。

四是，在处理与企业所得税之间的关系方面，印度规定均衡税与企业所得税之间存在着非此即彼的关系；而欧盟的数字服务税是在企业所得税之外另行开征的一道税，企业缴纳的数字服务税不能对企业所得税的税额进行抵免，但可以作为一项费用从企业

---

① 根据欧盟 DST 提案，用户所在地是用户下单或开户时的设备所在地或任何其他地理定位机制的互联网协议（IP）地址。

② See Committee on Taxation of E-Commerce formed by the Central Board of Direct Taxes, Department of Revenue, Ministry of Finance, Government of India, Proposal For Equalization Levy on Specified Transactions (2016)；欧盟 DST 提案的法律基础是《欧洲联盟运作条约》第 113 条，该条款是规定间接税的协调措施。

③ Sriram Govind, Unilateralism in Taxing the Digitalized Economy: Comparing the EU Digital Services Tax Proposal and the India Equalization Levy (Chapter 7), in Taxing the Digital Economy: the EU Proposals and Other Insights (P. Pistone & D. Weber eds.), IBFD 2019; Fiona Simorangkir, How Should Indonesia Implement Direct Tax on Digital Economy? -A Comparative Study between the Equalization Tax in India, and the Digital Service Tax in the United Kingdom and France, Asia-Pacific Tax Bulletin, 2021, Vol. 7, No. 2.

④ 例如其中一项挑战是，对于用户的定位需要跟踪用户的确切位置，这种定位机制会对用户隐私及其数据保护方面带来挑战，例如违反欧盟的《通用数据保护条例》（GDPR）。

所得税的税基中扣除。

3. 数字服务税的争议、立法实践以及影响评析

欧盟提出的数字服务税立法建议，很快在理论界和实务界引来诸多讨论，有学者将数字服务税比作“地域特殊租金（location-specific rent，简称LSR）”，即政府对自然资源的开采收入收取的一种特许权使用费，以此来支持市场国向数字企业课征数字服务税①。但也有一些悬而未决的问题在理论界备受争议。例如，用户参与是否创造价值以及如何认定用户参与所创造的价值。有的学者认为，应当将“用户参与”作尽可能扩大的解释，以防止数字服务企业利用商业安排来规避数字服务税②。也有的学者则倾向于对用户价值作限定性解释，以防止税务当局扩大自己的征税权力③。还有学者对用户参与本身能创造价值的观点持否定态度，认为在线服务中能产生价值的部分是大量用户群体共同产生的网络效应，是由数字商业技术（比如机器学习和算法）完成的，而非单个消费者的数据④。

关于数字服务税在性质上是间接税还是直接税，也存在不小的争议。主张数字服务税属于间接税的观点认为，数字服务税是对纳税人提供数字服务的总收入而非净所得课税，将数字服务税归类为间接税可以避免被现行的双边税收协定所涵盖，但这同时也意味着，因数字服务税而产生的重复课税问题无法在现有的国际税收框架内得以解决。不仅如此，数字服务税并不具有间接税通常所具备的税负转嫁的特征，其立法设计者并不希望缴纳该税款的跨国企业将这一税负转嫁给市场国的最终消费者。如何理解数字服务税这种兼具直接税和间接税的特征，避免其与税收协定、欧盟法律、WTO规则之间可能发生的冲突，也是理论界讨论的热点问题⑤。

尽管存在诸多理论争议和潜在的立法冲突，一些国家还是陆续引入了数字服务税。

大多数国家的数字服务税制，在规则设计上参鉴了欧盟数字服务税的框架，但在征税范围、征税门槛（全球和区域收入阈值）、适用税率、税基计算以及申报程序等具体规则方面却也存在诸多的差异。

---

① Cui，Wei，Nigar H. The Digital Services Tax as a Tax on Location-Specific Rent [J]. *SSRN* 2019（3488812）：4－5.

② 有学者认为用户参与价值可以根据平台所产生的收益来确定，无论该收益是来自直接或间接的网络效应、客户的个性化信息还是大量的数据模型，只要技术本身不是垄断性的，那么收益都应归因于用户提供的原始数据。Cui，Wei. The digital services tax：a conceptual defense [J]. *Tax L. Rev.* 2019（73）：69.

③ 有学者提出从互易行为的标准对用户参与进行界定，指出对于用户参与的界定需要首先讨论用户与企业之间的交互行为是否构成互易行为。若双方都能够获得新见解，则这种讨论可能是互惠互利的，但是如果这种互动仅为社会日常互动，与价值创造之间的联系太弱而无法为税收目的所认可。参见廖益新，宫廷．英国数字服务税：规则分析与制度反思 [J]．税务研究，2019（05）.

④ Horzen F v，Andy v E. European Union Proposed 3% Digital Services Tax [J]. International Transfer Pricing Journal，2018（25）：13.

⑤ See e. g. Craig Elliffe，Taxing the Digital Economy：Theory，Policy and Practice [M]. Cambridge University Press，2021，pp. 119－164；Georg Kofler & Julia Sinnig，Equalization Taxes and EU's Digital Services Tax（Chapter 6），in Tax and the Digital Economy：Challenges and Proposals for Reform [M].（Werner Haslehner，Georg Kolfer ed.），Wolters Kluwer，2019，pp. 134－137；J. Nogueira，The Compatibility of the EU Digital Services Tax with EU and WTO Law：Requiem Aeternam Donate Nascenti Tributo Chapter 11），in Taxing the Digital Economy：The EU Proposals and Other Insights [M].（P. Pistone & D. Weber eds.），IBFD，2019.

（1）征税范围。奥地利和波兰的数字服务税仅适用于广告服务，而法国、意大利和西班牙更接近欧盟数字服务税提案中建议的3种数字服务活动。土耳其和肯尼亚的征税范围拓展到了包括提供视频和音频服务等数字内容在内的多项活动。英国对征税范围的描述较为笼统和宽泛，包括加密货币平台交易在内的“提供在线市场”（provision of online market）①，但不包括亏损企业，并规定了一种可替代数字服务税的安全港方法，作为其简易的计税方法②。加拿大在2021年引入的数字服务税则融合了之前各国的经验，将征税范围界定为“通过在线市场、社交媒体、在线广告和用户数据提供的数字服务”。相比之下，肯尼亚数字服务税更接近于印度的均衡税，而与欧盟的数字服务税差距较大，主要是因为其纳税人仅限于提供数字服务且未缴纳预提所得税的非居民企业，并且未规定收入阈值。

（2）申报程序。各国做法有较大的差异。有的国家规定自行申报，而对于在市场国没有登记的纳税人，则要求其指定税务代理人代为缴纳（例如法国、奥地利、西班牙、波兰、肯尼亚）；也有的国家要求由企业集团指定内部的一个实体，来履行自行申报和缴纳的义务（如意大利、英国）；还有的国家如土耳其等国，则采用预提所得税的方式由支付方代扣代缴。

（3）申报期限。一些国家规定按月申报缴纳（如奥地利和土耳其），还有一些国家则规定按季预缴、按年汇算清缴。对于延迟纳税申报或缴纳税款的惩罚措施，土耳其的规定最为严厉，即如果纳税人在接到通知后30天内仍未履行纳税义务，相关政府部门会阻止这些服务供应商提供相关服务，并通知信息和通信技术管理局封锁其线上业务渠道，封锁决定将在通知送达服务供应商后的24小时内执行。对于数字服务企业来说，这一禁业性的惩罚措施比其他国家的罚款或者滞纳金等处罚措施更具有震慑力。详情见表3－1。

表3－1　　已引入数字服务税的部分国家

国家	实施时间	征税范围	征税门槛（全球/区域）		税率	能否扣除
欧盟	因不能得到成员国一致同意而未实施	1. 在线广告； 2. 向用户提供多端数字界面； 3. 销售用户数据	7.5亿欧元	在欧盟境内2500万欧元	3%	作为费用从计算所得税的税基中扣除。

① KPMG, Cryptocurrency platforms potentially in scope of the UK DST, Dec. 20, 2021. See https://home.kpmg/uk/en/home/insights/2021/12/tmd-cryptocurrency-platforms-potentially-in-scope-of-the-uk-dst.html.

② 在这种方法下，一个集团可以选择根据其利润（而不是总营业额）以更高的比率支付DST，从而确保DST不会因亏损或利润率极低而给纳税人造成不成比例的负担。该种安全港的计算公式为：（利润率×符合数字服务税的营业额－免税额）×系数A。其中，利润率是指与英国用户进行交易的利润率。由于这种方法允许成本被扣除以确定利润，它将需要一个商定的方法来确定哪些成本可以扣除，以及如何分配全球或区域内可归属于英国用户的间接费用。符合数字服务税的营业额是指归属于英国用户的收益。这与其他国家常用的标准方法相同。系数A是指在此方法下的适用税率，英国目前确定为0.8。

续表

国家	实施时间	征税范围	征税门槛（全球/区域）		税率	能否扣除
法国	2019 年 1 月 1 日	1. 在线广告； 2. 向用户提供多端数字界面； 3. 销售用户数据	7.5 亿欧元	2500 万欧元	3%	作为费用从计算所得税的税基中扣除
意大利	2020 年 1 月 1 日	1. 在线广告； 2. 向用户提供多端数字界面； 3. 销售用户数据	7.5 亿欧元	550 万欧元	3%	作为费用从计算所得税的税基中扣除
奥地利	2020 年 1 月 1 日	在线广告	7.5 亿欧元	2500 万欧元	5%	不适用
英国	2020 年 4 月 1 日	1. 提供社交媒体平台 2. 提供互联网搜索引擎 3. 提供在线市场	5 亿英镑（5.85 亿欧元）	2500 万英镑（约 2927 万欧元）	2%	可以作为企业的费用扣除，并不能与企业所得税进行抵扣
西班牙	2021 年 1 月 16 日	1. 在线广告； 2. 向用户提供多端数字界面； 3. 销售用户数据	7.5 亿欧元	300 万欧元	3%	作为费用从计算所得税的税基中扣除
波兰	2021 年 7 月 1 日	通过传统媒体或数字媒体投放广告	7.5 亿欧元适用于在线广告	500 万欧元	5%	可从所得税税基中扣除
土耳其	2020 年 3 月 1 日	1. 所有类型在线广告服务； 2. 通过数字媒体销售视频、音频和其他数字内容并提供相关的服务； 3. 促进用户互动的数字中介服务	7.5 亿欧元	2000 万新里拉（约 314 万欧元）	7.5%	采用预提所得税征收的 DST 可抵扣纳税人在所得税项下应纳的税款
肯尼亚	2021 年 1 月 1 日	通过数字市场提供包括可下载数字内容、流媒体数字内容、销售用户数据、订阅媒体、电子购票、搜索引擎服务、在线远程培训等在内的服务	不适用	不适用	1.5%	在肯尼亚构成常设机构的非居民企业缴纳的 DST 可以与其所得税的应纳税额相抵扣
加拿大	2022 年 1 月 1 日（推迟到 2024 年 1 月 1 日征收）	通过在线市场、社交媒体、在线广告和用户数据等依靠从加拿大用户获得数据和内容贡献而提供的数字服务	7.5 亿欧元	2000 万加元	3%	不能抵免在加拿大的应纳税额，但在特定情况下可以在计算应纳收入时扣除

资料来源：KPMG，Taxation of the Digitalized Economy，Dec. 20，2021；IBFD，Digital Taxation Monitor，Nov. 2021.

实施数字服务税固然可以在一定时期内达到增加税源的效果，但开征新税种所增加的征管成本同样也不可小觑①。不仅如此，数字服务税还可能与税收协定中的非歧视条款相冲突，从而违反欧盟法律的基本自由（尤其是设立自由和提供服务自由）以及欧盟的国家援助规则，或是与世界贸易组织（WTO）框架下《服务贸易总协定》的国民待遇或最惠国待遇条款相冲突。例如，匈牙利在2014年实施的广告服务税就因涉嫌违反欧盟国家援助条款而面临欧盟委员会的调查，并被要求在2019年7月1日至2022年12月31日期间暂停征收②。再比如，美国自2019年以来先后对法国、奥地利、印度、意大利、西班牙、土耳其和英国等国进行加征关税的威胁，理由是这些国家实施的数字服务税构成了对美国企业的歧视，违背了国际税收基本原则，并对美国企业的商业活动构成不当的限制。根据2020年12月经济合作与发展组织发布的《经济影响评估报告》，各国单边税收措施激增不仅破坏了整体的国家税收框架，而且还增加了国际贸易争端，这种由数字服务税所引发的全球贸易战导致世界国民生产总值每年减少1%以上③。

对于数字企业而言，各国征收数字服务税意味着更沉重的税负以及更高的税收遵从成本，并且因为无法适用税收协定，企业还面临着双重征税的风险。为了转嫁税负，一些数字企业将增加的税收成本以提高收费的方式转嫁给上游的广告付费商或下游的消费者。例如，苹果提出将把这部分税收成本转嫁给在土耳其购买APP的客户以及法国、意大利、英国的运营商④。亚马逊也表示，在支持由OECD主导的多边机制协调税权分配的同时，将开始尝试向商家收取费用，以抵消在法国、英国和意大利增加的税负⑤。

二、以"显著经济存在"作为建立连接点的规则

在数字经济环境下，非居民企业即使在市场国不存在任何有形的固定营业场所或设施，也可以借助着互联网、数字技术和电子手段与当地的用户或消费者建立紧密而有效的经济联系，并取得数额可观的收入。因此，一种观点主张用"显著经济存在"（significant economic presence，SEP）的概念取代"常设机构"，作为建立征税权的新的连接点（nexus），这种做法实质上就是扩大常设机构概念的范围。根据2015年OECD应对BEPS的第1项行动计划的报告，构成显著经济存在（SEP）需要基于三个要素：（1）收入要素，即非居民企业要从某一国家取得一定的收入总量；（2）数字化要素，如本地域名、本地数字化平台和本地支付；（3）用户要素，如本地活跃的用户数量、在线合同签订数量和当地用户数据收集情况等。然而，采用显著经济存在作为一国征税

① 以英国为例，数字服务税为英国在2019年到2020年期间带来7千万英镑的税收收入，在2020年至2021年带来28亿英镑的税收收入，预计到2025年将每年带来51.5亿英镑的税收收入。对于英国来说同样存在一定的征收成本，如英国财政部指出英国税务海关总署将支付高达800万英镑用于开发新的IT系统和流程、增加员工来监督和管理新税。See Gov. UK Policy Paper-Digital Services Tax，2020，p. 5.

② Sabine K，Stefanie G. State Aid Issues Regarding National Digital Taxes [J]. European Taxation，2020（60）：7.

③ OECD/G20，Tax Challenges Arising from Digitalisation-Economic Impact Assessment，2020，p. 15.

④ William Horobin，Bryce Baschuk Bloomberg，Why "Digital Taxes" are the New Trade War Flashpoint，https：//www. dailyherald. com/business/20201010/why-digital-taxes-are-the-new-trade-war-flashpoint，Oct. 10，2020.

⑤ Sam Schechner，Paul Hannon，Global Digital-Tax Detente Ends，as U. S. and France Exchange Blows，https：//www. wsj. com/articles/global-digital-tax-detente-ends-as-u-s-and-france-exchange-blows-11609333200，Dec. 30，2020.

权的连接点所带来的挑战也很明显：一方面，正如 OECD《数字化带来的税收挑战——2018 年中期报告》所指出的，由于非居民企业在市场国并没有物理上的商业存在，如何确定非居民企业基于显著经济存在而从市场国取得的收入数额则是一个难点，并且对境外的非居民企业实施有效的税收监管也存在一定难度；另一方面，显著经济存在的概念与税收协定中下的“常设机构”概念也存在冲突，如何协调国内立法和税收协定的关系是另一个亟待解决的问题。

2018 年初，欧盟将数字型常设机构（digital PE）的设想又向前推进了一步[①]。根据欧盟委员会 2018 年提出的“显著数字存在”（significant digital presence，SDP）的提案建议[②]，即当一家企业在一个欧盟成员国通过数字界面提供数字服务，满足下列任一条件时，将被认定在该国具有显著数字存在：（1）向位于欧盟成员国境内的用户提供数字服务获得的收入超过 700 万欧元；（2）在该成员国境内使用其数字服务的用户数量累计超过 10 万人；（3）与该成员国境内用户缔结的商业合同数量超过 3000 份。一旦企业在欧盟成员国的活动构成显著数字存在，则将要按照税收协定中经授权的 OECD 方法（authorized OECD Approach，AOA）来确认可归属于显著数字存在的利润[③]。此外，欧盟委员会还提出了实施该提案的三大步骤：第一步，要求欧盟成员国相应地修改国内企业所得税法，将显著数字存在作为新的征税连接点；第二步，将显著数字存在概念逐步地纳入欧盟成员国与非欧盟成员国之间已签订的税收协定之中；第三步，将其与欧盟共同合并企业税基（Common Consolidation Corporate Tax Base，CCCTB）的方案相互整合。

但显著数字存在的提案后来也没能在欧盟成员国中获得一致通过，从而导致欧盟提出的数字型常设机构的构想最终未能付诸实施。目前，采用显著经济存在作为对数字经济活动征税连接点的国家为数不多，主要包括以色列（2016 年）、斯洛伐克（2017 年）、意大利（2018 年）、印度尼西亚（2020 年）、尼日利亚（2020 年）和印度（2021 年）。但囿于显著经济存在的概念与税收协定中常设机构的概念相冲突，大多数国家都明文规定基于显著经济存在的课税规则并不适用于与本国有税收协定国家的居民企业。

至于显著经济存在概念的适用范围及构成要件，上述采用这一概念的国家也有不同的规定。举例而言，以色列规定，当非居民企业通过网络提供数字服务或销售货物时，要判断其是否符合显著经济存在应考虑下列因素：（1）与以色列居民签订的网络服务合同数量巨大；（2）使用数据化服务的以色列用户数量众多；（3）在线服务是为以色列用户提供的（如使用希伯来语等）；（4）以色列用户使用网页的频率和支付给非

---

① Peter Braumann，Digital Permanent Establishments on its Way to Becoming a Reality? The EU Commission's Proposal on Taxing “Significant Digital Presence”（Chapter 7），in Tax and the Digital Economy：Challenges and Proposals for Reform（Werner Haslehner，Georg Kolfer ed.），Wolters Kluwer，2019，pp. 147 – 176.

② European Commission，Proposal for a COUNCIL DIRECTIVE laying down rules relating to the corporate taxation of a significant digital presence，Brussels，21. 3. 2018 COM（2018）147 final.

③ Proposal for a COUNCIL DIRECTIVE laying down rules relating to the corporate taxation of a significant digital presence CM/2018/0147 final-2018/072（CNS）.

居民企业对价之间存在关联关系等[①]。斯洛伐克把显著经济存在规则的适用范围限定在提供运输和住宿服务平台的非居民企业，并规定自 2018 年 1 月 1 日起，当运营数字平台的非居民企业习惯性地促成在斯洛伐克境内签订运输和住宿服务合同，则应视其为在斯洛伐克境内构成虚拟常设机构。在尼日利亚，自 2020 年 2 月 3 日起，当非居民企业通过提供数字内容的流媒体或下载服务、数字中介服务、传输用户数据或利用数字平台销售货物或提供服务，在一个会计年度从尼日利亚获得超过 2500 万奈拉（合计约 64600 美元）的总营业额，则被视为在尼日利亚构成显著经济存在[②]。另外，在尼日利亚构成显著经济存在的非居民企业应办理税务登记，获取税务识别号，并提交年度纳税申报表[③]。根据 2021 年 5 月印度中央直接税委员会（CBDT）发布的规定，自 2022 年 4 月 1 日起，非居民企业在印度的商业活动满足以下任一条件，则构成显著经济存在：(1) 上一年度与印度境内居民开展货物、服务或财产的交易（包括在印度提供数据或软件下载）金额达到 2000 万卢比（约 27 万美元）以上；(2) 与 30 万以上的印度用户持续地开展商业活动或进行互动[④]。

为了避免采用显著经济存在的概念与税收协定之间可能产生的冲突，印度尼西亚引入了电子交易税（electronic transaction tax，ETT）。[⑤] 根据印度尼西亚政府发布的 1/2020 号条例，自 2020 年 3 月 31 日起，对于从事电子商务交易的境外企业集团，即使在印度尼西亚没有商业存在，只要集团的合并营业收入达到特定数额，并且在印度尼西亚的销售额和用户数量达到一定的规模，则将被视为在印度尼西亚构成显著经济存在，从而被视同拥有常设机构。如果囿于税收协定中的限制而无法对视同具有常设机构的非居民企业征收企业所得税，则印度尼西亚将对其征收电子交易税（ETT）。电子交易税的纳税人和申报方均为境外从事数字交易的主体，包括服务提供商、中介机构和境外卖家。从这个意义上说，电子交易税是印度尼西亚政府修订税收协定之前针对电子交易实施的一项临时性的征税措施[⑥]。

三、征收预提所得税

传统上，各国国内税法和税收协定对于包括利息、股息、特许权使用费等消极投资所得均采用预提所得税的方式征税，即非居民企业不需要在来源国设有“常设机构”

---

① EY, Israeli Tax Authorities Publish Official Circular on Internet Activity of Foreign Companies in Israel, Global Tax Alert, April 15, 2016.

② 此外，如果非居民企业使用尼日利亚域名或在尼日利亚注册了 URL，或者为尼日利亚市场定制数字页面或平台，与尼日利亚境内居民保持有目的和持续的互动，则该非居民企业也将视为在尼日利亚具有 SEP。

③ Nigeria. Nigeria's Significant Economic Presence Income Tax on Digital Economic Activities: Challenges and Opportunities [J]. Bulletin for International Taxation, 2020 (9).

④ Nikita Lingbawan, India Sets Thresholds for Significant Economic Presence of Non-Residents, May 5, 2021, IBFD News.

⑤ Government Regulations in Lieu of Law No. 1, 2020, sec. 6 (1) b.

⑥ Fiona S. How Should Indonesia Implement Direct Tax on Digital Economy? -A Comparative Study between the Equalization Tax in India, and the Digital Service Tax in the United Kingdom and France [J]. Asia-Pacific Tax Bulletin, 2021 (7): 2.

性质的课税联结点，来源国仍可以要求境内支付方以扣缴企业所得税的方式对非居民企业从本国取得的消极投资所得征税。而对于某些数字交易，一些国家也主张采用这种预提所得税的方式对所得课税，以避免对所得在税法定性上的困难。从目前的情况看，马来西亚（2017 年）、中国台湾地区（2017 年）、巴基斯坦（2018 年）、土耳其（2019 年）、巴拉圭（2020 年）和越南（2021 年）等国家在单边立法中都加进了这方面的规定，即当非居民企业在本辖区提供特定数字服务而且未构成常设机构的情况下，将采取预提所得税的方式对非居民企业取得的所得课税。

马来西亚规定，从 2017 年 1 月 17 日起，对于在马来西亚没有常设机构或商业存在的非居民企业，就其在马来西亚向个人（B2C 交易）提供数字广告服务所取得的所得，可界定为特许权使用费所得或特定收入，由支付方按支付价款的 10% 承担预提所得税的扣缴义务。

巴基斯坦规定，自 2018 年 7 月 1 日起，对于非居民企业通过提供特定的数字服务（包括数字广告、网站设计、电子邮件、在线计算、上传及存储或发布数据、发布数字音频或数字视频以及与巴基斯坦用户相关的数据在线收集或处理等）从巴基斯坦取得的报酬，处理付款的中介机构（如银行等金融机构）应按支付价款的 5% 扣缴预提所得税。

巴拉圭规定，从 2020 年 1 月 1 日起，非居民企业通过互联网或其他技术平台向巴拉圭的用户提供自动化的在线服务①所取得的报酬，应按照相关价款的 30% 并适用 15% 的税率负担预提所得税（即实际有效税率为支付款项的 4.5%）。在用户使用信用卡或借记卡转账支付的情况下，由银行和金融实体、合作社、处理支付的其他实体和电话企业承担扣缴义务。

中国台湾地区规定，自 2017 年 1 月 1 日起，境外服务提供商向台湾地区的客户提供在线广告和其他电子服务（如在线游戏、视频、音频广播、电影、电视、音乐和在线平台服务等）所取得的所得，应由所得的支付方对其扣缴预提所得税。

然而，采用预提所得税的课税方法也面临着一些理论和征管方面的挑战。

首先，倘若对于数字经济中所有商业模式都采用统一的预提所得税机制，则会忽略各种商业模式下价值创造和利润率不同的事实，而且这种预提所得税与对本地数字服务供应商采用的净额征税方法不一致，从而会造成对非居民企业的歧视待遇，甚至导致其与 WTO 或国际税收规则相冲突。

其次，采用预提所得税的方法还需要修订双边税收协定，增设相关所得类型的税权分配条款。2021 年 4 月，联合国范本引入的第 12B“自动数字服务所得”条款，虽然为相关国家修订税收协定提供了可供遵循的思路，但毕竟双边税收协定的修订是一项漫长且复杂的工作。

再次，鉴于个人作为代扣代缴预提所得税的主体在现实中存在困难，所以征收预

① 在巴拉圭使用或利用在线服务，是指以下活动中有任一要素位于巴拉圭：（1）客户使用的设备的 IP 地址或 SIM 卡的国家代码；（2）用于支付的银行账户；（3）客户的账单地址；（4）在银行注册的客户的账单地址；（5）发行用于支付的信用卡或借记卡的金融机构。

提所得税的方法在大多数情况下只适用于 B2B 的交易，很难将其适用于 B2C 的交易模式。在这方面，巴基斯坦、巴拉圭和越南作出了初步的尝试与探索，即在 B2C 的交易中，要求为非居民服务提供商扣缴预提所得税的义务由办理支付业务的中介机构来承担，如金融机构、通讯企业等。我国台湾地区则要求境外服务提供商对于 B2C 销售产生的收入自行申报并缴纳预提所得税税款，但这一措施在执行上的有效性很大程度上取决于非居民企业的遵从度及税务机关的征管能力①。

除了上述三种针对数字经济的直接税单边措施外，一些国家还引入了专门针对大型跨国企业的反避税措施。这些措施虽然并不专门针对数字化跨国企业，但是鉴于一些数字化跨国企业在市场国承担过低税负的现象，这些反避税行动直接影响到一些数字化跨国企业。

英国在 2015 年引入的俗称“谷歌税”的“转移利润税”（diverted profits tax，DPT）即是一个典型的案例。从 2015 年 4 月 1 日起，英国对于企业采用避税安排从英国转移出的利润要按照 25% 的税率（而非 19% 的标准税率）征收转移利润税，并加收罚息。鉴于英国企业所得税税率将在 2023 年 4 月 1 日起从 19% 提高为 25%，转移利润税的税率也将同步调整，从之前的 25% 提高到 31%②。从英国的实践看，转移利润税的实施对纳税人确实能起到一定的震慑效果。它鼓励跨国企业及时向税务机关披露某些高风险的转让定价行为，并调整在英国的交易安排和架构，从而避免适用更高的税率。

澳大利亚在 2017 年 4 月引入了转移利润税，自 2017 年 7 月 1 日起实施。澳大利亚转移利润税深受英国的影响，但是在征税对象、税率、税收抵免、实施程序、纳税期限等方面有自己显著的特点③。此外，早在 2016 年 1 月 1 日，澳大利亚实施了《反跨国避税法》（Combating Multilateral Tax Avoidance Law）④，这并非引入新税种，而是对《澳大利亚税收评估法案》中的“一般反避税条款”作了一定的修订。《反跨国避税法》针对年收入超过 10 亿澳元的跨国企业，如果这些企业采用虚假和人为的商业安排规避在澳大利亚构成常设机构，而且事实证明跨国企业进行税务安排背后的一个或多个主要目的是获取税收利益，则税务机关有权做出调整。调整措施，要么将利润归属到位于澳大利亚的虚拟常设机构，要么对非居民企业在澳大利亚的虚拟常设机构对外支付的费用（例如特许权使用费）征收预提所得税，并收取利息⑤。

---

① Chang H. L. , Ji-Hyun Y. Withholding tax in the era of BEPS, CIVs and digital economy [J]. IFA report (103B): 35 -41.

② HM Revenue & Customs, Change to the Diverted Profits Tax Rate from 1 April 2023 (Policy Paper), March 3 2021, https://www.gov.uk/government/publications/change-to-the-diverted-profits-tax-rate-from-1-april-2023/change-to-the-diverted-profits-tax-rate-from-1-april-2023.

③ Tony Frost& Richard Vann, Australian DPT v. UK DPT, March 27, 2017, https://www.lexology.com/library/detail.aspx?g=b60df7a9-78d8-40ca-a1c9-eeae326db309.

④ Tax Laws Amendment (Combating Multinational Tax Avoidance) Act 2015, No. 170, 2015, 11 December 2015.

⑤ Australian Taxation Office, Section 177DA of the Income Tax Assessment Act 1936: Schemes that Limit a Taxable Presence in Australia, Law Companion Guideline 2015 (2).

第三节
单边措施的未来

依照2021年10月OECD/G20包容性框架达成的《双支柱方案的声明》的要求，自2021年10月8日至2023年12月31日和多边公约生效日中较早一日，各签约方不得再出台新的数字服务税或者其他类似的单边措施，并且还应当妥善协调并撤销现行的单边措施。对于已引入单边措施的市场国而言，这意味着需要在规定期限内作出向多边措施转型的过渡性安排。

目前有两个问题尚不明确。

一是什么是与数字服务税“类似的单边措施”？从前文可以看出，市场国基于显著经济存在、预提所得税和反避税规定等措施对数字企业的课税与数字服务税的规则设计存在十分明显的差异，这是否意味着在多边措施实施后，这些类型的单边措施还有保留的余地？如果允许这些单边措施继续适用，这是否又将为日后更多国家在多边机制之外诉诸于单边措施拓宽税源留下空间，有违在多边机制下解决国际税收问题的初衷？

二是对于总部位于未签署《双支柱方案的声明》国家的企业集团，或是某些企业集团尚未被双边措施所涵盖，市场国已引入单边措施能否对其继续适用？这一点目前也不明确。有学者指出，对于已经实施单边措施的国家而言，单边措施向多边措施的过渡很可能意味着税收收入的下降，为此一些国家可能会通过引入某种关税、入市费或其他办法弥补其税收收入的损失[①]。

从整体上看，《双支柱方案的声明》的发布，似乎预示着在多边框架下解决数字经济课税以及遗留的BEPS问题已是大势所趋。然而，多边措施在落地推进过程中也还存在一定的不确定因素，最主要的就是美国国会能否批准美国政府签署的双支柱国际税改协议。特别是参议院中一些共和党议员对这个协议持反对态度，甚至个别民主党议员也放出话来批评这个协议，这就给双支柱方案在美国顺利落地投下了阴影。与此同时，对于包容性框架下承诺执行多边措施的成员方而言，双支柱方案的落地也并非只是将OECD立法模版在国内法中进行简单的规则移植。当下，各国亟须立足于本国经济、产业特点、税法等多个层面，考量国际规则引入与现有国内立法的关系，并对国内税权和相关经济体的影响作出及时和审慎的评估。

---

① Nupur J Elvira M. What is the Road Ahead for Unilateral Digital Tax Measures? [J]. Asia-Pacific Tax Bulletin, 2021 (27): 4.

第四章

支柱一：跨国企业利润征税权的再分配

进入经济数字化时代，在越来越多的线上交易取代原有跨境实体交易的情况下，市场国（用户国）是否要对跨境数字服务征税以及如何实现税收公平，这一系列的新问题和新挑战正在倒逼已运行近百年的传统国际税收规则加速变革。对此，受二十国集团（G20）的委托，经济合作与发展组织（OECD）于2019年1月提出了支柱一方案，该方案“侧重完善对大型跨国企业的征税权分配机制，向市场国分配更多的征税权和可征税利润，以平衡经济数字化背景下国际税收权益的分配格局”[①]。那么，该方案的历史由来是怎样的？它由哪些具体规则组成？国内外理论与实务届对其评价如何？支柱一的最终落实会产生哪些影响？这一连串的问题，正是本章要思考和回答的。

第一节 支柱一方案的历史演进

从人类社会发展的规律看，旧制度不断被新制度所替代。20世纪二三十年代，现代国际税收理论与制度逐渐形成，从1923年经济学家报告[②]到1928年国际税收协定范本的诞生，再到1932年卡罗尔报告的问世，现代国际税收规范基本定型。然而，100年后的今天，数字经济发展速度之快、辐射范围之广、影响程度之深都是前所未有的，它也成为重组全球要素资源、重塑全球经济结构、改革全球竞争格局的关键力量[③]，而国际税收制度也因此迎来了百年重塑。

① 财政部部长刘昆．“‘双支柱’方案达成共识将有效应对经济数字化税收挑战”，http：//www.gov.cn/xinwen/2021-10/14/content_ 5642609.htm，2022-2-10.

② Bruins et al. Report on Double Taxation submitted to the Financial Committee，No. E. F. S. 73. F. 19. League of Nations. Geneva. 1923.

③ 习近平．不断做强做优做大我国数字经济［J］．求是，2022（02）.

一、先期探索：从渥太华电子商务税收框架到经济数字化中期报告

（一）1998 年渥太华《电子商务框架》

为试图解决电子商务发展引起的国际税收规则的适用问题，OECD 在 1998 年 10 月的渥太华部长级会议上对此展开了专题讨论。在此基础上，OECD 财政事务委员会（CFA）于 2001 年发布了《税收和电子商务》报告。该报告明确规定了包括中性原则、效率原则、确定和简化原则、有效及公平原则、灵活适应原则在内的五项渥太华税收框架原则①。当时，公正性（equity）原则也作为起草该框架的一项重要考量因素。该原则延展了 1923 年国际联盟经济学家报告中提出的税权划分的“经济忠诚（economic allegiance）”概念，并成为所得来源国与居民国之间征税权分配的重要争论焦点，即现行国际税收原则的执行应当以维护国家财政主权为出发点，且国与国之间应公平分享电子商务所创造出来的税基。

虽然渥太华框架并未改变当时的跨境税收分配规则，但 OECD 营业利润技术咨询小组（BP TAG）仍启动了有关电子商务营业利润问题的研究，于 2001 年、2003 年先后公布了两份讨论稿②，并最终在 2005 年形成了一份名为《现行用于营业利润的税收协定是否适用于电子商务?》的报告③。在这份报告中，OECD 承认当时的国际税收法规存在一定的问题，但认为电子商务的发展尚未对规则的修改产生迫切影响。同时，OECD 也提出了 4 项根本性的修改建议：（1）采用类似消极投资所得征税的规则，允许对某些电子商务形式相关的支付按来源地征税；（2）针对一国发生的税基侵蚀性的支付款项课税；（3）以企业集团为单位，用公式分配法取代独立实体核算和公平交易原则；（4）引入新的电子（虚拟）常设机构联结度规则。这些政策建议连同渥太华框架原则一道，形成了 OECD 对于国际税收规则调整的早期探索。

（二）2015 年《应对税基侵蚀和利润转移第 1 项行动计划：最终报告》

在渥太华框架原则的基础之上，OECD 开始探讨数字经济带来的税收挑战的因应之策。2012 年 6 月，G20 财长和央行行长会议同意通过国际合作应对税基侵蚀和利润转移（BEPS）问题，并委托 OECD 开展研究。2013 年 7 月，OECD 发布部分《BEPS 行动计划》，其中第 1 项行动计划的主题就是应对数字经济带来的挑战。2013 年 9 月，OECD 在财政事务委员会下设立数字经济工作组（TFDE），旨在拟定一份确认数字经济带来的税收问题以及相关应对方案的报告。经过两年的多边努力，OECD 于 2015 年 10 月 5 日发布了 BEPS 项目全部 15 项产出成果，其中包括《应对数字经济的税收挑战：第 1 项行动计划最终报告》④（以下简称《BEPS 第 1 项行动计划报告》）。

在这一阶段，OECD 认识到数字经济日渐成为经济本身，从税收角度看，全球很难对数字经济与其它经济进行人为“圈篱”。OECD 也认识到数字经济及其商业模式都表

---

① OECD. Taxation and Electronic Commerce-Implementing the Ottawa Framework Conditions [R]. 2001.

② OECD. Attribution of Profit to a PE involved in Electronic Commerce Transactions [R]. 2001; OECD. Place of Effective Management Concept: Suggestions for Changes to the OECD Model Tax Convention [R]. 2003.

③ OECD. Are the Current Treaty for Taxing Business Profits Appropriate for E-Commerce? [R]. 2005.

④ OECD. Addressing the Tax Challenges of the Digital Economy, Action 1 - 2015 Final Report [R]. Paris, 2015.

现出一些可能与税收相关的特征，包括流动性、对数据的依赖性、网络效应、多层面商业模式的扩展、垄断或寡头垄断倾向、多变性等。就税收政策而言，《BEPS 第 1 项行动计划报告》认为数字经济不会造成独特的 BEPS 问题，但它的一些关键特征却会加剧 BEPS 产生的风险[①]。在直接税问题上，TFDE 详细分析了包括“显著经济存在（SEP）”测试的新联结度规则、对某些类型数字交易征收的预提所得税、对在税收管辖区内构成 SEP 的外国经营者征收均衡税在内的三种征税方案，但并未给出具体的政策建议。而间接税方面，TFDE 则相继出台了《国际增值税/商品和服务税指南》[②] 和《当供应商并非位于课税管辖区的增值税/商品和服务税有效征收机制报告》[③]，在很大程度上解决了数字经济下间接税的征收问题。至此，数字经济间接税领域的国际协调机制率先成型，并优先于直接税税收规则的发展。

（三）2018 年 3 月《数字化带来的税收挑战：2018 年中期报告》

自《BEPS 第 1 项行动计划报告》发布后，印度、法国、意大利、匈牙利等相继出台单边税收措施以应对经济数字化带来的税收挑战。受 G20 委托，为阶段性总结全球数字税改趋势、提炼数字化商业模式的价值创造过程及其与税制创新之间的关系，OECD 于 2018 年 3 月发布《数字化带来的税收挑战——2018 中期报告》[④]，为实现数字革命带来更为强大和更加包容的增长，提供了一个连贯和全面的全球性政策治理方案。经济数字化时代的开启，意味着国际税制研究的重点关注将由“数字企业”转向“经济数字化”。《数字化带来的税收挑战——2018 年中期报告》表示，“数字化并未呈现出独特的 BEPS 问题，但高度数字化商业模式的一些关键特征可能会加剧 BEPS 问题，同时还会导致一系列更为广泛的税收挑战”。相比《BEPS 第 1 项行动计划报告》，《数字化带来的税收挑战——2018 年中期报告》进一步明确了高度数字化经营呈现出的三项关键特征，包括大规模无实体的跨境经营，依赖于无形资产［包括知识产权（IP）］，数据、用户参与及其同 IP 的协同。

然而，《数字化带来的税收挑战——2018 年中期报告》又承认包容性框架成员对此类论断尚无共识，对调整现行国际税收制度以适应经济数字化问题的态度存在较大分歧。一是认同高度数字化企业的商业模式对用户参与/贡献的依赖，建议仅对特定企业采取有针对性的措施。二是认为全球整体经济正在不断数字化，需要对国际税收框架进行更为广泛的重新审议，让税制适应数字化企业与传统企业的经营模式。但该意见的持有方对具体改革措施的看法仍高度分化，如部分国家认为不应特别强调用户参与/贡献，而另一部分国家则坚持对联结度规则与利润分配规则进行重大修改。三是认为 BEPS 框架可以很大程度上解决好双重不征税问题，在当前尚未对政策开展系统性影响评估和跟踪监督之前，无需另辟解决新径[⑤]。

---

① OECD. Addressing the Tax Challenges of the Digital Economy, Action 1 – 2015 Final Report [R]. Paris, 2015.

② OECD. International VAT/GST Guidelines [R]. Paris, OECD Publishing, 2017.

③ OECD. Mechanisms for the Effective Collection of VAT/GST When the Supplier Is Not Located in the Jurisdiction of Taxation [R]. Paris, OECD Publishing, 2017.

④ OECD. Addressing the Tax Challenges of the Digital Economy, Action 1 – 2015 Final Report [R]. Paris, 2015.

⑤ OECD. Addressing the Tax Challenges of the Digital Economy, Action 1 – 2015 Final Report [R]. Paris, 2015.

《数字化带来的税收挑战——2018年中期报告》没有给出经济数字化带来的税收挑战的具体解决方案，充分反映出经济数字化税收规则设计的国际协调难度，更引申出OECD力求各国采取一致行动应对经济数字化税收挑战的政策期望。值得肯定的是，《数字化带来的税收挑战——2018年中期报告》正式开启了“经济数字化”时代，在一定程度上打通了“数字技术”与“税收政策”的认识关系，激活了全球范围内税收辖区对经济数字化课税的问题意识，廓清了政策延展与评估分析的基本范围，让各方从坚持BEPS方案，走间接税规制之路的单行通道逐渐转向“‘间接税’与‘直接税’并重”的双行通道上来①。尽管《数字化带来的税收挑战——2018年中期报告》并未直接谈及具体税制方案的选择，但其为制定应对经济数字化的税收政策提供了“遵循一国的国际义务”“临时性”“针对性”“税收负担最小”“对初创企业、创业企业和更普遍的小企业的发展影响最小”“征管成本与税制复杂程度最小”六项基本原则，强调各方要审慎评估税收政策在“对投资、创新和增长的影响”“对社会福利的影响”“对消费者和企业征税的潜在经济影响范围”“可能的税收负担”“作为临时性税收政策实施的可能困难”“合规与管理成本”六个方面的重要影响②。

二、规则塑造：从“统一方法”的提出到支柱一蓝图的构建

（一）2019年支柱一雏形方案的诞生

由于《数字化带来的税收挑战——2018年中期报告》并没有给出应对经济数字化带来税收挑战的具体解决方案，加之全球范围内的单边课税政策愈演愈烈，且作为数字税改先行者的欧盟迟迟未能在全体成员国层面就改革达成共识，欧美之间就数字服务税引发的贸易争端而剑拔弩张，以致法国、德国在2018年12月发布在OECD框架下推动全球最低税提案的联合声明。在此背景下，2019年1月和2月，OECD先后发布《应对数字经济的税收挑战——政策说明》③ 和《应对数字经济的税收挑战——公众咨询文件》④，试图搁置短期与长期方案之争，选择从解决数字化带来的“更广泛”的税收挑战和剩余BEPS问题这两个视角分别入手，建立一种择优化、归集化、体系化的“双支柱”体系，支柱一由此诞生。

支柱一的核心逻辑在于通过修订的利润分配和联结度规则，向市场国分配“新征税权”。该方案是在对英国提出的用户参与方案、美国提出的营销型无形资产方案和以印度为首的二十四国集团（G24）提出的显著经济存在方案之间进行异同比较及政策分析的基础上总结而得，总体上默许了将“市场/数据”视为一种“价值实现”的增值因素，以使用者或消费者作为价值的创造者，承认市场/数据所在地国家可以主张获得税基的某一份额的立场。从方案设计看，早期的支柱一主要包括适用范围和可能的适用除外、业务线细分、利润确定、利润分配、消除双重征税、联结度和税收协定方面的考虑

① 刘奇超，曹明星等．数字化、商业模式与价值创造：OECD观点的发展［J］．国际税收，2018（08）．

② OECD. Addressing the Tax Challenges of the Digital Economy，Action 1 – 2015 Final Report［R］．Paris，2015.

③ OECD. Addressing the Tax Challenges of the Digitalisation of the Economy-Policy Note［R］．Paris，2019.

④ OECD. Public Consultation Document：Addressing the Tax Challenges of the Digitalisation of the Economy（13 February-6 March，2019）［R］．Paris，2019.

以及税收征管七大模块。据此，支柱一雏形框架初步显现。

（二）2019—2020 年支柱一“统一方法”方案

在充分吸收公众咨询意见的基础上，OECD 于 2019 年 5 月 31 日公布了《旨在制定应对经济数字化带来税收挑战的共识解决方案》（简称《共识方案》）①，提出了支柱一“统一方法”的设计思路，即包括新利润分配规则、新联结度规则和新征税权的实施三大方面内容，同时《共识方案》为各方进一步推动研究提供了一份菜单式的政策选择框架。其中，新利润分配规则最为详细，包括修订的剩余利润分配法、部分分配法、基于分销的方法、开发使用业务线与区域细分、设计适用范围的限制、制定亏损处理的规则等六个部分。至此，支柱一规则逐步得以细化②。为有效融合各方观点、淡化政策分歧，OECD 税收政策与管理中心主任帕斯卡在 2019 年 6—8 月期间先后拜访了全球主要经济体的财税部门负责人，宣传“统一方法”这一概念及其设计理念，赢得了各方的积极肯定。2019 年 10 月，OECD 在前期一系列工作的基础上发布了《支柱一下“统一方法”的秘书处提案》③（以下简称《“统一方法”提案》），正式向全球公开征求意见。

《“统一方法”提案》吸收了此前用户参与、营销型无形资产与显著经济存在三项提案的设计要素，建立起由金额 A、金额 B 和金额 C 组成的三段式营业利润的分配机制，力图一并妥善处理好包括各税收辖区之间的征税权分配，增强传统常设机构概念与独立交易原则的时代适配性，促成新型多边税收合作机制，防范单边征税措施激增的现实风险，化解各国对高度数字化跨国集团课税施以的巨大政治压力等一系列问题。具体而言，金额 A 不局限于实体存在，与独立交易原则也无联系，而是依据新联结度为市场管辖区创设新征税权，并将由高度数字化跨国集团在集团或业务线基础上所确定的“视同”剩余利润的一部分分配给市场/用户辖区。随后，该笔利润将按商定一致的因素分配公式以百分比的形式在各个市场/用户辖区之间进行最终分配。金额 B 寻求的是一种遵循独立交易原则的简化方法，即为在市场管辖区内发生的某些“基准”或常规的营销与分销活动确立固定回报。金额 C 旨在当公司在市场管辖区内发生的营销和分销活动超过金额 B 设计的固定回报所对应的基准水平时，或当高度数字化跨国集团或公司在市场管辖区内开展了同营销或分销职能无关的其他经营活动的情形下，秉承独立交易原则而主张超过金额 B 的额外利润④。

据统计，OECD 在对《“统一方法”提案》公开征求意见期间（2019 年 10 月 9 日至 11 月 12 日），共收到 304 份意见（合计 3000 余页）⑤。其中，持积极态度的仅约有

① OECD. Programme of Work to Develop a Consensus Solution to the Tax Challenges Arising from the Digitalisation of the Economy [R]. Paris, 2019.

② 刘奇超，曹明星等．直面经济数字化国际税收改革真问题：利润分配新规则的重构、解构与建构［J］．国际税收，2019（08）．

③ OECD. Public Consultation Document Secretariat Proposal for a “Unified Approach” under Pillar One [R]. Paris, 2019.

④ 刘奇超．论经济数字化国际税收改革中统一方法的规则设计：一个观点综述［J］．国际税收，2020（02）．

⑤ OECD. Public Comments Received on the Secretariat Proposal for a “Unified Approach” under Pillar One [EB/OL]. https://www.dropbox.com/s/3pb98p1o3qnz3me/oecd-public-comments-secretariat-proposal-unified-approach-november-2019.zip?dl=0, 2022-8-18.

13%，即认为“统一方法”这种基于原则性的规则设计是经得起未来考验的，而金额A试图将利润分配给企业持续和远程参与某市场管辖区内经济活动的做法，构成了“统一方法”对经济数字化带来税收挑战的主要回应。与之相对，更多观点倾向于审慎与批评态度。譬如，独立交易原则的积极拥护者认为公式化的课税方法会导致不精确性和扭曲性，强调“统一方法”可能会影响投资、就业、工资、创新、经济增长及税收收入，要求OECD在实施“统一方法”前公布对国家层面的经济影响分析，包括分析所使用的方法和数据。也有企业担心，“统一方法”的设计会过度强调市场管辖区的征税权问题，在一定程度上人为破坏现行以联结度规则确定非居民企业的税收管辖区和基于独立交易原则确定利润分配规则的两项国际税收体系基石。也有专家表示，可由各国自行按独立交易原则征收金额C，改革仅须使用“金额A+金额B”模式，抑或“以金额A吸收金额C、或将金额B嵌入金额C”的方式，使UA的三段式分配机制简化为两段式分配方法。

嗣后，为充分吸收各方不同观点、全面完善“统一方法”技术细节，OECD数字经济工作组有意提速推进相关改革。由于各方普遍对2019年10月“统一方案”金额A将征税范围限定为面向消费者业务（CFB）这一概念设定逻辑及其理论解释的自洽性存在质疑，认为“统一方法”对此描述含糊不清，不清楚在何种情形下对B2B型交易征税，以及在某些情况下其征税范围是否过于宽泛。例如，OECD工商咨询委员会（BIAC）提出CFB以规制哪种“与消费者/用户互动”类型的目标设定是不清晰的，其既可通过具有活跃用户投入的网站来体现，也可由来自偏远地区的强大品牌和营销支持下吸引消费者购买的产品（而非类似国内生产的产品）所体现，故在改革方案缺乏自执行原则下，是难以付诸实施的。同时，这些评论者警告称，如果不能清晰定义CFB概念，很可能导致重大的法律不确定性与税收争议，特别是在概念的边界适用问题上。据此，OECD在2020年1月31日发布的《统一方法支柱一框架概述》[①] 中进一步细化和完善了支柱一的内容。例如，明确了金额A规则的适用范围（自动化数字服务（ADS）和面向消费者业务（CFB））和收入门槛（全球年营业收入达7.5亿欧元）；又如拓展了税收确定性和争议预防与解决的内容，包括金额A争议预防和解决新框架以及金额B与金额C的税收确定性、争议预防和解决。遗憾的是，受2020年3月新冠肺炎疫情全球大流行病的影响，“双支柱”改革进程整体放缓。在此期间，包容性框架成员表达了两种观点：一些成员希望能独立商定、分别实施支柱一、支柱二，为支柱二以及支柱一金额A中ADS政策的优先落地提供契机，其他成员则呼吁将“双支柱”作为一揽子计划，集中出台并实施[②]。带着这些争论，OECD于2020年7月发布《OECD/G20 BEPS包容性框架进展报告：2019年7月—2020年7月》[③]，提出力争在2020年底前编写一份最后报告，列出包容性框架商定的基于共识的解决方案的详细技术细节。

---

① OECD. Statement by the OECD/G20 Inclusive Framework on BEPS on the Two-Pillar Approach to Address the Tax Challenges Arising from the Digitalisation of the Economy [R]. Paris, 2020.

② 刘奇超，沈涛．国际税收观察：支持经济复苏 加强征管合作 [N]．中国税务报，2020-8-26（B2）.

③ OECD. OECD/G20 Inclusive Framework on BEPS: Progress Report July 2019 - July 2020 [R]. Paris, 2020.

（三）2020 年《应对数字化带来的税收挑战——支柱一蓝图报告》

2020 年 10 月 12 日，OECD 向全球发布了三份重磅报告，包括两份总计长达 480 页的《应对数字化带来的税收挑战——支柱一蓝图报告》①（以下简称《支柱一蓝图报告》和《应对数字化带来的税收挑战——支柱二蓝图报告》②，以及一份 283 页的《应对数字化带来的税收挑战——经济影响评估》③ 报告。这些报告总体勾勒了当时国际层面就双支柱改革达成的共识性进展、方案关键设计要素、政策主要影响（对税收、投资和经济增长、新冠疫情等）以及各方在部分理念性、制度性内容取向上仍存在的分歧。

《支柱一蓝图报告》反映了已完成的广泛的技术工作，是支柱一技术细节之集大成者，重点反映在以下几个方面：

一是征税范围的划定。金额 A 征税范围包括自动化数字服务（ADS）和面向消费者业务（CFB），前者涵盖在线广告服务、销售或以其他方式转让用户数据、在线搜索引擎、社交媒体平台、在线中介平台、数字内容服务、在线游戏、标准化在线教学服务及云计算服务 9 类服务，排除定制的专业服务、定制的在线教学服务、在线销售 ADS 以外的商品和服务、物联网及提供对互联网或其他电子网络的访问服务 5 类服务；后者基本包括销售给消费者双重用途的产品（如乘用车、个人计算机）或服务、药品（可能不包括处方药）、特许经营业务等，大致排除自然资源、金融服务、住宅型房地产的建造、销售和租赁以及国际航空和航运业务 4 类经营活动，并进一步考虑是否排除部分基础设施业务。

二是降低征纳成本的制度性设计。《支柱一蓝图报告》通过设定一系列的适用门槛，最大限度地降低纳税人的合规成本，以便于税务部门的税收征管。其中，"金额 A"将以集团合并财务账目为基础进行计算，包含一些账面税项的调整，并适当考虑亏损的处理。对于"金额 A"税基的确定问题，在某些情况下需要按照业务线或区域进行细分，并配有广泛的安全港或豁免规则，以降低复杂性。同时，《支柱一蓝图报告》提议取消视作争端预防和解决机制的"金额 C"，反之在"金额 A"中增设"营销和分销利润安全港"机制。

三是转让定价规则管理的简化。《支柱一蓝图报告》明确，在符合独立交易原则情况下对位于市场国的实体存在开展的某些基准营销和分销的活动的固定回报（即金额 B）课税。金额 B 基于交易净利润法（TNMM）下的可比公司基准分析，旨在得出根据独立交易原则计算出的数额的近似值，但该数额可能因行业和区域而异。

四是税收确定性程序的改善。《支柱一蓝图报告》注重在"金额 A"的管理上使用简化且协调的行政程序，如增设一个裁定小组。在满足一定条件下，探索具有约束力的强制性争端解决机制。同时，将研究解决"金额 A"实施过程中双重征税问题的有效手段，如免税法、抵免法。

五是总体实施与管理方案的明确。包容性框架认识到制定一项新的多边公约来实

---

① OECD. Tax Challenges Arising from Digitalisation——Report on Pillar One Blueprint [R]. Paris, 2020.

② OECD. Tax Challenges Arising from Digitalisation——Report on Pillar Two Blueprint [R]. Paris, 2020.

③ OECD. Tax Challenges Arising from Digitalisation——Economic Impact Assessment [R]. Paris, 2020.

施支柱一将是最佳和最有效的方式[①]。

三、共识凝聚：从全球联合声明到细节进展报告

（一）2021年的两份《联合声明》

2021年4月8日，由于美国在包容性框架大会上提出一项新的支柱一（金额A）综合征税方案[②]，致使《蓝图报告》及此前讨论的内容全面搁置。国际社会迅速转向了设计新的征税方案，但也极大地拖延了支柱一的改革进程。值得庆幸的是，在多方共同努力下，G20/OECD BEPS包容性框架130余个国家于2021年7月1日联合签署了《关于应对经济数字化带来的税收挑战的双支柱解决方案的声明》[③]（以下简称《7月联合声明》），正式宣告经历百年重塑的国际税收制度未来将以"双支柱"的方式得以确立，标志着此项从2016年启动的BEPS 2.0国际税收规则的改革框架正式成型。《7月联合声明》概述了《蓝图报告》中基本的共识要素，但对征税范围、联结度规则、税收确定性等实质性政策事项进行了一定的修改与细化。

2021年10月8日，G20/OECD BEPS包容性框架140个成员中的136个成员再次发表声明（以下简称《10月联合声明》）[④]，正式就新的国际税收规则（"双支柱"方案）中的几项核心参数达成一致。这份《10月联合声明》的签署，正式宣告国际社会达成了数字时代的突破性税收协议。此前，《7月联合声明》获得了134个包容性框架成员的支持，随着爱沙尼亚、匈牙利和爱尔兰的加入以及巴基斯坦的退出，此次共有136个包容性框架成员签署更新后的《10月联合声明》，这些国家囊括了G20和OECD的所有成员，标志着由G20/OECD包容性框架推动构建的"双支柱"方案将国际税收新秩序带入了BEPS2.0时代，成为国际税收规则百年沧桑变革的一个具有里程碑意义的事件[⑤]！

总的来看，《10月联合声明》的框架基本延续了《7月联合声明》的设计思路，并未脱胎换骨，更多的是历经多方博弈和妥协后的细节化完善：

一是在适用范围方面，全球年营业额超过200亿欧元而且收入利润率（即税前利润/营业收入）超过10%的跨国企业将受到金额A规则的约束。同时，《10月联合声明》要求根据跨国企业近年来的平均数据来确定是否达到相关的营业额和收入利润率的门槛。

二是在税收联结度方面，《10月联合声明》仍要求当适用范围内的跨国企业从一

---

① 刘奇超，沈涛．经合组织发布双支柱蓝图和经济影响评估报告：共识性解决方案取得实质性进展［N］．中国税务报，2020－11－4（B2）．

② MNE Tax，Leaked copy of US proposal for Pillar One and Two multinational group tax reforms available，https：//mnetax. com/leaked-copy-of-us-proposal-on-multinational-group-tax-reforms-available-43379，2022－5－1.

③ OECD，Statement on the Two-Pillar Solution to Address the Tax Challenges Arising from the Digitalisation of the Economy（July，2021）［R］．Paris，2021.

④ OECD，Statement on the Two-Pillar Solution to Address the Tax Challenges Arising from the Digitalisation of the Economy（October，2021）［R］．Paris，2021.

⑤ 刘奇超，沈涛．数字时代的全球性税收协议达成　国际税收新秩序跨入BEPS2.0时代［N］．第一财经日报，2021－10－11（A12）．

个市场国（或称为用户国或地区，下同）至少获得100万欧元的营业收入时，才可判定该市场国与跨国企业存在特殊目的联结度，从而允许该市场国参与金额A的分配。这种新特殊目的联结度规则将用于确定某一市场国是否有资格参与金额A的分配。

三是在税基确定与利润分配问题上，支柱一要求将适用范围内的跨国企业取得的剩余利润（即超过营业收入10%的利润部分）的25%作为金额A分配给构成新特殊目的联结度的市场国，而该剩余利润的分配比例在《7月联合声明》中规定为20%—30%。同时，金额A将以营业收入为分配因子（即跨国企业在某市场国的营业收入占全球总营业收入的比例），将剩余利润的25%作为基数乘以分配因子（即营业收入的占比）后即可确定分配给各个市场国（包括跨国企业所在的市场国）的金额A。

四是在处理和解决税收争议方面，为进一步增强税收的确定性，《联合声明》明确那些有权推迟BEPS第14项行动计划的同行审议、而且没有或很少有相互协商程序争议案件的发展中经济体有资格对与金额A有关的争议问题选择实施（而非强制实施）有约束力的争议解决机制，OECD将对这一资格进行常规审议。

五是在实施与征管方面，支柱一的金额A规则将以新的多边公约的形式落地。作为特殊设计，该多边公约将要求各缔约方取消对所有公司适用的数字服务税（DST）及其他相关类似措施，并承诺不会在未来引进这些措施。从2021年10月8日起直到2023年12月31日或多边公约生效之日（以两者中较早者为准），新近颁布的DST及其他相关类似措施不得对任何公司实施。

（二）支柱一的相关进展报告

自2022年1月以来，BEPS包容性框架便根据2021年《10月联合声明》确立的设计框架，以滚动的方式逐块、逐条、逐款、逐项公开征求公众意见①，并在此基础上通过进一步完善形成一个最终方案。截至2022年6月底，全球已有超过250个利益相关方就金额A的7个不同模块（共13个模块）提供了政策建议。受复杂严峻的国际形势影响，原定2022年年中达成共识、2022年12月31日前实施的支柱一多边公约再次延期。2022年7月11日，OECD向G20正式递交《支柱一金额A进展报告》②，重新划定了2023年上半年完成改革的硬性期限，为金额A最终在全球的实施奠定了政治基础。2022年10月6日，OECD就《支柱一金额A的征管和税收确定性方面的进展报告》向全球征求意见③。2022年12月，OECD又相继发布了《支柱一：金额B》④和《支柱一金额A：多边公约草案中关于DST和其他相关类似措施的条款》⑤两份公众咨询文件，及时更新了支柱一方案的最新进展。

目前，金额A的实质性规则包括7个章节及内在对应的10项附表（见图4-1），

---

① 有关征求意见，详见OECD. BEPS News，https：//www. oecd. org/tax/beps/news-events/news/，2022-5-8.

② OECD，Progress Report on Amount A of Pillar One [R]. Paris，2022.

③ OECD，Progress Report on the Administration and Tax Certainty Aspects of Amount A of Pillar One [R]. Paris，2022.

④ OECD，Pillar One-Amount B [R]. OECD Publishing，2022.

⑤ OECD，Pillar One-Amount A：Draft Multilateral Convention Provisions on Digital Services Taxes and other Relevant Similar Measures [R]. OECD Publishing，2022.

即适用范围（包括适用范围的补充规定、合格采掘集团的收入和利润排除规则、受监管金融服务业的收入和利润排除规则、分部核算规则 4 项附表）、适用新征税权征税、联结度和收入来源规则（包括详细的收入来源规则 1 项附表）、应税利润的确定和分配（包括资产公允价值调整、收购股权基数调整、亏损结转 3 项附表）、消除与金额 A 相关的双重征税（包括消除税基、消除双重征税中以固定资产折旧和工资为基准计算的回报率 2 项附表）、税收征管以及定义 7 大章节①。

图 4－1　金额 A 实质性规则框架图

《支柱一金额 A 进展报告》确定了部分模块吸收各方意见后的定型方案，与此前设计相比，呈现出一些细节上的敲定和设计上的创新，主要包括六大方面：

一是明确了行业排除适用的支配测试。《支柱一金额 A 进展报告》明确了应排除在

① 刘奇超，沈涛，吴芳蓓. 国际税收“支柱一”改革进展及影响分析 [N]. 中国财经报，2022－7－26 (008).

金额 A 规则适用范围之外的收入和利润，即排除条款。适用排除条款时需要使用支配测试（predominance test）来审查采掘业或受监管的金融服务业是否在跨国企业的子实体中占主导地位，即子实体是否有 75% 的收入来自采掘业或受监管金融服务业的活动。如果跨国企业子实体的测试结果达到该标准，则需根据排除条款移除该实体的收入和利润，并重新计算跨国企业的剩余收入和利润。

二是明确了金额 A 的税基确定问题。《支柱一金额 A 进展报告》就金额 A 税基的确定问题新增了排除实体利润、资产公允价值或减值调整、收购股权基数调整和资产损益价差调整四大调整事项，确定在调整后的税基之上计算分配给市场国的剩余利润（即金额 A）。

三是明确了公司亏损结转的时间限制。在金额 A 的规则设计上，亏损结转的时间存在双重限制。一般情况下，亏损结转的时限为 10 个日历年。对于金额 A 规则实施前的亏损，《支柱一金额 A 进展报告》明确只有在实施金额 A 规则之前的 3 个日历年度内发生的损失才可用于扣除和结转。

四是明确了营销和分销利润安全港（MDSH）的适用机制。金额 A 规则的本质是将跨国企业的部分剩余利润（即金额 A）分配给没有获得足够剩余利润的市场国，MDSH 主要用于解决与剩余利润“重复计算”相关的问题，避免已经获得剩余利润征税权的国家重复获得金额 A 新征税权。如果市场国根据现行国际税收利润分配规则（如转让定价规则）已经获得了可征税剩余利润，则在计算向其分配的金额 A 时，应将上述已获得剩余利润扣除，以避免重复计算；如果市场国已获得的可征税剩余利润超过金额 A，则不再向其分配金额 A 新征税权。

五是明确了消除双重征税的创新机制与计量方法。为消除金额 A 带来的双重征税现象，《支柱一金额 A 进展报告》创新提出采用“瀑布式”定量方法确定各国应承担的消除双重征税义务。该方法将跨国企业在各国获取的利润率由高到低依次分等级排列，按照利润率由高到低由相对应的国家依次承担消除双重征税的义务。其中，利润率以“固定资产折旧和工资的回报率”（RODP）作为代理指标，RODP 由“消除利润”除以固定资产折旧和工资的总和计算得出。

六是明确了金额 A 规则实施的最新时间表。《支柱一金额 A 进展报告》明确金额 A 的多边公约将于 2023 年上半年开放签署，并争取于 2024 年内生效实施。

第二节
金额 A 规则

一、总体实施框架

从方案的整体设计框架看，金额 A 规则的实施流程依次按照适用范围、联结度和收入来源、税基确定、金额 A 的分配以及消除双重征税[①]五大步骤执行。

第一步，确定适用范围。即确定某一跨国企业是否在金额 A 规则的适用范围内。通常如果某一跨国企业的全球营业收入在 200 亿欧元以上且利润率在 10% 以上，则在适用范围内；如果该跨国企业的特定量化指标未达到这些门槛，但其披露的某一业务线细分指标达到这些门槛，则该业务线细分将受到金额 A 规则的约束。值得关注的是，在确定某一跨国企业的特定量化指标是否达到这些门槛时，应将该跨国企业内同采掘业和受监管的金融服务业相关的营业收入和利润排除在外。

第二步，判定新特殊联结度和收入来源。所谓“新特殊联结度”规则，即确定哪些市场国有资格根据金额 A 规则对跨国企业的部分剩余利润（金额 A）征税。如果跨国企业从市场国获得的收入超过 100 万欧元（对于国内生产总值低于 400 亿欧元的市场国，该门槛为 25 万欧元），则该市场国有资格对金额 A 征税。随后，依据跨国企业在各市场国的销售收入比例，向市场国分配金额 A 新征税权；而跨国企业在各市场国的销售收入，则需要依靠详细的收入来源规则进行确定、分配。

第三步，计算金额 A 的税基。该税基以跨国企业合并财务报表中的总利润（或亏损）为起点，随后进行有限的税会差异调整，以得出“经调整税前利润”金额，再根据特定（时间）限制结转亏损后，即可得出金额 A 税基。

第四步，分配金额 A。分配给有资格征税的市场国的金额 A 由以下步骤确定：首先，将（调整后的金额 A 税基 - 跨国企业全球营业收入 ×10%）×25% 作为利润分配总额（金额 A 总额）；然后，将金额 A 总额按跨国企业在构成新特殊联结度的市场国的收入比例分配给市场国；如果市场国已对跨国企业的剩余利润享有征税权，则根据营销及分销利润安全港规则对分配给市场国的金额 A 利润进行调整。

第五步，消除双重征税。通过“瀑布式”计算机制，消除金额 A 规则叠加于现行利润分配制度之上而产生的双重征税，该机制采用定量方法，以确定哪些国家负有消除双重征税的义务以及具体数额。

二、适用范围

《10 月联合声明》明确，需适用金额 A 规则的是全球营业收入 200 亿欧元以上且收入利润率 10% 以上的跨国企业，相关门槛按平均值计算。如果金额 A 规则（包括金额 A 税收确定性程序）实施顺利，营业收入门槛将下调至 100 亿欧元。协议生效七年后将对金额 A 是否实施顺利进行审议，并在一年内完成。采掘业[②]和受监管的金融服务业[③]不适用金额 A 规则。

---

① 考虑到消除双重征税机制不仅同金额 A 规则的适用相关，也同其他关联规则的适用密切相关，因此本章单独介绍了该机制的基本框架及其运行特点。

② OECD. Pillar One——Amount A：Extractives Exclusion，https：//www. oecd. org/tax/beps/public-consultation-document-pillar-one-amount-a-extractives-exclusion. pdf，2022 - 5 - 8.

③ OECD. Pillar One——Amount A：Regulated Financial Services Exclusion，https：//www. oecd. org/tax/beps/public-consultation-document-pillar-one-amount-a-regulated-financial-services-exclusion. pdf，2022 - 5 - 8.

从规则适用看，G20/OECD 的 BEPS 包容性框架设计了“七步法”用以判定具体征税范围的适用：

第一步，适用一般征税范围规则。即跨国企业按照合并财务报表（包括排除的属于采掘业或受监管的金融服务业的收入）或披露的行业细分报表计算的全球营业收入超过 200 亿欧元且收入利润率超过 10%。为确保金额 A 运行的中立性和稳定性，避免收入利润率不稳定的跨国企业被不适当地纳入适用范围，加重纳税人和税务机关的负担，前述计算要考虑平均机制的影响。为此，包容性框架提出了三项具体标准：当期测试、前期测试（当期之前的四年内中至少有两年指标满足征税门槛）和平均测试（当期及之前四年指标的平均值满足征税门槛）[①]。若跨国企业的全球收入和盈利能力同时满足三项测试，则执行第二步。

第二步，仅测试跨国企业在征税范围内的收入（即排除属于采掘业或受监管的金融服务业的收入）是否达到 200 亿欧元的门槛。其中，采掘业排除的收入要同时满足产品测试（即采掘产品的销售）和活动测试（即进行勘探、开发或开采）这一“双重测试”标准。换言之，未开展相关采掘活动、仅来自商品交易的收入或未拥有采掘产品、仅来自提供采掘服务的收入将不符合排除条件。而受监管的金融服务业收入包括来自存托机构、抵押贷款机构、投资机构、保险机构、资产管理、混合金融机构以及受监管金融机构服务实体的收入[②]，但一般不得排除来自跨国企业的集团财务中心、专属自保公司以及提供金融科技或支付处理服务的收入。如果前述测试后的金额不超过 200 亿欧元，则把跨国企业排除在适用范围之外；如果超过，则执行第三步。

第三步，通过分离属于采掘业或受监管的金融服务业的利润后，重新确定剩余征税范围内的收入利润率是否达到 10% 的门槛[③]。若测试后的收入利润率不超过 10%，则把跨国企业排除在适用范围之外，如果超过，则执行第四步。

第四步，适用新特殊联结度规则和收入来源规则。在判定跨国企业在某个市场国的收入是否超过新特殊联结度门槛时，不考虑来自采掘业或受监管的金融业的收入。

第五步，将一段时期内应税利润的确定和分配规则适用于某个市场国。但在适用营销及分销利润安全港（简称 MDPSH）规则时，不考虑排除的采掘业或受监管的金融服务业的利润。

第六步，消除双重征税机制不会导致排除的采掘业或受监管的金融服务业的利润被用于消除金额 A 产生的双重征税。

第七步，出于金额 A 征管和申报的目的，提交必要的纳税文件。

---

① 具体条款 Title 2：Scope-Article 1：Covered Group，详见 OECD. Pillar One——Amount A：Draft Model Rules for Domestic Legislation on Scope，https：//www. oecd. org/tax/beps/public-consultation-document-pillar-one-amount-a-scope. pdf，2022 - 5 - 8.

② 目前，BEPS 包容性框架的一些成员认为，再保险和资产管理的收入不应排除在金额 A 之外。

③ 在具体分离方法上，采掘业与受监管的金融服务业采用不同的方式，前者使用披露的经营细分方法或实体层面计算方法确定利润，而后者则使用“自上而下”计算的、名义的定制细分方法或“自下而上”计算的、合并的定制细分方法确定利润。

三、新特殊联结度与收入来源规则

（一）新特殊联结度规则

根据新的特殊联结度规则，当适用范围内的跨国企业从某个市场国取得的收入不低于100万欧元时，允许该市场国参与金额A的分配。对于国内生产总值（GDP）低于400亿欧元的小型市场国，该联结度门槛降为25万欧元。特殊联结度规则仅用于确定某市场国是否可参与金额A的分配，不会对跨国企业产生除金额A纳税义务之外的其他影响[①]。需要说明的是，能够参与金额A分配的国家可以包括跨国企业所在的居民国，因为跨国企业也可能在居民国拥有自己的消费者或用户，这时的居民国实际上同时也是市场国。

（二）收入来源规则

收入来源规则作为支柱一方案的可行性基石，承担了平衡征纳双方对于收入判定准确性与限制合规成本的现实诉求。从《支柱一金额A进展报告》看，OECD直接采用了多边公约（MLC）立法模板的形式，涵盖了61项名词解释、7大类型收入来源判定方法及诸多条款间的交叉索引，构建了具有革新性的规则体系[②]。该规则以逐笔交易为基础，对不同类型的收入按照约定标准进行分类后，相应确定具体来源，而属于多个类型的收入根据其主要特征确定来源。此处所指的交易，是对应收入类型而言的（例如在线广告的“点击”行为），而非对应着发票或合同。换言之，如果一张发票或合同包含不同的收入类型，而该发票或合同中的商品或服务是在不同市场国内完成销售的，那么收入的分配必须与每个市场国获得的收入相对应，而非平均分配。如果合同约定了不同地点有不同价格，那么这些定价差异也必须被考虑在内。

1. 明确对不同类型收入进行分类管理

跨国企业的营业收入共分为8种类型，具体包括：（1）制成品类收入（含通过受金额A约束的跨国企业直接销售或通过独立分销商销售给最终消费者的制成品收入、源于数字产品的收入）；（2）零部件收入；（3）数字内容收入；（4）服务类收入（含与有形财产相关联的收入、在消费者所在地提供服务的收入、在线广告服务及其之外的广告服务的收入、有形商品和数字产品或数字服务的在线中介收入、提供线下服务的在线中介收入、航空运输服务和非航空运输服务的收入、客户奖励计划收入、融资收入、B2C和B2B服务的收入、通过经销商提供的B2B服务收入）；（5）无形资产和用户数据类收入（含来自无形资产或用户数据的许可、销售或其他形式转让的收入）；（6）不动产收入；（7）政府补助收入；（8）非客户收入。对于不属于上述收入类别的收入，应将该收入视为与其最相类似的收入类别。

---

① OECD. Pillar One——Amount A: Draft Model Rules for Nexus and Revenue Sourcing, https: //www. oecd. org/tax/beps/public-consultation-document-pillar-one-amount-a-nexus-revenue-sourcing. pdf, 2022-5-8.

② 刘奇超，何悦，沈涛．支柱一联结度和收入来源规则：“变”与“不变”［N］．中国财经报，2022-2-8（008）；OECD. Pillar One——Amount A: Draft Model Rules for Nexus and Revenue Sourcing, https: //www. oecd. org/tax/beps/public-consultation-document-pillar-one-amount-a-nexus-revenue-sourcing. pdf, 2022-5-8.

2. 明确不同类型收入具体的来源判定标准

（1）对于制成品类收入，制成品交付给最终客户的地点为收入来源地。

（2）对于零部件收入，包含零部件交付给最终客户的制成品的地点为收入来源地。

（3）对于数字内容收入，数字内容的使用地为收入来源地。

（4）对于服务类收入，要具体细分为不同类型。①对于特定地点服务（location-specific service）的收入，来源地为服务履行地。②对于在线广告服务收入，来源地为观众所在地；在线广告服务以外的收入，来源地为广告的展示地或接收地。③对于在线中介服务，其中，关于促成特定位置服务交易而产生的收入，一半来源地为服务履行地，一半来源地为买方所在地；关于提供特定位置服务的在线中介收入，买卖双方所在地各占一半。④对于运输服务收入，其中，空运服务收入一半被视为在起飞地产生、一半被视为在着陆地产生；非航空运输服务收入一半被视为在始发地产生、一半在目的地产生。⑤对于客户奖励计划的收入，按各国客户奖励计划活跃会员所占的比例分配。⑥对于其他服务收入，以服务使用地为收入来源地。

（5）对于无形资产和用户数据类收入，要具体细分为不同类型。①对于无形资产的许可、销售或其他形式转让所产生的收入，如果无形资产与制成品或零部件有关，以制成品（包含零部件的制成品）交付给最终客户的地点为收入来源地；如果无形资产支持某项服务或数字内容，以该服务或数字内容的使用地为收入来源地；其他情况下，无形资产的使用地为收入来源地。②对于来自用户的许可、销售或其他形式转让所产生的收入，被传输数据主体的用户所在地为收入来源地。

（6）对于不动产收入，其销售、租赁或其他形式转让产生的收入，来源地为不动产所在地。

（7）对于政府补助收入，来源地为提供拨款的政府所在地。

（8）对于不能归类为上述 7 类收入的非客户收入，按照跨国企业上述各类收入来源于各国的比例进行分配。

对于上述各类收入来源地，必须使用可靠指标来确定。例如，对于制成品类收入，制成品交付给最终客户的地点的判定指标为最终客户的收货地址或向最终客户销售的零售店地址。当然，《支柱一金额 A 进展报告》还赋予了跨国企业一定的灵活性，允许跨国企业自行确定其他可靠的指标，不过该指标需要经过“预先确定性机制”的审查。

值得注意的是，对于穷尽上述手段仍无法确定来源地的收入，因素分配法将作为兜底条款适用。因素分配法是在跨国企业满足了特定条件，而且已采取合理措施但仍没有可靠指标可用时才采用的方法。特定条件之一，就是要优先适用淘汰规则（knock-out rule）。淘汰规则是一项新的提法，即受金额 A 约束的跨国企业要能合理地证明其营业收入并非在某一或某些市场国产生，进而才能适用因素分配法。这里的合理证明是指跨国企业能够确定某些商品或服务没有提供给某些市场国。比如，这类市场国存在贸易禁运的情况，或者跨国企业可以通过合同或从客户那里获取一些实际信息确认商品或服务最终是在其他市场国被消费的。

3. 简化措施

《支柱一金额 A 进展报告》明确了一项简化措施，可以由受金额 A 约束的跨国企业自行选择。对于依附于主营业务交易的辅营业务交易，跨国企业可以将两者合并确定收入来源。例如，一家跨国企业在给消费者提供汽车购买服务时，还可提供道路救援服务，虽然这两项业务是分开销售、分别计算收入的，但为有效降低合规负担，允许跨国企业将该两项服务的交易合并确定收入来源。

四、税基的确定

新征税权以经调整的税前利润为税基，跨国企业合并财务报表中的财务会计利润（或亏损）经过一定调整和亏损结转后，即为经调整的税前利润。合并财务报表应按照国际财务报告准则（IFRS）或等效财务会计准则编制且经过审计，等效财务会计准则包括澳大利亚、巴西、加拿大、欧盟成员国、欧洲经济区成员国、中国香港地区、日本、墨西哥、新西兰、中国、印度、韩国、俄罗斯、新加坡、瑞士和美国等税收辖区采用的公认会计准则（GAAP）。对于在金额 A 规则适用范围之内的业务线细分，也采用相同的调整方式。

（一）财务会计利润调整

从《支柱一金额 A 进展报告》看，财务会计利润调整主要涉及 9 个方面：（1）加回所得税费用，因为财务报表中的所得税费用在计算企业所得税纳税义务时通常不允许被扣除。（2）排除股息，因为股息在许多 OECD 包容性框架成员部分或全部不征收企业所得税，或可获得税收减免。（3）排除某些特定股权损益，包括处置所有者权益的损益、所有者权益公允价值变动损益以及权益会计法下所有者权益产生的损益（但不包括由集团拥有共同控制权的合资企业产生的损益），这是为确保金额 A 税基中没有来自跨国企业所投资实体的损益。（4）加回贿赂、回扣和罚款等违反政策或法律发生的费用，这些项目虽在财务上被认定为费用，但在税法上一般不允许税前扣除。（5）对前期差错和会计原则变更进行重述调整。（6）“排除实体”的财务会计利润（亏损）应从跨国企业的财务会计利润（亏损）扣除，因为被排除实体不在金额 A 规则的适用范围之内。“排除实体”主要包括政府实体、国际组织、非营利组织、养老基金、属于最终母公司的投资基金以及属于最终母公司的房地产投资工具。（7）资产公允价值或减值调整，对于在合并财务报表中采用公允价值或减值会计处理的资产和负债，跨国企业应采用变现原则确定损益，并将这部分损益排除在经调整的税前利润计算之外。（8）跨国企业可考虑资产损益分摊调整，以确保在资产出售时确认的损益在损益产生的会计期间和随后四个会计期间之间平均分摊，该调整适用于除存货以外的资产销售。（9）收购股权基数调整。

（二）亏损结转规则

亏损结转是金额 A 税基确定机制的重要组成部分亏损结转机制将可以使跨国企业在适用金额 A 规则期间出现的亏损结转至以后年度，并利用以后年度的盈利弥补上述亏损。《支柱一金额 A 进展报告》明确了亏损结转时间的双重限制。一般情况下，亏损结转的时限为 10 个日历年；对于金额 A 规则实施前的亏损，只有在实施金额 A 规则之前的 3 个日历年度内发生的损失才可用于扣除和结转。

对于该时间限制，代表发展中国家的国际组织 G24 和南方中心均提出亏损结转的期限应尽可能短，因为延长期限将大幅降低可用于重新分配的金额A，将直接导致发展中国家在内的所有国家获得的新征税权严重“缩水”。同时，包容性框架的一些成员建议，金额A的结转制度除了经营亏损外还应考虑“利润缺口”。他们认为，在给定时期内某个集团（或业务线细分）的金额A利润低于金额A规则确定的盈利门槛时，金额A结转制度应将该利润与收入利润率门槛之间的差额（即利润缺口）作为“亏损”，结转到下一个应纳税期间。因此，利润缺口将得以保留，并有可能在以后的获利年度中计算和缴纳金额A时得到税款的减免。

五、金额A的利润分配规则

《10月联合声明》明确，将超过收入10%的利润定义为“剩余利润”。对于适用范围内的跨国企业，25%的剩余利润将被分配至构成联结度的市场国，并以营业收入为分配因子进行分配，即跨国企业在各市场国的收入占其全球总收入的比例。这种利润分配方式结合了公式分配法和剩余利润分配法。

需要指出的是，为解决重复计算的问题，《10月联合声明》明确，如果适用范围内跨国企业的剩余利润已在某市场国被征税，则营销及分销利润安全港（MDPSH）将会限制通过金额A再向该市场国分配剩余利润。结合《支柱一蓝图报告》可知，MDPSH的实施基于如下逻辑：金额A应分配给根据现有利润分配规则未得到剩余利润的市场国，但当一个集团已经分配并实际通过市场国的征税范围内收入使其赚取了剩余利润时，则不应再有金额A的分配。这意味着跨国企业必须根据上述规则计算金额A，但只要跨国企业已经对该市场国分配了足够的剩余利润，就不应再将金额A分配给市场国。在该机制下，金额A的基本原理将得以保持，计算公式本身也将保持不变。未来将会确定一个安全港回报，该回报由跨国企业预期分配给市场国的剩余利润（金额A）与补偿当地（市场国）营销及分销实体的额外固定回报相加得出。安全港回报是上限，分配给市场国的金额A的数额将据此上限进行调整。

因此，跨国企业将把上述机制分别应用于它们经营的每个市场国，这将产生三种可能的结果：（1）如果现有的营销及分销利润低于固定回报（或称原有回报，即比照独立交易原则计算出来的利润），则跨国企业将不符合安全港资格；（2）如果现有的市场营销及分销利润超过了固定回报但低于安全港回报，则分配给该市场国的金额A的数量将减少为安全港回报与已分配给本地公司的利润之间的差额；（3）如果现有的营销及分销利润超过了安全港回报，则不应再将金额A分配给该市场国。

六、消除双重征税机制

按照《支柱一蓝图报告》，支柱一方案的双重征税问题主要由新征税权与现行征税权重叠造成的，这个问题的解决需要建立一个协调两个利润分配体系的机制。协调机制包括确认纳税实体（Paying Entity）与消除双重征税方法两个部分。

1. 纳税实体的确定

消除双重征税首先需要确定集团中哪些实体因新征税权而承担了双重税负，即确定纳税实体。如果一个实体根据现有利润分配规则已经给市场国分配了大量剩余利润，则该实体可被确定为跨国企业内的纳税实体，以便消除双重征税。将该实体识别为金额A的纳税实体将导致“净抵销”效应：根据现有规则分配给市场国的剩余利润实际上可以用于冲减一部分金额A（包括分配给其他市场国的金额A），这样就可以防止对一笔利润的重复征税。

《支柱一蓝图报告》确定纳税实体的过程包括四个步骤：（1）确定跨国企业内对集团产生剩余利润的能力做出实质性和持续性贡献的实体；（2）使用收入利润率测试，以确保被确定的实体有能力承担金额A的纳税义务；（3）按优先顺序将金额A的纳税义务分配给那些需要向市场国分配金额A的有关联的实体；（4）在没有找到足够牢固的联系，或那些有市场联系的企业缺乏必要利润的情况下，按比例进行分配。

2. 消除双重征税的方法

按照上述步骤确定的纳税实体是潜在双重税负的承担者，双重税负分别来自依据现行征税权与新征税权对金额A剩余利润的课征。《10月联合声明》明确将通过免税法或抵免法消除与分配到市场国的利润相关的双重征税。

根据免税法，纳税实体可以就根据金额A规则已分配给市场国的这部分利润免于纳税。这意味着免税法将有效消除金额A产生的双重征税，而且应用起来相对简单。这是因为居民国不需要确定通过金额A分配给市场国利润的适用税率，而只需确定在金额A下需要重新分配利润的相关纳税实体分配利润的比例。

根据抵免法，在市场国针对金额A征收的税款将作为一个或多个纳税实体的税收抵免额，但抵免额将以市场国对金额A征收的税款与居民国本应就这部分被分配出去的金额A征收的税款两者中的较低者为上限（抵免限额）。抵免限额的计算既可按国别算账（分国法），也可以采取全球混合算账的办法（综合法）。

值得关注的是，《支柱一金额A进展报告》创新性提出采用一种“瀑布式”定量方法，来确定各国应承担的消除双重征税义务。该方法对跨国企业在各国的利润率由高到低依次分等级排列，按照利润率由高到低，由相对应的国家依次承担“消除双重征税”的义务。其中，利润率以“固定资产折旧和工资的回报率”（简称RODP）作为代理指标，RODP的计算方式为“消除利润”除以固定资产折旧和工资的总和计算得出，“消除利润”是《支柱一金额A进展报告》创造的新名词，在财务会计利润的基础上经过一系列调整后得出，其调整相较于金额A税基调整更为复杂[①]。具体而言：

当跨国企业在所涉国家的RODP超过跨国企业整体RODP 15倍时，该国家将被定位第一级，首先承担消除双重征税的义务以降低其RODP，直到其等于第二级国家。需要指出的是，此处RODP的降低是由利润征税权的让与而引发的视同降低（法律拟制），并非经济意义上RODP的降低。如果第一级国家未能完全消除双重征税，则由第一级国家和第二级继续让渡对一定数额利润的征税权，直至其RODP等于第三级国家。

第二级国家是指跨国企业在该国的RODP超过跨国企业整体RODP 1.5倍的国家。如果双重征税至此还未消除，随后，将由第一级、第二级和第三级国家按照各自利润比

① 刘奇超，沈涛，吴芳蓓．国际税收“支柱一”改革进展及影响分析［N］．中国财经报，2022-7-26（008）．

例承担剩余的消除双重征税义务。

第三级国家又细分为第三A级和第三B级（如存在）。第三A级国家优先于第三B级国家承担消除双重征税义务，即第一级、第二级和第三A级国家进行消除双重征税直至RODP等于第三B级国家，随后由第一级、第二级、第三A级和第三B国家按照各自利润比例承担剩余的消除双重征税义务。当跨国企业在该国的RODP超过跨国企业整体RODP40%且超过跨国企业消除双重征税RODP门槛[①]时，该国家属于第三A级国家；当跨国企业在该国的RODP超过跨国企业消除双重征税RODP门槛但未超过跨国企业整体RODP40%时，该国家属于第三B级国家。

七、单边措施的撤销

按照《10月联合声明》的计划，实施金额A的MLC将要求所有缔约方撤销数字服务税以及其他相关类似单边措施，并承诺未来不再引入类似措施。2022年12月20日，OECD发布《支柱一金额A：多边公约草案中关于DST和其他相关类似措施的条款》公众咨询文件，公布了TFDE在制定MLC草案时涉及DST和其他相关类似措施的条款（第37条和第38条）的具体内容。

其中，MLC草案第37条为“取消现行措施”，明确缔约方不得对任何企业实施附件A中所列的任何措施，而附件A包含了应取消的DST和其他相关类似措施清单。该条明确提出，传统的反避税规则，增值税、商品和服务税、销售税或其他类似的消费税以及从量计征的税款不属于DST或相关类似措施。而附件A清单将待TFDE商定后，由MLC缔约方谈判确定。

MLC草案第38条为“取消实施DST或相关类似措施的缔约方参与金额A分配的资格”，明确实施DST或相关类似措施的缔约方将不得参与金额A分配并对可分配的金额A征税。同时，该条以定义的方式，进一步明确如何判定不在附件A中的措施是否属于DST或相关类似措施，即应满足三项判定标准：（1）税收的适用以用户、客户或其他基于市场的标准来确定的；（2）区别适用于非居民（外资企业）和居民，给予居民豁免；（3）不属于所得税或税收协定涵盖的税种。对于某项措施是否满足该定义的审查，则将通过MLC缔约方会议来确定。

第三节
金额B规则

为了特别关注那些低征管能力国家的需求，《10月联合声明》明确对在市场国设立机构、场所从事基本营销及分销活动的跨国企业实行金额B规则，以简化和优化原有的

① 该门槛是通过跨国企业收入的10%除以跨国企业固定资产折旧和工资的总和计算而得。

独立交易原则（ALP）的实施程序[①]。金额 B 规则由两项核心内容组成：一是确定有资格获得金额 B 的基本营销及分销活动的定义；二是为这些商业活动设定一个标准化回报（即金额 B）。不过，金额 B 不会取代在金额 B 实施之前达成的预约定价安排（APA）或相互协商程序（MAP）中的解决方案。而一部分包容性框架成员希望金额 B 的适用范围更为广泛，例如对佣金商或销售代理取得的回报以标准化公式计算。

一、明确有资格获得金额 B 的分销商标准

从《支柱一蓝图报告》看，设置金额 B 的目的，是对只在市场国开展基本营销及分销活动的关联分销商计算在当地实现利润简化和标准化的一种方法。此举不仅有利于简化税务部门转让定价规则的管理，降低纳税人的合规成本，也能增强税收的确定性，减少税务部门与纳税人之间的矛盾和争议。金额 B 可适用于所有业务领域，不受业务范围的限制，这点与金额 A 是不同的。因此，无论是制药、消费品、资产管理还是汽车，任何具有基本营销及分销活动的跨国企业都可能受到影响。

当然，金额 B 的适用范围非常窄，只限于在市场国为跨国公司履行基本营销及分销活动的实体。基本营销及分销活动，是根据应被视为和不应被视为在征税范围内的活动的列举性定义来确定的，具体包括正面清单和负面清单，并且还要应用定量指标来进一步支持和验证被识别出来的应税分销商。

1. 用于初筛的定性化定义清单

具体而言，正面清单列举的金额 B 范围内的分销实体开展分销活动所履行的典型基本营销及分销职能，包括以下几个方面：（1）进口产品在市场国转售和清关；（2）购买商品用以在市场国转售，或者在市场国内按照跨国企业的指导、在其监督下或经其批准来制定和执行销售预算与计划；（3）在市场国发展并维系当地客户关系；（4）根据跨国企业的定价指导或价格清单，必要时在其监督或批准下与第三方客户确定或谈判定价和其他合同条款；（5）处理与客户的订单和合同、监测和例行管理存货；（6）管理向客户提供产品的物流、仓储和运输；（7）常规行政职能，如销售发票、处理和收取支付款、账户以及财务和纳税申报；（8）对跨国企业开展的需求规划活动的例行投入；（9）营销活动。

负面清单意味着金额 B 将不包括执行以下任何活动和职能的分销实体：（1）从事开发、增强、维护或保护与营销型无形资产（本地客户名单/客户关系除外）相关的活动；（2）在当地市场执行战略性销售和营销职能，例如制定战略营销政策、制定定价方案并在跨国企业设定的参数之外进行定价谈判、产品开发或提供任何非常规的营销和广告职能；（3）从事受控交易中承担创业风险和责任有关的活动；（4）从事主要向政府实体或政府承包商转售产品有关的活动。

对于上述定性的活动定义清单，实务界专家认为存在三大潜在问题[②]。首先，构成

---

① 按照 OECD 工作安排，金额 B 的设计工作将在 2022 年底前完成。

② See Alistair Pepper, Thomas D. Bettge & Jessie Coleman. Amount B: The Forgotten Piece of the Pillar 1 Jigsaw [J]. *Tax Notes International*, July 11, 2022, p. 143.

基本营销及分销的活动类型可能因行业而异。例如营销化妆品、药品和金融产品的活动就存在显著差异，这意味着很难为基本营销及分销活动制定一个万能的定义。其次，常规和非常规（即是否是基本）营销及分销活动之间的界限可能很模糊。例如，将总部批准的营销计划本地化与使用总部营销材料制定独特的本地计划之间的界限是什么是不确定的。最后，定性定义必然是主观的且可以进行解释的，这可能导致税务机关拒绝符合条件的实体获得金额 B，从而限制其潜在利益。作为可选的解决方案，专家们提出可将金额 B 的适用范围限制在对日常分销活动的收益争议最频繁的行业（如药品），并针对这些特定行业调整基本营销及分销活动的定性定义。同时，确定一种动态的方法，即建立标准化的集团内部合同，具有基本营销和分销活动的企业可以采用该合同，从而确定其获得金额 B 的资格。

2. 用于验证的定量化指标

通过定性定义对开展基本营销及分销活动的分销商进行初步筛选后，将运用定量指标进一步确定分销商获得金额 B 的资格。《支柱一蓝图报告》建议采用以下定量指标：其一，对于执行与开发、增强、维护或保护营销型无形资产（本地客户名单/客户关系除外）相关的活动以及执行本地市场的战略销售和营销职能来说，可采用营销和广告费用或研发成本超过分销业务总成本的固定比例作为指标。其二，对于在受控交易中执行与承担创业风险和责任有关的活动，可采用（1）分销商的产成品存货大于分销商年度净销售额的固定比例；（2）存货减值大于总存货的某个固定比例或（3）应收账款超过产成品总存货的固定比例作为指标。出于简单性和可操作性考虑，以下两个指标也可作为备选方案：分销商的损益表中没有研发费用或研发费用低于特定门槛，分销商的资产负债表上没有无形资产或无形资产金额低于特定门槛。

二、确立标准化回报

从《支柱一蓝图报告》看，金额 B 的标准化回报以固定回报为基础，该固定回报将趋近于在独立交易原则下相关实体应当获得的回报。具体的固定回报将基于交易净利润法（TNMM）下可比公司的可比性分析得出，原因是净利润指标受交易差异的影响较小，对被比较的交易之间的某些功能差异的容忍度更高。该方法得到了美国财政部负责多边税收事务的副助理部长 Itai Grinberg 的支持。由于金额 B 固定回报将通过基于第三方可比对象的基准分析来确定，因此它旨在得出近似于 ALP 下的结果，从而与现有的国内法和税收协定保持一致。

该回报的数值可能会因地区和行业的不同而异。就地区性差异而言，《OECD 转让定价指南》指出，即使是分销相同或类似的产品，不同市场的独立交易价格也可能有所不同。这可能是由许多因素造成的，例如地理位置、市场规模、市场的竞争程度及买卖双方的相对竞争地位、政府市场监管的性质及程度以及运输成本。因此，不同地区会存在差异化回报。就行业差异而言，两个在不同行业（如制药业与汽车行业）经营的分销商可能会因为多种原因而出现利润差异。例如销售的产品类型不同，执行营销和分销职能所需的强度和能力不同。税务机关将根据对数据库中可比数据的审查，为不同类型的活动明确不同标准化回报，区分活动类别将不可避免导致某种程度的近似，但会消除

ALP 范围过度宽泛带来的不确定性和征管困难。

不过，有包容性框架成员提出，应允许跨国企业通过提供证据证明在独立交易原则下采用另一种转让定价方法（例如可比非受控价格法）是更合适的，从而不适用交易净利润法。而跨国企业代表强生和宝洁公司则提出，可用跨国公司的全球利润率水平作为基准确定标准化回报。OECD 财政事务委员会第六工作组的美方代表、美国国税局高级顾问 Karen Kirwan 指出，金额 B 规则的设计必须切合实际，考虑到实际的商业惯例，不能强迫企业对商业惯例作出不自然的改变。在实际应用这些规则时，重点应放在当地营销及分销实体的实际职能、所控制的风险和资产上，而不是该实体的财务报表中报告的销售费用上[①]。此外，金额 B 规则仍有诸多细节待进一步明确。例如是通过国内法、双边税收协定还是多边公约来实施，有关金额 B 的争议具体适用何种预防和解决机制等。

三、最新进展

2022 年 12 月 8 日，OECD 发布《支柱一：金额 B》公众咨询文件，论述了 OECD 迄今为止在金额 B 设计方面取得的工作进展，以征询利益相关方对金额 B 设计的建议。总的来看，《支柱一：金额 B》公众咨询文件整体沿袭《支柱一蓝图报告》的设计思路，但在四项核心设计要素上均取得了新的进展：

（1）适用范围。通过综合考虑定性和定量因素来确定金额 B 所适用的受控交易，明确批发分销、代理销售和佣金分销模式可能都将在适用范围内，但需要满足某些特定标准。例如，分销商不得从事制造、研发、采购或融资活动（定性标准），分销商与任何客户的交易额占其净销售额的比例不得超过某一门槛（定量标准）。咨询文件就这些标准以及是否应排除某些交易征询各方意见，如大宗商品或数字商品和服务的交易是否应排除在金额 B 的适用范围之外？

（2）定价方法。金额 B 的定价方法要以交易净利润法为基础，但各方对其特征和可能的设计应进行广泛讨论。该定价方法既要求跨国企业遵守独立交易原则（ALP），又要提供有意义的简化。咨询文件同时考虑了两种豁免金额 B 适用的情形：其一，存在当地可比市场交易可供参考；其二，存在比交易净利润法更合适的定价方法。（3）转让定价文档要求。咨询文件建议跨国企业采用主体文档和本地文档相结合的方法提供信息，且国别报告也可作为参考，而税务机关可以利用这些文档中的信息确定纳税人是否以及如何适用金额 B。

（4）税收确定性。在争议预防方面，跨国企业可依托预约定价安排；而在争议解决方面，可利用相互协商程序、仲裁或寻求国内法救济。同时，OECD 欢迎各方对金额 B 税收确定性框架进行补充，提出新的常设性机制。

---

① Alexander F. Peter, Stephanie Soong Johnston. U. S. Officials Mull ‘Wizard of Oz’ Amount B of OECD Tax Plan [J]. *Tax Analysts*, April 4, 2022.

第四节 税收确定性机制

在税收确定性原则的指引下，金额 A 规则试图构建一个由跨国企业、主管当局和国内法院等共同组成的多边协调税收确定性机制，体现了对传统机制的创新与传承。税收确定性机制包括两大方面内容：一是与金额 A 有关事项（主要是转让定价和营业利润争议）的争议预防与解决机制；二是涉及金额 A 内部各项规则的税收确定性机制①。

一、与金额 A 有关事项的争议预防与解决机制

《联合声明》明确，适用范围内的跨国企业将受益于争议预防与解决机制，避免金额 A 的双重征税。该具有约束力的强制性争议预防与解决机制的适用范围，包括所有与金额 A 有关的事项（主要是转让定价和营业利润争议）。对于判断某事项是否与金额 A 有关的争议，也将通过具有约束力的强制性方式进行确认，但确认争议属性不应延迟实质性的争议预防与解决机制。具有推迟实施 BEPS 第十四项行动计划同行审议资格而且相互协商程序（MAP）争议案件数量为零或者较少的发展中国家，可以自己选择适用（即通过达成协议）有约束力的争议解决机制，但仅限于与金额 A 有关事项的争议②。能够选择适用上述机制的国家是否具备资格，还将被定期审议，而一旦被审议认定为没有资格，在后续年度将无法恢复。

该争议预防与解决机制具有兜底性质，主要用于解决 MAP 案件立案后两年内无法解决的转让定价和常设机构利润归属争议。在此前提下，属于争议一方的跨国企业可以请求主管当局将 MAP 案件产生的未解决问题提交给争议解决专家组，请求应以书面方式作出。争议解决专家组将通过最终报价仲裁（Last Best Offer，亦称“棒球规则”）的决策方式作出裁决。争议解决专家组作出的裁决应为最终裁决，对跨国企业及所涉主管当局均具有约束力，主管当局应在规定时间内（90 天）达成反映专家组裁决结果的主管当局协议，从而解决相关争议。

不过，该政策适用存在三种例外情形：一是如果跨国企业选择不接受该裁决结果，可以转向适用国内法救济程序；二是相关争议通过 MAP 程序得到了解决，则该裁决结果不会发生效力；三是争议一方的国内法院认定争议解决专家组的裁决无效。

值得关注的是，包容性框架成员目前尚未就争议解决专家组的成员结构达成共识，一些成员倾向于争议解决专家组完全由主管税务机关组成，而另一些成员则倾向于争议

① OECD, Progress Report on the Administration and Tax Certainty Aspects of Pillar One [R]. OECD Publishing, 2022.

② OECD, Statement on the Two-Pillar Solution to Address the Tax Challenges Arising from the Digitalisation of the Economy (October, 2021) [R], OECD Publishing, 2021.

解决专家组完全由独立专家组成。

二、金额 A 税收确定性框架

金额 A 税收确定性框架旨在为跨国企业在新规则的各个方面提供确定性，其包括三大核心机制：范围确定性审查机制、预先确定性审查机制和全面确定性审查机制。这些机制以代表小组为基础，包括承担审查任务的审查小组（review panel）以及作出有约束力裁决的决定小组（determination panel），而牵头税务机关（通常是集团最终母公司所在地的税务机关）在协调过程和与跨国企业接触方面发挥着关键作用，同时需要跨国企业经营所在国税务机关（被称为“受影响的税务机关”）的通力协作。跨国企业可以自愿选择其中一个或多个机制，也可以选择适用国内法，不过这可能会导致税务部门大量重复工作，并可能导致金额 A 规则的适用不一致，从而导致重复或多次征税。

1. 范围确定性审查机制

在金额 A 规则适用的最初几年，有可能存在跨国企业实际上不在适用范围内，但多个国家的税务机关认为它们可能在范围内而进行相关审查的情况。例如在适用采掘业和受监管的金融服务业排除规则之前，跨国企业在其财务报表发布的年度总收入高于收入门槛（200 亿欧元）。范围确定性审查机制将为这些跨国企业提供寻求它们不属于适用范围内的确定性，从而消除单方面合规行动风险。从具体实施流程见图 4－2。

首先，提交申请。跨国企业应在其年度财务报表发布后向其牵头税务机关提交范围审查请求，并提交相应文件，包括一份跨国企业经营所在的国家名单（须为金额 A 多边公约缔约方），一份包含与跨国企业是否在金额 A 适用范围内有关的信息文件。

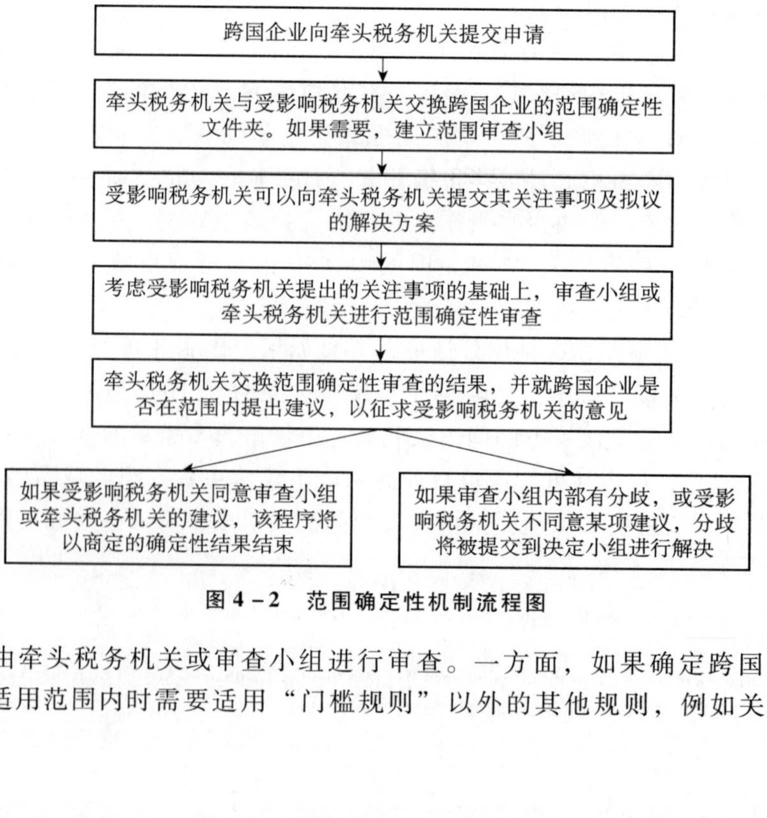

图 4－2　范围确定性机制流程图

其次，由牵头税务机关或审查小组进行审查。一方面，如果确定跨国企业是否在金额 A 规则适用范围内时需要适用“门槛规则”以外的其他规则，例如关于收入排除或分部核算的规则，则应在牵头税务机关的协调下，由牵头税务机关和其他受影响税务机关（随机抽取）组成的审查小组将对其进行审查。另一方面，如果跨国企业申请根据总收入和利润率低于相关门槛而被排除在适用范围外，并且其他规则也不适用，则将由牵头税务机关进行审查。

再次，在上述两种情况下，审查结果都将与所有受影响税务机关共享，它们有机会提出质疑并提出替代结果。

最后，审查小组成员之间或受影响税务机关之间的任何分歧将被送交决定小组以获得最终结果。

因此，在所有情况下，这一机制都将保证跨国企业的范围确定性。如果关于确定性的决定是跨国企业不在适用范围内，则该决定对所有受影响税务机关都具有约束力。如果最终的决定是跨国企业在适用范围内，则跨国企业应提交一份完整的金额 A 通用文件夹，并可能继续进行下文所述的全面确定性审查程序。

2. 预先确定性机制

金额 A 规则允许跨国企业建立内部合规系统，确定其收入来源。从跨国企业的角度来看，建立一个基于新规则的合规系统可能是一个耗时、昂贵的过程——如果税务部门不同意跨国企业选择的方法是正确的，则日后对该系统进行任何更改的要求将需要更多的时间和成本。

从税务机关的角度来看，如果在提交纳税申报表后进行的审核中发现跨国企业的方法不正确，就算跨国企业使用不同的方法来获取和提供同年的数据，可能为时已晚，而且这个问题至少会持续到次年。为了降低上述两种风险，预先确定性机制应运而生。该机制将审查跨国企业提议的收入来源方法，并同意该方法或要求进行相应的更改。该机制也可以扩展适用至分部核算等规则。

预先确定性机制由审查小组应跨国企业的申请，对跨国企业拟议的方法和内部控制措施进行审查，审查小组由牵头税务机关和该集团有适用范围内收入或对双重征税提供减免的金额 A 多边公约缔约方的若干税务机关（随机抽取）组成。鉴于这一审查需要分析跨国企业的控制框架、业务和财务管理系统以及资源规划软件的特殊性质，审查小组还将依赖由在系统审查和审计方面符合商定标准的税务官员组成的专家咨询小组的建议。如果跨国企业提议的办法得到通过，只要没有发生相关改变，这种确定性将适用于未来若干年。如果在审查中确定了对跨国企业现有内部控制框架的必要改进，一旦这些改进得到实施和确认，这种确定性也将适用。如果审查小组未能达成合意，或专家组提出的建议不被受影响方税务机关接受，异议将提交决定小组以获得最终结果。该机制的具体实施流程如图 4－3 所示。

3. 全面确定性机制

全面确定性机制旨在确保所有金额 A 多边公约缔约方的税务机关都将接受跨国企业在金额 A 的计算和分配以及消除双重征税方面的方法，从而无需国内审计，也不存在不可消除的双重征税风险，为金额 A 规则的顺利实施保驾护航。

面对跨国企业提出的全面确定性审查请求，牵头税务机关应与该跨国企业在有适用范围内收入或对双重征税提供减免的若干受影响税务机关（随机抽取）组成审查小组，按照金额 A 的确定和分配两大阶段进行审查。审查小组将得到由专家组成的专家咨

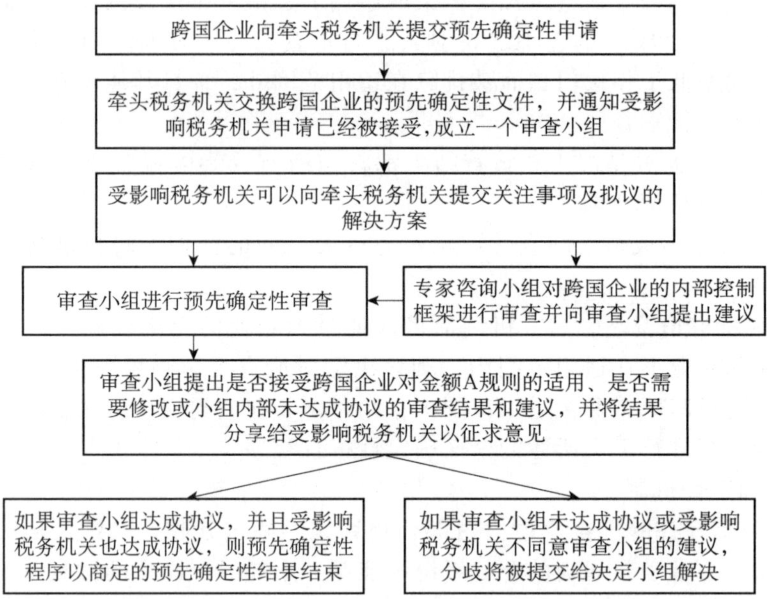

图 4－3　预先确定性机制流程图

询小组的帮助，该咨询小组将就跨国企业内部控制框架的可靠性提供咨询意见。审查结束后，审查小组或牵头税务机关应向各受影响的税务机关分享审查结果。如果有受影响的税务机关提出不同意见，或者审查小组本身没有达成一致意见，产生分歧的具体问题将提交决定小组解决。图 4－4 展示了全面确定性机制的具体实施流程。

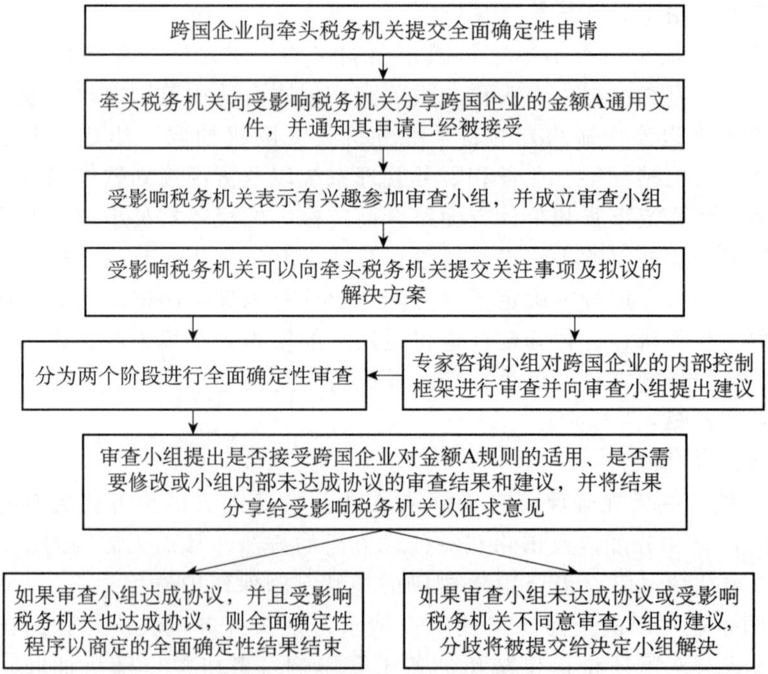

图 4－4　全面确定性机制流程图

4. 总结

金额 A 税收确定性框架的基本原则是，向所有请求确定性的跨国企业提供确定性，而无需耗时且重复的单独审计和 MAP。这意味着，税务机关之间产生的任何分歧都将在该框架内解决。通过将存在分歧的问题提交给决定小组来得出最终结果，能确保实现上述目标。决定小组的最终结果采取棒球规则，而这意味着需要从牵头税务机关、审查小组成员和受影响税务机关提出的替代结果中选择一个解决方案。这将确保所选择的方法是由税务机关提出的方法，决定小组应努力就每个问题达成包括所有成员在内的协商一致意见；如果不能，则应选择获得多数支持的结果。关于决定小组的组成问题，目前还尚未达成共识，各方建议可以包括独立专家和政府官员。

第五节 支柱一方案的争鸣

一、关于支柱一的理论反思

讨论支柱一的政策设计，还得先由受益原则衍生出来的价值创造原则说起[①]。可以说，价值创造原则一直以来被多数国家视作赋予市场国新征税权的基石。该原则的广泛使用始于 G20/OECD 税基侵蚀和利润转移（BEPS）项目。正如应对 BEPS 第 1 项行动计划《应对数字经济的税收挑战》报告所指出的那样，“利润应当在经济活动发生地和价值创造地征税”。为了实现这一目标，应对 BEPS 第 8 至 10 项行动计划提出完善转让定价规则的方案，试图“使转让定价结果与价值创造保持一致”。然而，对价值创造原则的援引并未止步于此，相反，它在 OECD 推动应对经济数字化带来的税收挑战的进程中愈发重要起来，直至被当作了支柱一新征税权的理论基础而名声大噪。

关于价值创造原则，目前还没有普遍认可的清晰阐释。在实务界，OECD 从未明确阐释过何为价值创造以及为何要将“价值创造”概念作为在各国之间分配征税权的基本原则。这就间接导致了各国以此为由对征税权进行扩张性解释并引发一些新税种（例如数字服务税、均衡税等）的诞生。

在理论界，对价值创造这一原则的争论也从未停歇，人们提出了如下问题：它是否能够被当作是支柱一新征税权的理论基石？是否存在一套标准以及精确的衡量方法？它是否在实践中能获得广泛认可？学者们针对这一系列问题，发出了三种不同的声音：（1）强调价值创造原则的消极影响，认为其不应当被赋予如此之高的地位；（2）认为

① 目前，支柱一方案并未有效回应乃至妥善解决经济数字化带来的税收挑战。例如，支柱一未能在理论上研究清楚如何解决利润发生地和价值创造地的问题，却直接绕到了大型跨国企业利润分配的具体规则设计上来，犹如“沙上建塔”，导致方案的细节安排难以满足各方诉求。特别是跨国利润分配规则在 BEPS 项目上就已经提出来了，现在又要拿出来超额利润来分配，那么一般利润与超额利润这两者之间到底有什么关系？这些问题可能会影响支柱一的政策效果。

价值创造原则作为市场国新征税权的理论基石，是对 BEPS 1.0 改革理念的接续，具有合理性与正当性；(3) 坚持审慎看待的立场，认为未来的改革还需要给予价值创造原则更多的空间进行补充和完善。

（一）反对态度

反对者认为价值创造原则不应当被赋予如此之高的地位。一类学者否认价值创造原则在事实上已达成共识。例如德弗雷克斯[①]指出："这是一个并未得到广泛接受和正确考量的原则"；赫茨菲尔德[②]也明确指出，关于 G20/OECD 应对 BEPS 行动计划的文件中都没有对价值创造这一术语作出解释。

另一些学者承认该原则已经在事实上被推崇为市场国新征税权的理论基础，但认为该原则因存在极大的模糊性而没有任何实际意义。例如莫尔斯[③]认为，由于价值究竟在何处创造是不确定的，故每个国家都有构建有利于该国家的"价值创造"含义的动机，这将会导致混乱。达斯[④]考察了 20 世纪 20 年代的一系列奠定国际税收秩序的报告，认为关于征税权划分的讨论中没有提到任何与价值创造有关的词汇，而他更是以一个见证者、亲历者的视角证明包容性框架也很少有相关报告和文件提到过价值创造，OECD 在是否认可该原则层面仍有诸多争议，并表示很难理解为何诸多学者承认该原则已达成共识。

（二）支持态度

支持者们认为价值创造原则作为市场国新征税权的理论基石，尽管不尽明确、精准，但该原则是有存在的必要性与合理性的，只是需要在实践中进一步对其具体化。例如沃格尔[⑤]早在 20 世纪就提出，价值创造是一个不精确且难以作为税收原则使用的概念；不过，它虽然不是一项原则，但却可以作为征税的理由。沃尔夫冈[⑥]也指出，与传统但被质疑的单一来源方法相比，从价值创造着手，可以更加详尽地对税基加以划分。杨晓雯和韩霖[⑦]认为，价值创造原则是国际税收管辖权划分的基础和前提，并提出在数字经济时代，数据已经成为一种新的生产要素，其直接价值和间接价值已经成为价值创造的重要一环，下一步应该思考如何以数据价值的价值创造模型为基础进行国际税收管

---

① Michael P. Devereux & John Vella. Value Creation as the Fundamental Principle of the International Corporate Tax System [R]. European Tax Policy Forum Policy Paper, 2018.

② Mindy Herzfeld. The OECD Consults on a New Tax World Order [J]. *Tax Notes International*, February 18, 2019.

③ Susan C. Morse. Value creation: A standard in search of a process [J]. *Bulletin for International Taxation*, 2018, 72 (4/5): 196.

④ Rasmi Ranjan Das. The Concept of Value Creation-Is It Relevant for the Allocation of Taxing Rights? [J]. *Bulletin for International Taxation*, 2020, 74 (3): 134 – 143.

⑤ Vogel, K. Worldwide vs. source taxation of income-A review and re-evaluation of arguments [J]. *Intertax*, 1988, 16: 216.

⑥ Wolfgang Schōn. International Tax Coordination for a Second-Best World (Part I) [J]. *World Tax Journal*, 2009, 1 (1): 67 – 114.

⑦ 杨晓雯，韩霖．数字经济背景下对税收管辖权划分的思考——基于价值创造视角 [J]．国际税收，2017 (12)．

辖权的划分。丹麦、芬兰与瑞典的财政部长们[①]在 2018 年 6 月 1 日的发言中亦赞同将价值创造作为分配征税权的基础，“数字经济和传统经济都应在价值创造地征税”。但部长们也认为，需进一步研究用户是否为数字化企业创造了价值，如果答案是肯定的，那么需要确定创造了多少价值。

（三）审慎态度

持有审慎态度的学者和机构也不在少数。德国科隆大学税法教授乔安娜[②]认为，如果以价值创造概念为基础对所得进行跨国分配，那么企业所得税作为对利润征收的税收，其与增值税或者与针对自然资源开发利用行为课征的税收之间会有什么样的相互作用，目前还并不清楚。况且，以价值创造为理论基础来决定征税的地点，目前还只能说是一个概念或一种观点，或者说只是一项原则而已，其并非一条无需周全考虑即可加以实际应用的规则。德特勒夫[③]也对“在价值创造地对利润予以征税这样的理念，被当作实现国际分配正义的直观标准”的想法表示担忧，并指出根据价值创造原则征税会对国家的税收收入产生什么影响也是未知的。

国际货币基金组织（IMF）的学者们[④]也指出，只要价值是多种贡献的产物，就没有明确的方式将价值表示为不同贡献的总和；如果创造价值的地点可以改变，就有可能因税收待遇的差异而产生扭曲，也有可能导致为吸引“创造价值”的活动而进行破坏性竞争。

此外，还有一种危险，即通过生产要素的存在来检验价值创造，这将导致出于节税目的进行资源而非生产性配置。例如毕马威（KPMG）的专家[⑤]认为，价值创造原则的适用需要明确的指导，最好能概括出一种灵活且以此原则为基础的方法，或者设计一种详细和机械的方法，以减少不确定性和所有利益相关者适用时的复杂性。

总的来看，即使各方在价值创造原则能否作为支柱一方案的理论基础方面存在诸多争议，但支柱一的改革在总体上是向前推进的。正如新西兰奥克兰大学教授克雷格·埃利夫[⑥]所指出的，更多的人主张国际税收改革以各国利益为先，并希望通过谈判达成令人满意的妥协方案。就当前的支柱一方案而言，学术界还无法确定其遵循的税收原则，最根本的变化可能是朝向目的地型税制（Destination Taxation）的转变。抛开政策设计缺陷不谈，埃利夫认为支柱一方案代表着向前迈出的重要一步，应被积极看待。的

---

① Ministry of Finance，Global cooperation is key to address tax challenges from digitalization，Government Offices of Sweden（1 June 2018），available at：www. government. se/statements/2018/06/global-cooperation-is-key-to-address-tax-challenges-from-digitalization.

② Johanna Hey. “Taxation Where Value is Created” and the OECD/G20 Base Erosion and Profit Shifting Initiative [J]. *Bulletin for International Taxation*，2018，72（4/5）：203 - 208.

③ Detlef Piltz. BEPS und das staatliche Interesse [J]. *Internationales Steuerrecht*（*IStR*），2015，24（15）：529.

④ Keen M，Perry V，Mooij R D，et al. Corporate Taxation in the Global Economy [J]. *International Monetary Fund Policy Paper*，January，2019.

⑤ KPMG. Comments on OECD Public Consultation Document on Addressing the Tax Challenges of the Digitalized Economy. March 6，2019.

⑥ Craig Elliffe. The Brave（and Uncertain）New World of International Taxation under the 2020s Compromise [J]. *World Tax Journal*，2022，Vol. 14，No. 2.

确，国际税制正朝着更有效的资源节约、更多地支持多边进程和工具利用以及减少税收竞争的方向发展。

二、关于支柱一规则设计思辨及其未来发展

（一）金额A规则的适用范围

《支柱一蓝图报告》将金额A的适用范围划分为自动化数字服务（ADS）和面向消费者业务（CFB），对此，许多数字企业（如缤客、微软）[①] 主张不应区分ADS和CFB，并提出了基于收入和收入利润率确定适用范围的定量方法，以避免“圈篱”数字经济。印度国家软件和服务公司协会（NASSCOM）、德国联邦电子商务和邮购协会（Bevh）和印度工业联合会（CII）等行业协会甚至认为，应保证大多数或所有企业都在金额A规则适用范围之内，以减少规则的复杂性，确保公平竞争环境。

由于美国财政部对基于收入和收入利润率的综合性适用范围的推崇，最终在2021年达成的“双支柱”框架协议中引入了综合性适用范围，即全球年营业额超过200亿欧元且收入利润率超过10%的跨国企业将受到金额A规则的约束。综合性适用范围引起了美国对外贸易委员会（NFTC）和美国全国制造商协会（NAM）等机构的质疑，他们强调，支柱一重在解决“无实体的跨境经营”引起的税收问题，应当基于跨国企业远程销售收入确定适用范围。

狭窄的排除范围也引起了多方的不满。例如，瑞士经济联合会（Economiesuiss）和德国联邦税务咨询协会（Bundessteuerberaterkammer）主张排除处方药，百胜餐饮集团和国际特许经营协会（IFA）主张排除特许经营业务，威瑞森通讯（Verizon）主张排除电讯，英国石油工业税务委员会（UK Oil Industry Taxation Committee）则主张将采掘业排除规则扩大到整个价值链。

金额A适用范围的争议频出，究其根本，是缺乏确定适用范围的税法基本原则的支撑。为此，一些机构——如美国对外贸易委员会和维也纳经济大学转让定价研究中心（WU Transfer Pricing Center）要求BEPS包容性框架明确划定金额A规则适用范围的原则。

（二）联结度和收入来源规则

出于简化考虑，新的特殊联结度规则只设置了收入门槛，而印度国家软件和服务公司协会、印度塔塔咨询服务公司（TCS）和德国联邦税务咨询协会等企业和行业协会均主张引入时间门槛，以体现跨国企业在市场国“显著而持续的经济参与”，从而赋予市场国新征税权。

在收入来源规则方面，各方普遍支持规则适用的灵活性，允许纳税人选择最适当的指标来确定不同业务的收入来源。同时，各方也表达了各自的担忧。首先，为了降低合规成本，美国对外贸易委员会、国际商会（ICC）和毕马威均建议只使用企业已掌握

---

① Response by Booking Holdings Inc. to the OECD Public Consultation Document: Reports on the Pillar One and Pillar Two Blueprints [R]; Microsoft. Re: Public Consultation Document on the OECD / G20 BEPS-Tax Challenges Arising from Digitalization-Report on Pillar One Blueprint [R]. 2020 - 12 - 24.

的信息来确定收入来源。其次，出于数据隐私的原因，芬兰技术产业联合会（Technology industries of Finland）和美国国际工商理事会（USCIB）表达了对企业和税务机关保存数据能力的担忧。再次，印度国家软件和服务公司协会和企业所得税协会（Corporate Tax Association）认为确定收入来源的指标IP地址和地理位置等难以管理和实施；德勤和优步（Uber）认为，VPN的使用使得真实IP地址被掩盖；美国律师协会（ABA）表示，部分设备没有内置全球定位系统，难以定位。

另一方面，各方也提出了一些建设性建议。例如德国信息技术、电信和新媒体协会（BITKOM）建议参考欧盟现行增值税制度中的用户位置确定规则；毕马威和亚洲互联网联盟（Asia Internet Coalition）建议就“不可获得”“不可靠”和“合理步骤”等概念的实际应用提供指导；雀巢公司建议引入安全港规则来确保与核心商业活动无关的交易相关收入不属于收入来源规则的适用范围。

不过，批评之声也不绝于耳。哈灵顿[①]尖锐地指出，联结度和收入来源规则中的基本原理和拟议方法读起来更像是消费税，而非企业所得税。安德鲁[②]则认为收入来源规则过于复杂，层次结构指标需要相关证据材料，给税收遵从与征管带来了较大负担。

（三）金额A税基的确定

对于使用合并财务报表作为计算金额A税基的起点，业内质疑声较小。对于分部核算（即行业/业务细分），微软和美国对外贸易委员会则建议这种做法仅应在为实现金额A的政策目标而必需采用的有限情况下使用；英国工业联合会（CBI）和道衡咨询公司（Duff & Phelps）则指出应尽可能使用现有的数据和框架；日本经济团体联合会（Keidanren）更是强烈建议使用公开的分部信息，以有效地限制合规成本。

对于亏损结转，英国工业联合会和英国特许税务师公会（CIOT）均认为，允许制度前亏损[③]结转是合理的，因为一些企业为了获得远期收益，在成立初期进行了重大的投资，短期内未回笼资金而蒙受了巨大亏损，这些亏损应该结转下去，不受时间限制。葛兰素史克也强烈支持无限期亏损结转。

（四）关于营销及分销利润安全港、国内业务豁免、金额B规则在内的一揽子简化措施

大多数企业和咨询机构支持营销及分销利润安全港制度，例如国际律师协会（IBA）、意大利律师事务所Maisto and Associates、波兰美国商会（Amcham Poland）等。但对于安全港制度如何在实践中应用引来了不少疑问，如印度国家软件和服务公司协会提出，是否所有受金额A规则约束的跨国企业都有资格适用安全港；欧洲酿酒联盟（Brewers of Europe）和OECD工商咨询委员会（BIAC）则认为，对于分散化经营的企业（decentralised business）而言，安全港并非一个充分的解决方案，而BEPS监督小组则对安全港制度持反对态度。

国内业务豁免在实践中的可行性受到了质疑。意大利律师事务所（Maisto and As-

---

① John L. Harrington. Building Anew with Old Blueprints [J]. *Tax Notes International*, December 21, 2020: 1695.

② Andrew Hughes. Amount A: Concerns and a Path Forward [J]. *Tax Notes International*, May 10, 2021: 759.

③ 即金额A规则生效前的亏损。

sociates）认为，国内业务豁免在实践中极难产生具体效果；国际律师协会进一步解释了缘由，即国内业务豁免实际上对外国收入水平低、重心在国内的企业是有效的，只有少数的跨国企业能够满足这一条件，而大多数受金额 A 约束的跨国企业是在多个国家开展业务活动。在这些情况下，申请国内业务豁免将增加企业合规成本，造成高度不确定性和随之而来的诉讼风险。

各方欢迎包容性框架致力于通过金额 B 提高税收确定性，并减少争议。美国律师协会和比利时美国商会（Amcham Belgium）甚至呼吁扩大适用范围，以确保金额 B 规则能为数量可观的纳税人提供更大的税收确定性。相反，美国福特公司则认为应该缩小适用范围。联合国可持续发展筹资办公室[①]认为金额 B 不应演变成纳税人可选择的安全港，而应以商定的营销及分销活动最低补偿额为基础。

（五）消除双重征税机制

《支柱一蓝图报告》提出了一种四步法确定"缴税实体"（paying entities）消除双重征税的机制，其复杂性引起了企业和咨询机构们的担忧。

毕马威指出，这种复杂性可能会导致争议，使得消除双重征税机制失效。对此，缤客建议取消"活动测试"（activity test）和"市场联系优先级测试"（market connection priority test），而意大利税务公司 Foglia & Partners、日本经济团体联合会（Keidanren）和荷兰律师事务所 Loyens & Loeff 则支持采用更公式化的方法来确定"缴税实体"。

而就传统的消除双重征税方法而言，企业和咨询机构更倾向于免税法而非抵免法。

（六）税收确定性程序

税收确定性程序，亦即争议预防和争端解决机制。在同金额 A 相关事项的争议预防与争端解决机制方面，各方大力支持具有约束力的强制性解决机制，但也提出了受时间和资源限制带来的相应挑战。其一，程序持续时间过长可能会破坏税收确定性，OECD 工商咨询委员会和毕马威认为有必要采取快速程序来确定跨国企业是否在金额 A 规则适用范围之内；其二，发展中国家在税收征管和情报交换方面资源匮乏，难以实施该机制。对此，德国明斯特大学税法研究所所长 Joachim Englisch 教授建议由 G20/OECD 出资设立一个独立专家库作为后备机制，发展中国家可以在参与税收确定性程序时在该专家库中选择专家作为顾问，以备咨询。而印度国家公共财政与政策研究所助理教授 Suranjali Tandon 则建议没有或有较少相互协商程序（MAP）案件的国家，可选择适用具有约束力的强制性争端解决机制，该建议最终被《10 月联合声明》所采纳。

在金额 A 以外事项的争议预防与争端解决机制方面，各方对哪些事项应适用具有约束力的强制性争端解决机制看法不一。数字经济集团（Digital Economy Group）、爱尔兰会计团体协商委员会（CCAB Ireland）和优步等支持针对与金额 B 有关的争议适用具有约束力的强制性争端解决机制方案；普华永道则建议，针对支柱一适用范围内的纳税

① Nana Ama Sarfo. U. N. Reemerging in Digital Economy Tax Debate [J]. *Tax Notes International*, July 6, 2020: 17.

人均适用具有约束力的强制性争端解决机制；荷兰律师事务所 Loyens & Loeff 甚至建议，将具有约束力的强制性争端解决机制扩展适用至所有纳税人。值得一提的是，乐施会（Oxfam）认为，当前税收确定性程序的重点应该放在改进现有工具和为管理能力低下的国家提供支持方面。

值得一提的是，一些机构认为支柱一并非应对经济数字化带来的税收挑战的最优解，并提出了支柱一的替代方案。一是强生公司提出的“金额 Z”方案，这是一种使用销售利润率（ROS）替代金额 A 和金额 B 的简化方案。二是缤客提议的“公司市场税”（Corporate Market Tax）方案，对适用范围内业务的收入在市场国征收 1% 的税收，并根据跨国企业的利润率进行一些调整，公司市场税可以抵免跨国企业在母国的企业所得税。三是英国特许会计师公会（ICAEW）建议的预提税方案，它类似于《联合国税收协定范本》第 12B 条（对自动化数字服务征税预提税）的措施。四是国际企业所得税改革独立委员会（ICRICT）推崇的“全球公式分配”方案，在税收上将跨国企业视同单一法人对待，将其利润根据多个分配因素（如资产、工资、销售）分配到不同国家供其课税。五是美国国家经济研究协会（NERA）经济咨询公司的 Hervé 和 Homont① 提出的基于数据的用户贡献经济评估方法，用以取代支柱一的公式分配法。

三、关于支柱一的经济影响评估

当前，各方对于支柱一金额 A 规则的经济测算，主要围绕两个维度展开：一是评估金额 A 规则对跨国企业的影响，二是从国家层面评估金额 A 规则带来的影响。

1. 对于金额 A 对跨国企业的影响

（1）计算可能在金额 A 规则适用范围之内的跨国企业数量。《日本经济新闻》旗下调查分析网站 QUICK FactSet 的数据统计显示②，在排除了采掘业和金融业之后，有 81 家公司达到了金额 A 规则的营收门槛（200 亿欧元）和收入利润率门槛（10%）。牛津大学国际税收团队教授 Devereux 和 Simmler③ 对支柱一进行了测算，预计将有 78 家跨国企业落入支柱一的适用范围。普华永道华盛顿转让定价专家 Kartikeya④ 根据《7 月联合声明》中提到的量化标准，使用 Orbis 全球企业数据库中各公司近 3 年的平均财务数据，估算了出金额 A 范围内的跨国企业数量约为 85 家。此外，Tax Analysts 首席经济学家 Martin A. Sullivan⑤ 使用《财富》500 强数据对金额 A 规则适用范围内跨国企业数量

---

① Philip de Homont & Yves Hervé. Germany: Taxation of the digital economy-Analysing user base value [R/OL]. International Tax Review, January 06, 2021. Available at: https://www.internationaltaxreview.com/article/b1q0574yplds1l/germany-taxation-of-the-digital-economy-analysing-user-base-value.

② See Nikkei staff writers, China and US home to nearly 60% of companies likely to pay global tax. https://asia.nikkei.com/Economy/China-and-US-home-to-nearly-60-of-companies-likely-to-pay-global-tax (latest visited: December 28, 2021).

③ Michael Devereux & Martin Simmler. Who Will Pay Amount A [EB/OL]. Europe ECONPOL, July 3, 2021.

④ Kartikeya Singh. Amount A: The G20 Is Calling the Tune, And U. S. Multinationals Will Pay the Piper [J]. *Tax Notes International*, Volume 103, August 2, 2021.

⑤ Martin A. Sullivan. Which Companies Could Be Caught in the Pillar 1 Net? [J]. *Tax Notes International*, Volume 104, October 25, 2021.

进行了测算，认为2018年、2019年、2020年分别有73家、70家、67家跨国企业达到金额A规则适用门槛。而国内学者朱晓丹等[①]也跟据2021年《财富》500强公布的企业财务数据进行了支柱一的相关测算，结果显示营业收入超过200亿欧元且收入利润率超过10%的企业共有99家，排除采掘业（5家）和金融业（35家）之后入围支柱一金额A的企业为59家。国际货币基金组织（IMF）[②] 2022年的测算显示，根据支柱一将部分超额利润重新分配给市场国的做法估计适用于约140家公司。

（2）测算有多少剩余利润（金额A）将在支柱一规则下进行分配并征税。Devereux和Simmler[③]预计将有约870亿美元利润将作为金额A（按剩余利润的20%再分配测算）分配给市场国进行课税。Kartikeya[④]发现，约有840亿美元的利润可作为金额A进行再分配，可再分配的利润占85家范围内跨国企业近三年平均税前利润总额的9.7%。而Sullivan[⑤]测算出，2018年、2019年、2020年分别有1010亿美元、990亿美元、1100亿美元的剩余利润被重新分配到市场国进行课税。

2. 关于金额A对国家层面的影响

（1）分析各主要经济体有多少跨国企业落入金额A规则适用范围。QUICK FactSet的数据统计显示[⑥]，落入金额A规则适用范围内的公司中，有11家是中国公司——包括科技巨头腾讯和阿里巴巴，有35家是美国公司——包括脸书、微软等，还有6家是日本公司——包括软银、索尼和丰田等。Kartikeya[⑦]指出，受金额A影响的公司中，美国跨国企业（41家）占48%以上，几乎是中国跨国企业（7家）数量的6倍，是其他G7国家总和的2倍以上。朱晓丹等[⑧]研究发现，从59家纳入支柱一范围的跨国企业的国家分布看，分别有美国企业27家、欧洲企业17家、中国企业9家、日本4家、韩国2家。

（2）测算各国（总部位于境内的跨国企业）分别有多少剩余利润作为金额A分配给市场国进行课税。Devereux和Simmler[⑨]测算出约64%（560亿美元）将由总部位于美国的公司产生，约45%（390亿美元）将来自科技公司，约280亿美元将来自美国最

① 朱晓丹，曹港珊．论《双支柱框架协议》立法目的之变动与影响［J］．国际税收，2021（09）．

② IMF. Fiscal Monitor--Fiscal Policy from Pandemic to War［R］. April，2022.

③ Michael Devereux & Martin Simmler. Who Will Pay Amount A［EB/OL］. Europe ECONPOL，July 3，2021.

④ Kartikeya Singh. Amount A：The G20 Is Calling the Tune，And U. S. Multinationals Will Pay the Piper［J］. *Tax Notes International*，Volume 103，August 2，2021.

⑤ Martin A. Sullivan. Which Companies Could Be Caught in the Pillar 1 Net?［J］. *Tax Notes International*，Volume 104，October 25，2021.

⑥ See Nikkei staff writers，China and US home to nearly 60% of companies likely to pay global tax. https：//asia. nikkei. com/Economy/China-and-US-home-to-nearly-60-of-companies-likely-to-pay-global-tax（latest visited：December 28，2021）.

⑦ Kartikeya Singh. Amount A：The G20 Is Calling the Tune，And U. S. Multinationals Will Pay the Piper［J］. *Tax Notes International*，Volume 103，August 2，2021.

⑧ 朱晓丹，曹港珊．论《双支柱框架协议》立法目的之变动与影响［J］．国际税收，2021（09）．

⑨ Michael Devereux & Martin Simmler. Who Will Pay Amount A［EB/OL］. Europe ECONPOL，July 3，2021.

大的5家科技公司（苹果、微软、谷歌、英特尔和脸书）。Kartikeya[①] 则估计约有62%的金额A来自美国的跨国企业，比中国跨国企业的6倍还多，也比所有其他G7国家跨国企业总和的6倍还多。

（3）考量支柱一对各国的收入影响。IMF在2021年发布的《亚洲的数字化与税收》[②] 报告称，支柱一提案对亚洲各经济体存在不同影响。中国、日本和韩国在内的拥有庞大国内市场的高收入国家将获得额外的税收收入。相反，外国直接投资占GDP之比较高的发展中国家和投资中心的税收收入将略有下降。由于日本跨国企业的利润重新分配，越南可能会损失相当于GDP 0.11%的税收收入。包括印度、印度尼西亚和马来西亚在内的发展中国家可能会损失大约相当于GDP 0.01%的税收收入，而新加坡、中国香港地区等投资中心可能也会减少相当于GDP 0.15%的税收收入，因为跨国企业在这些国家申报的利润高于这些国家从重新分配中获得的金额A。而据IMF研究[③]表明，一旦支柱一实施，收入将从低税率投资中心（约占其企业所得税总额的2%）重新分配到其他国家，从而使低收入国家和发达经济体的收入分别增加0.7%和0.9%。

① Kartikeya Singh. Amount A: The G20 Is Calling the Tune, And U. S. Multinationals Will Pay the Piper [J]. *Tax Notes International*, Volume 103, August 2, 2021.

② Era Dabla-Norris, Ruud de Mooij, Andrew Hodge, Jan Loeprick, Dinar Prihardini, Alpa Shah, Sebastian Beer, Sebastian Beer, Sonja Davidovic, Arbind M Modi and Fan Qi. Digitalization and Taxation in Asia [R]. IMF Departmental Paper No 2021/017.

③ IMF. Fiscal Monitor--Fiscal Policy from Pandemic to War [R]. April, 2022.

第五章

支柱二：全球最低企业所得税制

第一节 产生背景

一、缘起

跨国企业利用“税收洼地”进行避税的问题由来已久。某种程度上说，这与一些国家和地区长期以来无底线地降低企业所得税税率，甚至展开“逐底竞争”（race to bottom）不无关系。如图 5－1 所示，根据经济合作与发展组织（OECD）的统计，2001 年至 2020 年，全球各国平均企业所得税税率由 27% 降至 20.2%。其中，如图 5－2 所示，美国、德国、英国等发达国家税率下行趋势较中国、印度、越南等发展中国家更为明显，爱尔兰、新加坡等国的税率长期处于全球较低水平。加之各国提供的种种税收优惠措施，这些跨国企业实际税率更低。

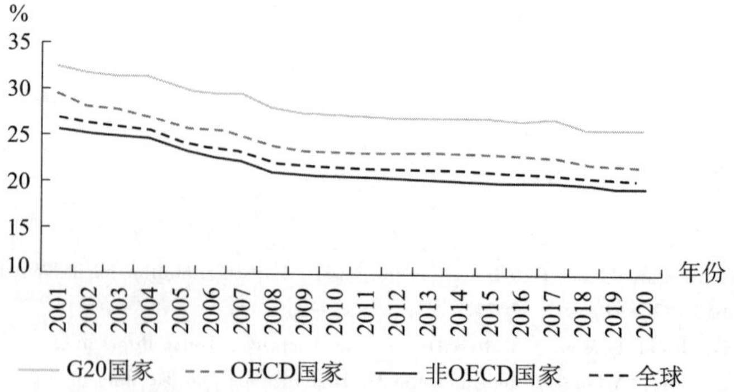

图 5－1　全球平均企业所得税税率变化趋势

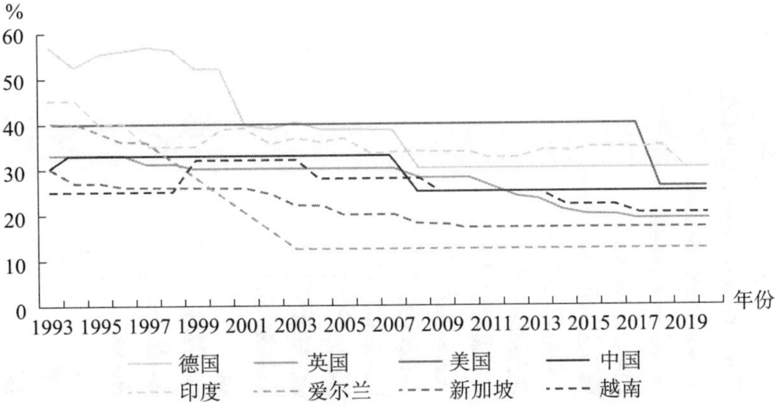

图 5－2　部分国家企业所得税税率变化趋势

资料来源：OECD 数据库，中国银行研究院[①]。

“税收洼地”和“逐底竞争”为跨国企业的避税活动带来了极大的便利。这一过程带来的结果是，只有少数低税国家和地区从中获益，大多数国家和地区都沦为受害者。如图 5－3 所示[②]，根据美国加州大学伯克利分校和丹麦哥本哈根大学的研究，由于跨国企业向国际“税收洼地”进行利润转移，2018 年全球损失的企业所得税收入总额超过 2000 亿美元，相当于各国企业所得税总额的 10% 左右。其中，德国、英国、法国和美国的税收损失最高，损失比率均高达 20% 以上，最高的德国损失比例高达 29%。相比之下，爱尔兰、比利时、卢森堡等国的企业所得税收入中有一半或以上来自别国的利润转移。

跨国企业的避税问题是一些国际组织长期关注的重点，从图 5－3 中 2015 年和 2018 年的数据对比中可以看到，过去温和的改良性措施根本无法遏制住事态的发展，以致于国际避税问题长期得不到有效的解决。“痛则思变”，正是在这样的大背景下，国际社会才会站在统一战线上，渴求一场“刮骨疗伤”式的国际税收制度改革，彻底改变日益积重难返的被动局面。

支柱二方案（即构建全球最低税率）正是欧盟在现行国际税收体系下面对其内部的荷兰、爱尔兰等“税收洼地”几乎无计可施的背景下提出的。支柱二方案在本次企业所得税长期措施的改革谈判中，率先由德国和法国联合提出，被称为“德法方案”。在德、法两国的强烈坚持以及谈判后期美国拜登政府的加持之下，支柱二方案异军突起，成为了本次国际税制改革中为各国政府增加税源的最大贡献者。

历史上，美国大型跨国企业利用荷兰、爱尔兰等国的税收制度进行税务筹划，造成企业极低税负运营的结果。欧盟委员会曾经多次尝试对这类税收架构进行挑战，但其发出的补税裁定大多无法获得欧盟法院从司法角度的支持和认可，并在企业及部分国家

① 中国银行研究院.“全球最低企业税率倡议的影响、挑战及建议”，2021 年 6 月，https：//finance. sina. cn/zl/2021－06－02/zl-ikqcfnaz8724877. d. html.

② Thomas Tϕsvlϕv，Ludvig Wier 和 Gabriel Zucman：The Missing Profits of Nations：2018 Figures，2021 年 8 月，https：//missingprofits. world/.

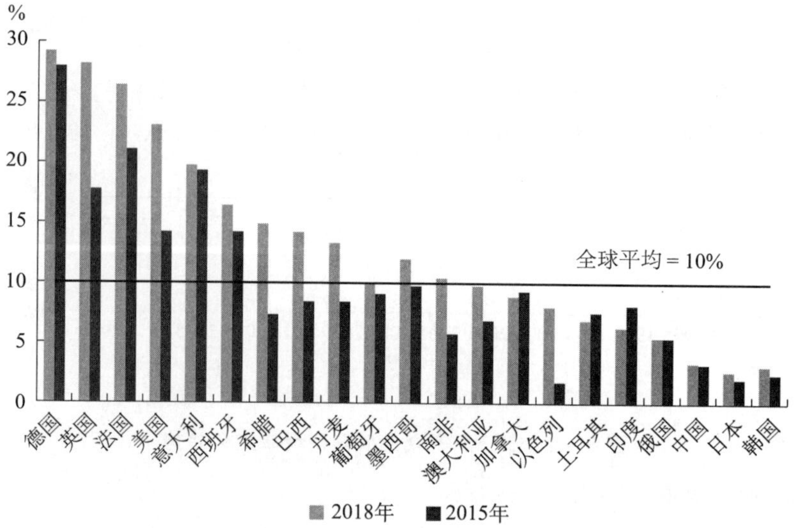

图 5－3　企业所得税收收入流失（占同期税收总收入%）

的上诉中以失败而告终。

2015 年，欧盟委员会裁定，荷兰在 2008 年至 2014 年期间通过税收协定给予了未经授权的国家援助。因此，荷兰必须向星巴克公司收取超过 2 500 万欧元的税款和利息。2019 年，这一裁定结果被欧盟普通法院判决无效，理由是尚未证明星巴克从与荷兰的税收协定中获得利益。又如，欧盟委员会于 2016 年 8 月指控爱尔兰向美国苹果公司提供了国家援助，并裁定苹果公司拖欠约 130 亿欧元的税款，加上利息合计 143 亿欧元。但随后爱尔兰政府和苹果发起上诉，欧盟最高法院则于 2020 年判决撤销了欧盟委员会关于爱尔兰税制有利于苹果的裁决。

实际上，早在 1998 年 4 月，OECD 就发布了一份名为《恶性税收竞争：一个正在出现的全球性问题》的报告，还设立了有害税收实践论坛（FHTP），其主要任务就是评估各国税制中哪些属于有害税收实践，并根据授权监督各国执行 OECD 税收规则的情况。有害税收实践被认定为：一些国家通过降低税率或提供税收优惠等方式，降低纳税人的实际税负，以吸引那些高流动性的经济活动（比如金融活动或其他服务）到本国来开展。这些行为的目的虽然是为了促进本国经济发展，但却是以侵害别国的税收利益为代价，侵蚀了其他国家的税基，造成了国家之间的税收不公平。

OECD 虽然提倡消除有害税收实践得靠各国互相监督，但执行的力度并不尽如人意。从 1998 年到 2013 年，在这方面几乎没有取得任何进展。直到 2013 年，苹果、谷歌等大型跨国企业的避税安排才被推上了国际舆论的风口浪尖，BEPS 问题升级至前所未有的政治高度。于是由 G20 背书，OECD 迅速开启调查并公布了调查结果报告。

以前只靠 OECD 一厢情愿地苦苦规劝并没有起到多大的作用，直到 2013 年事情才取得一些重要进展，众多国家和地区承诺参加打击 BEPS 的行动计划。2015 年，有害税收实践被纳入了 OECD 应对 BEPS 的第 5 项行动计划，其中重点关注两大问题：第一，对税收优惠政策提出了实质性活动的要求；第二，提高透明度，包括有关税收优惠政策的信息交换。但第5项行动计划的实际执行效果有限，最终促使欧盟主要成员国德国和法国决定另起炉灶，借助国际社会应对数字经济的税收挑战这个契机，在国际谈判中将支柱一与支柱二进行捆绑，推动支柱二在全球范围加以实施。

经历了数次谈判，在2021年6月的G7财长和央行会议上，西方七国最终就双支柱方案中包括最低税率水平等关键内容达成一致。2021年7月，G20/OECD包容性框架发布《关于应对经济数字化带来的税收挑战的双支柱解决方案的声明》，宣布双支柱方案已经得到139个成员中的130个国家和地区的支持。2021年10月，G20/OECD包容性框架再次发表声明，宣布包容性框架成员中的136个国家和地区已就双支柱方案中的更多细节问题达成共识。按照OECD预定的时间表，包容性框架之后将陆续完成支柱一和支柱二详细规则的谈判和规则的制定，双支柱方案计划于2023年1月开始的纳税年度同时生效（支柱二中的低税支付规则将于2024年开始实施）。

二、欧盟打击有害税收实践的举措

在OECD快马加鞭地推动应对BEPS行动计划工作的同时，欧盟也在积极行动。

2016年2月，欧盟提出一份“不合作管辖区名单”（EU list of non-cooperative jurisdictions），俗称“税收黑名单”，并组织专家团队相继对各国（税收管辖区）税收制度的透明度、是否属于有害实践等进行评估。如果某个辖区不符合欧盟的标准，就会把这些辖区列进这份黑名单；如果被列入税收黑名单的辖区整改后符合了欧盟的标准，则可以从税收黑名单中除名。一旦被列入税收黑名单，这些辖区在与欧盟成员国的经济交往就会面临严厉的税收监管，例如向这些辖区支付的款项在企业所得税前不予以扣除或提高向其支付所得的预提所得税税率。经评估不符合欧盟标准，但合作态度较好且承诺进行整改的辖区会被列入一份灰名单。

2017年12月，欧盟发布了第一批税收黑名单①，其中包括17个非欧盟辖区，之后这份税收黑名单又历经了多次更新。2021年10月5日，欧盟理事会公布了最新版的税收黑名单和灰名单②，税收黑名单上只剩9个辖区，它们是：美属萨摩亚（American Samoa）、斐济（Fiji）、关岛（Guam）、帕劳（Palau）、巴拿马（Panama）、萨摩亚（Samoa）、特立尼达和多巴哥（Trinidad and Tobago）、美属维尔京群岛（The US Virgin Islands）及瓦努阿图（Vanuatu）。灰名单则新增了5个辖区，其中包括：中国香港、马来西亚、哥斯达黎加、卡塔尔和乌拉圭。欧盟要求上述5个辖区在2022年12月31日之前对其境外所得免税制度进行整改，否则将考虑将其列入税收黑名单。

但2021年1月21日，欧洲议会通过了一项决议③，要求改革欧盟税收黑名单制度，理由是这份名单所覆盖的范围还不到全球税收流失来源的2%，“没有抓住最大的

① European Union. “Council publishes an EU list of non-cooperative jurisdictions”, 2017. https://www.consilium.europa.eu/en/press/press-releases/2017/12/05/taxation-council-publishes-an-eu-list-of-non-cooperative-jurisdictions/.

② Council of the European Union. “The Council conclusions on the revised EU list of non-cooperative jurisdictions for tax purposes”, 2021年10月. https://www.consilium.europa.eu/media/52208/st12519-en21.pdf.

③ European Parliament. “EU tax haven blacklist is not catching the worst offenders”, 2021. https://www.europarl.europa.eu/news/en/press-room/20210114IPR95631/eu-tax-haven-blacklist-is-not-catching-the-worst-offenders.

坏蛋”。未来欧盟税收黑名单制度如何改革，目前暂无定论。

三、美国税制改革的最低税规则

2013 年，美国国会向苹果公司企业发起海外境外利润避税调查，一年之后宣告无果，转而开始反思美国税制改革。2018 年 1 月 1 日美国总统特朗普总统签署的《减税与和就业法案》（TCJA）正式实施。该税改税制改革方案中包含了两项重要规则：一是全球无形资产低税所得规则（Global Intangible Low Tax Income ，也称 GILTI）；二是和税基侵蚀与反滥用税收规则（Base Erosion and Anti-Abuse Tax，也称 BEAT）。这两项规则以下统称为美国最低税规则。因为美国最低税规则和支柱二中的相关规则原理较为相似，下面我们将花一点篇幅进行介绍。

GILTI 的主要目的是保障美国财政收入，降低或者消除避税效果，从而削弱跨国企业利用海外境外低税区地进行避税的动机。GILTI 是在受控外国企业（Controlled Foreign Company，也称 CFC）规则的基础上实现的。根据美国税法，一般情况下，美国境外子公司的海外境外利润在没有汇回美国之前，不需要在美国纳税，这就使得大量的美国企业将海外境外子公司的利润长期滞留在境外。为打击这些避税行为，美国出台了受控外国企业规则，规定境外利润无论是否汇回境内，受控外国企业归属于美国母公司的那部分所得都需要在实现当年向美国税务部门申报纳税。这部分所得被称为“F 分部所得“（Subpart F income）所得，包括消极投资被动收入所得（例比如股息、利息、特许权使用费、租金），也包括产生于第三国的积极投资所得（主动收入比如产生于第三国的销售所得和服务所得等）。然而，由于美国受控外国企业规则中存在很多豁免的情形，使得其在受控外国企业规则的实际执行中效果并不十分理想。

从名称上也能看出来，GILTI 实际上是针对境外来源的无形资产所得征税，而境外有形资产（比如土地、厂房、设备等）产生的所得并不在 GILTI 的征税范围。为什么要区别对待呢？主要这是因为有形资产相对来说位置比较固定，不容易移动，企业在某地一般购置和拥有有形资产说明其在当地有开展了实质性的经营活动，但是无形资产的移动性很强，估值也较高，比较容易也常常被跨国企业用来进行避税安排。但正因为无形资产的所得收入难以估算，所以美国政府采用了核定利润率的方法来进行简化：受控外国企业的境外所得被视为包括两个部分，即有形资产所得和无形资产所得。其中有形资产所得等于有形资产投资额的 10%，也就是假定有形资产的投资回报率为 10%。无形资产所得就等于境外所得总额减去有形资产所得。这是一种倒推无形资产所得的计算方法，因为有形资产所得相对比较容易计算，10% 的有形资产投资回报率是一个经验数据，相对来说已经不低了，跨国企业在境外超过这个投资回报率的所得就可以推断为无形资产的所得。对这部无形资产所得如果也规定一律免税，那么就会诱导跨国企业通过将无形资产所有权转移到境外关联企业的方式规避美国的企业所得税，所以这个漏洞必须堵上，这就是美国在 2018 年实行免税法同时出台 GILTI 税制的原因。由于 GILTI 数额的具体计算较为复杂，涉及多项调整项，这里不做详述。

在 GILTI 税制下确定税基后再来确定税率。美国政府对 GILTI 进行补税一般情况下要按照正常的美国企业的企业所得税税率 21% 来计算。但如果美国母公司是所谓 C 类股份有限公司企业，GILTI 可以享受 50% 的免税，也就是说 GILTI 的有效税率是 10.5%（21% ×50%）。2025 年之后，GILTI 所得中只有 37.5% 可以免税，按 21% 标准税率计算，有效税率为 13.125%。

我们再来看税基侵蚀与反滥用税收规则（BEAT）。BEAT 的目的是为了防止美国公司企业通过向境外关联企业大量支付可税前扣除的费用（利息、租金、特许权使用费或劳务费等），从而造成对税基的侵蚀。具体来说，如果某企业近 3 年在美国的年均营业总收入至少达到 5 亿美元或以上，而且向境外关联方支付的可税前扣除费用（即税基侵蚀支出）占其当年扣除费用总额的 3% 或以上（某些金融企业为 2%），则该企业需要就美国境内取得利润，补齐差额税款至最低税额。补缴的差额税款即为 BEAT，这个 BEAT 在性质上类似于一种最低税。对于非银行及证券交易类企业，2018 年 BEAT 设定的最低税率为 5%，2019 年上调至 10%，计划从 2026 年起将税率增至 12.5%。

2021 年 11 月，美国众议院表决通过了《重建更好法案》，该法案包括了对美国最低税规则的修正，以使其与全球反税基侵蚀（GloBE）规则保持一致的提案。但是，民主党未能就该提案达成一致。2022 年 8 月，美国总统拜登签署了《通胀消减法案》，该法案被视为是《重建更好法案》的一个精简的版本，与此前《重建更好法案》中不同点之一在于，《通胀消减法案》不再包含《重建更好法案》中关于修改美国最低税规则以与 GloBE 规则保持一致的相关内容，转而提出了 AMT（alternative minimum tax），即对大型企业集团的调整后财务报表收入征收 15% 的企业所得税。AMT 的范围和技术设计在很大程度上偏离了支柱二，业内认为 AMT 可能不会被视为支柱二框架下的合格国内最低税。对于未来美国是否会修改 GILTI 或 BEAT，可能需要静待美国 2022 年 11 月中期选举的结果。就目前的情况而言，短期内美国修改 GILTI 或 BEAT，以与 GloBE 规则趋同的可能性不高。

四、GILTI 和 BEAT 的计算方法

1. GILTI 的计算方法

下面用一个例子来说明 GILTI 的计算逻辑。比如，某美国企业拥有一家外国企业（即受控外国企业）80% 的股份。2020 年该受控外国企业实现利润 100 万美元，在美国没有缴纳其他任何税收；2020 年其有形资产投资额为 200 万美元。假设该美国企业为 C 类股份有限企业，GILTI 所得和税额计算如表 5－1 所示[①]。

表 5－1　　GILTI 计算举例

受控外国企业境外所得（100 万 ×80% 持股比例）	a	80 万美元
有形资产所得（200 万 ×10% ×80%）	b	16 万美元
GILTI 税基	c = a − b	64 万美元

① KYJ, LLP. “GILTI & BEAT in Plain Language”, 2018 年 2 月. http://www.kyjcpa.com/news-updates/gilti-beat-in-plain-language/.

续表

免税额	d = c × 50%	32 万美元
应纳税 GILTI 所得	e = c − d	32 万美元
应缴纳 GILTI 税额	f = e × 21%	6.72 万美元

2. BEAT 的计算方法

假设某美国企业 2019 年的应纳税所得额为 1 000 万美元（为简化计算不考虑税收抵免情形），向受控外国母公司支付了 2 500 万美元的特许权使用费。该特许权使用费无需缴纳美国所得税或者美国的预提税（见表 5－2）[①]。

表 5－2　　BEAT 计算举例

	常规企业所得税纳税义务	适用 BEAT 后
应纳税所得额	1 000 万美元	1 000 万美元
税基侵蚀性支出[②]	－	2 500 万美元
应纳税所得额	1 000 万美元	3 500 万美元
税率	21%	10%
应纳所得税额	210 万美元	350 万美元

最终计算出差额 140 万美元（即 350 万美元－210 万美元）为该企业需缴纳的 BEAT 税金。

第二节 支柱二规则的整体介绍

如前所述，支柱一的本质主要是对征税权的重新分配，理论上不会产生新的税源，但支柱二是真正做大税收蛋糕，它将会在全球产生增量的税收收入。根据 OECD 的预测，如果最终设定全球最低税率不低于 15%，支柱二在全球每年将新增约 1500 亿美元的税收收入[③]。

由于两个支柱解决的是不同的问题，因此，即使分别实施在实操上也是可行的。各国曾一度争议支柱二是不是必须和支柱一挂钩，有的国家建议先行单独实施支柱二，但现在已经确定双支柱同时实施，可以说这是不同利益群体相互之间妥协和平衡的结果。

① KYJ, LLP. “GILTI & BEAT in Plain Language”, 2018 年 2 月. http: //www. kyjcpa. com/news-updates/gilti-beat-in-plain-language/.

② 支付给境外受控外国企业的可税前扣除的费用。

③ OECD. “Addressing the tax challenges arising from the digitalisation of the economy”, 2021 年 7 月. https: //www. oecd. org/tax/beps/brochure-addressing-the-tax-challenges-arising-from-the-digitalisation-of-the-economy-july-2021. pdf.

此外，从规则应用的顺序上来说，如果一个跨国企业同时触发支柱一和支柱二时，应首先适用支柱一规则进行企业所得税调整，再适用支柱二规则。

下面将详细介绍支柱二的具体规则。截至目前，支柱二方案历经三次公开征询意见，主要演化过程如下：

2019 年 2 月，OECD 发布第一次征求意见稿《应对经济数字化带来的税收挑战——公众咨询文件》。

2019 年 10 月，OECD 发布第二次征求意见稿《全球反税基侵蚀提案（支柱二）——公众咨询文件》。

2020 年 10 月，OECD 发布第三次征求意见稿《数字化带来的税收挑战：支柱二蓝图报告》（以下简称《支柱二蓝图报告》），完成方案主要技术事项的设计。

2021 年 7 月和 10 月，OECD 分别发布双支柱声明，对《支柱二蓝图报告》中部分技术细节进行进一步的修订和说明，并对关键谈判事项达成一致。

2021 年 12 月，OECD 发布了《应对经济数字化税收挑战——支柱二全球反税基侵蚀规则立法模板》（以下简称“立法模板”），标志着支柱二方案中税基侵蚀规则设计基本完成。

2023 年 3 月，OECD 发布了立法模板的注释。

2022 年 12 月，OECD 发布了 GloBE 实施框架的第一批文档，内容包括合规过渡性和永久性安全港、全球 GloBE 信息申报表模板及解释性说明的初稿（公众咨询稿）和争端解决机制（公众咨询稿）。

2023 年 2 月，OECD 又发布了《GloBE 立法模版的征管指南》，澄清了包括“GloBE 规则如何与美国 GILTI 税制协调适用”“排除在适用范围之外的实体的详细定义”和“适用于保险公司的特殊规则”在内的 26 项关于 GloBE 规则如何具体适用的重点问题，为各国更好地实施 GloBE 规则提供了指引。

本节主要基于《支柱二蓝图报告》、2021 年 7 月和 10 月发布的双支柱声明以及 2021 年 12 月发布的立法模板的内容，对支柱二规则进行介绍。

一、概述

本章开篇就讲到，支柱二的提出从根源上说来自于国际社会对跨国企业避税所遭受的“切肤之痛”，所以支柱二针对的对象非常明确，就是跨国企业。如果企业只是专注于国内经营，不涉及境外业务，那么就不会在支柱二的适用范围内。支柱二想要实现的结果是：要让那些大型跨国企业在它们业务覆盖的任何一个辖区所负担的税收都不低于规定的全球最低水平；不管企业总部位于哪个辖区，也无论其在哪个辖区开展业务，只要企业实现了利润，而其所在的辖区对这笔利润不征税或只是征收很低的税收，或者企业对外支付款项时所负担的有效税率过低，那么其他辖区就有权对这笔利润或支付的款项征收一定的税款以使其达到最低税负的要求。

（一）支柱二的主要规则

为了实现上述目的，支柱二包含了一系列规则，包括收入纳入规则（Income Inclusion Rule，以下简称 IIR）、低税支付规则（Undertaxed Payments Rule，以下简称 UT-

PR)、应税规则(Subject to Tax Rule,以下简称 STTR)和转换规则(Switch-over Rule,以下简称 SOR)。其中,收入纳入规则和低税支付规则互相补充,两者统称为全球反税基侵蚀规则(GloBE 规则)。下面对上述几个规则进行简要地介绍。

1. 全球反税基侵蚀规则(GloBE 规则)

它是支柱二规则体系中最重要的规则,由收入纳入规则(IIR)和低税支付规则(UTPR)共同组成:

(1)收入纳入规则(IIR)。它是指以传统的受控外国企业(CFC)规则为基础,规定如果受控外国企业的所得实际负担的有效税率低于全球反税基侵蚀规则下的最低税率,那么税负的差额部分应由受控外国企业的母公司所在辖区对其补征,使受控外国企业的实际税负达到全球最低有效税率。

(2)低税支付规则(UTPR)。它是指对于跨国企业成员实体未适用收入纳入规则的低税所得,其他成员实体通过限制税前扣除或做等额调整补征税款至全球最低税水平。低税支付规则是收入纳入规则的辅助规则,只有当企业所涉辖区不实施收入纳入规则时,才会适用低税支付规则。

最初,收入纳入规则设计中设置了收入门槛,也就是说,只有当跨国企业的全球营业收入总额超过一定限额时才会触发相关规则。这有利于把一些规模较小的企业排除在适用范围之外,减轻这些企业的负担。但根据 2021 年 7 月“双支柱”声明,最终规则也可能会让辖区自行决定要不要设置收入门槛。也就是说有可能在一些辖区(比如已经有所表态的美国、印度等国),即便企业收入总额没有达到门槛的要求,总部所在辖区仍可能对其适用收入纳入规则。另外需要注意的是,全球反税基侵蚀规则并没有行业范围的限定,所以原则上它的适用范围不限于高度数字化的行业,其他任何行业都将受到全球反税基侵蚀规则的约束。

2. 应税规则(STTR)

该规则是基于税收协定实施的,要求对那些 BEPS 风险很高的关联方付款所征收的预提所得税不得低于规则约定的最低税率。应税规则没有收入门槛的限制,只要是规则范围内的付款类型,都要受到应税规则的约束。应税规则仅针对最低税率和已扣预提税率之间的差额征税,其中最低税率设定为 9%。

3. 转换规则(SOR)

该规则是收入纳入规则的配套规则。一些国家的双边协定中规定居民国对本国企业在境外设立的常设机构取得的所得免税。在这种情况下,如果根据收入纳入规则本国企业需要在居民国对境外常设机构的所得补税,就会导致与税收协定的免税规定相冲突。转换规则解决了与税收协定兼容的问题,它允许居民国在境外常设机构取得的利润或收益在当地适用的有效税率低于全球最低税率时,也就是说按照收入纳入规则需要在居民国补税时,可以将境外常设机构所得的免税法转换为抵免法进行税务处理。这样一来,居民国就可以把境外常设机构的所得和税款并入所在辖区的有效税率,并就其所在辖区的有效税率和全球最低税率的差额部分补征税款。转换规则的实施同样也需通过税收协定的修订来完成。

（二）跨国企业利用避税地的主要避税手段

想要更好地理解支柱二规则设计的原理，需要先来大致了解一下跨国企业如何利用避税地（低税区）来进行避税。通常，跨国企业会选用具有以下一些特征的国家或地区作为避税地，比如具有广泛的税收协定网络，当地所得适用比较低的企业所得税税率或者无需纳税，对境外收入实行免税政策等。常用的避税手段包括：

第一，选取避税地设立中间层控股企业，以多层控股架构取代从居民国（母国）到东道国的直接投资，将境外投资所得囤积在避税地，不汇回，以获得延迟纳税的好处。或利用避税地的税收协定网络，滥用税收协定进行择协避税，以最低的总体税负将境外所得层层汇集到母公司。

第二，利用避税地境外收入的免税政策，将利润中心转移至避税地，比如在避税地设立贸易企业或销售企业。

第三，通过各种关联交易将利润从高税地转移至避税地，比如让避税地企业收取与无形资产（IP）相关的特许权使用费收入或利息收入、劳务服务费收入等，并将这些转移过来的利润长期囤积在避税地企业，不做利润分配或不汇回。

（三）支柱二的主要规则与避税手段的关系

支柱二的主要目的就是打击税基侵蚀和防止没有商业实质的利润转移。对于上述第1种避税手段，符合一定条件的股息所得和权益损益不在支柱二征税范围。

四个规则当中，收入纳入规则下，不管境外利润是否在当地缴税，只要低于全球最低税水平，都需要在母公司所在辖区补税，这样可以杜绝居民国和来源国双重不征税或者征税不足的情况（如上述第2种避税手段），抵消对境外收入免税的避税地囤积利润的避税效果。

转换规则主要目的是防止跨国企业利用免税的常设机构进行利润转移。

低税支付规则和应税规则主要针对关联方支付，解决的是来源国的税基侵蚀问题，防止跨国企业通过转让定价安排将利润转移至避税地（如上述第3种避税手段），提高关联支付的税务成本，抵消避税效果。

二、全球反税基侵蚀规则

下面将分别对全球反税基侵蚀规则和应税规则进行详细介绍。由于转换规则相对简单，适用范围较窄，在《支柱二蓝图报告》中描述得十分有限，双支柱声明和立法范本中也未作详细说明，故不作详述。

1. 适用范围和门槛

全球反税基侵蚀（GloBE）规则适用于属于最终母公司合并财务报表年营业收入在当年之前的4个财年中至少有两个财年不低于7.5亿欧元的跨国企业。营业收入核算口径与母公司合并财务报表保持一致，收入门槛也正好和应对BEPS第13项行动计划即国别报告（Country-by-Country Reporting 或 CbCR）中所规定的收入门槛相一致。这样设计的目的是形成协同效应，降低纳税人的合规成本，避免对中小企业的不利影响。因此，原则上需要提交国别报告的企业也很可能会落入全球反税基侵蚀规则的适用范围。另外，由于年收入7.5亿欧元以上的跨国企业的所得占全球企业总所得的90%以上，所以设定收入门槛在理论上不会削弱全球反税基侵蚀规则的整体效力。

不过，规则也明确，一些机构或单位可以不适用全球反税基侵蚀规则。例如，政府机构、国际组织、非营利组织、养老基金、作为最终母公司的投资基金或作为最终母公司的房地产投资工具，它们均为排除实体，或者满足条件的价值中一定比例以上直接或间接被这些排除实体持有的实体，也可以不受全球反税基侵蚀规则约束。

根据2021年10月的双支柱声明，处于国际化活动初始阶段的跨国企业可以豁免适用低税支付规则。处于国际化活动初始阶段的跨国企业，是指境外有形资产不超过5000万欧元，而且在不超过5个境外辖区运营的跨国企业。该豁免规定只在跨国企业首次落入全球反税基侵蚀规则适用范围后的5年内适用。对于全球反税基侵蚀规则生效时在适用范围内的跨国企业，5年时限从低税支付规则生效时起算。中国的不少企业，可能从经营规模上看已经符合全球反税基侵蚀规则的适用门槛，但其中一些企业国际化程度较低，并处于跨境活动的初始阶段，或许它们可受益于上述豁免规定。

2. 有效税率（ETR）的计算

全球反税基侵蚀规则下的最低有效税率为15%。如果适用范围内跨国企业负担的有效税率不足15%，则需缴纳补足税（top up tax），补齐至最低税水平。

支柱二方案早期设计和谈判时曾经探讨过将最低税率定为12.5%—15%，后来在2021年7月双支柱声明中提出“至少为15%”，而最终确定为15%。可以通过一些数据来看一下15%相对于各国的企业所得税名义税率究竟处在一个什么样的水平。根据Trading Economics的数据统计，从全球165个经济体的企业所得税税率分布情况看①，85.5%的经济体企业所得税税率高于或等于15%，其中税率在20%和25%以上的经济体分别占72.1%和49.1%；中国25%的企业所得税名义税率居于全球中间水平，目前共有24个经济体企业所得税税率为25%，仅有14.5%的经济体所得税税率低于15%的全球最低税率，包括百慕大、开曼群岛等零税率的区域。

在计算企业的有效税率之前，必须先弄清两个概念，即“辖区汇总法”和“全球汇总法”。辖区汇总法就是计算企业在单个辖区的有效税率，然后逐一比较每个辖区的有效税率是不是低于全球最低有效税率，从而决定要不要补税。全球汇总法就是把企业所有的境外辖区合并在一起来计算有效税率，然后再判断是不是需要补税。全球反税基侵蚀规则采用的是辖区汇总法，而美国最低税规则（GILTI）目前采用的是全球汇总法（拜登政府计划也修改为辖区汇总法）。OECD开始也曾探讨过GloBE规则要不要采用全球汇总法，但考虑到在全球汇总的情况下可能会出现高税辖区拉高低税辖区的税负水平，达不到制定全球最低有效税率的目的，因而最终还是采用了辖区汇总的方式。

具体来说，采用辖区汇总法可以通过三个步骤来计算单个辖区的有效税率：

第一步，确定跨国企业在每个辖区的成员实体的所得。这里不能直接采用会计利润，可能需要进行一定的调整。首先要看跨辖区国关联交易是不是符合独立交易原则，

---

① 李承健，李若琳．“全球最低税率加速国际税权博弈”，2021年9月．https：//mp. weixin. qq. com/s/wf0p_f_ P-fJ-wIZO0b45sg.

如果不符合，就需要先对转让定价进行调整，然后最终母公司可以自行决定是否对每个辖区内的关联交易进行抵消，即用同一辖区内相互进行交易的关联企业的营业收入和成本费用进行冲抵，通过割差算出跨国企业在该辖区的所得。

第二步，把每个实体的所得和税款分配给相应的辖区。所得和税款的归属必须保持一致。也就是说，所得归属哪个辖区，所得对应的税款也应该归属于这个辖区。例如，对股息扣缴的企业所得税应归属于股息支付方所在的辖区；常设机构缴纳的企业所得税应归属于常设机构的所在地；对特许权使用费和利息扣缴的预提所得税应归属于收款方所在的辖区。

第三步，加总单个辖区内的所得和税款总额。

接下来就需要对跨国企业业务覆盖的所有辖区的税负情况进行逐一评估，计算不同辖区的有效税率，并判断其是否低于全球最低有效税率。辖区有效税率等于位于该国的每个成员实体经调整后的有效税额总和除以该辖区的净 GloBE 所得，用公式表示就是：

$$辖区有效税率=\frac{该辖区有效税额}{该辖区净\ GloBE\ 所得}\times 100\%$$

下面分别来介绍不同辖区有效税率公式中分子和分母的计算方法：

(1) 有效税额。以会计口径的当期所得税费用为起点，经过一系列调整计算得出。具体而言，有效税额包括：

①财务报表中确认的与会计利润相关的税款；

②对利润分配（包括视同利润分配）征收的税款；

③等同于企业所得税性质的税款；

④对留存收益和企业股权征收的税款（比如有些辖区除征收股息和利润分配预提所得税外，还对企业的净股本征税）。

为了避免重复计算，立法模板中明确有效税额不包括：

①母公司根据合格收入纳入规则应缴纳的补足税；

②成员实体根据合格国内最低税规则应缴纳的补足税；

③成员实体根据适用合格低税支付规则应缴纳的补足税；

④不符合条件的应退税款；

⑤保险企业就投保人的回报所支付的税款。

可以看到，相较于之前的蓝图报告，立法模板在有效税率计算的分子取数口径上有了很大变化，计算也变得更加复杂，主要体现在三个方面：

首先，有效税额不再是以企业实际缴纳的税款为出发点，取而代之的是以财务报表中的“当期所得税费用”＋“递延所得税”作为起点，再进行一系列的调整。同时，为了减弱暂时性差异对有效税率的影响，暂时性差异和以前年度亏损将通过递延所得税进行特别调整，而非蓝图报告中所采用的在有效税率的分母上进行调整的方法。另外，还需要注意的是，全球反税基侵蚀规则下的递延所得税并不完全等同于会计口径上的递延所得税，而是需要根据全球反税基侵蚀规则的要求，进行一系列的调整，比如采用最低税率重新计算递延所得税资产和负债等。

其次，提出“合格国内最低税”的概念。根据立法模板注释，合格国内最低税指的是一辖区国内法中包含的最低税，采用与全球反税基侵蚀规则等效的方式，使跨国企业的国内纳税义务不低于某一最低税率。国内最低税规则的执行和管理方式须和全球反税基侵蚀规则及其注释规定保持一致。国内最低税可以抵减全球反税基侵蚀规则下的补足税额，从而最大限度地保留本辖区范围内居民国企业税源的征税权。可以预料，当前税率水平偏低的辖区有可能会考虑实施国内最低税制度，相当于变相提高了本辖区的有效税率。

不过值得注意的是，上述国内最低税并不是在计算有效税率时并入有效税额来提高辖区的有效税率。从后面补足税的计算公式中可以看到，国内最低税直接抵减了收入纳入规则中的补足税。

最后，亏损的处理方式也有所变化。蓝图报告中采用结转的方式处理亏损，以冲减所得（即抵减有效税率计算的分母），而立法模板不再允许用亏损弥补所得，而是将亏损形成的递延所得税资产调整在分子上，从而反映当期企业实际应该负担的有效税额。

（2）净 GloBE 所得。公式如下：

净 GloBE 所得 = 所有成员实体的 GloBE 所得 - 所有成员实体的 GloBE 亏损

可以通过如图 5-4 所示的两个步骤来确定净 GloBE 所得。

图 5-4　确定净 GLoBE 所得步骤

第一步：找到财务报表中的会计利润。通常来说，母公司以及成员实体在编制财务报表时，应该采用统一的会计准则，例如国际财务报告准则（IFRS）或其他具有同等效力的通用会计准则。通用会计准则一般来说都是可以接受的，蓝图报告中正列举清单中包括中国、中国香港、美国、澳大利亚、加拿大、日本、新西兰、印度、韩国、新加坡等国家和地区的会计准则。

第二步：会计利润不能直接用作 GloBE 所得，还需要进行一些调整。这主要是因为全球反税基侵蚀规则和会计准则对于一些费用与所得的处理可能存在差异，主要为永久性差异。需要调整的永久性差异主要包括：集团内部成员实体之间分配的符合条件的股息、投资收益、股权转让收益、股权激励费用扣除、法规不允许扣除的款项（如罚款）等。

需特别注意的是，净 GlobE 所得作为分母必须要求是正数。如果出现计算结果为 0 或者负数的情况，将通过“当期附加补足税”来进行调节，后面介绍补足税的计算时将统一说明。

此外，立法模板还提到需要调整的一些特殊事项，比如需要对不符合独立交易原则的不同辖区之间的关联交易进行调整等。

综上，有效税率的计算方法列举如表 5-3 所示。

表 5-3　有效税率的计算方法

有效税率	=有效税额÷净 GloBE 所得×100%
有效税率分子	=当期应计的所得税费用 +有效税额调增额 -有效税额调减额 +递延所得税调整总额 +计入权益或其他综合收益中的有效税额的变动额
有效税率分母	= 根据符合要求的会计准则编制的财务报表中的会计利润 +/-实体间关联交易（最终母公司可以选择是否调整） +/- 部分永久性差异（如集团内部符合条件的股息分配）

3. 排除

支柱二初始目标是为了打击那些缺乏经营实质的避税行为。因此，考虑到对于实质性经营活动的保护，在规则设计时可允许从税基中剔除实质性经营活动的回报。根据 2021 年 10 月包容性框架发布的双支柱声明，全球反税基侵蚀规则设置了公式化实质性排除，也就是可以从税基中扣除等同于 5% 的有形资产账面价值和人员工资的所得。

补足税税基（即超额所得）=净 GloBE 所得-实质性排除

=净 GloBE 所得-（有形资产账面价值+人员工资）×5%

在支柱二规则实施初期，将会设置 10 年过渡期。过渡期内的实质性排除比例将从有形资产账面价值的 8% 和人员工资的 10% 分别逐年降低过渡到 5%。

除此之外，全球反税基侵蚀规则还有一个微利排除，即只有当跨国企业在某辖区的利润超过最低门槛时，才可对来自于该辖区的所得适用全球反税基侵蚀规则。根据 2021 年 10 月的双支柱声明，如果跨国企业在某辖区的收入低于 1000 万欧元而且利润低于 100 万欧元，那么该辖区不适用全球反税基侵蚀规则。

4. 补足税的计算

接下来就可以计算应缴纳的补足税额。如果企业在一辖区的有效税率低于所规定的全球最低有效税率，就需缴纳补足税。不同辖区别补足税税率等于全球最低税率减去该辖区有效税率的差额。不同辖区补足税税额则等于补足税税率乘以该辖区全球反税基侵蚀规则的税基，即有效税率的分母减去实质性排除。

辖区补足税的公式为：

辖区补足税=该辖区补足税税率×（净 GloBE 所得-实质性排除）-该辖区内征收的补足税 + 附加当期补足税

该辖区补足税税率=全球反税基侵蚀规则全球最低有效税率-该辖区有效税率

其中，辖区内征收的补足税是根据所在辖区实施的最低税制应缴纳的税款。为防止重复计算，辖区内征收的补足税可以从上述计算公式中扣减。

附加当期补足税主要包括以下两项内容：

（1）以前年度补足税的调整。根据立法范本，如果当年涉及以前年度有效税额的调增，可直接并入当年有效税额进行计算。但如果涉及对以前年度有效税额的调减，比如因国内适用的企业所得税税率降低，导致以前年度计算的递延所得税费用降低，即高估了以前年度计算的有效税额，所以应补缴以前年度的补足税。这种情况下，企业需要对以前年度有效税率和补足税进行重新计算，应补缴的补足税作为附加当期补足税加回上述公式中。为减轻合规压力，如果上述有效税额减少金额低于100万欧元，企业可以选择不重算以前年度，直接并入当年有效税额中进行计算。

（2）如果当年净GloBE所得（计算有效税率的分母）为零或负数，且相关辖区存在低税安排（比如加计扣除等）的情况导致企业获得额外递延所得税资产时，则需缴纳补足税，这时可通过当期附加补足税来进行调整。具体来说公式是：

附加当期补足税 = GloBE所得或亏损 × 最低税率 - 有效税额

举例来说，某辖区只涉及一家成员实体，当期会计利润0（即GloBE所得），根据当地税制享受费用加计扣除100，因此形成税前亏损-100，适用税率15%。则：

有效税额 = -亏损形成的递延所得税资产 = -100×15% = -15

GloBE所得×最低税率 =0×15% =0

附加当期补足税 =0-(-15) =15

5. 收入纳入规则的运行机制

收入纳入规则的运行规则与受控外国企业规则类似，即补足税由母公司所在辖区征收，以母公司为纳税主体。母公司被定义为持有受控外国企业10%或以上股权的法人实体。由于跨国企业的控股架构可能会涉及非常多的辖区，所以不同辖区必须按照统一的规则来判断纳税主体和征税主体，从规则设计机制上避免产生辖区之间双重征税或多征税款的问题。

（1）自上而下方法（Top-Down Approach）。在运行机制上，收入纳入规则遵循自上而下的方法。在跨国企业的控股架构中，将从位于最顶端的实体也就是最终母公司（Ultimate Parent Entity）所在辖区作为起点。最终母公司所在辖区具有优先实施收入纳入规则的权利。

最终母公司的定义与国别报告中的定义类似，应同时满足以下两个条件：

①符合会计准则规定的财务报表合并主体的标准，比如间接或直接持有其他并表主体的股权达到一定比例；②唯一的财务报表合并主体。

此外，立法模板还新增了构成常设机构下，如何确定最终母公司的特殊情形。

如果最终母公司所在辖区没有实施收入纳入规则，那么征税权将会下移至下一层控股主体所在的辖区，以此类推。该下一层控股主体须同时满足以下条件：

①直接或间接持有跨国企业其他成员实体的股权；

②所在辖区已实施收入纳入规则；

③不直接或间接地被一个或多个受收入纳入规则约束的成员实体控制；也就是说，其上层控股主体所在辖区未实施收入纳入规则。

图5-5举例说明自上而下法是如何应用的。

在图5-5的案例中，最终母公司为A企业，因此A国可优先实施收入纳入规则，对C企业的低税所得征收补足税。如果A国没有实施收入纳入规则，那么优先征税权顺延至B国。

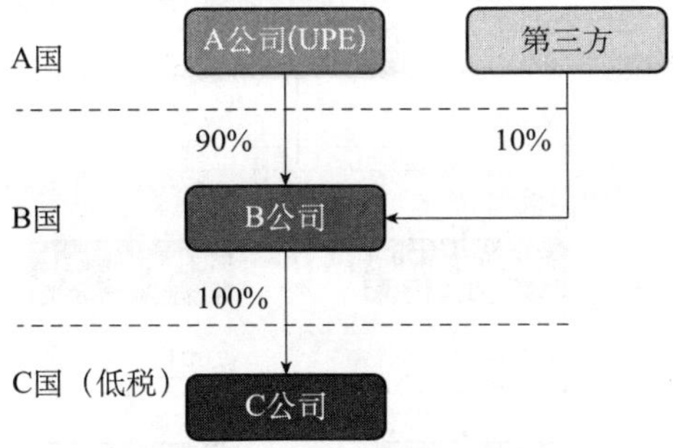

图 5-5 自上而下规则的应用

（2）分割所有权规则（Split-ownership rules）。收入纳入规则的运行规则中还存在一种例外情形，即如果最终母公司对于中间层控股企业的持股比例低于 80%，就需要遵循分割所有权规则。这个规则中，如果中间层控股企业（Partially Owned Parent Entity）所在辖区已经实施收入纳入规则，那么低税所得的征税权将归属中间层控股企业所在辖区。

图 5-6 举例说明分割所有权规则是如何应用的。

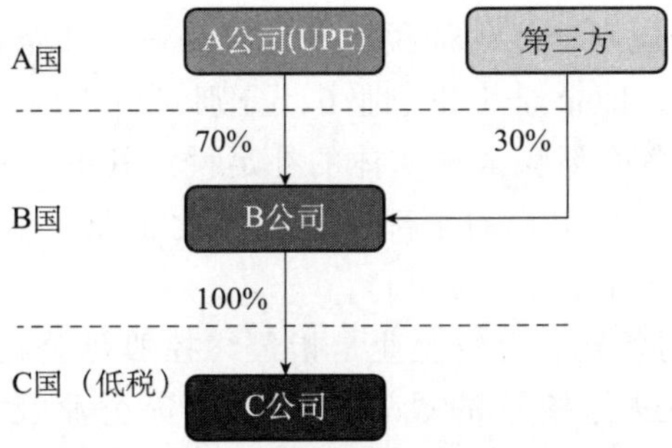

图 5-6 分割所有权规则的应用

在图 5-6 的案例中，最终母公司 A 企业对低税 C 企业的间接持股比例低于 80%（70% × 100%），剩余 30% 的股权由外部第三方持有，B 国是中间层控股企业。分两种情况来看：①假如 A 国和 B 国均已实施收入纳入规则。在这种情况下，根据分割所有权规则，应当优先由中间层控股企业所在地 B 国对 C 国的低税所得征税，A 国对 C 企业的低税所得没有征税权。②假如 A 国实施收入纳入规则但 B 国没有实施收入纳入规则，那么 A 国可以对 C 企业 70% 的所得征税。

以上运行规则会导致一种比较复杂的情况：如果最终母公司所在国不实施收入纳入规则，优先征税权则顺延至下层控股企业。但是如果跨国公司控股架构存在多个下层控股企业，分别持有多个低税成员实体，这时怎么计算下层控股企业分别应该缴纳多少补足税呢？这里就涉及对低税成员实体所得进行分配的问题。下面用一个案例加以说明（见图 5-7）。

在本例中，跨国企业的最终母公司位于 A 国，低税成员实体企业 5 和低税成员实体企业 6 位于 D 国。最终母公司通过企业 1 和企业 3 持有企业 5 所有股份，通过企业 2 和企业 4 持有企业 6 全部的股份。

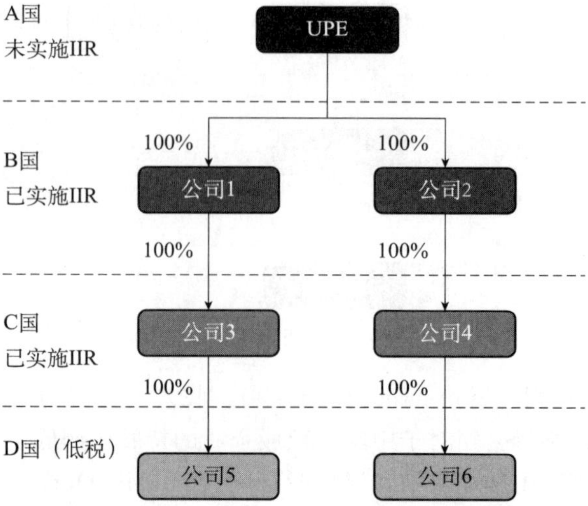

图 5－7　关于对低税成员实体所得进行分配的举例

根据自上而下的方法，应当由最终母公司所在的 A 国优先实施收入纳入规则。假如 A 国没有实施收入纳入规则，优先征税权顺延至企业 1 和企业 2 所在的 B 国。由于 D 国存在 2 个低税成员实体，即企业 5 和企业 6，分别对应不同的收入纳入规则的补税成员主体，所以需分别计算各个低税成员实体的补足税。其中，企业 1 间接持有企业 5 的全部股份，企业 2 间接持有企业 6 的全部股份，因此企业 5 的补足税应分配至企业 1，而企业 6 的补足税则分配给企业 2。

（3）合资企业的特别条款。合资企业是指最终控股母公司直接或间接持有 50% 及以上股份，且采用权益法进行核算的投资实体。合资企业及其合资子公司（以下称“合资集团”）应遵循如下原则来适用全球反税基侵蚀规则：

①计算补足税时，合资集团应视为独立的跨国企业集团，合资企业是该企业集团的最终母公司。

②集团中成员企业补足税应根据收入纳入规则分配给最终母公司，但分配总额以持股比例为限。

③合资集团应缴纳的补足税减去已按上述第二条分配给最终母公司的份额后，如仍有余额，则应计入低税支付规则下应交纳的补足税额。

如图 5－8 所示，某企业集团的最终母公司为开曼公司（简称“开曼最终母公司”），该企业集团的香港子公司持有合资集团 50% 的股权，并以权益法核算。开曼最终母公司的中国香港子公司、中国内地孙公司、合资母公司及两个合资子公司都属于低税成员实体。开曼未实施收入纳入规则，中国香港实施了收入纳入规则。

在计算其有效税率时，将该合资集团视为一个单独的跨国企业集团。集团补足税的上限为整体补足税的 50%，其补足税将由中国香港子公司在收入纳入规则下缴纳。如果中国香港未实施收入纳入规则，则集团内成员实体所在的其他采纳低税支付规则的辖区将征收合资集团 50% 的补足税。

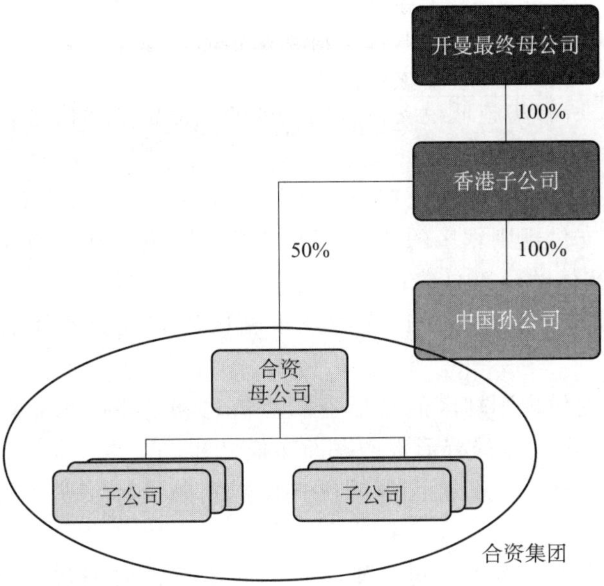

图 5－8 合资集团应纳补足税的说明

6. 低税支付规则的运行

接着来看低税支付规则（UTPR）。前面也提到，低税支付规则是收入纳入规则的辅助规则。收入纳入规则的优先级要高于低税支付规则，只有当低税所得没有按收入纳入规则补税时，才会触发低税支付规则。对于低税支付规则而言，不同辖区有效税率和计算方法均与收入纳入规则相同。

一般情况下，下列两种情形之一会触发低税支付规则：

（1）如果最终母公司所在辖区之外的低税所得没有全部缴纳补足税，对没有缴纳过补足税的低税所得可以再根据低税支付规则征收补足税。

（2）如果最终母公司所在辖区之外的低税所得已全部缴纳补足税，但是最终母公司所在辖区本身属于低税辖区，那么可以对最终母公司所在辖区的成员实体启动低税支付规则，通过不允许税前抵扣付款等手段实现同等的征税效果。

也就是说，如果最终母公司所在辖区已经实施收入纳入规则，就有权对最终母公司合并财务报表范围内子公司所在辖区的所有低税所得征收补足税；如果最终母公司所在辖区自身的有效税率低于全球最低税率，那么其他辖区可以对最终母公司在本辖区的成员实体实施低税支付规则。

总体而言，持有低税成员实体所有者权益的母公司所在辖区可优先征收补足税，但根据收入纳入规则如果仍有剩余补足税没有被征收，或者母公司所在辖区没有引入全球反税基侵蚀规则，剩余的补足税额就应按一定比例分配给适用低税支付规则的辖区来征收。

辖区按低税支付规则应分配的补足税额

=补足税总额×该辖区低税支付规则比例

该辖区低税支付规则比例

$$=\frac{该辖区员工人数}{所有实施适用低税支付规则辖区的员工总数}\times 50\%$$
$$+\frac{该辖区有形资产净值}{所有实施低税支付规则辖区的有形资产净值之和}\times 50\%$$

在上述公式中：

该辖区员工人数是指跨国企业在该辖区所有成员实体的员工总数；

所有实施低税支付规则辖区的员工总数是指跨国企业在所有实施合格低税支付规则辖区的所有成员实体的员工总数；

该辖区有形资产净值是指跨国企业在该辖区所有成员实体的有形资产账面净值之和；

所有实施低税支付规则辖区的有形资产净值之和是指跨国企业在实施合格低税支付规则辖区的所有成员实体的有形资产账面净值之和。

另外，相对于支柱二蓝图报告中低税支付规则的设计，立法范本在以下方面发生了较大变化：

①从付款类型上看，低税支付规则不再局限于仅针对关联方的付款，其适用范围已扩大至包括所有类型的付款。也就是说，任何类型的付款所负担的税款只要低于规则规定的最低有效税率，都可以被付款方所在国纳入规则的征税范围。

②从分配规则上看，立法模板对于分配规则进行了明确，参考在不同辖区的员工数量和有形资产净值，按比例分配税款，两者权重各为50%。

③从征税手段上看，立法模板受到的限制更少，不再局限于不予税前抵扣，还可以考虑通过预提所得税机制、开征新的税目等手段达到同等征税效果。

下面举例进行简要说明（见图5-9）。

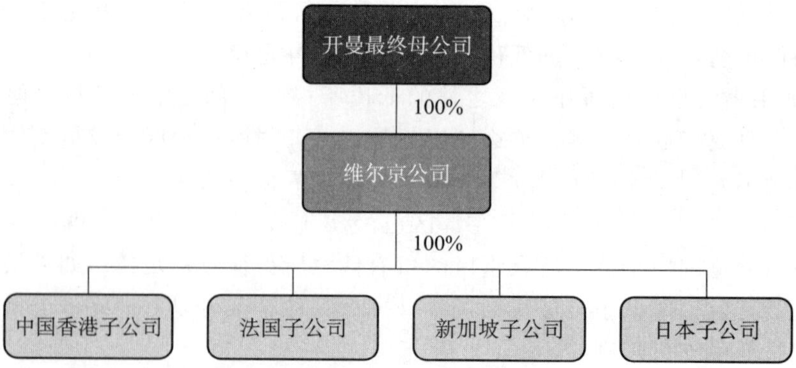

图5-9　低税支付规则补足税的分配

某跨国企业的最终母公司为开曼公司（以下称开曼最终母公司），其持有英属维尔京群岛公司（以下称维尔京公司）100%的股权，并通过维尔京公司100%间接控股中国香港子公司、法国子公司、新加坡子公司及日本子公司。开曼最终母公司和维尔京公司所在国未采用全球反税基侵蚀规则，但中国香港子公司、法国子公司、新加坡子公司及日本子公司所在国均采用了全球反税基侵蚀规则。经计算，中国香港子公司（适用16.5%的企业所得税税率）和新加坡子公司（适用17%的企业所得税税率）为低税成员实体[①]，法国子公司（适用25%的企业所得税税率）及日本子公司（适用23.2%的企业所得税税率）无需缴纳补足税。

四家子公司的基本情况见表5－4。

表5－4　低税支付规则补足税的计算表　单元：元

	补足税	员工人数	有形资产账面净值
中国香港子公司	1 000	50	20 000
法国子公司	0	60	40 000
新加坡子公司	3 000	50	30 000
日本子公司	0	40	80 000
合计	4 000	200	170 000

根据低税支付规则补足税分配的计算公式，可以得出中国香港子公司的分配比例为：

$$\text{中国香港低税支付规则比例} = \frac{50}{200} \times 50\% + \frac{20\ 000}{170\ 000} \times 50\% = 18.38\%$$

同理可得，法国子公司、新加坡子公司及日本子公司的分配比例为26.76%、21.32%及33.53%。

根据低税支付规则的运行机制，四家子公司需要缴纳的补足税分别为735.2元（4 000 × 18.38%）、1，070.4元（4 000 × 26.76%）、852.8元（4 000 × 21.32%）、1341.2元（4 000 × 33.53%）。此外，香港子公司有4 455.76（735.2 ÷ 16.5%）元的费用无法在所得税前扣除。同理，新加坡子公司无法在税前扣除的金额为6 296.47（1 070.4 ÷ 17%）元，法国子公司为3 411.2（852.8 ÷ 25%）元，日本子公司为3 675.86（852.8 ÷ 23.2%）元。

根据2021年10月的双支柱声明，低税支付规则预计将在2024年开始实施，晚于收入纳入规则和应税规则的实施时间。

7. 全球反税基侵蚀规则与美国最低税规则的差异和共存

前面章节曾经提到，美国最低税规则是美国特朗普政府开启的2018年税制改革的成果之一，是仅针对美国企业的最低税规则。全球反税基侵蚀规则与美国最低税规则在目的和范围上存在相似之处，但在规则的核心设计方面又有很大的不同。可以从以下角度具体来分析[②]。

（1）法律层级不同。美国最低税规则属于国内法，全球反税基侵蚀规则属于国际法范畴。

---

① 尽管某辖区的名义税率高于15%，但由于税收优惠措施等也可能导致该辖区的有效税率低于15%的全球最低有效税率。

② 姜跃生．透视全球最低税的六个角度［J］．国际税收，2021（08）．朱青．OECD第二支柱中的IIR规则与美国GILTI税制的差异，2021年1月．https：//mp.weixin.qq.com/s/i818AocEpNc6OlZBdDKugg.

（2）适用对象不同。美国最低税规则适用于受控外国公司的美国股东，基本不设置适用门槛，而全球反税基侵蚀规则适用于年销售收入超过7.5亿欧元的跨国企业，而且不适用于政府组织、非营利组织、投资基金、养老金机构。

（3）计算依据和方法不同。在计算境外利润的有效税率时，美国最低税规则采用全球汇总法，位于高税率辖区（税率相当于美国税率90%即18.9%以上的国家不纳入汇总范围）和低税率辖区子公司的利润可以互相混合，导致不同子公司的利润与亏损可以相互抵消。而全球反税基侵蚀规则最终采用的是辖区汇总法，按照全球合并财务报表，结合国别报告的数据，按辖区实纳税额除以税前会计利润得出实际税率。值得一提的是，如果未来拜登税制改革计划得到美国国会的批准，美国的最低税规则也将修改为辖区汇总法。同时，两者实际税额的范围存在差异。美国最低税规则仅针对企业所得税中的基础所得税，而全球反税基侵蚀规则不仅针对基础所得税，还包含预提所得税以及类似企业所得税的其他税款。此外，两者对亏损结转的处理方式也不同，在实际税率的计算上差异性会更大。

（4）常规回报免除的金额不同。美国最低税规则对国外常规回报的免除金额为境外有形资产投资额的10%；全球反税基侵蚀规则借鉴了这一做法，并将免除金额的计算修改为有形资产账面净值与人员工资之和的5%，并设置了过渡期计算办法。

（5）惩罚机制不同。美国最低税规则处罚办法直接，规定的不予扣除成本的力度很大；全球反税基侵蚀规则赋予来源国应予征税条款的范围相对较窄，力度也比较弱，即便通过后作为最低标准执行也只能通过同行审议（peer review）来加以约束，强制性还有待实践检验。

从上面的比较可以看出，美国最低税规则和全球反税基侵蚀规则还是有不少差别的。为了顺利推出全球反税基侵蚀规则，OECD实际上作出了一些妥协。G20/OECD包容性框架2021年10月发表的声明就指出，美国最低税规则（GILTI）将与全球反税基侵蚀规则共存，以确保公平的竞争环境，但没有提供具体的细节。这也就意味着，如果相关纳税人的所得已在美国最低税规则下补缴了税款，其他辖区就不得再对上述所得按照全球反税基侵蚀规则进行补税。

例如，某跨国企业总部所在辖区已实施了全球反税基侵蚀规则的收入纳入规则，但下属中间控股企业位于美国，并适用美国的最低税规则。在这种情况下，对于美国该中间控股企业就面临着两种最低税制如何协调的问题。如果中间控股企业对适用范围内的境外所得已经缴纳了美国最低税，那么总部所在辖区将无权再对这部分所得补征税款。这就与收入纳入规则的“自上而下”的运行机制发生了冲突。另外，在上述情况下集团总部所在辖区还能不能对美国的低税所得实施收入纳入规则也存在疑问，目前这些细节尚待进一步明确。

值得一提的是，拜登政府可能对美国最低税规则的内容进行重大修改。OECD在表示同意两者共存的同时也曾强调，如果美国以后的相关立法实质性地收窄了美国最低税规则的税基或降低了税率，那么就必须重新审视和商讨二者能否继续共存的立场。总体来说，两者共存目前已经是基本共识，但关于如何共存的细节仍有待观察最终规则的具体安排。

三、应税规则

支柱二的第三个规则是应税规则（STTR）。根据支柱二蓝图报告公布的设计方案，应税规则以税收协定作为基础，专门针对利用税收协定进行税基侵蚀和利润转移的关联方付款安排。比如，跨国企业通过一些人为的关联方付款安排，把利润从来源国转移到低税区。在这种情况下，应税规则赋予来源国征税权，允许对成员实体向低税的缔约辖区关联方付款时征收补足税，以达到应税规则所规定的最低税水平，从而达到帮助来源国（特别是管理能力较低的国家）防止税基被侵蚀的目的。

1. 适用范围

（1）适用的主体。应税规则只适用于关联方之间的付款，原因在于对关联方付款。付款方和收款方通常受到一定程度的共同控制，使得双方可以通过各种人为安排进行利润转移，从而达到避税的效果。如果一方能够控制另一方，或者双方均受到同一方或者多方的共同控制，则两者被视为关联方。比如，一方直接或间接拥有另一方 25% 以上的受益权，或均由同一方直接或间接拥有 25% 以上的受益权，那么就可以认定双方之间具有关联关系。

不适用应税规则的实体与全球反税基侵蚀规则一致，包括投资基金、养老基金、政府部门（包括主权财富基金）、国际组织以及非营利组织。此外，向个人或由个人支付的款项不适用于应税规则。

（2）适用的付款类别。应税规则仅适用于规则中列明的关联方付款，范围之外的关联方付款不适用应税规则。纳入规则范围的付款类别通常比较容易受到滥用转让定价或不确定性的影响，而且往往与无形资产或资本相关联，因此其 BEPS 风险较高，具体包括：

①利息和特许权使用费。

②特许经营费或其他类似款项。

③保险费或分保费。

④担保费、经纪费或融资费。

⑤动产使用权的租金或者其他费用。

⑥支付给收款方，作为提供营销、采购、代理或者其他中介服务的对价。

（3）重要性门槛。应税规则重点关注 BEPS 风险较高的付款安排。为了降低不必要的税收征管成本，提高税收的确定性，应税规则设置了重要性门槛，低于门槛的情形无须适用应税规则。但是，适用应税规则的关联付款是否达到门槛标准（门槛测试）本身，可能会给税务机关带来征管的复杂性和成本。在支柱二的规则下，重要性门槛可能会因辖区而不同，其统计口径可以单独设定，也可以参考其他类似门槛设定，包括：

①基于跨国企业规模的门槛，比如达到国别报告收入门槛。

②基于范围内关联方付款金额的门槛，比如在一年内付款方向另一缔约辖区关联方支付的金额超过了某一固定标准时，应适用应税规则。

③基于比率的门槛，比如在某一财年付款方已经（或者预计）向另一缔约辖区内关联方支付的金额与总支出的比例不低于某一比率时，应适用应税规则。

2. 计算方法

（1）最低税率。应税规则下的最低税率目前设定为 9%。来源国的征税权仅限于最低税率和付款所适用的名义税率之间的差额。

（2）名义税率。由于确认应税规则下相关付款的有效税率存在一定的难度，而且在付款时也难以确定收款方整体的有效税率，因此，应税规则在计算补税时采用的是经过一定调整的名义税率，而不是有效税率。名义税率以收款方所在辖区法定税率作为出发点，并参照付款方或者收款方之间直接相关的优惠税率或特殊减免等优惠政策进行调整，比如：

① 优惠税率。

②部分税款减免。

③ 超过限定金额的所得适用较低税率。

④允许扣除部分相关费用。

应税规则在计算名义利率时应考虑对上述税收优惠、减免或扣除进行调整。如果调整后相关付款的名义税率低于规则最终确定的最低税率时，就会触发应税规则。对于多笔付款，应逐笔确认是否适用应税规则。

（3）补足税。如果以上调整后的名义税率低于最低税率，就会触发应税规则，这时来源国有权在现有税收协定预提税税率的基础上追加税款，将现有税率补足至最低税率。也就是说，来源国可对相关付款加征预提税，加征的税额等于按最低税率与调整后名义税率的税率差所计算的税额。应税规则主要的征收机制是在付款时扣缴预提所得税，因此付款方或者扣缴义务人在进行付款时应确认是否适用预提所得税以及判断扣缴税率应是多少。

举例来说，某中国内地税收居民 A 企业作为付款方，向与其具有关联关系的中国香港税收居民 B 企业支付利息费用。A 企业作为扣缴义务人应针对该笔利息代扣代缴预提所得税，一般而言，适用税率为 10%，但如果 B 企业满足一定条件，则可按照中国内地和香港的税收安排适用 7% 的优惠税率。香港利得税为属地原则，仅对来源于香港的收入征收利得税，B 企业收到的该笔利息费用来源于中国内地，不属于香港利得税的征税范围。补足税的计算如表 5－5 所示。

表 5－5 补足税的计算举例

A 向 B 支付利息	a	100
中国内地预提所得税税率（优惠税率）	b	7%
中国内地预提所得税	c = a × b	100 × 7% = 7
香港利得税税率	d	0%
香港利得税	e = a × d	0
应税规则最低税率	f	9%
补足税	g = a ×（f − b − d）	100 ×（9% − 7% − 0%）= 2

3. 应税规则与全球反税基侵蚀规则的关系

应税规则是对全球反税基侵蚀规则的补充，在应税规则下缴纳的税款可以在适用全球反税基侵蚀规则时予以抵免，即在计算收入纳入规则和低税支付规则的有效税率时，应将按应税规则缴纳的税款计入实际税额之中。在规则的适用顺序上，应税规则将优先于全球反税基侵蚀规则。

四、支柱二规则的综合应用举例

由于支柱二下的各项规则较为复杂，图 5－10 将通过一个综合示例来阐明全球反税基侵蚀规则与应税规则的具体应用。

1. 背景假设

（1）A、B、C 国三国的法定企业所得税税率分别为 25%、20%、25%，B 国的 B 公司的有效税率为 20%。

（2）按照支柱二的规定，全球反税基侵蚀规则下的全球最低税率为 15%，应税规则最低税率为 9%。

（3）B 公司向 C 公司支付的 200 万元利息，在 B 国按 5% 扣缴预提所得税 10 万元。

（4）C 国拥有特殊税收优惠的税制，对 C 公司从 B 公司收到的 200 万元利息收入和从第三方收到的款项 100 万元免税。

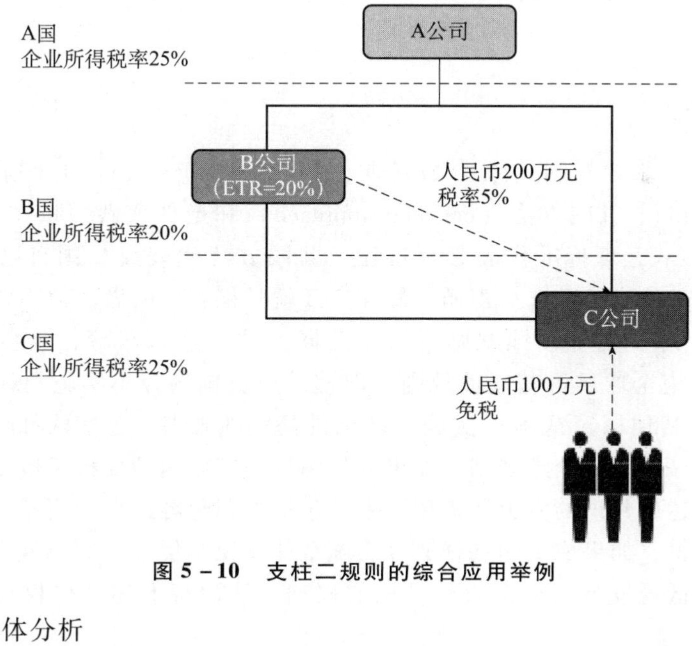

图 5－10 支柱二规则的综合应用举例

2. 案例具体分析

对 B 公司向 C 公司支付的 200 万元利息适用应税规则。由于 B 公司向 C 公司支付利息适用的预提所得税税率 5% 低于应税规则最低税率 9%，因此应适用应税规则。B 国需要就现有税率 5% 和最低税率 9% 的差异 4% 对该笔付款征税，需补征的税款为 8 万元（4% ×200 万元）。

如果 A 国实施收入纳入规则，最终母公司所在国 A 国可优先实施收入纳入规则。

这时先要分别确定B公司和C公司的有效税率，以判断是否需要其缴纳补足税。B公司的有效税率20%大于全球最低税率15%，因此无须根据收入纳入规则对B公司进行补税。C公司的有效税率为6%（已缴纳税款=按5%扣缴预提所得税10万元+应税规则补税8万元=18万元，应纳税所得额=200万元利息收入+100万元第三方收入=300万元），低于15%的最低税率，因此需使用A国的收入纳入规则对C公司补征税款。补足税=［300万元×（15%－6%）］=27万元。

如果A国未实施收入纳入规则，但B国引入了低税支付规则。低税支付规则将作为收入纳入规则的辅助规则，征收本应在收入纳入规则下缴纳的27万元税款。该结果可以通过不予抵扣付款来实现，即不允许B公司在所得税前扣除其支付给C公司的部分款项。根据计算得出应不予抵扣的付款金额：C公司的补足税27万元÷B公司的有效税率20%）=135万元，即200万元的付款中，有135万元不得在企业所得税前扣除。该135万元将在B国缴纳27万元税款（135万元×20%=27万元），从而达成补税目的。

第三节 支柱二规则的具体实施

一、共同方法

OECD根据对各参与国约束力的强弱，把应对BEPS的行动计划分为最低标准（minimum standard）、共同方法（common approach）和最佳实践（best practices）三个类别①。简单来说，最低标准代表必须遵循，共同方法代表成员国自己可以选择不遵循，但应当允许其他成员国选择遵循，最佳实践就是推荐好的做法但不要求强制遵循。

支柱二的全球反税基侵蚀规则将属于共同方法。这意味着，包容性框架成员不会被强制要求实施全球反税基侵蚀规则。即使某成员国选择不实施全球反税基侵蚀规则，也必须接受其他国家或地区实施全球反税基侵蚀规则，包括认可相关规则实施的优先顺序和达成一致的安全港规则。如果成员国选择实施全球反税基侵蚀规则，就必须遵循支柱二下已达成共识的实施和管理要求，包括参照包容性框架商定的示范规则和规则指引。也就是说，如果成员国选择放弃实施全球反税基侵蚀规则，就意味着放弃对其跨国企业的境外低税成员实体征收补足税的权利，从而将上述征税权转让给其他辖区行使。

支柱二的应税规则和转换规则属于以上哪一类的实施标准，目前还不确定。包容性框架2021年10月发表的双支柱声明中提到：应税规则是发展中国家就支柱二达成共

① OECD. BEPS15项行动计划最终版［M］. 2015. https://www.oecd.org/ctp/aggressive/beps-2015-final-reports.htm.

识的重要组成部分，如果目前对于应税规则范围内的付款类型作为发展中国家的成员国征收的所得税名义税率低于 9%，那么他们可以要求在双边税收协定中加入应税规则，对方缔约国应该予以配合。所谓发展中国家，声明定义为 2019 年人均国民总收入（GNI）不高于 12 535 美元的国家。

二、简化措施

针对当前的双支柱方案设计，很多跨国企业都强烈表示规则过于复杂，亟需采取简化措施，以降低计算辖区有效税率时所面临的复杂性和合规成本。支柱二蓝图报告也探讨了很多降低合规成本的简化措施，但还需要进一步征询公众意见才能决定将哪些简化措施纳入最终规则。包容性框架 2021 年 7 月和 10 月发表的双支柱声明，也都提到将会通过安全港和/或其他机制对规则进行简化，但没有就细节进行说明。立法范本中也仅提及安全港的应用原则，并未包含安全港的具体条件。预计这些简化措施的最终设计将会在 2022 年底完成的《全球反税基侵蚀规则征管框架》（*GloBE Implementation Framework*）中加以明确。下面逐一说明支柱二蓝图报告中提出的四种简化措施。

1. 国别报告有效税率安全港

这项简化措施是使用国别报告的数据来计算有效税率。如果基于国别报告数据，跨国企业所在辖区的有效税率（经过适当调整后的）高于 15% 的全球最低税率 15%，那么就可以判定该辖区的所有跨国企业无须缴纳补足税。OECD 在 2022 年 12 月颁布的 GloBE 实施框架第一批文档中，列明了三种国别报告有效税率安全港测试，分别为“简化有效税率测试”“常规利润测试”和“微利排除”。

这种简化机制只适用于需根据母公司的合并财务报表编制国别报告的跨国企业。

如果采用国别报告的数据计算有效税率，需要对“税前利润（亏损）”和“本年度计提企业所得税”进行调整，可能的调整项包括：

①剔除税前利润（亏损）中包含的以权益法核算的、非集团成员实体的所得或亏损。

②根据全球反税基侵蚀规则，对永久性差异进行调增或调减。

③根据全球反税基侵蚀规则，重新分配股息预提税和受控外国企业所得税。

④对于会计上不属于企业所得税的税款，调增“本年度计提企业所得税”。

⑤对于退税，调减“本年度计提企业所得税”。

⑥其他。

进行上述调整所需要的数据一部分已包含在国别报告披露的信息之中，但也有部分数据在现有的国别报告中并没有披露，需要额外收集。但不管怎样，相比从头开始计算辖区有效税率，以国别报告数据作为起点并进行调整对跨国企业来说相对更加简便。

过渡性国别报告安全港规则只适用于 2026 年 12 月 31 日或之前开始的财年，但不包括 2028 年 6 月 30 日后结束的财年。其后，过渡性安全港不再适用，企业需经进一步评估对永久性安全港（尚在制定中）的适用性。

2. 最低利润豁免规则

这项简化措施是设定一个最低利润的豁免规则，即如果某跨国企业在一辖区的税前利润占集团整体税前利润的比例低于一定百分比，则无须适用全球反税基侵蚀规则。最低利润豁免规则可以减少需计算有效税率的情形，尤其是对于在很多辖区均有开展业务的跨国企业而言，将大大降低合规成本。

3. 跨年度辖区有效税率

这种简化措施是允许使用跨年度的辖区有效税率。即如果某跨国企业在一辖区的有效税率在某一年（基准年度）超出规定的门槛，则允许其在一段时期内（即宽限期，例如3—5年）均以该有效税率为准，无需每年重新计算。这种简化措施设计的关键要素在于权衡好两个方面的因素：一方面宽限期必须足够长，以确保能实实在在地达到简化的目的；另一方面宽限期又不能过长，以免产生数据不准确性和偏离规则初始目标的问题。

为了避免上述简化措施被滥用，包容性框架正在考虑增加一些限制条件，比如要求适用该简化措施的跨国企业每年进行汇报，证明其在宽限期内并没有发生业务变化；也可能需要制定详细规则避免跨国企业在基准年度人为调整集团内关联交易结构，操纵基准年度的有效税率。另外，支柱二蓝图报告也提出，最好是考虑让跨国企业计算多个连续年份的有效税率，而不是仅采用某一年的有效税率。但这项简化措施对跨国企业自身的财务和管理系统有较高的要求，否则计算辖区有效税率的合规成本会很高，从而无法从实质意义上达到简化的目的。

4. 税收征管指南

这种简化措施是建立低风险辖区的税收征收管理指南。支柱二蓝图报告建议制定一个低风险辖区的认定征管程序，税务机关通过包容性框架与利益相关方（如跨国企业、专业组织等）共同合作，对所有相关辖区进行评估，并列出税基与全球反税基侵蚀规则下的税基无实质性差异且税率足够高的辖区名单，并依此认定跨国企业在该辖区的实际税率高于最低税率，因而无须缴纳补足税。

对于跨国企业来说，除非税务机关另行特别要求，一旦被认定位于低风险辖区，就不需要再计算有效税率。低风险辖区的认定可能适用于整个辖区，也可能仅限于某些行业内开展经营的跨国企业，或者仅限于某些行业以外的跨国企业。如果跨国企业在该辖区的税基或税率发生重大变化，则需要重新认定该辖区是否仍属于低风险辖区。

三、实施方法和规则的协调性

根据包容性框架2021年7月的双支柱声明，支柱二实施计划将包含全球反税基侵蚀规则示范规则（model rule）、应税规则示范条款（model provision）和过渡性规则。以下将根据支柱二蓝图报告对上述规则和条款进行简单介绍。

1. 全球反税基侵蚀规则示范规则

全球反税基侵蚀规则示范规则将包括立法范本、规则指引和多边公约。

立法范本供各国作为国内立法的模板，确保规则可在各相关辖区得以一致执行，从而有效地协调规则的实施。立法范本已于2021年12月发布。

规则指引用来解决规则解读的问题。

多边公约可能会包含全球反税基侵蚀规则的关键要素和基本原则，尤其是规则适用顺序和收入纳入规则的自上而下的方法以及其他必要的通用条款。预计多边公约会作为单独的法律文件，目的是在确保全球反税基侵蚀规则得到“一致、协调和全面”地执行，而且与现有的税收协定系统共存。多边公约可解决与现有税收协定兼容的问题，并提供信息交换和争议解决机制。

此外，针对如何判断是否可适用低税支付规则的问题，为提升税收确定性，将会建立一个多边审查程序，方便企业查询和确认一国是否已根据全球反税基侵蚀规则实施收入纳入规则。

2. 应税规则示范条款

应税规则示范条款除了会设立规则指引以外，也将辅以一个多边工具方便对相关条款的使用。

由于应税规则可能与现有的双边税收协定存在冲突，所以支柱二蓝图报告建议有必要通过双边谈判和修订特定条约，或者通过更有效的多边工具来实施，以确保在大多数成员国顺利实施。但到目前为止，还不清楚税收协定的修订是强制的还是自愿的。考虑到应税规则是发展中国家对支柱二给予支持的重要因素之一，双支柱声明呼吁各成员辖区将应税规则纳入与发展中国家签订的双边税收协定之中。

另外，支柱二蓝图报告还指出，与应税规则不同，全球反税基侵蚀规则可以通过国内立法实施，各辖区可自行决定规则实施的机制，但需确保与达成共识的全球反税基侵蚀规则条款保持一致。

3. 过渡性规则

由于支柱二的规则体系较为庞大和复杂，包容性框架将会制定一些过渡性规则，以便更好地推进支柱二规则的实施，其中包括可能推迟低税支付规则的实施。

第四节 支柱二的未来展望

一、待解决的技术问题和实施时间表

包容性框架2021年10月双支柱声明附录中包含后续工作内容及具体实施计划的时间表。根据该计划，双支柱方案将于2023年生效执行，支柱二中的低税支付规则将于2024年开始实施。工作小组将于2022年完成全球反税基侵蚀规则的注释以及应税规则的协定范本条款，并于2022年完成多边工具的开发与促进全球反税基侵蚀规则协调一致实施的框架。

目前，支柱二尚有以下几个需要进一步研究和解决的问题：

①简化措施。

②征管指引。

③应税规则的适用的付款类型以及需要更新协定的情形（见图5－11）。

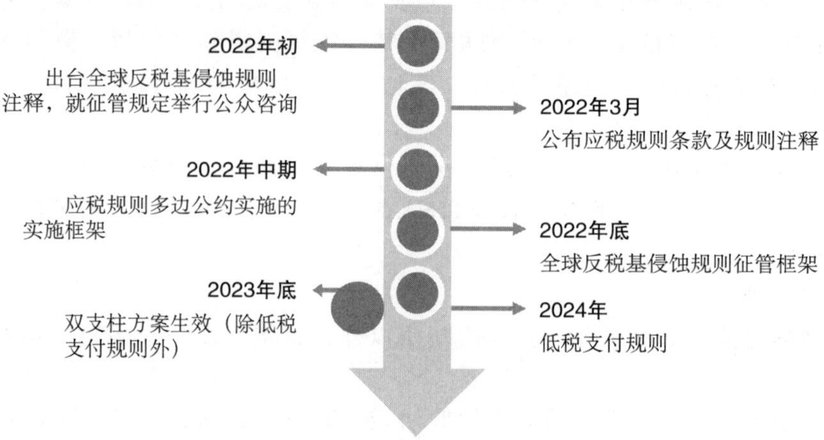

图5－11 支柱二后续工作时间表

二、对跨国企业价值链和架构的影响

从20世纪90年代开始，在国际贸易的推动下，特别是随着新兴市场国家利用自身的成本和资源优势等全方位参与国际分工，产业链开始不再局限于少数国家，而是逐步发展到全球的范围。跨国企业的数量开始大幅度增加，随之而来的是资金、人才和技术等生产要素在全球范围内加速流动。对外直接投资、国际贸易、专利和技术转让等大多是以跨国企业作为载体，所以跨国企业的发展极大地促进了经济的全球化。

支柱二方案实施后，预计将对跨国企业的组织架构、知识产权持有情况、融资安排和全球供应链等都会带来很大的影响。各国为吸引直接投资而提供的税收优惠也可能被支柱二的最低税负要求所限制或抵消，从而影响跨国企业的全球资本配置决策。

此外，由于收入纳入规则通常应在最终母公司层面实施，对于离岸上市的跨国企业（如VIE架构下，集团最终母公司通常位于境外），其对新规则的适用会更加复杂。比如，在美国上市的中国互联网企业通常采用“开曼—中国香港—中国内地”的架构，这时财务报表合并主体通常是开曼母公司，即支柱二规则下的最终母公司，但采用VIE架构的这些中国企业的主要运营和市场所在地在中国内地。按照当前收入纳入规则“自上而下”的运行机制，开曼具有优先实施收入纳入规则的权利，如果开曼不实施，则顺延至中国香港。如果中国内地企业的有效税率低于全球最低税率，那么中国香港就可以对中国内地的企业征收补足税。但如果中国香港也不实施收入纳入规则，情况可能变得更为复杂，这需要对中国内地企业的主体架构进行具体分析，也可能会触发低税支付规则，由其他辖区对中国内地的企业征收补足税。

三、对国际税收竞争的影响

在全球最低税规则下，所有适用范围内的跨国企业都必须在从事业务活动的辖区缴纳或负担不低于全球最低税负的税款。根据支柱二实施前的部分应对 BEPS 的措施，若一国放弃实施相关的应对措施，则跨国企业就可免受其影响。与之不同的是，支柱二的设计会鼓励或者说倒逼各辖区主动实施支柱二的措施。这是因为如果一辖区选择不实施支柱二规则，从而对跨国企业的境外低税成员实体不能征收补足税，那么这些补足税就将被其他辖区征收入库。因此，在这一几乎是“零和博弈”的规则下，许多传统的依靠税收优惠吸引外来投资的辖区也都纷纷考虑引入支柱二规则。

当然，支柱二规则实施以后，国际税收竞争会不会走向财政补贴的竞争还未可知。但从有效税率的计算来看，低税率或者减税优惠等都会降低有效税率的分子，从而导致有效税率降低，在支柱二方案下如果低于全球最低税率，就需要缴纳补足税，税收减免的效果就会被抵消。如果企业获得的是财政补贴，则不会影响有效税率的分子，只是会导致有效税率计算中分母的增加，同样也会导致有效税率的下降。但如果是等额的税收减免和财政补贴分别作用于有效税率的分子和分母，显然财政补贴对有效税率下降的影响要远低于税收减免。所以，未来针对财政补贴代替税收减免还可能引发新的问题，这在支柱二的设计中也有所考虑，比如有方案就提出应将财政补贴视同税收减免来处理。不过根据支柱二蓝图报告，上述提议遭到大多数参会者反对，获支持最多的方案是按照财务会计准则来处理财政补贴。所以，不排除未来一些对吸引外资有着强烈需求的国家，可能会出台财政补贴政策来代替税收减免政策。

美国财政部长耶伦在 G7 财长和央行行长会议中就支柱二的关键要素达成共识后就曾不加掩饰地指出，“结束税率的逐底竞争，实现公平税负，各国才可以在教育、科技、基础设施等方面公平地竞争”。虽然以上说法带有一定的美国立场，但双支柱方案确实在关上一扇门的同时，也打开了另一扇窗，它为国际税收竞争开创了一个新的契机，以往依靠低税率或者税收优惠来吸引外资的时代恐怕已经结束，提供更加优质的营商环境将会成为各国吸引外资的着力点。

四、对支柱二规则的理解

当前的国际税收规则是在第一次世界大战之后基于双边税收协定逐步建立起来的。2015 年 OECD 推出的 15 项应对 BEPS 的行动计划是由 G20 主导和背书、OECD 接受 G20 委托进行调研并进行设计的产物，它标志着多边国际税收解决方案的开始。本轮国际税收改革形成的双支柱方案更是有关国家共同解决全球性问题的一次成功实践，对于建立公平合理的国际经济新秩序具有十分重要的现实意义和深远的历史意义。

但不可忽视的是，由于各国处于不同的历史发展阶段，经济发展目标也不完全一致，因此对税收权益的分配有着不同的利益诉求，而且对于“公平合理”的理解也有着不同的立场和逻辑。就支柱二的方案来说，无论是学术界还是企业界都已经发表了各种解读和意见。下面将尽可能从中立的角度客观描述一些有代表性的意见表达和完善建议。

（一）支柱二是参与各方利益平衡的结果

从近些年国际税收的发展变化趋势可以看出，双支柱方案改写的是国与国之间征税权的分配规则。支柱二的博弈双方是资本输出国（主要是发达国家）和资本输入国（主要是发展中国家）。其中，施压方是资本输出国，它们极力要求全球统一设置外国子公司最低税率。也就是说，如果外国子公司享受到外国政府给予的税收优惠，并且适用的税率低于最低税率，其母公司就要在居民国补税，从而使外国政府用税收优惠所创造的税收竞争力大为削弱。

从具体规则的设计上看，支柱二主要目的是强化居民国（母国）的税收管辖权，它满足了居民国的诉求，比如收入纳入规则赋予居民国补足税的优先征税权。同时支柱二对来源国的税收管辖权也给予一定程度加强，比如应税规则和低税支付规则就赋予了来源国在一定条件下的征税权。表面上看，来源国也有两次机会可以参与税收权益的分配，但是支柱二的核心仍是收入纳入规则，其本质上维护的是居民国对境外利润征税的权益。可以看到，虽然应税规则适用次序上优先于收入纳入规则，但应税规则的实施必须通过双边或多边谈判修订税收协定才能实现，这就增加了应税规则的实施难度。至于低税支付规则，它仅在收入纳入规则未实施的前提下才会触发（例如居民国的有效税率低于全球最低税率），而实际上大多数发达国家的企业所得税实际税率普遍较高，真正低于全球最低税率的寥寥无几。由此可见，发展中国家在支柱二的规则下能额外征收到的税款会十分有限。

各国政治力量在国际税收规则制定方面的博弈，从谈判历程上也可见一斑。各国的立场源自于他们在双支柱方案下的利益倾向。如前文所述，2018 年因跨国企业利润转移而遭受税收损失最多的 5 个国家依次是德国、英国、法国、美国和意大利。2021 年 6 月 6 日，G7 财长和央行行长会议发布公报同意全球最低税率为 15%。之后在 G20 财长和央行行长会议上支柱二方案的几个关键事项才最终达成共识。可以看出，支柱二方案最后得以成功推行与 G7 的合力推动密切相关。但为了换取统一方案的达成，各主要参与方也都做出了不同程度的妥协。有测算显示，受双支柱方案影响最大的是美国，因为美国的跨国企业数量最多，其在支柱一规则下被市场国分走的税收权益可能也最多；欧洲国家在双支柱方案出台后需要叫停数字服务税这类单边措施，一些属于非数字经济相关的传统行业的欧洲大型跨国企业的利益也可能因双支柱受到一定影响；发展中国家未来在运用税收优惠政策方面可能会受到一定的限制；而低税国和避税地的税收竞争优势将被大大削弱。

下面介绍一些主要的利益相关方在双支柱方案谈判中的态度及其背后的原因，这将有助于理解支柱二方案设计背后的底层逻辑。

1. 德、法两国自始至终坚定地推行支柱二

德国和法国很早之前就在欧盟内部推行最低税方案，希望以此打击有害税收竞争，但最后没有能够取得突破性进展。到了双支柱方案时期，德国联合法国提出支柱二方案，并不遗余力地在国际社会的多个场合中倡导最低税方案，最终将最低税方案推向了整个世界。

在之后的企业所得税长期措施的国际谈判中，德国和法国多次表达“没有支柱二就没有支柱一”的观点，并强行将支柱二与支柱一进行捆绑，利用 G20 层面解决数字经济给税收带来挑战的一致立场，推行与这项挑战毫无关联的支柱二，这在一定程度上可是说是“夹带私货”。如何理解德国、法国的坚定立场？以德国为例，时任德国财长

奥拉夫·朔尔茨（Olaf Scholz）曾在2019年第六届国际税务峰会上公开提到[①]，德国属于输出型经济，根据初步预测，德国在支柱一制度下可能会出现税收收入的流失，所以希望将更多的注意力放在阻止各国无限制的税收优惠造成的逐底竞争上来。他还表示，德国在国际税制改革谈判中，必须要确保新的国际税收制度不会造成自身的财政收入出现整体流失。

2. 美国态度的转变

特朗普政府曾对支柱二表示支持，这是因为支柱二与美国国内已经实施的反避税措施GILTI税制一脉相承。但美国不欢迎支柱一，因为支柱一的规则设计开始主要是针对美国的大型互联网科技企业。后来美国提出要在支柱一方案中加入安全港规则，即允许企业自行选择是否遵循支柱一的规则，从而引发了欧洲国家的强烈不满。在双支柱方案谈判迟迟没有进展的同时，部分国家开始“各自为战”并单方面开征数字服务税，这又招致美国特朗普政府的激烈反抗，不仅对这些国家发起了“301调查”，而且还以退出双支柱国际谈判相要挟，从而导致国际税制改革的谈判一度陷入僵局。

2021年初以来，新上任的美国拜登政府对待国际税制改革谈判的态度与特朗普政府相比发生了很大的变化。拜登新政府履职后不久，旋即表态撤回对支柱一方案加入安全港规则的诉求，并希望以此来换取加速推进支柱二的方案。拜登政府之所以也热衷于支柱二，主要是因为其计划将美国企业所得税最低税率调高至21%，因而也希望OECD主持下的支柱二谈判尽早达成协议并将企业所得税的全球最低有效税率定为15%或之上。可见，欧美在双支柱方案的谈判中“各取所需”才最终导致两者之间数字服务税的争端得以消弭。

从拜登政府的税制改革计划中，不难看出美国新政府对双支柱谈判态度转变背后的原因所在。

首先，15%全球最低税率可以带来新的财政收入。这符合拜登政府在未来10年内增加2万亿美元财政收入的目标，用以支持拜登政府的经济政策和社会政策（例如基建、子女抚养费抵税、可再生能源减税等政策）。白宫在2021年10月31日关于G20国家领导人峰会的情况说明中提到，根据一项最新独立的研究发现，开征税率为15%的全球最低税，仅在美国就将带来每年至少600亿美元的税收收入[②]。

其次，拜登政府希望将美国联邦的企业所得税税率从21%上调至28%，加上州和地方政府的企业所得税后，总体企业所得税负将超过30%，这个税率在全球范围已属于较高水平。因此，对美国来说，当务之急就是要抬高全球最低税率，这样不仅可以抑制美国企业把利润留在国外低税区，同时也可以打击处于低税区的外国企业的竞争优势，防止它们在和美国企业的税收竞争中处于优势地位。

---

① “A minimum tax will ensure greater fairness in international tax law”, Olaf Scholz 公开演讲稿，2019年5月8日。https：//www. bundesfinanzministerium. de/Content/EN/Reden/2019/2019 – 05 – 08-speech-150-DTA. html.

② The White House. FACT SHEET：United States Advances Shared Interests with G20 World Leaders and Delivers for the American People，2021 – 10. https：//www. whitehouse. gov/briefing-room/statements-releases/2021/10/31/fact-sheet-united-states-advances-shared-interests-with-g20-world-leaders-and-delivers-for-the-american-people/.

3. 部分发展中国家的声音

一些资源型的发展中国家，包括某些非洲和南美国家，由于企业所得税税率相对较高，而且也不依赖税收优惠吸引外资，所以对支柱二持有积极的态度，并且希望全球最低税率尽量高一些，以防止跨国企业向低税区利润转移，从而更有效地保护非洲和南美国家的税基。比如，非洲税收管理论坛（ATAF）在 2021 年 7 月和 10 月双支柱声明发布之后，就曾多次表示希望全球最低税率至少应设定为 20%，而不是包容性框架商定的 15%。ATAF 对应税规则的引入也表示欢迎，并呼吁扩大应税规则的适用范围，以便涵盖更多的付款类型。ATAF 还呼吁将低税支付规则和应税规则作为支柱二的主要规则，适用次序上优先于收入纳入规则。但上述提议未能得到发达国家的支持。

中国作为 G20 的创始成员国，始终支持并深度参与国际税制改革，并在双支柱的谈判中积极发声。从应对 BEPS 的国际税制改革开始，中国就一直支持 G20 倡导主张——利润应在经济活动的发生地和价值的创造地被征税[①]对于支柱二方案，中国再次强调上述观点，希望在打击有害税收实践的同时尽可能地减少对具有实质经营活动的影响，并坚持在支柱二的方案中加进实质性排除等观点。

（二）支柱二方案设计仍有待继续完善

支柱二作为国际社会共同努力的结果，能够有效阻止跨国企业人为的避税行为。但与此同时，也需要客观地看待该方案设计本身存在的一些不足，有待继续完善。

首先，一直以来，支柱二方案在征求公众意见的过程中遭到相关各方诟病最多的，是机制的设计过于复杂，同时，它以各国有效税率作为核心指标，数据采集的范围和质量要求都很高，计算过程也很繁琐。支柱二下包含四项规则，每项规则之间的应用顺序和相互协调都可能产生争议。这些都极大地增加了纳税人的税务合规成本，对税务机关的征管能力也提出了挑战。

其次，支柱二方案的灵活性欠佳，难以兼顾不同经济发展阶段的国家和地区不同的税收利益诉求。发达国家和发展中国家之间，资本输出国和资本输入国之间都有着不同的利益诉求。从当前的方案中也能看到，虽然支柱二方案对不同利益群体的诉求已经有所兼顾，但偏颇之处依然存在，有些规则的设置也仍有待进一步评估和完善。

例如，有观点指出，支柱二对具有实质运营的税收优惠制度应有所考虑，避免误伤无辜。支柱二的初衷是打击没有经济实质的利润转移，如果某个国家或地区基于真实的商业和投资活动进行公平的市场竞争，且征税地与创造价值地保持一致，应排除在支柱二提案的打击范围之外。但是在当前一刀切的情况下，很可能导致外国子公司/分支机构因享受了一些具有实质运营的税收优惠、而使得某辖区有效税率低于全球最低税率时，成为支柱二规则下被征收额外税款的对象。

最后，支柱二方案还存在诸多的不确定性。其中，与美国的 GILTI 税制如何共存尤为突出。从谈判历程中可以看到，前后两届美国政府对待全球税制改革的态度存在着巨大的差异，而作为全球第一的数字经济大国，美国的态度对未来谈判的走向发挥着非常重要的作用。虽然国际社会对两者共存已达成共识，但如何共存以及将来如何进行调

① http://world.people.com.cn/n1/2016/0511/c1002-28340183.html.

整都还是悬而未决的问题。另外，当前支柱二方案中有关转换规则的具体实施方案还未有定论，如果免税常设机构不能纳入全球最低税率的计算范围，那么这一漏洞是否会成为新的避税通道也未可知。

综上所述，作为全球国际税收制度改革的重要组成部分，支柱二从打击跨国企业利用避税地人为避税的角度来说有着十分积极的意义，相较于2015年应对BEPS的行动计划而言，它从制度设计的效力和执行力上来看都有了非常大的进展，但也正如OECD在2021年10月的双支柱声明前言里所提到的，“支柱二没有消除税收竞争，而是以多边约定的形式对其加以限制。”改革既不可能一蹴而就，也不可能一劳永逸；制度也是一样，总是需要不断的完善，不断地解决新的问题。

第六章

跨境间接税的全球行动

第二章讨论了经济数字化对国际税收规则带来的深层次的影响，本章将进一步深入探讨跨境增值税①制度在数字经济快速发展形势下面临的挑战。

与企业所得税面临的各国征税权的争议相比，跨境增值税所面临的挑战是在层出不穷的新业务形态面前怎么才能在不违背增值税中性原则的前提下，既不让纳税人承担过重的遵从成本，也不给政府部门增加过高的征管成本，同时各国的税务机关还能更有效地征收增值税，从而实现增值税的应收尽收。具体而言，数字经济条件下跨境增值税主要面临的挑战，是如何对 B2B 的跨境服务、B2C 的跨境服务和跨境销售低值货物以及共享和零工经济等有效地征收增值税。

本章将详细介绍 OECD 和典型增值税国家针对各种挑战所提出的增值税政策指南、应对策略，并分享国际实践经验，分析实操中纳税人面临的难点和问题以及跨境增值税未来发展的趋势。

第一节 经济数字化下跨境增值税面临的挑战

在现行增值税制度下，一个比较容易产生争议的领域是跨境货物和服务的供应，即增值税的税收征管权限应归于来源地（供应地）还是消费地（也称目的地）。增值税有两种课税原则：一种是来源地课税原则（origin principle），即货物和服务的供应地所在

① 为阅读方便起见，不管其在各税收辖区使用的具体名称如何，包括但不限于 Value Added Tax（VAT）、Goods and Services Tax（GST）、Sales tax 或 Consumption Tax 等，本章均用“增值税”来指称具有增值税基本特点的消费型税种。

国享有增值税的课税权，“每个国家将对其境内产生的所有增值额征税”①；另一种是消费地课税原则（consumption principle）②，即货物和服务的消费地所在国享有增值税的课税权。这两种原则并没有特别的优劣之分，不同国家可能采纳不同的征税原则。但是当跨境供应涉及的国家适用不同的课税原则时，就会产生双重征税或双重不征税的问题。

第一种情形是非故意的双重征税，通常是由于两国的增值税税制设计采用不同原则导致的。当跨境数字服务的供应商所在国按照来源地原则征收增值税，而购买跨境数字服务的消费者所在国按照消费地原则征收增值税时，就会在两国发生增值税的双重征税问题。即使供应商和消费者所在国家都按照消费地原则征收增值税，如果一国出口退税不充分、退税机制复杂或不健全，仍然会导致企业承担额外税负。

另一种情形则是非故意的双重不征税。当跨境数字服务的供应商所在国家按消费地原则征收增值税，而接受服务的消费者所在国家按来源地原则征收增值税时，就会发生非故意的双重不征税。这不但会导致消费地政府税收收入流失，还会造成本国供应商和境外供应商之间的不公平竞争。

OECD 曾在其《跨境服务和无形资产的增值税应用：进度报告和起草原则》③ 中指出，造成跨境服务和无形资产增值税诸多问题的主要原因是“国际上缺乏跨境服务和无形资产征税地的一致性原则”。

增值税课税原则背后存在的是税收的价值观之争。来源地原则所侧重的是税收征管效率，消费地原则所追求的是增值税的中性原则。消费地原则体现了只对国内最终消费征税的理念，这不但可以有效防止供应商利用所在国家增值税的低税率进行避税，确保了国际间交易的公平与中性，而且也防止了不同国家之间的有害税收竞争。因此，世界贸易组织（WTO）、经济合作与发展组织（OECD）以及和各征收增值税的国家（以下简称增值税国家）早已达成共识，即对跨境货物（服务）贸易实施消费地原则。在此共识下，各增值税国家仅对发生在本国的最终消费行为征税，因此，各国的增值税税制设计就表现为对出口货物和服务实行零税率，即对出口货物和服务免征增值税并给予出口退税，而对进口货物和服务按照与国内销售相同的增值税税率征收增值税。

由于各主要增值税国家在政策框架和原则上基本达成共识，近年来增值税的征收在国际贸易方面所面临的问题和挑战主要来自于数字经济条件下的一些新业务形态，即在数字经济条件下各国税务机关如何才能更有效地加强对增值税的征管，从而做到应征尽征，减少增值税的收入缺口（VAT Gap）。

根据相关增值税法规落地的难易程度以及 OECD 和各主要增值税国家应对相应挑战的时间顺序，可以把跨境增值税在数字经济时代面临的挑战归为以下四大类。

第一类是企业向企业提供的跨境服务。此类 B2B 服务并非数字经济条件下产生的

① OECD, Addressing the Tax Challenges of the Digital Economy, Action 1, 2014, https://doi.org/10.1787/9789264218789-en.

② OECD, International VAT/GST Guidelines, 2011, the destination principle, 又称目的地原则 https://www.oecd.org/tax/consumption/guidelinesneutrality2011.pdf.

③ OECD, The Application of Consumption Taxes to the International Trade in Services and Intangibles Progress Report and Draft Principles, p. 3, 2005.

新事物，不少增值税国家已就此类服务给出了不同的解决方案：有的要求境外服务供应商在国内登记缴税；有的则暂时对进口服务不征收增值税。但随着数字经济的快速发展，B2B 跨境服务的增值税征管成本不断增加，且征收难度日益凸显。

第二类是企业向消费者①提供的跨境服务。这类 B2C 服务是随着数字经济发展而产生的新业态，消费者通常通过信用卡或支付平台等支付方式从境外服务供应商购买服务或数字产品，如果要求消费者主动就此申报并代扣代缴相关的增值税显然很难实现，随着 B2C 跨境服务供应快速增长，增值税收入流失问题也引起关注。

第三类供应是 B2C 跨境低值货物②销售。货物进口通常由各国海关代征进口增值税，主要增值税国家过去大多针对货物进口的关税和增值税设置了起征点，以提高通关效率，因此，企业或个人进口低于起征点的货物可以不用缴纳进口关税和增值税。但随着跨境网购和“海淘”成为潮流，经由数字平台跨境销售的低值货物大幅增加，而且还存在部分人群利用起征点的规定，拆分订单以逃避缴纳进口增值税等现象，从而导致税基侵蚀日益严重。因此，许多增值税国家正在考虑取消或者已经取消进口增值税的起征点，以保证国内和国外的供应商之间公平竞争。

第四大类供应则是共享和零工经济。零工经济是指个人在闲暇时间通过提供劳务（或专业技能）以获得收入的经济活动。共享经济则是指个人临时出让财产使用权以获得收入的经济活动。前者提供的是“劳务”，后者提供的是“财产使用权”。当然，某些情况下两者的界限并非泾渭分明，供应方有时候可能同时提供个人劳务和财产使用权③。两者都是数字经济下的全新业务模式，都给增值税现有的征收模式带来了前所未有的挑战。

多年来，OECD 一直从跨境增值税的政策制定和征管角度，针对以数字方式提供跨境服务和通过数字平台销售低值货物等商业行为以及共享经济和零工经济等新业务模式，开展广泛而深入的研究，并在解决增值税征管难点等方面发挥着引领作用。许多增值税国家也纷纷采纳 OECD 的建议来制定和实施国内相应的增值税政策。有鉴于此，本章将以 OECD 发布的相关跨境增值税指南、研究报告和政策工具为主线来分析前文提及的四大类挑战。

目前，全球 220 多个国家中，约有四分之三的国家已对货物和服务普遍征收了增值税，其中已有 90 个国家出台了相应的增值税法规以应对数字经济带来的挑战，12 个国家已发布相关的修订意见稿④。此外，几乎所有 OECD 成员国都已对境外服务供应商或数字平台向本国消费者提供的线上服务征收增值税，多个增值税国家也将征税范围从数字服务拓宽到远程服务，乃至进口低值货物。

随着新冠疫情的暴发和持续蔓延，线上服务的需求猛增，相关增值税征管措施的

---

① 在增值税体系定义下，消费者通常不仅包括个人和家庭消费者，也包括未进行增值税登记的企业。

② Low-value goods，通常指价值低于一国设置的进口增值税征收起征点的货物。

③ 傅靖. 基于数字化平台的零工经济税收管理［J］. 国际税收，2020（09）.

④ KPMG, Taxation in Digital Economy, updated by Jun 27th , 2022.

重要性也日益凸显[①]。如澳大利亚已制定相关增值税政策，对包括数字平台在内的境外供应商向本国消费者提供数字服务征收增值税。有的国家采用宽税基征收方式，增值税几乎覆盖所有的远程服务，即不仅包括数字服务，也包括传统的非现场消费的服务。例如，新西兰等国家已经就所有跨境 B2C 服务（不限于数字服务）征收增值税，具体方式是要求境外供应商或数字平台作为增值税纳税人在本国进行登记和缴纳税款。有些国家则采用更具针对性的征收方式，仅对部分数字服务征税。

为了更有效地对进口低值货物征税，多个增值税国家如澳大利亚、新西兰和挪威已实施境外供应商增值税登记机制，要求符合条件的数字平台或物流企业登记为本国的增值税纳税人，就平台上销售或物流企业转运的低值货物缴纳增值税。欧盟、英国和加拿大也于近期实施类似的增值税措施[②]。

不可否认的是，OECD 增值税相关的政策建议难免过于宽泛，很难放之四海而皆准。例如，OECD 发布的部分报告和建议明显地更适用于欧洲地区的增值税国家，而这些建议在亚太或其他地区执行时就可能面临诸多问题。导致问题的相关原因很多，包括部分国家的增值税税制不完善、对外汇进行管制、现有增值税体系无法识别境外纳税人、尚未实施增值税退税机制以及尚未完全采纳增值税消费地原则等。正因为如此，欧盟推崇的“增值税一站式纳税”等机制在亚太地区便难以落地。

值得注意的是，除了 OECD 系列报告所提及的主流建议之外，部分增值税国家也在尝试采取其他方式来应对。部分欧盟国家例如意大利、波兰[③]和目前已脱欧的英国[④]，已实施或曾考虑采用“拆分缴税机制”（split payment mechanism）来征收增值税。所谓“拆分缴税机制”，即政府要求支付方或金融机构将购买方购买服务或货物价款中所包含的增值税税款直接划转到税务机关指定的银行账号或托管账户。而在拉丁美洲，像哥伦比亚、哥斯达黎加和阿根廷则倾向于要求向 B2C 交易提供服务的金融机构代扣代缴增值税，从掌控现金流的角度加强增值税的征管[⑤]。

此外，相对前三类挑战中的跨境服务和货物供应而言，第四大类挑战即共享和零工经济更侧重于国内交易，可以直接在消费地征收。虽然基本不涉及多国征税权协调问题，但由于共享和零工经济特有的交易特点，它们同样给增值税税制和征管带来挑战。OECD 也发布了相关研究报告，提供政策建议供各国财税部门参考，但目前各国普遍还处于前期调研和摸索阶段，仅有少数国家如澳大利亚、英国和加拿大等先行一步，具体实施效果如何，还需要时间来检验。

---

① OECD, Consumption Tax Trends 2020: VAT/GST and Excise Rates, Trends and Policy Issues, December 03, 2020, https://www.oecd.org/tax/consumption/consumption-tax-trends-19990979.htm.

② OECD, Consumption Tax Trends 2020: VAT/GST and Excise Rates, Trends and Policy Issues, December 03, 2020, https://www.oecd.org/tax/consumption/consumption-tax-trends-19990979.htm.

③ 波兰从 2018 年 7 月日开始实施分离支付机制。Practical aspects of applying a split payment for Polish VAT payers, International Tax Review.

④ 英国税务和海关总署曾于 2017 年就分离支付机制向公众征求意见，并于 2018 年月发布征求意见的公众反馈，Alternative method of VAT collection-split payment-GOV. UK (www.gov.uk).

⑤ Fabiola Annacondia, Laura Alarcón, VAT on Digital Services and B2C Transactions: Experiences in the Latin American and Caribbean Region, International VAT Monitor, July/August 2021.

下文将分四节内容逐一分析数字经济条件下增值税征管面临的四大类挑战和应对政策及措施。

第二节 B2B的跨境服务

数字经济环境下，增值税税制面临的首要挑战就是如何根据消费地原则对进口服务[①]有效征税，因为境外服务供应商通常不在服务接受方所在国登记注册为增值税的纳税人，加上跨境服务本身具有交易数字化、虚拟化和难以追踪等特点，这些都给增值税的征管带来很大的难度。

本节先讨论增值税领域的第一大类挑战——B2B跨境服务。

一、OECD增值税政策指引

1998年10月，在加拿大渥太华举行的OECD财长会议上，28个OECD成员国和11个非成员国就电子商务条件下[②]跨境服务的增值税征税规则的设计原则初步达成共识，形成了《渥太华税收框架条件》[③]，确定了对电子商务实行征税的五项基本原则，其目的在于创造一个能够让电子商务充分健康发展的环境，以避免由于各国增值税税制缺乏国际协调而影响电子商务的发展。

上述五项税收基本原则[④]的主要内容如下。第一，税收中性原则，即税收应在数字经济和传统经济之间寻求中立性、公正性。商业决定应该是出于对经济的考虑，而非出于对税收因素的考虑。纳税人在相似情况下进行类似的交易应该得到同样的税收待遇。第二，效率原则，即应尽量减少纳税人的合规遵从成本和税务机关的征管成本。第三，确定性和简易性原则，即税收法规应清晰和简明易懂，要让纳税人可以预见有关交易的税务后果，包括知道何时、何地履行纳税义务及应纳税额应如何核算。第四，有效性和公平性原则，即应在正确的时间征收正确的税款，应尽量使得逃税或避税的潜在风险降至最小，且对抗风险的措施应与风险相匹配。第五，灵活性原则，即为了保持与技术和商业发展同步，税收制度应不断创新和不断发展变化，具有适应经济发展的灵活性。

随着近年来国际服务贸易的迅猛增长，各国逐渐意识到增值税越来越频繁地对跨境供应产生扭曲作用，而这并不符合《渥太华税收框架条件》下的税收原则。OECD认识到协调一致的增值税机制有利于促进国际贸易的有序发展，但光有共识和原则还不

---

① 大多数增值税国家的增值税税制定义下的服务通常包括无形资产，但也有国家把无形资产单列出来。为避免歧义，本章讨论的服务已包括无形资产。

② 当时各国讨论的话题是基于电子商务（e-commerce），为方便阅读起见，本章统一概称为数字经济。

③ OECD，The Ottawa Taxation Framework Conditions，Oct 1998，https：//www. oecd. org/ctp/consumption/1923256. pdf.

④ 薛伟. 数字经济中的增值税：征税机制、BEPS问题及交易模式的征税讨论，2020. https：//rbrf. xnai. edu. cn/info/1010/1308. htm.

够，各国还需要具体的实施指引。因此，OECD 研究并编写了《跨境增值税指南》[①]，2015 年成稿供公众咨询，2017 年 4 月正式发布。《跨境增值税指南》致力于解决各国增值税制度在跨境供应中缺乏协调的问题，以及由此产生的税收不确定性、增值税重复征税以及非故意双重不征税等问题。

《跨境增值税指南》提出了两个核心原则，以确保增值税的中性原则和实现消费地征税。第一个原则是确保增值税是以最终消费为税基，对生产和流通的影响是中性的，并为参与跨境交易的境内外企业创造公平的竞争环境。第二个原则是确保跨境服务接受方所在国拥有增值税的征税权，跨境服务应当根据消费地的增值税法规来履行纳税义务。

根据《跨境增值税指南》提出的两大核心原则，并且基于应对 BEPS 第 1 项行动计划，即《数字经济带来的税收挑战》[②]，OECD 于 2017 年还发布了《在供应商不在征税国的情况下增值税/货物服务税的有效征收机制》[③]（以下简称《有效征收机制报告》），以帮助各国应对和解决跨境服务中增值税征收的难点。

（一）B2B 跨境供应一般规则和特殊规则

OECD《有效征收机制报告》提出了如何确定对跨境服务的征税原则，包括 B2B 跨境供应的一般规则、B2C 跨境供应的一般规则，以及特殊规则。下面先分析 B2B 跨境服务相应的增值税问题解决方案，第三节再分析 B2C 跨境服务的相关问题。

《跨境增值税指南》提出了 B2B 跨境供应下的三个增值税征收的一般规则。首先，对于跨境 B2B 的服务供应，服务接受方所在国应具有征税权。其次，服务接受方的身份应该根据商业合同等文件来确定。最后，如果接受方企业在多个增值税国家都有机构（比如常设机构），则实际使用或接受服务的机构所在国具有征税权。

其中，B2B 跨境供应按照接受方的不同情况分为单一经营地实体和多国经营实体两种情形。

单一经营地实体是指独立法人实体仅在其所在国开展生产经营，在其他国家不开展业务。因此，在这种 B2B 供应下，只有一个服务接受方，而且服务接受方只在一国有生产经营场所。根据 B2B 跨境供应一般规则，显然应以服务接受方所在国为征税地。假设服务接受方和付款方不一致，则应由商业合同上规定的服务接受方所在国征税。大型跨国企业集团在不同国家的成员企业之间的服务转售安排，并不影响 B2B 跨境供应一般规则的适用性，集中采购的成员企业可作为服务接受方来签署商业合同，并由该企业所在国征税。集中采购的成员企业随后向集团其他成员企业转售服务时，应根据各服务接受方所在国的法规来决定增值税的处理。

① OECD. International VAT/GST Guidelines, OECD Publishing, 2017. https://www.oecd.org/ctp/international-vat-gst-guidelines-9789264271401-en.htm.

② OECD. Addressing the Tax Challenges of the Digital Economy, Action 1-2015 Final Report, 2015. https://www.oecd.org/tax/beps/addressing-the-tax-challenges-of-the-digital-economy-action-1-2015-final-report-9789264241046-en.htm.

③ OECD. Mechanisms for the Effective Collection of VAT/GST Where the Supplier is not Located in the Jurisdiction of Taxation, October 2017, https://www.oecd.org/tax/tax-policy/mechanisms-for-the-effective-collection-of-VAT-GST.pdf.

相比之下，多国经营实体则是指一个法人企业在多个国家都有生产经营场所，并在多国都开展业务活动。因此，进行 B2B 跨境供应时，服务接受方在不同国家都有生产经营场所，征税权应该属于使用服务的经营场所所在国。《跨境增值税指南》还建议采用以下三种方法来确定增值税的征税权。

第一种是直接使用法，即直接使用服务的经营场所所在国拥有征税权。它适用于在商业合同中明确规定了具体使用服务的经营场所，但不适用于供应商不知道或者商业合同未确定具体使用服务的经营场所，或者接受方在多国同时使用服务的情况。

第二种是直接交付法，即服务直接交付的经营场所所在国拥有征税权，例如提供即时消费类服务能确定直接交付地所在国。

第三种是再分摊法，适用于供应商同时向一个法人在多个国家的经营场所提供服务的情况。这种方法先由接受方在某个国家的经营场所承担全部费用，随后再将服务供其他国家的经营场所使用，根据会计、所得税申报表等内部分摊的依据再在实际使用方之间进行费用分摊。因此，应该先由负责采购和签署商业合同的经营场所所在国征税，随后根据内部分摊的结果由不同经营场所所在国征税。

除了以上 B2B 服务的一般规则外，《跨境增值税指南》也提议特殊规则应在特殊情况下适用，即 B2B 服务一般规则可能导致不合理结果的情况下，如果利用代理变量来判定能获得相对合理的结果，就应该利用代理变量来决定哪个国家具有征税权。代理变量可以包括不动产所在地、消费者实际所在地、服务实际消费地等。假设以不动产所在地作为代理变量来判断，那么不动产相关服务包括转让、销售、租赁、使用、占用或开发；为改变或保持不动产物理状态进行的劳务，如建筑、翻新、粉刷和清洁等；专业服务和具体不动产相关的服务，如建筑设计等，都可纳入特殊规则之中，以不动产所在地来判断哪个国家具有征税权。

（二）由服务接受方承担纳税义务

《跨境增值税指南》建议，为了减少境外服务供应商不必要的遵从成本，服务接受方应该承担增值税的纳税义务，具体可以通过反向征税机制来实现。

《有效征收机制报告》进一步指出，反向征税机制是将增值税纳税义务从服务供应商反向转移到服务接受方的机制。该机制要求服务接受方就其从国外进口的服务金额，根据所在国规定的增值税税率计算销项税额，同时有权计算和抵扣进项税额。

当服务接受方所在国实施反向征税机制时，服务接受方必须就其从境外购买的服务承担纳税义务，即便服务接受方会将取得的服务转售给第三方，或者服务并未直接交付给服务接受方，又或者服务接受方并未就该服务支付款项，服务接受方仍然需要承担纳税义务。

《有效征收机制报告》分析了反向征税机制的多项优点，这些优点也是许多增值税国家采纳该机制的原因。首先，由于服务消费所在国的税务机关对服务接受方享有征税权，税务机关可确保税收的遵从度。其次，反向征税机制将增值税遵从义务从境外供应商转移到服务接受方，由于服务接受方充分掌握服务的细节，可以准确作出增值税处理。再次，由于服务供应商在接受方所在国不承担纳税义务，供应商所在国的税务机关无须承担诸如审核其增值税纳税人身份、检查增值税纳税情况等工作。反向征税机制也为税务机关减少了因语言障碍而产生的实操困难。最后，不论接受方是否可以抵扣进项税额，反向征税机制都有效地降低了对境外供应商征税过程中可能产生的税收风险和征管成本。

除了反向征税机制外，另一种由服务接受方所在国来征收增值税的方法是代扣代缴机制。这种机制要求服务接受方代境外服务供应商就收取的服务费计算并缴纳增值税。当然，接受方也可将代扣代缴的增值税作为进项税，按照本国增值税的法规进行抵扣。虽然该机制最终效果可能和反向征税类似，但增值税税法规定的纳税义务人依然是境外供应商。境外供应商往往对服务接受方所在国的税制不了解，因此，代扣代缴机制可能导致交易双方对纳税义务的承担、商业合同、发票开具的要求，乃至现金流的影响产生争议，而且也很难在接受方的 IT 系统内自动实现代扣代缴。因此，反向征税机制比代扣代缴机制更具有优势。

虽然反向征税机制在 B2B 跨境供应下优点突出，但《跨境增值税指南》认为该机制并不太适合 B2C 的跨境供应，因为实操中作为消费者的接受方很难实现纳税遵从。因此，假设某一国家的增值税制度并不明确区分 B2B 和 B2C 的交易，那么就需要考虑是否适合引入反向征税机制，或者说实施反向征税机制的效果是否会超过修改现有增值税制度来区别 B2B 和 B2C 交易的成本。

总体而言，《跨境增值税指南》和《有效征收机制报告》为跨境服务的增值税政策构建了一个整体框架，不仅建立了消费地原则的主规则，而且还制定了界定服务供应商、服务接受方及实际消费地的从属规则，构建了完整的跨境服务增值税体系。

二、国际实践经验概览

欧盟国家、英国、新西兰、澳大利亚和新加坡是对 B2B 跨境服务实施增值税反向征税机制的代表性国家。

（一）欧盟国家和英国的实践经验

欧盟财长会议于 2008 年 2 月决定修改欧盟增值税制度①，以应对跨境供应带来的挑战，即自 2010 年 1 月 1 日起对 B2B 服务的征税地改为消费所在地。消费地的确认标准为接受服务的企业或其他固定机构的所在地，或接受服务的个人长期居住地。

根据传统增值税的做法，服务供应商应该在服务接受方所在地登记成为纳税人，并计算、申报和缴纳相关税款，但这会增加服务供应商的遵从负担。相比之下，更先进的反向征税机制则是将境外供应商的纳税义务改由服务接受方来承担，而接受方作为增值税的纳税义务人，也可以根据规定抵扣进项税。

欧盟新规颁布后，当时的各成员国普遍更新了相应的国内增值税法规。英国②规

---

① COUNCIL DIRECTIVE 2008/8/EC, February 2008. https: //eur-lex. europa. eu/LexUriServ/ LexUriServ. do? uri = OJ: L: 2008: 044: 0011: 0022: EN: PDF.

② UK Place of supply of services (VAT Notice 741A). https: //www. gov. uk/guidance/vat-place-of-supply-of-services-notice-741a.

定，除了免税项目之外，反向征税机制几乎适用于所有的 B2B 服务供应，但与土地①相关的供应在满足特定条件时不适用反向征税机制。之所以不将免税项目纳入反向征税机制的范围，主要是基于效率和简易原则的考虑，因为即便将其纳入也不会有额外的增值税收入，倒不如排除在外以减轻纳税人的遵从负担。

（二）新西兰实践经验

新西兰于 1985 年进行增值税立法②，次年付诸实施，最初的税率为 10%，现行税率为 15%。与欧盟国家为代表的传统增值税制度相比，新西兰的增值税制度通过宽税基、单一税率、避免差额征税和免税等措施，非常有效地实现了增值税的中性原则。因此，新西兰的增值税制度设计被公认为最简单但也最有效，甚至被誉为现代增值税制度的范本。

从 2005 年 1 月 1 日起，新西兰便开始对境外供应商向位于新西兰的接受方提供的部分跨境服务采取反向征税机制③。服务接受方如果满足下列条件就需要申报增值税；如果满足抵扣条件的话，还可作为进项税抵扣：

①服务供应商位于新西兰境外，而接受方为新西兰税收居民。

②服务接受方在购买相关服务时，预计用于应税目的比例小于 95%，或在申报期期末时实际用于应税目的比例小于 95%。

③假设相关服务是由新西兰增值税纳税人在经营活动中供应的话，该服务是一项增值税的应税服务。

（三）澳大利亚实践经验

澳大利亚的增值税制度④自 2000 年 7 月 1 日起开始实施，其对所有符合条件的货物和服务均按 10% 的统一税率征收。从 2016 年 10 月 1 日开始，澳大利亚对境外供应商提供给境内接受方的服务适用反向征税机制，同时规定实行反向征税机制必须满足下列条件：

①购买的服务用于或部分用于在澳大利亚经营的目的。

②购买的服务部分用于个人或家庭消费，或者部分或全部用于免税目的。

③该服务属于增值税应税服务。

④服务接受方在澳大利亚已是增值税纳税人或即将登记成增值税纳税人。

（四）新加坡的实践经验

新加坡从 1994 年 4 月 1 日起开始征收增值税，并对所有符合条件的货物和服务按 7% 的统一税率征收。根据新加坡的税制改革计划，其增值税税率将于 2023 年 1 月 1 日

---

① 英国增值税税制对绝大多数土地相关的交易免税，但是纳税人可以选择放弃免税而选择缴税。假设英国境外供应商选择了就相关土地交易纳税，那么就必须在英国登记成为增值税纳税人。因此，相关土地的交易被排除在反向征税机制之外。

② New Zealand, Goods and Services Tax Act 1985 Goods and Services Tax Act 1985 No 141, 28 October 2021, https://www.legislation.govt.nz/act/public/1985/0141/latest/DLM81035.html#DLM83947.

③ 新西兰税务局具体的反向征收规定可见 https://www.ird.govt.nz/gst/charging-gst/special-supplies.

④ Australia, A New Tax System (Goods and Services Tax), Act 1999, https://www.legislation.gov.au/Details/C2021C00073.

起提高到8%，2024年1月1日起提高到9%。新加坡从2020年1月1日开始，对境外供应商提供给境内接受方的部分服务适用反向征税机制。新加坡的反向征收机制包含以下主要内容：

①定义“反向征税企业”。将完全提供应税供应的接受方排除在“反向征税企业”的范围之外。但通常适用于免税政策的金融企业和住宅地产发展商等则被纳入“反向征税企业”的范围。

②定义适用反向征税的服务。将免税服务、零税率服务、接受方购买的全部用于应税目的的服务和非应税的政府服务等排除在外。可见新加坡尽量缩小反向征税适用的范围，将那些即便纳入反向征税范围也不会产生额外增值税的服务全部排除在外，以减轻纳税人遵从的负担。

③定义可以不计入反向征税机制应税金额的关联方交易。倘若跨境供应双方属于同一增值税纳税人集团或同一法人企业（例如境外总公司和新加坡分公司，或新加坡总公司和境外分公司），相关供应适用反向征税机制，但应税金额可以扣除员工工资薪酬和利息成本以及相应转让定价加成，前提是双方可以准确划分出这些金额。

三、OECD增值税指南政策实操难点和挑战

《跨境增值税指南》和《有效征收机制报告》就B2B跨境服务的增值税征收问题提供了政策指引以后，许多增值税国家近年来也在不断地实践反向征税机制，以替代过去要求境外服务供应商在服务消费所在国进行增值税登记的传统征税模式。从目前的情况看，反向征税机制对B2B的跨境服务可以起到有效征税的作用。

但不可忽视的是，有些国家（例如新加坡）规定，如果服务接受方可以就进口服务全额抵扣进项税，就可以不适用反向征税机制；还有些国家认为反向征税机制违反了增值税的本质，所以拒绝在本国的增值税制度中引入这种机制。因此，企业从境外供应商进口服务时，必须确保对于本国增值税制度有充分的了解。

此外，即便都是实施反向征税机制的国家，其适用范围和具体规则也并不完全一致，从而给跨国企业特别是金融企业在多个国家实现增值税的遵从带来难度。跨国企业通常依赖于内部IT系统和相应增值税设定来实现遵从，各国增值税制度的不一致让企业很难实现系统自动对应税服务进行判别，更难以准确地计算销项税和进项税。

第三节 B2C的跨境服务

各国在最初引入增值税制度时，大部分消费者还是从境内供应商那里采购货物和服务，跨境B2C服务的供应规模非常小，相应的增值税收入规模也不大。但随着跨境数字平台业务的高速发展，服务通过数字化手段可以很容易地渗透到国际市场，消费者可

在全球性的数字平台上观看或下载电影、音乐、应用程序、游戏和电子书等。由于种类多样而且交易额越来越可观，如果 B2C 跨境服务的增值税得不到有效征收，不仅增值税税基侵蚀的问题会日益严重，影响各国财政收入，并且还会导致境内外供应商之间的不公平竞争。因此，消费者所在国如何基于消费地原则对 B2C 跨境服务有效征收增值税，就成为数字经济时代的又一大税收挑战。

一、OECD 增值税系列报告

（一）《跨境增值税指南》和《有效征收机制报告》

为应对经济数字化给 B2C 跨境服务增值税征管带来的挑战，《跨境增值税指南》规定应根据消费地原则确定对于非现场提供 B2C 的跨境服务由消费者居住地所在国征收增值税。

与 B2B 跨境服务的挑战不同，B2C 跨境服务的征收难点在于消费者所在国的税务机关如何能有效地监测到相关的服务供应并对其征收增值税。上文介绍的反向征税机制或代扣代缴机制基本解决了对 B2B 跨境服务征收增值税的难题，但目前对于 B2C 跨境服务的征管效率仍然很低。

因此，OECD 发布的《有效征收机制报告》讨论了两种征收方式：一种是供应商征税模式（以增值税登记为基础的征税模式）；另一种是接受方征税模式（反向征税和代扣代缴）。

《有效征收机制报告》中明确指出，反向征税机制和代扣代缴的征收方式适用于 B2B 的跨境服务供应，但不适用 B2C 的跨境服务供应。一方面，消费者或非增值税纳税人通常缺乏主观意愿来主动申报和缴纳税款，也不一定具备相应的增值税知识；另一方面，即使消费者愿意缴纳增值税，但考虑到 B2C 跨境服务供应的蓬勃发展，数量众多的个人消费者其单笔申报的增值税税额都不大，如果采用这一征收方式将导致税务机关花费巨大的征管成本。

《有效征收机制报告》提出的对 B2C 跨境服务供应有效征收增值税的建议是，境外服务供应商应在消费者所在国进行税务登记并缴纳增值税。然而，对于在全球多国提供 B2C 跨境服务的供应商而言，如果在每个存在服务接受方的国家都进行复杂的税务登记，无疑是税收遵从道路上的一大障碍。

因此，《有效征收机制报告》进一步建议在 B2C 跨境服务供应的情况下可采取简易增值税登记的方式，以便提高在多个国家有税收遵从义务的境外服务供应商的税务合规程度。为了在税收征管与简易登记之间达到平衡，简易登记制度应当具有以下基本特征①：

①简化登记程序，即在税务机关网站上进行线上登记，并且只登记最必要的信息。

②不可抵扣进项税，但是供应商也可以选择进行常规的增值税登记，并根据税收法规抵扣进项税。

③简化增值税申报表，并可以通过电子方式提交。

---

① 沈瑛华，梁紫．应对数字经济发展：澳大利亚货劳税税制借鉴与思考［J］．国际税收，2018（02）．

④通过电子方式支付税款。

⑤简化并以电子方式保存相关文件。

⑥减少开具税务发票的要求，或按照供应商所在国的规定开具发票。

⑦在线提供所有简易登记的必要信息。

⑧可使用第三方服务协助遵从相关税收规定。

⑨遵从成本应当与收入成比例，并且在境内外供应商之间保持中性。

《有效征收机制报告》还初步探讨了由中介机构（例如数字平台）在消费国进行增值税登记的模式，以便提高征收效率，这也为澳大利亚等国先行一步的尝试指出了方向。

（二）OECD 指引：数字平台完全责任等建议

OECD《跨境增值税指南》和《有效征收机制报告》提出的政策建议在许多国家经过实践检验证明是行之有效的。此后，OECD 继续探索如何解决数字经济环境下应对跨境 B2C 服务的增值税挑战问题，并于 2019 年 3 月发布了题为《数字平台对在线销售征收增值税所起的作用》① 的报告（以下简称《数字平台作用报告》）。该报告为各国财税部门提供了通过数字平台对线上提供 B2C 跨境服务有效征收增值税的解决方案。

《数字平台作用报告》建议，当企业通过数字平台提供线上 B2C 的跨境服务时，数字平台应当承担增值税的计算、征收和缴纳的完全责任②，但完全责任机制只适用于增值税的征收，并不涉及数字平台的其他商业义务，如产品责任等。

采纳数字平台完全责任机制的主要目标，是让数量有限的数字平台代表众多平台上的供应商缴纳增值税，从而降低税务机关的征管成本。

《数字平台作用报告》还指出，在判断数字平台是否适用完全责任机制时应当基于数字平台的典型功能，而不是基于数字平台的类型或业务模式。如果某一数字平台同时满足以下两个条件，则有理由认为其可以履行完全责任机制下增值税的纳税义务：一是数字平台拥有或可以获取足够且准确的信息来判断某项交易的增值税处理是否准确；二是数字平台能采取相应措施收取跨境 B2C 供应的增值税。

税务机关也可以通过设定某些功能指标，来判断数字平台是否具有承担完全责任从而履行增值税纳税义务的能力。在制定相应功能指标时，税务机关可以采用正面清单与负面清单的方式进行列举。《数字平台作用报告》附件一还举例说明了判断数字平台是否可以承担完全责任时应考虑的功能指标，具体内容如表

---

① OECD. The Role of Digital Platforms in the Collection of VAT/GST on Online Sales, 2019 https://www.oecd.org/tax/consumption/the-role-of-digital-platforms-in-the-collection-of-vat-gst-on-online-sales.pd.

② 除完全责任机制之外，《数字平台作用报告》也指出，各辖区税务机关可能考虑替代方案，对未包含在完全责任机制的交易起到补充作用，或是在实施完全责任机制前作为中间过渡阶段。替代性制度可以要求数字平台参与负责线上交易增值税征收的同时，无需免除供应商的增值税责任，或要求数字平台和供应商对增值税承担连带责任。与完全责任机制一样，各替代机制的政策目标都是确保消费者所在辖区有效征收增值税，主要区别是供应商的增值税责任没有得到免除，税务机关仍需对供应商进行监管。这些制度安排都让消费地辖区的税务机关可以向未登记的境外供应商征收增值税。

6－1所示。

表6－1　功能指标表

承担完全责任	不承担完全责任
主导或制定货物供应条款（例如，价格、付款条件、交付条件等）同时可以要求各参与方（购买方、供应商、运输方等）遵从	只传递内容
直接或间接参与支付流程	仅处理支付
直接或间接参与到供应的交付	只提供广告
提供顾客支持等售后服务	仅作为中介数字平台，功能限于可以让潜在购买方能够发现或推广供应商的货物。供应商和购买方不会通过平台直接或间接的参与完成供应

如果数字平台能满足相关功能指标，则可在完全责任机制下承担增值税的纳税义务。增值税征收的基本模式包括以下内容：

①数字平台承担增值税的完全纳税义务，视同其向购买方直接供应。

②为避免产生双重征税，供应商不再承担相关供应的增值税纳税义务。

③为避免增值税链条的断裂，完全责任机制下应当将整个供应视为数字平台从供应商购买并转售给购买方。如果供应商向数字平台收取增值税并作为其向所在国缴纳的增值税，数字平台就会面临额外的资金成本，税务机关也可能会面临增值税应征未征的风险。因此，各国财税部门可以考虑将供应商的供应按零税率处理，也可以考虑忽略供应商的销售行为而仅关注数字平台向购买方的供应。

④完全责任机制的实施不会影响到供应商自身进项税抵扣的权利，即供应商仍可以正常抵扣进项税。

⑤购买方可以付款给数字平台或供应商。如果购买方付款给数字平台，则数字平台应将价款中包含的增值税缴纳给税务机关。如果购买方直接付款给供应商，则数字平台应向供应商收取增值税，然后再将税款转交给税务机关。

⑥数字平台在购买方所在国对相关B2C供应所发生的增值税在计算、收取、缴纳方面承担完全责任。

《数字平台作用》报告还进一步描述了完全责任机制下两种不同模式的增值税支付流程，以供各国参考：

①购买方在数字平台上下订单，并通过数字平台向供应商支付含有增值税的价款。数字平台会将收取的增值税支付给消费者所在国家的税务机关，并将余额（价款）支付给供应商。

②购买方直接向供应商付款，数字平台需要从供应商那里收取增值税以及相关费

用和佣金。税务机关应考虑通过给予数字平台“坏账豁免”[①] 的特殊处理，以降低数字平台的相关风险，即当数字平台通过努力后仍无法从供应商处收取相应的税款，税务机关可以考虑给予坏账豁免。

《数字平台作用》还指出，数字平台在完全责任机制下需要掌握以下通过平台实现的供应和相关税务信息，才能真正承担增值税的纳税义务：

①购买方信息，包括所在国，是不是属于非增值税纳税人等。

②相关供应的性质。

③判断具有征税权的国家，及是否适用增值税征收的因素。

④增值税登记的门槛标准。

⑤提供货物和服务的价值以及适用的增值税税率。

⑥纳税时点。

除了征收和缴纳增值税以外，《数字平台作用》也强调数字平台在信息交流、辅导供应商和与税务机关自愿合作等方面都能起到至关重要的作用，第五节对此还有详细的论述。

二、国际实践经验概览

为了应对跨境 B2C 服务给增值税征收带来的挑战，全球多个增值税国家参考 OECD 的指引并结合本国增值税的制度设计，已经出台或正在研究制定相关的制度法规。下面介绍澳大利亚和加拿大的制度安排。

（一）澳大利亚

澳大利亚政府早在 2015—2016 年政府预算报告[②]中就提出，希望就境外供应商提供的服务征收增值税，随后于 2015 年 10 月颁布了相应的法律草案。2016 年 5 月 5 日，该法案正式经过国会批准，确定从 2017 年 7 月 1 日起对 B2C 跨境数字服务征收增值税。

澳大利亚 B2C 跨境数字服务的增值税制度遵循了 OECD 倡导的消费地原则，规定境外供应商向澳大利亚提供数字服务时需要在澳大利亚缴纳增值税，以确保提供相似服务的境内企业与境外供应商能够展开公平竞争。

如同 OECD 应对 BEPS 的第 1 项行动计划报告所指出的，要求最终消费者自行缴纳增值税是非常低效的，因此，澳大利亚在确定跨境 B2C 服务增值税的纳税人时，并没有选择消费者这一缺乏税务合规动力的群体，而是采纳了 OECD 提出的中介征收模式，即将境外供应商以及数字平台作为纳税人。

---

① 除完全责任机制之外，《数字平台作用报告》也指出，各辖区税务机关可能考虑替代方案，对未包含在完全责任机制的交易起到补充作用，或是在实施完全责任机制前作为中间过渡阶段。替代性制度可以要求数字平台参与负责线上交易增值税征收的同时，无需免除供应商的增值税责任，或要求数字平台和供应商对增值税承担连带责任。与完全责任机制一样，各替代机制的政策目标都是确保消费者所在辖区有效征收增值税，主要区别是供应商的增值税责任没有得到免除，税务机关仍需对供应商进行监管。这些制度安排都让消费地辖区的税务机关可以向未登记的境外供应商征收增值税。

② Australia. Applying GST to digital products and services imported by consumers; Applying GST to digital products and services imported by consumers - Parliament of Australia (aph. gov. au).

因此，从2017年7月1日起，澳大利亚消费者从境外供应商购买的服务[①]，包括在线观看或下载电影、音乐、应用程序、游戏和电子书，赌博服务以及包括建筑或法律服务在内的传统服务，均被纳入澳大利亚增值税的征税范围。

澳大利亚增值税法规将“澳大利亚消费者”的定义延伸，使其既包括未进行增值税登记的企业和个人，也包括那些已经登记成为增值税纳税人但其跨境服务并不完全用于经营目的的企业。

澳大利亚还规定境外供应商可以根据消费者提供的相关信息来确定归属地，包括消费者的账单地址、消费者收货地址、消费者银行账户或信用卡发卡机构的所在地、手机号或固定电话所在国、互联网协议地址、消费者的陈述和保证等。

相关法规规定，需要在澳大利亚进行增值税登记、向消费者收取并向澳大利亚政府缴纳增值税的境外企业可以是：

①销售服务的境外供应商。

②数字平台（例如应用软件或网站）的运营商，该数字平台允许境外供应商销售服务。

澳大利亚B2C跨境服务的增值税制度也规定了登记的门槛标准，即境外供应商或数字平台在12个月内向澳大利亚消费者提供的应税销售额超过7.5万澳元时，就需要在澳大利亚登记成为增值税纳税人，但可以选择简易登记，以平衡遵从成本和有效征税之间的关系。

此外，澳大利亚也制定了明确的登记和缴纳增值税的优先级规则，即如果数字平台已经就境外供应商的服务收取了增值税，境外供应商就无需再就此承担责任。

澳大利亚税务局通过与其他国家税务部门之间的信息交换，或者通过大数据分析，可以确认受到相关法规影响的境外供应商和数字平台。在增值税相关法规实施之前，澳大利亚税务局便与数千个境外服务供应商和数字平台进行沟通，并要求其根据规定在澳大利亚进行登记，同时还使用银行、财务数据以及税务机关间信息交换等方式，以确保相关增值税法规有效落地。

值得注意的是，如果境外纳税人在相关法规实施的第一年未按规定缴纳相应税款，但该纳税人已经采取合理的措施履行法律义务，澳大利亚税务机关将给予该纳税人税务合规方面的帮助，并酌情减轻处罚甚至免除处罚。但法规实施一年后，境外供应商或数字平台仍然未办理增值税登记或不按规定缴纳相应税款，澳大利亚税务局会强制要求该供应商或数字平台进行登记，并在评估后处以罚款。

（二）加拿大

加拿大现行主要流转税为联邦层级的增值税、省级销售税和联邦省级统一销售税（联邦增值税和省级销售税的结合体），其中联邦增值税自1990年1月1日开始实施，取代了之前的制造商销售税。

根据加拿大原先的增值税法规定，境外供应商提供给加拿大消费者的服务不需要征收增值税/统一销售税，从而导致加拿大境内企业处于竞争劣势。因此，加拿大政府

---

① 此处讨论的服务包含了数字产品，即在线观看或下载电影、音乐、应用程序、游戏和电子书。

宣布，从2021年7月1日起，如果境外供应商、数字平台（含住宿平台）向加拿大消费者提供跨境服务[①]，其营业额在12个月内超过3万加元，则需要在加拿大进行增值税/统一销售税的登记。上述向加拿大消费者提供的跨境服务包括：

①向加拿大消费者提供无形的个人财产或服务（零税率的除外）。

②通过住宿平台向加拿大消费者提供短期住宿服务（通常为一个月以内）。

在此情况下，境外供应商和数字平台可以选择增值税/统一销售税简易登记，但选择简易登记则无权享受进项税抵扣。

境外供应商和数字平台无需在加拿大指定税务代理人来进行增值税/统一销售税的登记。但是，若在加拿大未设立常设机构的境外企业（含数字平台）为了获得增值税/统一销售税的登记则需要缴纳保证金[②]，除非年收入不超过10万加元且每年缴税或退税的金额都不超过3000加元。保证金金额是境外供应商每年纳税或退税金额的50%，最少5000加元，最多一般不超过100万加元，如果境外供应商不遵从纳税义务，保证金可能被加拿大税务局用于追征税款。

三、OECD指南中的政策实操难点和面临的挑战

OECD《数字平台作用》发布后，由境外供应商或数字平台承担责任的征税模式在各增值税国家逐步落地，国际上相关国家的政府、企业和消费者对政策的主流态度从过去质疑、抵制和反对，逐渐转变为认可和接受，主要原因是此模式并没有从本质上违反增值税的中性和公平原则，并且有利于减轻纳税人的遵从成本。

但该征收模式实操中的难点依然存在，例如数字平台如何确定最终消费地从而履行增值税的纳税义务。交易客体数字化，数字产品通过数据流传输，物联网使消费者的智能设备在任何地方都能接入网络，成为数据流接收的终端。而且，跨境数字服务从意向到付款，通过网络在线完成即可，无需交易双方面对面的交流，供应双方可以在任何时间和任何地点完成交易，交易主体的服务器或网页地址也可以很容易地从一个国家转移到另外一个国家，难以确定交易主体的位置和身份。

同时，跨境数字服务的销售链条从内容制造商[③]到终端消费者，通常非常复杂，主要原因在于：一是数字产品或服务的交付方式差异很大，既可以通过一个或多个中介销售，也可以直接销售给终端用户，甚至多种形式结合，且交付方式也存在交叉。二是数字服务供应链涉及多方主体，各自承担不同的功能和法律责任。比如除内容制造商本身以外，还涉及APP应用市场、通信服务提供商、网络集成商、支付服务商等。三是数字服务的现金流与服务流并不总是一致。如终端用户在应用市场设立账户，通过不同的互联网设备获取内容，并以信用卡或其他支付方式付费。跨境数字供应链的复杂性让税

---

① 此处服务的概念包括数字产品。

② Canada. Doing Business in Canada-GST/HST Information for Non-Residents, https://www.canada.ca/en/revenue-agency/services/forms-publications/publications/rc4027/doing-business-canada-gst-hst-information-non-residents.html#P335_26554.

③ 内容制造商，又称为内容提供商，包括制造数字产品或服务的商户，或者拥有数字产品或服务权利的商户。内容提供商关注于数字产品或服务的内容，而接入服务商和其他服务商关注提供互联网或电子网络的接入。

务机关很难确定增值税纳税人，同时也给境外供应商或数字平台的遵从带来困难。

另外，不同国家增值税税制不一致也可能导致境外供应商或数字平台承担额外的负担。例如，境外供应商出口服务如果在来源国不适用增值税零税率的话，B2C 跨境服务供应在消费国再缴纳增值税，这笔跨境服务就会被双重征税。此外，境外供应商或数字平台完全责任模式实施的前提是境外供应商或数字平台自愿遵从，假设某些境外供应商通过不登记来逃税，消费者所在国的税务机关也很难实施跨境增值税的稽查和追缴。因此，新模式在带来消费者所在国税收收入增加的同时，也可能增加该国税务机关的征管成本。

此外，新模式虽然已经尽量简化境外供应商增值税登记和纳税要求，但仍然要求数字平台等从消费者那里收集信息，以确定实际消费地和进行增值税的处理。这对在多个增值税国家开展业务从而负有登记和纳税义务的数字平台而言无疑是额外的遵从负担，从商业考量、系统设置和人力配备等方面都需要数字平台进行大量的投入。

然而，反对的声音并没能阻止数字平台就 B2C 跨境服务供应承担完全责任的新征税模式得到快速的发展。由于澳大利亚实施相关政策后境外供应商和数字平台的整体遵从度都比较高，所以越来越多的国家颁布法律实行这种模式，或积极地考虑采纳此模式。

除了前文介绍的加拿大，新加坡也已从 2020 年 1 月 1 日起要求数字平台就 B2C 提供的数字服务达到起征点后，在新加坡登记并缴纳增值税，并将于 2023 年 1 月 1 日起将 B2C 跨境服务范围从数字服务拓宽为所有远程服务。此外，墨西哥于 2021 年 1 月 1 日起，要求具备处理款项支付能力的数字平台对通过其由境外供应商向墨西哥提供的 B2C 数字服务扣缴增值税。马来西亚将从 2023 年 1 月 1 日起要求数字服务平台就通过其提供的 B2C 旅游住宿服务在马来西亚缴纳旅游税①。此外，许多国家和地区如英国、德国、丹麦、阿拉伯联合酋长国、日本、韩国、印度、印度尼西亚、越南、泰国和中国台湾等均已立法对 B2C 跨境服务征税，其中大部分国家和地区采纳了 OECD 相关的政策建议。

第四节 B2C 低值货物进口

与 B2C 跨境服务相比，B2C 跨境销售低值货物相关的增值税征管有其特有的难点。由于涉及的货物价值低、数量大、管理困难等特点，B2C 低值货物跨境销售的增值税征收效率比较低下。因此，许多增值税国家对低值货物进口通常设置起征点，以此来降低海关和税务机关的征管成本。但是随着电子商务的蓬勃发展，低值货物进口的金额与数量不断增加，部分境外供应商对低值货物增值税起征点的滥用（如恶意低报货物价

① Taxation of the digitalized economy development summary (updated June 27, 2022), KPMG. com.

格），造成大量增值税收入流失。除此以外，由于消费者从境外数字平台进口低值货物可以免于缴纳增值税，但从国内企业（起征点以下的小规模企业除外）购买同类货物支付的价款却可能要包含增值税，因此，对消费者所在国的企业而言，这种增值税政策的设计就会导致不公平竞争的局面发生，甚至导致境内供应商可能将业务转移到境外开展，从而减少国内的税源和就业机会。

一、OECD 增值税政策建议

针对 B2C 低值货物征收进口增值税，各增值税国家面临的主要挑战就是如何在“降低起征点以减少税收流失”和“提高起征点以减少政府征税成本”两者之间寻找合适的平衡点。

澳大利亚就曾多次调研过对低值货物进口征收增值税的可行性，结论是假设取消低值货物进口增值税起征点，则可以额外征收约 4.8 亿澳元的增值税，但是征收成本将高达 20 亿澳元，而这一成本将由政府、企业和消费者共同承担，而且对经济还有负面影响①。因此，澳大利亚生产力委员会建议，仅在征收成本合理可控的前提下才可对低值货物进口征收增值税。

OECD 在应对 BEPS 第 1 项行动计划的报告中提出了对跨境低值货物进口征收增值税的多种备选方案，主要包括传统征收模式、购买方征收模式、供应商征收模式和中介征收模式。中介征收又分为邮政运营商、快递运营商、电子商务平台和金融中介征收等多种征收方式。OECD 详细分析了每种征收模式的优缺点，并建议各国在制定相应的税收征管制度时，应结合本国的国情，选择某种征收模式或多种征收模式的组合，对进口低值货物有效征收增值税。

近年来，由于数字平台 B2C 低值货物供应额呈几何级数增长，各国政府都在考虑是否降低进口增值税的起征点，甚至取消低值货物进口的免税政策。在原有通过海关征收方式不变的情况下，降低起征点或取消低值货物进口免税政策就意味着征税成本的增加。根据国际邮政企业《2020 年跨境电子商务购买者调查报告》② 显示，约有 65% 的跨境电子商务交易通过四大数字平台进行。因此，越来越多的增值税国家发现，利用数字平台来征收 B2C 低值货物进口增值税可能是个更好的解决方案。

正如第三节所介绍的，OECD《数字平台作用》报告为各国财税部门在设计和实施通过数字平台就 B2C 跨境供应有效征收增值税机制提供了指引，即由数字平台就相关供应承担缴纳增值税的完全责任。

下面举例说明境外供应商通过数字平台跨境销售 B2C 低值货物，数字平台承担缴纳增值税的具体运作方式（见图 6－1）。

（1）实际的信息流可能有所不同（例如境外供应商可以直接向境外运输商提供信息，或者数字平台可以将从供应商取得的信息提供给境外运输商），数字平台还可能被

---

① Australian Government Productivity Commission, Collection Models for GST on Low Value Imported Goods: Productivity Inquiry Report, 2017, https: //www. pc. gov. au/inquiries/completed/ collection-models/report/collection-models. pdf.

② International Post Corporation, CROSS-BORDER E-COMMERCE SHOPPER SURVEY 2020, February 2021.

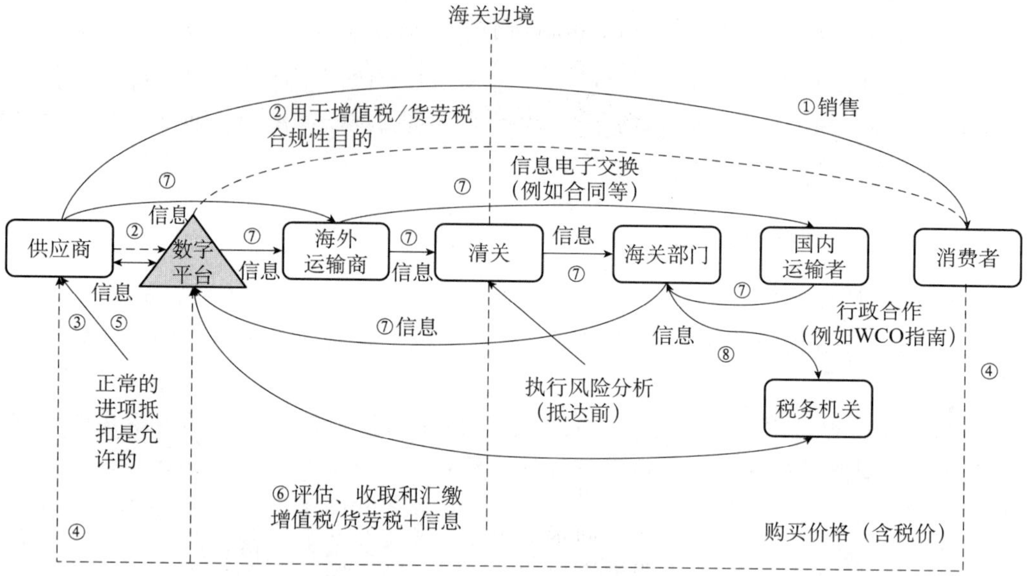

图 6－1　数字平台承担缴纳增值税的具体运作方式图

要求直接向海关部门提供信息。

（2）根据境外供应商和数字平台之间的安排，实际的付款流程可能会有所不同。

“海外/国内运输商包括邮政运营商和快递员”

①假设境外供应商通过数字平台向国内消费者销售低值货物，则该供应商应在消费者所在国缴纳增值税。

②数字平台对通过该平台的供应所产生的增值税合规承担完全责任。同时，税务机关可以考虑减少数字平台增值税的责任风险。

③完全责任制度并不影响目前各国的增值税进项税抵扣原则，即境外供应商所在国允许供应商就其所产生的进项税进行正常抵扣。各国可制定相应规则。

④消费者可以选择向数字平台或境外供应商支付价款。如果消费者向境外供应商付款，则数字平台需要从境外供应商那里收取增值税，并汇总缴纳至消费者所在国税务机关。同时，鼓励税务机关考虑实施坏账减免，以减少境外供应商潜在违约风险给数字平台带来的负担。

⑤为了让数字平台更准确地计算境外供应商应缴纳的增值税，数字平台可能需要其提供某些额外信息，不限于数字平台在正常业务过程中例行收集的基础信息。

⑥数字平台应计算和收取销售低值货物时需缴纳的增值税，并缴纳至主管税务机关。根据传统海关程序，进口货物需要由“登记进口商”或“申报人”（通常是快递员或邮政系统等运输商）在海关边境办理申报。相关的进口流程操作建议如下：

第一，根据传统的海关程序，如果进口货物价值低于关税起征点，无需缴纳任何关税。但属于通过数字平台销售低值货物的，数字平台有责任收取和缴纳增值税，海关无需对此类低值货物征收增值税。因此，各国需要制定完善的海关制度和流程，以便在低值货物抵达边境时能够有效识别是否属于数字平台销售的货物。与目前的情况一样，海关仍需要对进口货物的价值低估以及错误分类进行检查。

第二，建议允许数字平台适用简易税务登记和申报制度。

第三，税务机关与海关部门需要明确进口低值货物豁免征收增值税的具体要求，如进口货物应附带必要的文件，包括数字平台增值税登记号以及其它能够证明进口货物已缴纳增值税的相关材料。

第四，如果不满足相关豁免条件，低值货物将滞留在海关，并适用正常的海关报关程序，即增值税将由进口商或申报人按照现行程序进行申报。

⑦为确保进口低值货物已支付增值税的材料能够及时递交给海关部门，数字平台需要确保相关信息随着物流一并流转。数字平台还可以通过电子方式向供应商提供信息。

⑧海关和税务机关需要制定联合征管机制以加强合作，及时进行信息交换等。

不可忽视的是，数字平台就 B2C 跨境低值货物承担增值税纳税义务的确存在一些实操难点，OECD 报告也尝试提出建议来解决相关的问题。例如，进口低值货物涉及商业票据开具、货物流转和价款支付等多种信息，数字平台可能无法掌握所有信息来准确判断增值税的纳税义务发生时间，从而存在合规风险。相应地，可采取确认境外供应商或其代理人收到付款的时点来确定纳税义务等可行办法。

二、国际实践经验概览

（一）澳大利亚

澳大利亚是全球范围内对 B2C 低值货物征收增值税制改革的先行者，其目的是实现境内、境外供应商之间开展公平竞争，并避免增值税的税收流失①。

澳大利亚众议院在 2017 年 2 月首次提出对进口低值货物征收增值税的草案，并要求符合条件的境外供应商、数字平台或物流企业②在澳大利亚登记成为增值税的纳税人。虽然该草案在征求公众意见的过程中遭到强烈的反对③，但澳大利亚依然坚持推进修法程序。2017 年 6 月，澳大利亚对低值货物征收进口增值税的法案获得了通过，并确定从 2018 年 7 月 1 日开始实施。新法规定对境外企业销售到澳大利亚的价值低于 1000 澳元的实物商品（烟草、含酒精饮料除外）征收增值税，这实际上取消了原来对 1000 澳元以下的进口货物免征增值税的规定，服装、电子产品和化妆品等都被纳入新法规定的征税范围。

根据相关法规，需要在澳大利亚进行增值税登记、向消费者收取并向澳大利亚政

---

① Evgeny Guglyuvatyy and Nikolai Milogolov, GST treatment of electronic commerce: comparing the Singaporean and Australian approaches, eJournal of Tax Research (2021) vol. 19, no. 1, pp. 17 - 47.

② 澳大利亚增值税法规下定义为 Re-deliverer，即假如相关物流企业的部分业务是协助消费者将货物运送到澳大利亚，并提供以下服务，可能需要注册和收取增值税：（1）离岸收件服务，即提供澳大利亚境外的地址以供寄送使用；（2）购物服务，即作为收件人的代理人购买或协助在澳大利亚境外购买货物。但如果供应商或数字平台也协助将货物运送至澳大利亚，则供应商或平台将负责收取增值税。

③ 在澳大利亚等辖区对 B2C 跨境低值货物征询公众意见时，许多跨国公司、行业协会和事务所都递交了反馈意见，提出不同的观点。例如，澳大利亚财政部网站上分享了相关报告，具体内容可见 https://treasury.gov.au/consultation/applying-gst-to-low-value-goods-imported-by-consumers.

府缴纳增值税的境外企业包括：

①销售低值货物的境外供应商。

②经营线上销售业务的数字平台（例如应用软件或网站），且数字平台允许境外供应商在平台上销售低值货物。

③帮助将低值货物运到澳大利亚的物流企业。

境外企业如果在12个月内向澳大利亚消费者销售低值货物（以及其他增值税应税的货物，包括向澳大利亚消费者销售服务）的金额达到7.5万澳元或以上，则需要在澳大利亚登记成为纳税人，并缴纳增值税。

澳大利亚增值税法将B2C服务规定中的“澳大利亚消费者”的定义进一步细化，既包括未进行增值税登记的个人和企业，还包括进口的低值货物并不全部用于经营目的增值税纳税人。此外，进口的低值货物还必须和澳大利亚有足够的关联。

为了避免同一销售行为被重复多次征税，澳大利亚规定，如果境外供应商通过数字平台销售低值货物，通常是由数字平台而非境外供应商负责收取增值税，但是如果数字平台仅提供广告宣传服务，则应当由境外供应商自行缴纳增值税。只有当数字平台或境外供应商不协助将货物运到澳大利亚时，物流企业才负责收取并缴纳增值税。对计税价格高于1000澳元的进口货物，仍然保持原先由海关部门征收增值税的规定和流程。

为了避免和防止对低值货物双重征税的情况①，负责对低值进口货物收取增值税的境外企业，必须向消费者出具收据，收据上应包括企业名称、澳大利亚增值税登记号码、出具日期、货物说明以及每件货物的增值税额等。海关报关文件中也应列明货物的特定税务信息，包括境外供应商在澳大利亚的增值税登记号码、购买者（个人消费者除外）的澳大利亚商业号码以及是否每件货物都收取了增值税等。

由于B2C进口低值货物的纳税人为境外供应商、数字平台或物流企业，所以如何确保该制度的有效运行则是一大挑战。根据澳大利亚增值税法规规定，对于未按规定登记、申报或缴纳增值税的境外企业，澳大利亚政府有权计算追缴其所欠税款及相应的利息，并处以所欠税款75%的罚款。澳大利亚税务机关可通过第三方数据（如信用卡交易数据）和数字平台信息，乃至与各税收协定国的税务机关进行情报交换来发现不合规的行为。

澳大利亚政府于2021年7月5日宣布，税务委员会将对进口低值货物征收增值税的政策进行审查，评估制度的有效性，并就其继续运行提出政策建议。在评估过程中，以下问题受到了重点关注：

①是否存在新法实施后仍不合规的数字平台，是否需要修改受新法约束的企业定义，从而可以包括更多的企业。

②在进口环节对低值货物是否应当征收关税？与其他进口申报一样，自我评估清关申报方式也应当进行类似的风险评估。

③由于疫情影响而导致的电子商务业务激增，是否需要调整低值货物的征收和申

① 即增值税登记的境外企业已经对低值货物销售正确收取增值税后，低值货物又被海关部门重复征税的情况。

报门槛以促进电子商务交易？

2022 年 3 月，澳大利亚税务委员会发布《进口低值货物征收增值税税制评估报告》[①]（以下简称《评估报告》），表示该税制实施后，2019—2020 财年征收增值税金额为 4 亿澳元，远超当初预算的 1 亿澳元收入。评估结论是从税制设计角度而言，现阶段没有必要对低值货物相关的增值税法规进行修改，评估过程中纳税人提出的问题可以通过征管措施解决，而有些弥补措施可能反而增加复杂性，因此不适合采纳。

《评估报告》根据纳税人提供的反馈，总结出实施过程中面临的三大类问题。首先，部分大型数字平台表示，澳大利亚增值税法规对应进行增值税登记的数字平台定义不够明确，有些其他的数字平台运营模式和自己平台的差异不大，却未被要求进行增值税登记，可见税制设计缺乏公平性。税务委员会就此表示将继续关注这个问题，未来考虑是否将其他类型的数字平台也纳入增值税登记范围。其次，物流企业表示，与境外供应商相比，物流企业的增值税遵从压力更大。税务委员会指出该问题随后会通过澳大利亚税务局发布征管指南来解决。最后，有咨询界人士指出，那些未通过数字平台销售低值货物的境外供应商是否存在少缴增值税问题，以及是否应当采取更严格的征管措施。澳大利亚税务局则表示，此类不遵从的现象现阶段并不严重，由于数据和信息获取存在限制，实操中不可能准确地计算出境外供应商少缴的增值税税款。

（二）加拿大

从 2021 年 7 月 1 日起，境外供应商如果在 12 个月内向加拿大消费者销售的货物超过 3 万加元，就需要登记成为纳税人，并缴纳相应的增值税/统一销售税[②]。若货物销售是通过数字平台进行的，则满足条件的数字平台需要进行增值税/统一销售税登记。

该政策主要是针对境外供应商通过加拿大的物流仓库销售给加拿大消费者的货物，不包括零税率或免税的供应，也不包括通过邮递或快递将货物从加拿大以外的地区寄送到加拿大境内的情况。

与前文提及的 B2C 跨境服务的增值税征收方法不同，加拿大规定，销售货物的境外供应商不适用简化增值税/统一销售税登记制度，而需要进行正常的增值税/统一销售税登记。

境外供应商无需在加拿大指定税务代表来进行增值税/统一销售税登记。但是，若在加拿大未设立常设机构的境外供应商为了获得增值税/统一销售税的登记，则需要缴纳保证金。

（三）欧盟

随着跨境电商在欧洲市场的蓬勃发展，欧盟在 2021 年 7 月 1 日实行了一次重大的增值税制度改革，以应对通过数字平台跨境销售对增值税征收带来的挑战。这一重大改革包含以下几个方面：废除低值货物（不高于 22 欧元）进口的增值税免税制度，针对

① The Board of Taxation, The Review of the GST on Low Value Imported Goods, 2022, https://taxboard.gov.au/sites/taxboard.gov.au/files/2022-03/bot_review_of_gst_lvig_report.pdf.

② Government of Canada, GST/HST for digital economy businesses, https://www.canada.ca/en/revenue-agency/services/tax/businesses/topics/gst-hst-businesses/digital-economy-gsthst.html.

不高于150欧元进口货物推出进口一站式（以下简称IOSS）[①]增值税登记申报；废除欧盟各个成员国单独设立的增值税远程销售的起征点；针对欧盟成员国之间远程销售推出一站式（以下简称OSS）增值税登记申报；针对部分在数字平台上的销售，由数字平台负责收取和缴纳增值税。

下面对欧盟增值税上述改革的具体内容进行介绍和简要分析。

1. 废除低值货物进口增值税免税政策和进口一站式登记申报

根据欧盟原来的增值税政策规定，欧盟大部分国家对价值低于10欧元至22欧元的进口货物不征收进口增值税。但根据改革法案，免税政策于2021年7月1日起废止，外国企业出口到欧盟的所有货物不论其价值如何，都需要按照货物最终运抵国的税率缴纳增值税。对于境外供应商把价值不高于150欧元的货物销售给欧盟消费者情况，有以下两种征收方式：

（1）在货物进口环节征收进口增值税（这是针对邮政物流企业的特殊安排）。

（2）境外供应商注册IOSS，在销售时向购买方收取增值税，相应地在货物进口时不再缴纳进口增值税。

2. 废除远程销售起征点和一站式登记申报

根据欧盟原来的增值税法规，欧盟成员国之间的跨国货物销售属于远程销售。当某一欧盟成员国供应商在本国登记为增值税纳税人并将货物运往消费者所在的另一成员国时，在销售额未超过货物运抵国的年度“远程销售免税额”的情况下，供应商可以在货物起运国进行增值税登记，并按照该起运国的税率进行增值税申报。每个欧盟成员国均会设置远程销售免税额，若供应商销往该国货物的销售额超过规定的免税额，则必须在该国登记为增值税纳税人，并按照该国的税率缴纳增值税。

随着远程销售免税额于2021年7月1日起被废除，供应商一律要按照货物运抵国的税率缴纳增值税，这意味着供应商可能需要在27个欧盟国家登记为增值税纳税人，以申报欧盟内远程销售的增值税。为了简化增值税申报，欧盟推出全新的申报体系——一站式登记申报。供应商可以选择在其中一个欧盟成员国（以下简称“登记识别国”）进行一站式登记，然后按季度提交一站式增值税申报表，向所有27个欧盟国家申报欧盟内部远程销售的增值税。供应商将按季度向登记识别国支付增值税，该国将根据提交的一站式申报表将增值税税额分配给其他26个欧盟国家。

3. 数字平台负责收取和缴纳增值税

为进一步明确数字平台的增值税纳税义务，修改后的欧盟增值税法规规定，从2021年7月1日起，撮合以下销售行为的数字平台需要视同从供应商购入货物，并转售给消费者，数字平台有义务在最终销售国申报和缴纳增值税。

（1）非欧盟国家的供应商将欧盟境内库存货物以任何价格向欧盟消费者销售，包括库存所在国的销售以及欧盟内部的远程销售。

（2）欧盟或非欧盟国家供应商向欧盟消费者远程销售不超过150欧元的进口货物。

---

① Import-One-Stop-Shop 或 IOSS.

三、OECD 指南的政策实操难点和面临的挑战

与 B2C 跨境服务相比，数字平台就 B2C 跨境销售低值货物在消费地缴纳增值税有共性问题，但因为涉及到货物所以难度更大。因为与无形的服务相比，低值货物的物流安排和相关信息流的传递又给数字平台需要获取的信息增加了多个维度。

低值货物还同时涉及消费者所在国税务机关和海关监管的对接问题。Sergio Messina[①] 在其文章中就指出，欧盟 B2C 远程销售货物的平台征收模式仅从增值税角度考虑，而海关相关问题并未因此得到解决。

欧盟推出 IOSS 措施之后几个月，就出现有些欧盟国家海关因进口货物缺失 IOSS 信息或无法核实进口货物的 IOSS 号码，而导致双重征税的情况。就此欧盟委员会建议[②]，供应商或数字平台可以在未来增值税申报期内抵扣海关多收取的增值税。因此，供应商和数字平台需要在明确的增值税规则的前提下，进行缜密的系统设置和大量实操场景模拟，来避免被双重征税或双重不征税。当然，在多国经营的数字平台和物流企业，还需要了解消费者所在国不同货物适用的增值税政策，例如同一批货物中可能同时包含免税和应税货物，只有准确区分不同货物的金额，才能正确计算和缴纳增值税。因此，消费者所在国货物增值税政策的复杂程度也决定了数字平台的遵从难度。

此外，如何准确判断供应商、数字平台和物流企业之间的角色和作用，乃至哪方应该实际承担增值税登记和纳税义务，也是实操中的难点。

但是，与 B2C 跨境提供服务的增值税征税模式在多国被采纳一样，各种政策落地和实操的难度并没有改变一些国家将增值税纳税义务“外包”给数字平台的决心。例如，新加坡将从 2023 年 1 月 1 日开始取消进口低值货物的起征点，要求满足条件的数字平台、境外供应商或物流企业登记为新加坡的增值税纳税人；马来西亚也在 2021 年 11 月通过了 2022 年预算案，决定于 2023 年 1 月 1 日起取消低值货物的进口增值税的起征点。

第五节
共享和零工经济的增值税征收

在全球共享和零工经济迅猛发展的背景下，数字平台在短短几年内从根本上改变了包括出行、旅行、住宿和个人劳务等行业的经营模式，也给现有的增值税政策框架带来了挑战。各增值税国家都需要考虑现有增值税法规能否确保税务机关对相关应税行为实

① Sergio Messina, VAT E-Commerce Package: Customs Bugs in the System? Analysis of the Issues Undermining the New Import VAT Platform Collecting Model, World Tax Journal, February 2021.

② GROUP ON THE FUTURE OF VAT, EU Commission, Feb 2022, https://circabc.europa.eu/ui/group/cb1eaff7-eedd-413d-ab88-94f761f9773b/library/532a1a00-b608-4f4b-b259-a8273ad063c0/details.

现应征尽征，实现线下业务和线上业务的公平竞争等问题。

共享和零工经济的增值税问题也受到了OECD的重视，其发布的报告提供了可行的解决方案。例如，需要相关数字平台企业配合向税务机关报送信息，并向平台上进行的销售代征相关的增值税。由于数字平台企业能提供大量B2C甚至C2C的销售数据，而各国的税务机关过去一般都不掌握这些数据，但现在可以通过这些平台数据加强税收征管，从而也会提高纳税人的税法遵从度，实现增值税的有效征收。本节主要介绍OECD发布的相关报告中的主要内容和政策建议。

一、OECD共享和零工经济问题报告

就共享和零工经济的税收征管问题，OECD首先于2019年发布了《共享和零工经济：对平台上供应商有效征税》[①]的报告（以下简称《共享经济征税报告》）。该报告侧重解决直接税的问题，即税务机关如何有效促进共享和零工经济数字平台上供应商与平台等多方协作，以实现税收遵从的目的。报告提出的相关征管措施包括鼓励数字平台上供应商自行申报，要求数字平台向税务机关申报信息或者代税务机关征收税款以及推动实施多边自动情报交换，共享数字平台和供应商的涉税信息等。

该报告还进一步建议各国可以考虑制定规范数字平台、供应商和税务机关的行为准则，继续深入研究共享和零工经济中税收风险的规模、不遵从行为的实质以及促进遵从的政策选择。为方便国际情报交换、降低数字平台的遵从成本，各国应协助研究数字平台标准化信息申报的模型。

根据《共享经济征税报告》关于标准化申报模型的建议，OECD随后于2020年发布了《数字平台就共享和零工经济供应商进行申报的规则范本》[②]（以下简称《规则范本》），要求数字平台收集通过平台提供的住宿、交通和个人劳务的收入信息，向税务机关申报。虽然《规则范本》侧重直接税，但申报的相关信息同样也可用于增值税。

另外，OECD还在2020年发布了《行为准则：税务当局与共享/零工经济数字平台之间的合作》[③]（以下简称《行为准则》），作为《规则范本》的补充。

（一）OECD共享和零工经济增值税政策框架和设计思路

在所得税领域对共享和零工经济的研究不断推进的同时，各国在增值税领域同样也提出希望出台兼具效率和协作的增值税政策指南。OECD为了回应各国的上述诉求，于2021年4月19日发布《共享和零工经济发展对增值税政策和征管影响的报告》（以下简称《共享经济政策报告》）[④]。

---

① OECD. The Sharing and Gig Economy: Effective Taxation of Platform Sellers: Forum on Tax Administration, 2019.

② OECD. Model Rules for Reporting by Platform Operators with respect to Sellers in the Sharing and Gig Economy, 2020. www. oecd. org/tax/exchange-of-tax-information/model-rules-for-reporting-by-platform-operators-with-respect-tosellers-in-the-sharing-and-gig-economy. htm.

③ OECD. Code of Conduct: Co-operation between tax administrations and sharing and gig economy platforms, 2020. http: //www. oecd. org/tax/forum-on-tax-administration/publications-and-products/code-of-conduct-co-operation-between-taxadministrations-and-sharing-and-gig-economy-platforms. pdf.

④ OECD. The Impact of the Growth of the Sharing and Gig Economy on VAT/GST Policy and Administration, 2021. https: //www. oecd-ilibrary. org/sites/51825505-en/index. html? itemId = /content/publication/51825505-en.

《共享经济政策报告》指出，共享和零工经济作为平台经济的重要组成部分，正推动着交通（包括拼车服务、停车位共享、网购配送等）、住宿（服务式公寓、短期度假租赁、房屋交换等）、按需服务（搬家服务、网页设计、专业咨询等）、合作金融（包括众筹、借贷和捐赠）四个行业的加速变革，从而引起了各国对于相关行业增值税收入情况、政策设计以及征管措施调整的思考①。

假如共享和零工经济仅仅通过数字平台实现交易撮合等，它们在本质上和传统经济中的交易没有区别，因而各国并没有足够理由对其采取不同的增值税处理方式；也就是说，共享经济应和传统经济条件下的相同交易适用相同的增值税法规和征管措施，这样才能实现税收中性。当然，各国也可考虑对共享和零工经济实施特殊的增值税政策，例如借助科技手段以实现遵从，或通过鼓励相关行业的发展等来实现更高的政策目标，但这样就有可能导致相关增值税的处理不同。所以，对财税部门而言，找到一种合理的理由以对共享和零工经济与传统经济采取不同的增值税处理办法，这实际上成为一种不可避免的挑战。

为协助各国财税部门应对相关挑战，《共享经济政策报告》提供了相关增值税政策制定的理论框架和步骤。

首先，要确保政策制定者对本国共享和零工经济的规模和发展有充分的了解。一般而言，共享和零工经济的特性决定了参与者通常没有进行税务登记和申报，而且很难对相关交易准确归类，所以要详细掌握共享和零工经济的数据很有挑战性。因此，税务机关要求数字平台申报相关数据，可以掌握共享和零工经济的全景，从而可以有效支持增值税政策的制定或修改。

其次，税务机关应评估是否需要进行增值税政策的调整，并确定政策目标。各国需要了解共享和零工经济条件下新业务模式对增值税税基的侵蚀以及可能流失的增值税税收收入。例如，倘若一国对增值税纳税人实行较高的起征点，那么共享和零工经济对增值税收入的影响就可能很有限，因为传统经济条件下的参与方可能也达不到起征点。反之，倘若该国增值税的起征点相对较低，共享和零工经济的快速发展可能就会导致经营活动从大型传统经济参与者转移到大量的小规模参与者，而后者通常达不到起征点，那么共享和零工经济就会对该国增值税的税基产生显著的影响。《共享经济政策报告》指出，一国增值税政策的首要目标并非是要将所有共享和零工经济的参与者都纳入增值税的征收范围，而是应该评估共享和零工经济对增值税税基的侵蚀以及扭曲竞争的程度，从而采取合适的并有针对性的政策措施。

最后，税务机关应确定和实施恰当的增值税政策和征管措施。《共享经济政策报告》坦承，不可能存在一种放之四海而皆准的增值税解决方案。各国首先要考虑是否需要重新评估现有的增值税政策，没有必要仅仅因为共享和零工经济通过数字平台开展经营就采取不同的增值税处理办法。一国应该根据共享和零工经济给现有增值税政策和征管带来的压力，来决定应该大刀阔斧地进行修改还是只是微调。当然，税务机关还需要

① 刘奇超，沈涛，许维. OECD 最新报告：共享与零工经济新挑战下的税收应对方案［J］. 中国税务，2021(05).

结合本国的其他法律制度，例如劳动法、社会保障法和所得税法等对上述改革进行综合考虑。如果必须针对共享和零工经济出台不同的增值税法规，《共享经济政策报告》建议相关法规还是需要和本国的增值税法规在原则上保持一致，以避免出台过多特殊的制度安排。否则，随着新经济形式的不断快速迭代及跨行业发展，还会出现许多意料之外的复杂问题。可考虑对部分行业先行增值税制改革试点，新制度有效验证后再逐步推广。

OECD《共享经济政策报告》还提供了框架性的增值税政策设计思路，以供各国制定改革方案时参照，具体内容总结如下：

（1）有清晰和准确的政策目标，并评估拟达到该目标可以采取的政策或战略选择。

（2）确保对同一市场内传统经济和数字经济的平等对待，虽然采取的政策可以存在差异，但线上和线下的待遇要平等。

（3）对共享和零工经济参与方和相关体系要进行充分调研，确保出台的政策不仅现实可行，而且在未来也能经得起考验。

（4）确保和其他相关政府部门的紧密合作，采取一致的步调，包括和其他部门交换增值税纳税的相关信息。

（5）积极参与国际对话，确保及时了解国际发展动态、其他国家的经验教训以及最佳国际实践等。

（6）确保在政策正式出台前与相关业界有充分的沟通，给予他们足够的准备时间，并提供清晰的指导。

（7）促进纳税人遵从，并减轻纳税人的遵从负担，从而降低偷逃税的风险，保证税收体系的完善。

（8）定期评估相关政策在共享和零工经济中的实施效果，是否实现了增值税的中性和有效性。鉴于共享和零工经济的快速迭代，相关领域的法律和科技会在很大程度上影响这些行业的规模和范围，因此需要不断评估相关政策的有效性。

（二）OECD 关于共享和零工经济增值税法规的建议

OECD《共享经济政策报告》同时也提供了一揽子增值税法规和征管改革措施建议，供各国根据自己的国情、政策目标和相关行业及业务模式的发展情况进行选择。这些建议具体包括：

1. 确定合适的增值税起征点

各国需要考虑相关共享和零工经济的特性来制定政策，例如相对资本密集型的房屋短租经营者而言，劳动力密集型的零工从业者可能更难遵从增值税法规，税务机关也很难进行征管。除此之外，本国增值税法规的复杂程度，小企业是否能适用简易记账和纳税，税务机关的征管能力以及当地企业的税务遵从意识等因素，都需予以全面考虑。较高的增值税起征点能够减轻大量中小企业的遵从负担，而较低的起征点可以降低税基侵蚀和竞争扭曲的风险，并激励企业规范化经营。

《共享经济政策报告》指出，可以根据不同行业的特点采取不同的起征点。制定起征点时除了要将年销售收入作为主要考虑因素之外，还可以纳入附加因素作为参考，例如房屋短租可以考虑出租房屋的类型（单间或整屋出租），交通行业可以采用一定期间的客运次数作为标准。

2. 采用核定增值税纳税义务的机制

在共享和零工经济活动中，许多资产在用于经营目的的同时，也供个人生活使用，因此按照成本费用逐项确定中小企业可抵扣的进项税存在一定困难，《共享经济政策报告》建议可通过以下多种核定方式来解决这个问题。

（1）根据不同行业的特点来核定可抵扣的进项税，对符合条件的纳税人可抵扣的增值税进项税可规定固定金额。

（2）对符合条件的纳税人可采用征收率征收，即根据销售额的一定比例计算销项税，但同时不能抵扣进项税，但征收率通常比标准税率低。在确定各行业的征收率时，需要考虑该行业的进项税平均抵扣率。

（3）根据应税业务数量，而不是纳税人的实际收入来确定增值税的纳税义务。应税业务数量则根据某种服务的特定指标来确定，例如可供短租的房屋类型或提供出行服务的次数等。

（4）通过服务供应商的所得税纳税申报表来确定可抵扣的进项税。即以所得税纳税申报表上的成本费用为基数，乘以行业标准的抵扣率计算得出进项税。

《共享经济政策报告》承认以上的简化遵从措施可能并不完全符合增值税的中性原则，但这是对共享和零工经济征收增值税的一种有益尝试，建议各国给予纳税人选择不同方法的权利。

3. 简化税务登记、会计核算与申报程序

《共享经济政策报告》鼓励税务机关支持纳税人通过单一门户网站在线完成登记，不用递交纸质文件，并就登记事宜提供线上协助，或者将增值税登记纳入政府"一站式服务"。

报告还建议应该尽量简化会计核算与增值税申报的要求，比如降低申报频率，减少开票和记录保存的要求，允许纳税人采取收付实现制，鼓励使用电子核算和税务软件，以及开具电子发票等。

4. 对增值税采用拆分缴税或预提的征收机制

共享和零工经济活动中，可以考虑采纳拆分缴税或代扣代缴增值税的机制，以确保税款不会流失。在此机制下，主要由金融中介机构从用户支付的款项中直接收取或代扣代缴增值税。上述金融中介机构可包括信用卡企业、支付服务供应商、用户的开户银行、服务供应商的开户银行等。采取这种方式有助于免除服务供应商缴纳增值税税款的遵从负担，也可以降低逃税骗税的风险。

与金融机构进行拆分缴税相对应，《共享经济政策报告》还提出了由企业用户来进行拆分缴税或代扣代缴的方案。当共享和零工经济的用户是企业时，由该企业在支付相关款项的同时扣缴相关增值税，并将税款转入税务机关或指定的账户；假如该企业是增值税纳税人，则可以将代扣代缴的增值税根据法规作为进项税进行抵扣。这一机制类似于自我评估或国内反向征税机制，但略有差别，即纳税人依然是平台上的供应商，而不是企业用户。从现金流的角度看，企业用户需要实际支付税款给税务机关，从而获得进项税抵扣，而不像反向征税那样没有现金流的影响。

显而易见，这一机制实施的前提是企业用户，所以只能在某些业务场景下使用。例如，外卖平台直接与餐馆合作的情况，餐馆作为企业用户在向外卖平台支付款项时直接代扣代缴了增值税。与金融机构相比，企业用户更可能掌握交易的相关信息，从而可以进行正确的增值税计算和扣缴。当然，政策要尽量清晰简单，要让企业用户能够准确分辨出需要进行拆分缴税或代扣代缴的交易，或者让企业用户按一定期间的交易总额，而不是根据每笔交易逐笔计算应扣缴的增值税。

5. 利用技术手段加强征管和鼓励遵从

税务机关可利用数据爬虫等技术手段从平台等公开信息来源收集交易数据，如交易金额、供应商的身份信息、联系方式等。

这些数据可用于掌控共享和零工经济的发展情况，例如新行业的出现、现有行业及其业务模式的演变以及相关的遵从和征管风险点等。通过分析这些行业的数据可以对从业者进行纳税人“画像”，以便对其采取针对性的政策措施。

相关数据也可用于分析税收政策，以改变对纳税人行为的影响。例如，调整增值税起征点或申报频率等，从而协助政府进行更合理的政策设计。此外，通过技术手段还可以直接和从业者沟通，鼓励增值税的纳税遵从。

当然，通过公开信息收集和分析相关数据依然存在数据质量不高等方面的问题，因此税务机关需要进行数据清理等后期工作。特别是某些数字平台出于商业考量和信息保护等原因采用了反爬虫等技术，因此税务机关就需要进一步与数字平台和相关利益方进行沟通，争取获取可靠的信息。

6. 确定第三方申报信息义务

鉴于以上原因，《共享经济政策报告》还建议各国可以明确第三方的申报信息义务。例如，数字平台掌握着大量的交易双方数据，包括纳税人登记号、金融账号、交易金额等，各国可通过确定平台的申报义务，为税务机关征管带来便利。

《共享经济政策报告》建议各国在规定申报义务时，需要考虑的政策制定因素包括：决定申报数据类型和数量的适当性；确定数据的来源和准确性；与利益相关方进行有效沟通，确保税务机关有足够的人力和技术来保证数据安全和有效分析；采用应用程序接口等技术实现平台和数据的直接对接；如一国存在多个税收辖区，则需保证各辖区规则的一致性；等等。

7. 通过沟通和教育提高税法遵从度

如前文所述，共享和零工经济从业者很可能并未充分意识到自己的纳税义务，也并不了解相关的税务法规。因此，税务机关可考虑建立专门的网页，列明其纳税义务和可能适用的简易征管措施，以供共享和零工经济的从业者学习参考。数字平台也可以在其网站上分享此类信息或提供相关税务机关的网页链接。

此外，税务机关可考虑和数字平台合作共同培训相关从业者以及开设热线或网上客服来解答具体的税收政策和征管问题。

综上所述，《共享经济政策报告》特别关注数字平台在发起和撮合共享和零工经济交易方面所起的重要作用，强调数字平台在增值税征管方面不但可以就增值税的遵从义务培训平台上的供应商，还可以向税务机关提供相关数据，以供后者了解共享和零工经济的发展态势，从而帮助其进行有效征管。具体需要申报的信息和内容可参考《规则范本》，以保证各国所要求的数字平台申报信息和流程相互一致。

（三）OECD 提议的风险管理和执法手段

《共享经济政策报告》还提出对共享和零工经济可以采用风险导向型的增值税征管措施，并建议税务机关采用基于数据的风险管理方法。共享和零工经济的从业者人数众多，逐案处理几乎不太可能。而风险导向型的征管模式需要基于有效的风险分析和画像，其在很大程度上取决于包括资金流动信息在内的自动交叉比对。因此，税务机关获取财务数据对于风险管理和促进纳税人遵从意义重大。这种征管方式强调第三方申报义务，是共享和零工经济增值税管理的多种可行方案之一。

税务机关可同其他政府部门进行信息交换，如社会保障部门、财产登记部门、道路交通管理部门、金融情报部门等，通过不同来源的大数据分析，提高税务风险管理的效率。

税务机关应该对违规的共享和零工经济中的供应商采取一定的处罚手段。为维护公平竞争环境，《共享经济政策报告》建议税务机关可对违规行为进行处罚，具体措施包括：根据具体情况公布违规企业名单、限制使用数字平台、处以罚款或要求金融中介机构停止违规购买方的账户支付功能。

此外，税务机关还应利用双边或多边税收协定中的税收情报交换，加强税收征管方面的国际合作，提高征管效率。

二、国际实践经验概览

尽管 OECD 于 2021 年 4 月发布了共享和零工经济的增值税政策建议，但大多数国家对相关政策和措施仍处于了解和探索的阶段。值得注意的是，欧盟、英国和澳大利亚在数字平台申报义务方面已走在了前面。虽然相关规定未明确信息申报是针对增值税或企业所得税的，但是申报的相关信息可被多税种共享。

2021 年 3 月 22 日，欧盟委员会通过了欧盟第七版《税收行政合作指令》（以下简称 DAC7[①]）。DAC7 扩展了信息自动交换和报告义务，并要求数字平台申报供应商通过平台赚取的收入。同时，DAC7 还要求加强和改善各成员国在信息交换方面的合作，例如采取联合审计等措施。DAC7 规定数字平台应采取尽职调查程序以搜集和核实信息，并申报供应商通过数字平台实现的销售信息，包括通过数字平台出租不动产、提供个人劳务、出售货物和出租交通工具等。DAC7 还要求进一步加强欧盟成员国税务机关之间的信息交换和合作，其中对两个或两个以上欧盟成员国税务机关开展联合审计制定了框架和主要原则，同时明确了在数据泄露情形下欧盟成员国和欧盟委员会应该遵循的程序。根据 DAC7 的要求，欧盟成员国必须在 2022 年 12 月 31 日之前完成国内立法，数字平台申报义务将于 2023 年 1 月 1 日起正式生效，而联合审计措施自 2024 年 1 月 1 日起生效。

---

① Directive on administrative cooperation, Council Directive (EU) 2021/514 of 22 March 2021 amending Directive 2011/16/EU on administrative cooperation in the field of taxation. http://data.europa.eu/eli/dir/2021/514/oj.

2021 年 7 月 30 日，英国税务和海关总署（HMRC）就关于数字平台的申报义务征求公众意见①。英国税务和海关总署明确表示，新规则的出台是基于 OECD 的《规则范本》，但《规则范本》只给出选择方案，缺少落地细节，因此英国此次征求公众意见侧重与新规则的范围、申报信息的类型、征管措施的影响，以及应如何使用申报信息以确保纳税人权益和其中可能遇到的实操问题等。征求意见的公众对象，主要包括共享和零工经济条件下提供出行服务、外卖服务、民宿和自由职业者等业务的数字平台，也包括撮合货物销售和运输租赁的数字平台。此外，英国税务和海关总署还研究了英国的新规则将如何与 DAC7 相协调的问题，明确新规则将从 2023 年 1 月 1 日起实施，境内和境外数字平台有义务提供有关位于欧盟或其租赁财产位于欧盟的供应商的收入信息，如果平台有权访问供应商的银行账户数据，应提供这方面的详细信息。

2021 年 8 月 25 日，澳大利亚政府向国会递交了一项法案②，并要求国会进行审议。该法案要求共享经济的电子销售平台必须就通过其平台进行的交易向澳大利亚税务机关履行申报义务，并建议对税收征管法进行修改。

第六节

增值税的国际共识和发展态势

一、OECD 的政策建议和各国共识及尝试

综合本章以上内容可见，OECD 解决数字经济对增值税征管挑战的政策框架主要基于以下四个支柱：

第一，各国应创建对跨国数字供应征收增值税的法律依据，包括接受国际上达成共识的对线上数字供应由消费者所在国征税这一消费地原则。

第二，通过简易增值税登记和征收机制来确保对境外供应商通过数字平台销售低值货物和服务，以便有效征收增值税。

第三，可以要求数字平台承担对在平台上销售服务和低值货物代收和缴纳增值税的完全责任，以此来提高增值税的征收效率。

第四，通过现代风险导向的合规战略和有力的征管合作，提高境外供应商和数字平台的增值税合规水平。

根据以上的政策框架，OECD 还结合各大洲增值税不同的税制特点，就数字经济打造了专门的增值税数字工具箱，供各国税务机关制定增值税的征管政策。目前已经分别

① HRMC. Reporting rules for digital platforms - consultation, 2021. Reporting rules for digital platforms-consultation-GOV. UK (www. gov. uk).

② Parliament of Australia, Treasury Laws Amendment (2021 Measures No. 7) Bill 2021. https://www.aph.gov.au/Parliamentary_Business/Bills_Legislation/Bills_Search_Results/Result?bId=r6760.

发布了拉丁美洲和亚太地区相关的增值税数字工具箱，非洲相关工具箱正在起草之中。

拉丁美洲增值税数字工具箱[①]于 2021 年 6 月发布，其对该区域数字贸易的增值税政策设计和落地实施提供了综合细致的指引。该工具箱基于已达成国际共识的 OECD 政策框架以及已经落地实施的增值税国家的最佳实践，结合拉丁美洲的税收政策，对跨境服务（包括数字服务和数字产品）、线上销售的低值货物以及共享经济的增值税落地政策进行了详细的分析。该工具箱也对 OECD 政策框架中增值税征管政策给予了详细的指引，包括落地实施针对境外供应商的简易合规机制，开发相应的增值税登记和缴纳的门户网站，以及网站和现有的征管 IT 系统的有效整合。该工具箱还建议各国税务机关对数字经济交易的增值税征收开发有效的稽查和风险管理机制。

亚太地区增值税数字工具箱于 2022 年 3 月发布[②]。增值税是亚太地区大多数税收国家的主要收入来源，占该地区税收总收入的五分之一以上，并高于企业所得税和个人所得税收入的占比。迄今为止，亚太地区也占据了全球电子商务市场的最大份额，因此，在数字化的进程中有效保护增值税收入也是许多国家政府的优先事项。与拉美增值税工具箱类似，亚太增值税工具箱以 OECD 提供的政策框架为基础，借鉴了已实施该政策框架国家的成功经验和最佳实践，并结合本区域税务机关的具体情况、需求和能力，为亚太地区数字经济领域增值税政策的设计、实施和运作提供了全面和详细的指引。

如前文所述，OECD 增值税政策指引大部分已成为增值税领域的国际共识，许多代表性国家结合各自增值税制度进行了不同程度的借鉴和吸收。随着数字经济的进一步发展以及 OECD 各大洲政策工具箱的发布，采纳相关政策建议的增值税国家可能将继续增加。

值得注意的是，除了应对 B2B 跨境服务挑战的反向征税机制以外，应对其他三大类 B2C 挑战的解决方案最终可能都会落在数字平台上。数字平台或被要求承担增值税纳税的完全责任，或者要配合税务机关申报相关的供应信息，或者要督促供应商遵从纳税义务。这些做法究其原因是，数字平台掌握了大量的交易信息和数据。相比由使用平台上的供应商履行增值税登记和纳税义务，由数字平台缴纳增值税具有更高的效率。根据国际货币基金组织跨境供应增值税征管实践的数据显示，澳大利亚自 2017 年实施境外供应商增值税登记制度以来，共有 500 余家境外供应商进行了登记，2017 年至 2019 年共贡献税款 7.28 亿澳元，而且其中 85% 的税收收入由排名前 30（数量占比 6%）的境外供应商贡献，集中效应十分明显[③]。

欧盟增值税专家组[④]于 2022 年 6 月 10 日召开会议，集中讨论“数字时代的增值

---

① OECD/WBG/CIAT/IDB, VAT Digital Toolkit for Latin America and the Caribbean, 2021. https://www.oecd.org/tax/consumption/vat-digital-toolkit-for-latin-america-and-the-caribbean.htm.

② OECD/WBG/ADB (2022), VAT Digital Toolkit for Asia Pacific, 2022. https://www.OECD.org/tax/consumption/VAT-Digital-Toolkit-for-Asia-Pacific.htm.

③ 郑洁燕. 跨境数字交易增值税管辖规则的国际比较研究［J］. 国际税收，2021（03）.

④ 即 EU VAT Expert Group，专门为欧盟委员会就增值税事项提供咨询和协助。

税”项目的相关政策建议①。该项目包含将欧盟增值税税制现代化的一系列举措，以应对数字化带来的影响，预计将于2022年10月发布数字化影响评估报告和立法建议。如果27个成员国都一致通过，该项目的具体措施将于未来两到三年内实施。其中措施之一就包括“增值税和数字平台”，专家组建议采用将数字平台“视同供应商”的征收模式。

可见，有越来越多的国家将增值税缴纳和合规义务外包给了数字平台。随着B2C跨境销售数字服务和低值货物政策在多个国家先后落地实施，学术界也非常关注相关政策的影响。例如，欧盟自2021年7月1日起要求数字平台在最终消费地申报和缴纳增值税，就有学者指出数字平台或多或少会受到新政的影响，这就需要完善信息和建立新流程以满足新政的要求，并从商业和合规的角度去考量其具体的影响。

以前文讨论的欧盟增值税新政为例，数字平台受到的影响就很广泛，可以概括为以下四方面。

首先，那些仅提供最基本撮合交易功能的数字平台可能由于欧盟增值税新政出台而消失。为了满足新政合规的要求，数字平台会产生额外的成本费用。大型且知名数字平台可能将相关费用分摊到用户，每个用户所需承担的金额非常小。但对于小型数字平台而言，每个用户需要承担的成本会比较高。在提供相同服务的情况下，用户会偏向于选择价格优惠的大型数字平台。因此，用户不断流失的情形对正在积累用户的小型数字平台会产生致命影响。即使小型数字平台依然能够存活，但这一新政违反了增值税的中性原则，也潜在阻止了数字平台进一步多样化的发展。

其次，数字平台上卖家的潜在违规行为将会给数字平台带来重大的责任风险。目前，欧盟新政下给出的解决方案都缺乏实操性，或者需要数字平台对现有业务模式做重大调整才能实现。

再次，新政下对平台交易信息记录和留存的过度要求会导致不公平竞争。非欧盟国家的数字平台很难实施相关的留存措施，从而导致非欧盟国家数字平台相比欧盟国家数字平台处于更加有利的竞争地位。

最后，由于欧盟各成员国的落地政策不一致导致数字平台额外的合规成本。例如，有的成员国采取数字平台承担连带责任而不是完全责任。数字平台的流程和系统更新需要符合欧盟各成员国不同的落地政策，从而无法在各成员国采用统一的解决方案，这也给数字平台带来高额的合规成本。

学界还有观点指出②，要求数字平台承担过多的责任和义务会影响数字平台的经营，给其造成额外负担，因此数字平台承担的责任不应该是无限的。各国应该根据平台与该国最终消费者联系的紧密程度来确定这种责任，而且这种责任也应仅限于该国应征收的增值税税款。同时，各国要求数字平台承担的征收责任必须符合本国的宪法和国际

① 即VAT in the Digital Age，项目包括三大块内容：数字申报和电子发票；增值税和数字平台；一站式增值税登记。欧盟委员会正就该项目征求公众意见，https://ec.europa.eu/info/law/better-regulation/have-your-say/initiatives/13186-VAT-in-the-digital-age_en.

② Keigo Fuchi. Digital Platforms and Their Role in the Collection of VAT/GST and RST [R], Japanese Yearbook of International Law, Vol. 64, 2021.

法的宗旨。

除了将增值税遵从义务由数字平台承担外，OECD 和各增值税国家也在探讨其他可行的方案，例如前文提及的拆分缴税机制。波兰已从 2018 年 7 月 1 日开始实施这种机制，所有增值税的纳税人都可以选择适用拆分缴税机制，金融机构则根据相关的增值税数据进行支付。

但拆分缴税机制也并非一种完美的解决方案，它同样存在系统性的弱点和挑战。举例来说，金融机构并不掌握为正确进行拆分缴税或代扣代缴所必须的所有信息，如果一国采用多档增值税税率并存在免税政策，金融机构很难直接做出判断，从而无法正确计算应扣缴的增值税税额。另外，假如多家金融机构都参与了共享和零工经济的上下游经营活动，就很难确定每家金融机构应该承担的责任。倘若进行责任划分，则会进一步增加问题的复杂性。

此外，如果用户取消交易或退款，或者使用其他支付方式，税务机关需要充分的信息来评估拆分缴税或代扣代缴义务的遵从度，这时仍然需要通过数字平台或其他参与方来获得信息。最后，实施拆分缴税或代扣代缴机制还可能会导致用户转向使用现金或其他替代性的支付手段，从而游离于这个征管机制之外。因此，考虑到通过金融机构来进行拆分缴税或代扣代缴仍存在着问题和挑战，OECD 建议将此作为备用方案，而不是首选方案。

欧盟委员会也于 2017 年发布《拆分缴税机制作为增值税征收替代方法的影响分析报告》[①]，将拆分缴税机制适用于 B2B，B2C 和 B2G（企业向政府提供的供应）不同场景并进行定性和定量研究。该报告指出，“没有明显证据显示拆分缴税机制的收益超过其成本”，虽然采用拆分缴税可减少增值税逃税避税行为所导致的税收流失，但也大大增加了征管成本，而且还会占用企业现金，影响企业经营。

二、增值税是否会因为数字化被销售税所取代

随着数字经济和科技的发展，越来越多的人提出一个疑问，即倘若各国税务机关掌握了大量的交易层面数据，增值税是否会被销售税所取代？要回答这个问题，先要理解增值税运作的两大基本准则，即增值税税基是国内最终消费支出，征税对象是最终消费者所消费的货物或服务的价值，增值税本质上并不是对交易本身的课税。根据增值税中性原则，除税法有特殊规定以外（例如免税），在 B2B 的交易中增值税并不会成为纳税人真正的成本。

那么，逐环节抵扣的增值税机制未来是否可能转变为更接近于单环节征收的销售税呢？随着技术的进步，B2B 交易中供应商在某一时点确认增值税的销项税而购买方在另一时点抵扣进项税的做法最终将消失，因为所有交易将通过系统处理即时数据，B2B 交易将通过电子凭证的方式来“完税”，不需要任何实际支付增值税、抵扣或者退税。而对于 B2C 跨境供应，购买方的状态和地点必须是确定的，这样才能确认拥有征税权的国家，并正确计算税款。B2C 交易中征收的增值税会自动上缴给税务机关，无需从供

---

① Europen Commission. Analysis of the impact of the split payment mechanism as an alternative VAT collection method, 2017. https://ec.europa.eu/taxation_customs/system/files/2018-01/split_payment_report2017_en.pdf.

应商银行账户中划转。税务机关的自动化税收稽查软件可以对每一项交易进行跟踪并建立电子交易记录。

近年来，多个国家修订增值税法规以解决税收欺诈问题，最典型的案例是通过循环与不明交易进行骗税，即供应商未缴纳增值税，但购买方却要求税务机关退回进项税。为应对这些欺诈，有些国家税务机关提出由国内反向征税机制代替直接征收增值税，从而实现由购买方同时缴税和抵扣进项税。各国的经验显示，骗税通常发生在 B2B 交易中，而非在 B2C 的交易，因为 B2B 交易中的缴税和抵扣机制可能导致骗税。然而，IT 数据匹配系统未来可以实现不再要求 B2B 交易的纳税人缴纳销项税或抵扣相应的进项税。实际上，为了打击税收欺诈，新西兰早在 2011 年已经对 B2B 土地销售实现了强制性的零税率，即仅对土地销售的零售环节征收增值税。假定 B2B 交易中供应商缴税、购买方抵扣进项税的做法被废除，那么剩下的便是销售税——对最终消费者购买交易征收的单环节税收。

这里需要澄清的是，我们并非主张增值税税制将被销售税取代，而是增值税制度将以与销售税相似的方式运行。强调这两者的区别很重要，因为销售税的征管历史表明，与多环节征收的增值税自我强化机制相比，单环节征税更容易引发骗税和逃税。

因此，未来实施的是新型销售税，而不是一些国家（如美国）仍在征收的销售税。新型销售税和传统销售税重要的区别是税基宽窄，即新型销售税将同时适用于货物和服务，而且会通过 IT 程序将 B2B 交易排除在税制之外。增值税领域近年来的发展可能被看作通过征管软件来实现将 B2C 交易的增值税直接缴纳给税务局的过渡性步骤。

在数字经济的大环境下，越来越多的交易在数字世界中发生，未来发展的必然趋势就是通过数字方式进行增值税征管。各国税务机关利用数字平台对 B2C 的进口服务和货物征税应该属于过渡性的解决方案。当技术解决方案日趋成熟时，假设未来能实现 A 国的供应商销售给 B 国最终消费者应缴纳的增值税会自动支付给 B 国税务机关，那么就无需再通过数字平台征收税款。

总而言之，倘若未来技术可以使 B2B 交易中的供应商无需计算增值税，并且购买方无需抵扣相应的进项税，那么发票开具将会在很大程度上实现自动化和标准化，增值税申报表将会自动预填写，增值税征管即可实现向自动化的方向转变。

增值税征管最终实现自动化，并非仅仅因为技术的发展会助力于税务合规性管理，而是因为税收政策本身也将适应技术的发展①，从而实现 IT 系统的自动判断和计算增值税。换言之，增值税征管自动化将是两种力量相互作用的结果，即技术的进步助力税务合规性管理，同时税收政策的完善将使技术的应用朝着更加自动化的方向发展。

---

① 以澳大利亚对跨境 B2C 服务及低值货物征税而推行的措施为例，“澳大利亚消费者”的定义被相应修改，可参见本章第三节和第四节内容。

附　录

附录一　各国政府、国际组织、跨国企业和专家学者对支柱一的意见[①]

一、发展中国家政府的意见

（一）支持性意见

1. 印度尼西亚期待2021年能达成关于“双支柱”改革国际共识，并意在2022年由其担任G20轮值主席国期间推动共识方案的实施。近日，印度尼西亚财政部长Sri Mulyani Indrawati发表了一篇题为《在数字世界中建设更好的税收》的文章。该文表示，印度尼西亚是一个发展中国家和新兴国家，也是一个庞大的经济体，正在经历由数字化驱动带来的惊人转变。在新冠疫情中，整个经济体的教育、卫生保健服务和实体活动正发生变化，数字交易迅猛增加。因数字公司往往在没有实体存在的情况下实现销售，而各类企业的税收待遇并不一致，故印度尼西亚许多在传统商业模式下（即依靠实体存在）运营的商业团体对此深表不满。作为财政部长，本人期待在2021年意大利担任20国集团（G20）轮值主席国期间，各国将通过OECD/G20 BEPS包容性框架讨论的“双支柱”解决方案，在国际税收问题上达成历史性协定（《全球数字经济税收动态》2021年第2期）。

2. 非洲税收征管论坛[②]对2021年7月OECD国际税制改革新框架的积极评价。非洲税收征管论坛（ATAF）认为，就经济数字化带来的税收挑战达成全球共识是最重要的，因为现在比以往任何时候都需要合作和多边主义来制定解决方案，以帮助所有国家在后疫情时代重建其本国经济。在“支柱一”方面，ATAF表示：（1）新“支柱一”规则反映了ATAF对2020年10月“支柱一”蓝图提出的许多修改建议，这些建议使“支柱一”规则更加简化。（2）“支柱一”正尝试解决目前来源国与居民国之间征税权

① 摘自2020年1月以来阿里研究院编译的《全球数字经济税收动态》（2022年5月起更名为《全球数字经济财税动态》）月刊。月刊的信息来源主要包括：UN、OECD、IMF、World Bank、South Centre、European Commission、ATAF等国际组织，*Financial Times*、*The New York Times*、*Wall Street Journal*、*Forbes*等报刊，Brookings、World Economic Forum、ITEP、Tax Policy Center、Tax Foundation、Bloomberg、MNE Tax、Tax Justice Network等智库，*INTERTAX*、*World Tax Journal*、*EC Tax*等期刊，各国财税部门、著名跨国企业官方网站、知名学者个人博客以及IBFD、Law 360、Wolters Kluwer等专业数据库。

② 非洲税收征管论坛拥有38个来自非洲的成员国，致力于帮助非洲国家建立高效和有效的税征征管机构，促进经济发展并提高非洲人民的生活水平。

分配不平衡的问题，这种不平衡使得作为来源国的非洲国家无法获得亟需的收入。要进一步纠正这种不平衡，还有很多工作要做（《全球数字经济税收动态》2021 年第 7 期）。

3. 包容性框架印度代表 Rasmi：《联合国税收协定范本》新条款不应是支柱一的替代方案。印度代表 Rasmi 表示，如果支柱一没有通过多边公约实施，2021 年《联合国税收协定范本》中新增对技术和自动化数字服务征税的第 12B 条也难以在双边协定背景下发挥作用。相反，发展中国家可考虑在多边背景下实施第 12B 条，以解决全球性税基侵蚀和利润转移（BEPS）问题。由于 BEPS 问题是全球性的，因此《联合国税收协定范本》第 12B 条或任何其他支柱一替代方案都不应以双边方式实施。Rasmi 表示，发展中国家必须确定是否要采用支柱一或第 12B 条，这取决于哪个方案可以提供更多的税收收入。南方中心 6 月 1 日发表的一篇论文，比较了非洲联盟和南方中心的成员国实施第 12B 条或支柱一金额 A 后可获得的税收收入。研究发现，第 12B 条方案适用范围狭窄，仅对“纯”自动化数字服务公司就毛所得征收 3% 的低税率，并允许纳税人不受限制地选择以净所得为税基，其产生的税收可能不会超过金额 A。然而，该论文的作者承认，以不同的方式设计第 12B 条制度，例如，扩大公司适用范围、将具有混合自动化数字服务功能的公司包括在内、提高“毛所得法”下的税率、限制“净所得法”的使用，可能会产生更多的税收（《全球数字经济财税动态》2022 年第 6 期）。

（二）保留性意见

1. 印度在七国集团税收协议中获益甚微。2021 年 6 月 14 日，印度国家公共财政和政策研究所助理教授 Suranjali Tandon 撰文表示，对印度等发展中国家而言，七国集团（G7）于 6 月 5 日达成的全球税收协议，可能不会带来多少新的税收收入，同时该协议会对印度税收主权施加新的限制。就“支柱一”而言，根据对一些大型科技公司在美国证券交易委员会（SEC）提交的文件的审查可以看出，亚太地区的市场管辖区将获得极小一部分可以行使新征税权的利润，其中印度将获得更小一部分。例如，Alphabet（谷歌母公司）2019 年的全球利润率为 22.5%。据粗略估计，有 2.5% 可用于分配给市场管辖区。由于 Alphabet 在亚太国家的销售额占其总销售额的 34%，因此该公司利润的 0.8% 将在亚太地区国家之间进行分配（《全球数字经济税收动态》2021 年第 6 期）。

2. 拉丁美洲对 2021 年 7 月 OECD 国际税收改革新框架的担忧。哥伦比亚前财政和公共信贷部部长 José Antonio Ocampo 撰文指出，“双支柱”改革谈判进程的结果对于拉丁美洲来说尤其重要，拉丁美洲严重地依赖企业所得税收入，因此受到跨国公司避税的打击更大——跨国公司避税每年造成全球收入损失至少 2400 亿美元，仅拉丁美洲就损失 400 亿美元。所有参加谈判的拉丁美洲国家都签署了该协定。尽管如此，大多数拉丁美洲国家对此表达了担忧：……（4）“支柱一”规则只适用于全球约 100 家大型跨国公司利润的一小部分，这意味着该项措施几乎不会产生额外收入（《全球数字经济税收动态》2021 年第 7 期）。

3. 非洲税收征管论坛对 2021 年 7 月 OECD 国际税收改革新框架的消极评价。在“支柱一”方面，ATAF 表示，对于目前在市场管辖区没有实体存在的跨国企业（如许多数字企业），“支柱一”会将其部分剩余利润分配给市场管辖区，但常规利润将不会被分配给该管辖区。而就在市场管辖区有实体存在的企业，剩余利润和常规利润都将被在该管辖区被征税，这似乎并非一个公平的结果。对于征管能力有限、没有或很少启动相互协商程序（MAP）争端的非洲国家，不应强制适用有约束力的金额 A 争端解决机制（《全球数字经济税收动态》2021 年第 7 期）。

4. 肯尼亚和尼日利亚未加入“双支柱”改革新框架协议的原因。肯尼亚税务局官员 Terra Saidimu 表示，只有 11 家达到“支柱一”金额 A 规则门槛的公司在肯尼亚运营，但该国目前有 89 家公司向政府支付了数字服务税（DST）。他引用了优步（Uber）和缤客（Booking）的例子，它们不符合金额 A 规则的营业额和利润率门槛，但在肯尼亚仍要支付 DST。肯尼亚在 2021 年 1 月引入了税率为 1.5% 的 DST，加入新的全球税收协定将意味着停止征收 DST，但“两鸟在林，不如一鸟在手”，在无法确定“双支柱”协议会给肯尼亚带来多少收入的情况下，肯尼亚选择暂时不加入协议并继续实施 DST。尼日利亚驻 OECD 代表 Matthew Gbonjubola 表示，无论是“支柱一”还是“支柱二”向发展中国家提供的资金都很少或根本没有。Saidimu 和 Gbonjubola 都表示，加入协议另一个障碍是争议解决机制，该机制具有强制性约束力，可能会使税收问题在跨国公司的母国解决，从而侵犯征税国的税收主权（《全球数字经济税收动态》2021 年第 11 期）。

（三）综合性意见

1. 二十四国集团对“双支柱”提案的评论。二十四国集团（G24）① 一贯支持公平、简单、能够被所有发达国家和发展中国家有效执行的“双支柱”规则。在“支柱一”方面，G24 强烈建议重新分配的跨国公司利润（金额 A）不应低于超额利润的 30%，否则发展中国家（特别是小型和新兴经济体）很难获得任何有意义的税收收入。G24 还建议“支柱一”规则应纳入具有约束力的选择性争议解决机制，以解决与金额 A 相关的问题。规则应侧重于争议的预防，而非争议的解决（《全球数字经济税收动态》2021 年第 9 期）。

2. 南方中心对支柱一金额 A 税基确定规则的评论意见。一是股权损益的定义必须具有尽可能广泛的范围，以便将所有类型的损益纳入，这既可增加发展中国家的潜在税收收入，也将避免针对特定损益是否包含在金额 A 税基中的不必要争议、易于征管。二是建议删除制度实施前亏损规则，因为根本没有理由可以解释为什么当跨国公司的利润从未被分享时，制度实施前亏损应当被分享，这将不公平地减少发展中国家的税基。三是制度实施后亏损的结转期限必须尽可能短。从征管角度看，较长的亏损结转期是不可行的，发展中国家的税务机关在评估跨国公司多年前的亏损调整时存在较大困难。四是就财务账目的重述调整而言，草案将其限制在集团当期收入的 0.5%。然而，鉴于金额 A 规则适用门槛为 200 亿欧元，这将意味着可调整金额可以达到 1 亿欧元以上，这是一笔巨款，可能减少甚至可能消除调整后的税前利润，导致不会有金额 A 分配给市场辖区。对此，需要制定规则来防止这种情况发生。五是一些跨国公司有可能会考虑拆分以规避支柱一金额 A 的适用，因此需要制定反规避规则来应对此类拆分（《全球数字经济税收动态》2022 年 3 期）。

---

① 二十四国集团（G24）是亚、非、拉发展中国家为在国际货币制度改革中协调立场、增强团结而结成的国际性组织。

3. 发展中国家对《支柱一金额 A 进展报告》政策建议的观点摘编。

二十四国集团（G24）指出，首先，支柱一中关于“今后不颁布数字服务税及类似措施”的共识应只具有政治承诺性质，否则将侵蚀主权国家未来的立法权；其次，将现行税制下已经征收预提税的所得从金额 A 分配中扣除，将导致现有征税权被侵蚀，降低了支柱一对发展中国家的吸引力和意义；最后，亏损结转期限应尽可能短，因为延长期限将减少可用于重新分配的全球剩余利润，并加重了跨国企业和税务机关的合规负担。

南方中心[①]认为，第一，OECD 必须向包容性框架成员发布各国在金额 A 规则下预计征收的税收数据，以确保各国可根据国家利益做出决策。第二，“不颁布数字服务税及类似措施”的禁限条款可能会在一些发展中国家和发达国家遇到宪法性障碍，进一步降低金额 A 规则的可接受性。如果为达成共识必须引入该禁限条款，则应公布一份详细清单，以确保透明度与确定性。第三，实施金额 A 规则的《多边公约》必须包含一个退出条款，如果各国认为金额 A 规则对它们没有意义，可以通过该条款退出公约。第四，金额 A 适用范围中的平均计算机制只能作为判断跨国企业“进入范围测试”的规则，这意味着一旦跨国企业进入金额 A 的适用范围，平均计算机制就无需再适用。第五，再保险和资产管理业务都主要从跨境活动中获得资产，将它们排除在金额 A 适用范围之外会使市场国无法获得公平的税收。第六，营销及分销利润安全港机制被设计为一个封顶机制，将人为地限制根据现行转让定价规则分配给各国的常规利润（《全球数字经济财税动态》2022 年第 8 期）。

二、发达国家政府的意见

（一）支持性意见

1. 欧美国家对“双支柱”改革谈判进程持乐观态度。美国财政部长耶伦 2021 年 7 月 11 日证实，美国财政部正在推动在即将到来的预算决议中纳入实施“支柱二”的措施。耶伦表示，“‘支柱一’将走在稍微慢一点的轨道上，美国财政部将与国会合作推动这一进程，也许在 2022 年春天才可以就绪。”德国联邦财政部国际税务司司长、OECD 财政事务委员会和包容性框架指导小组主席 Kreienbaum 于 7 月 12 日表示：“包容性框架的实施时间表在技术和政治上都非常雄心勃勃，但在一些技术问题上仍悬而未决。鉴于过去几个月包容性框架在该计划上取得的重大进展，相信各国将能够很快解决剩余问题。”美国认为数字服务税（DST）等单边措施是对美国公司的歧视性待遇，因此准备对征收这些税的国家征收报复性关税。由此，欧盟 7 月 12 日表示将引入数字税的计划推迟到了 10 月”。OECD 税收政策与管理中心副主任 Grace 表示：“尚未签署‘双支柱’改革新框架《声明》的七个国家有理由推迟签署，但‘重要的是要强调所有国家’仍然建设性地参与其中。一些国家只是希望有更多的时间来评估《声明》中的

① 南方中心（South Centre），1990 年在原南方委员会基础上建立，1995 年 7 月正式成为常设机构。其宗旨是促进“南南”团结与合作，加强南北在平等、公平基础上的相互理解与合作。截至 2022 年 6 月，共有 54 个成员国，均为发展中国家。

具体条款，如爱尔兰。大家一致认为，将考虑美国 GILTI 制度与全球反税基侵蚀规则（GloBE）共存的条件，以确保公平的竞争环境，而这需要关注 GILTI 税制未来可能会发生的变化”（《全球数字经济税收动态》2021 年第 7 期）。

2. “双支柱”方案补充了转让定价制度。负责多边谈判的美国财政部副助理部长 Grinberg 认为，OECD 制定的《关于 BEPS 行动计划中无形资产的开发、增强、维护、保护和利用（DEMPE）职能的指南》给国际税制带来了不稳定因素，将无形资产相关回报与 DEMPE 职能挂钩，在没有全球最低税的情况下，很容易将这些功能转移到低税管辖区。同时，“支柱一”关于重新分配部分剩余利润征税权的金额 A 制度以及对常规利润征税的金额 B 制度，加强了基于独立交易原则的国际转让定价制度。因此，“双支柱”方案实际上完善了转让定价制度，从而巩固了 2013 年至 2015 年通过的 BEPS 第 8 - 10项行动计划（《全球数字经济税收动态》2021 年第 7 期）。

3. 加拿大财政部长称“双支柱”方案将为其每年筹集 36 亿美元税收收入。2021 年 10 月 16 日，加拿大副总理兼财政部部长 Chrystia Freeland 在接受加拿大广播公司采访时表示，根据 OECD 最新商定的税收协议，加拿大每年将获得45 亿加元（约合 36 亿美元）的额外税收收入，超过数字服务税（DST）可能带来的收入。根据加拿大国会预算官员办公室的测算，DST 在 5 年内可为加拿大带来 40 多亿加元的收入。然而，财政部的收入预测并不精确，因为“双支柱”方案的一些细节尚未敲定。Freeland 表示，加拿大仍将继续推进 DST 立法工作，如果“支柱一”多边公约不能按既定计划生效，那么加拿大的 DST 将于 2024 年 1 月 1 日起生效（《全球数字经济税收动态》2021 年第 10 期）。

4. 美国财政部负责多边谈判的副助理部长 Itai Grinberg 认为，美国将从双支柱协议中受益。Grinberg 解释了美国将如何从双支柱协议中受益以及关于国际税收政策的多边协议如何处于重新调整国际经济秩序的前沿等问题。具体来说，双支柱协议对美国有两大好处：增强的税收确定性和稳定的国际税收架构。美国受益于“稳定、以规则为导向的环境”、更公平地对待工作和中等收入家庭的制度。从微观角度看，支柱二的征税不足支付规则将防止总部位于不实施全球最低税制税收辖区的公司存在的优势，为美国及美国公司创造公平的竞争环境。至于美国可以在支柱一规则下取得多少税收收入，还不得而知，因为各国还没有就一些关键事项达成一致。从宏观角度看，双支柱协议代表着美国重新获得国际税收领域的领导地位，多边领导可以实现单独行动无法实现的事情，通过 OECD 的谈判，拜登政府帮助世界迎来了“国际经济多边主义与合作的复兴”（《全球数字经济税收动态》2021 年第 12 期）。

5. 美国财政部副助理部长 Itai Grinberg 表示美国完全致力于支柱一的实施。2022 年 2 月 18 日，Itai Grinberg 在新加坡管理大学和国际财税协会组织的网络会议上表示，由于美国是跨国公司总部的主要所在地，美国对主要适用于大型跨国公司的支柱一的实施十分关切。美国需要国会批准必要的法律文书来实施支柱一。鉴于民主党在参议院的微弱多数席位，且实施新规则的时间紧迫，美国财政部将尽快进行磋商，帮助推动有关支柱一多边公约的谈判，并尽最大努力使多边公约获得国会的批准。“所有国家都应尽一切必要的共同努力，真诚地谈判，以达成一项能够稳定运行的国际税改方案，其中包括承诺取消 DST 和其他类似的相关措施，并避免在未来采用这些措施。我们越早实施双支柱，就可以越早在国际税收框架中增加税收稳定性，这是每个人都应该感兴趣的事情。”（《全球数字经济税收动态》2022 年第 2 期）。

6. 美国财政部分管税收政策的副助理部长 Lily 对双支柱高度赞扬。近日，Lily 在联邦律师协会 2022 年税收会议上表示，双支柱协议是一项稳定国际税收格局的全球性协议，有利于美国人民和企业，是多边主义的一个显著证明。由于全球企业所得税逐底竞争，税率已从 40 年前 OECD 成员国平均高于 40% 的水平下降到了今天的 23%，不仅税率被压低，政府资源也被迫减少，而这些资源本可用于基础设施建设、公民教育、研发激励和气候变化应对。因此，支柱二全球最低税制将扭转这一趋势。一方面，由于支柱二将确保资本所有者公平地分担政府的财政负担，工人们将从中大大受益。另一方面，与大型跨国企业相比，中小型企业将不再面临无法将账面利润转移到低税收管辖区的竞争劣势。同时，美国大型公司也会受益，因为它们的总部所在的美国将不再是唯一要求企业就其海外收入缴纳最低税的国家。Lily 表示，支柱二得到了民主党的广泛支持，美国对在 2022 年引入支柱二规则的承诺感到乐观。另一方面，支柱一将结束单边的歧视性措施，保护美国的利益。作为世界上最大的市场经济体之一，美国也会受益于支柱一将部分征税权重新分配给市场辖区这一变革。总体而言，美国公司将从双支柱所带来的更大的税收确定性中受益，它们将能按照经济而非税收因素来规划未来和投资，不再面临可能导致双重征税的单边税收措施（《全球数字经济税收动态》2022 年第 3 期）。

7. 美国财政部副助理部长 Grinberg 认为双支柱对民主具有重要影响。4 月 4 日，Grinberg 在牛津大学赛德商学院商业税收中心组织的虚拟税收会议上阐述了拜登政府支持 OECD 双支柱改革方案的理由：该协议对确保累进税制和自由经济具有重要意义。Grinberg 提及拜登总统上任时的经济不公平状况，而新冠肺炎加剧了这种境况。如果经济民粹主义和保护主义成为政治规范，跨国公司的全球化经营之路能否顺利将是未知数。拜登政府希望通过双支柱方案建立一个国际税收框架，各国可在该框架下进行合作，以确保公平增长、创新和繁荣。就支柱一涉及到市场体系中的分配结果而言，企业所得税是一个重要的、关键的政治象征。Grinberg 提出，消除跨国公司对税负公平的担忧对于自由经济至关重要，因为公众对限制经济民粹主义、促进增长的政策支持在一定程度上取决于这种信念。而在支柱二方面，以前被鼓励完全取消企业所得税或已不征收企业所得税的国家，现在可能会被鼓励采用合格本地最低补足税（QDMTT），如果有足够多国家采用该税制，这将在全球范围内为企业所得税创造出更多“激励相容”的关键因素（《全球数字经济税收动态》2022 年第 4 期）。

（二）保留性意见

1. 美国在全球税收改革谈判中提出解决“支柱一”征税范围问题的新方案。2021 年 4 月 9 日，美国财政部就“支柱一”提案提出了一个与收入和盈利能力挂钩的“综合范围”构想，以确定一小部分受“支柱一”规则规制的跨国企业。目前，法国在内的一些国家试图将矛头对准科技巨头，但美国长期以来一直坚持认为改革绝不能“圈篱”数字企业（大多数是总部位于美国的企业），美国无法接受任何对美国企业实施歧视性税收待遇的结果。因此，美国财政部提出了“综合范围”方案，通过设计定量标准以缩小征税范围，使“支柱一”规则聚焦最大和最赚钱的跨国企业，而不用考虑行业类别或者经营模式。这些标准包括收入（将许多跨国企业排除在外，只针对最大的企业）与利润率（将确保只有最具有无形资产驱动性、盈利能力最强、最容易转移利润的企业才受“支柱一”规则调整）。当前，美国财政部已提出了200亿美元的收入门槛判定标准，但尚未提出利润率等相关标准如何设计（《全球数字经济税收动态》2021年第4期）。

2. 加拿大财政部官员表示加拿大倾向于缩小“支柱一”征税范围。加拿大财政部副助理部长Porter在2021年3月25日表示，加拿大计划在2022年初对数字服务公司征税，同时等待多边解决方案。Porter称，上一届美国政府对OECD“支柱一”方案的立场导致了更广泛的征税范围，从而涵盖了面向消费者业务。随着“支柱一”所涉及商业模式范围的扩大，其制度的复杂性有所提高。加拿大倾向于缩小“支柱一”的征税范围，这更符合国际税收规则的演变趋势，让少数有能力的公司实行新制度是可行的。Porter补充表示，尽管“支柱一”征税范围的缩小不影响其内容的新颖性，从对一个实体的征税转向对一个集团的征税以及在国际税收背景下偏离独立交易原则而使用公式化分配方法，这些改革本身就是非常重要的进展（《全球数字经济税收动态》2021年第3期）。

3. 美法英三国对“支柱一”征税范围的不同建议。“支柱一”设计中的一个主要争议问题便是其征税范围的确定。2020年10月公布的“支柱一”蓝图建议，市场管辖区的新征税权应涵盖面向消费者业务和自动化数字服务业务。各国对这一方法持不同意见，因为它依赖于定性而非定量的因素。美国财政部最近试图回避这个问题，缩小“支柱一”的范围，将不超过100家最大且最赚钱的公司包括在内。此外，英国正敦促将金融服务排除在“支柱一”适用范围之外（《全球数字经济税收动态》2021年第6期）。

（三）综合性意见

1. 欧盟各成员国在双支柱改革落地实施方面存在分歧。在2022年1月17日举行的欧盟经济与财政事务理事会公开会议上，有多个欧盟成员国对支柱二实施时间表、支柱二与支柱一的关系等关键问题表达了各自立场。在实施时间方面，法国财政部长Le-Maire呼吁将欧盟内部采用最低企业所得税指令作为2022年上半年法国担任欧盟轮值主席国的一项优先任务，并表示希望在2022年3月15日的会议上通过该指令。欧盟经济事务专员Gentiloni也呼吁尽快实施该指令，且各国有必要调整国内法，以满足OECD协议中商定的在2023年实施全球最低税的时间要求。然而，以波兰、爱沙尼亚和匈牙利为代表的部分成员国则坚持认为，支柱一和支柱二应同时实施。如果欧盟在其他国家履行其对支柱一的政治承诺之前，率先实施支柱二，则会削弱其在国际上的谈判地位。然而，有成员国认为该时间要求是不合理的。匈牙利财政部长表示，2023年开始实施规则的愿景过于雄心勃勃，除了要关注企业的合规性外，支柱二的复杂性要求成员国有足够的时间来分析和实施该指令。瑞典表示受国家宪法和国内立法要求的限制，到2023年建立和运行全球最低税制是困难的，并希望就实施日期进行进一步讨论。就支柱一与支柱二的关系而言，一些欧盟成员国（如德国、奥地利和荷兰）希望推动在欧盟实施支柱二最低企业所得税制的同时，在 OECD 层面继续讨论支柱一的技术细节，他们认为两大支柱可分别实施，支柱一的技术工作不应限制支柱二的实施推进工作（《全球数字经济税收动态》2022 年第 1 期）。

2. 美国财政部官员建议以交易净利润法为基础设计金额 B 规则。美国财政部负责多边税收事务的副助理部长 Grinberg 表示，美国已经与墨西哥、美洲税收管理中心和非洲税收征管论坛举行了会议，讨论将转让定价中常用的交易净利润法（TNMM）应用于基准营销及分销活动，以确定支柱一的金额 B。金额 B 规则最狂热的支持者是部分新兴国家和发展中国家，他们需要解决面临的转让定价诉讼造成的资源紧张问题。Grinberg 指出，该领域最大的争议可能是将关联分销商定性为常规分销商还是无形分销商，因为这种定性可能会决定补偿分销商中存在的无形资产或非无形资产的利润的多少。Grinberg 建议金额 B 固定回报应根据 TNMM 确定，即以纳税人销售额、成本或资产为基数，乘以某个百分比确定，但细节尚未确定（《全球数字经济税收动态》2022 年第 3 期）。

3. 前日本国税厅官员 Mari Takahashi 从三方面评估了支柱一的税收确定性机制。（1）与现行规则的相互作用。在支柱一税收确定性程序下，因现行 3000 多个双边税收协定将继续有效并约束着金额 A 之外的跨境税收，支柱一规则的破碎将是不可避免的。鉴于支柱一的多边公约必须与现行税收协定网络共存，这就导致了实质性规则与程序性规则的重叠。（2）成本问题。尽管关于国际体系运作的经济理论多种多样，但本质在于参与者的预期收益。如果各方对未来收益的预期超过成本，他们更有可能参与该机制，反之亦然。在预期收益不确定的情况下，各方决定是否参与支柱一税收确定性程序，依赖于可能发生的费用，包括两个专家组（审议小组和裁定小组）的人员、翻译、差旅费用以及裁定小组的仲裁员费用。此外，如果跨国企业在此过程中进行战略性退出，则可能会浪费税务机关付出的成本。（3）裁定的执行问题。在国际税收争议中，裁定的执行由当事人善意决定，不遵从没有反制措施。根据支柱一，税务机关可能有法律义务通过多边公约执行裁定以实现具有约束力的结果。然而，根据各方的经济状况，在执行的最后阶段可能会发生违反裁定结果的情形，仅根据国际法并不能解决裁定不执行的问题（《全球数字经济财税动态》2022 年第 5 期）。

三、国际组织的意见

（一）支持性意见

1. 美国国会研究所对“支柱一”改革提案的积极评价。一方面，“支柱一”提案虽不符合传统框架，但可以达到阻止诸如数字服务税（DST）之类的单边行动的目的。美国的外国税收抵免制度可能会被允许适用于根据“支柱一”征收的这些税收（除非美国国会进行干预），这将减少美国政府的收入，而相应的税收负担将落在美国纳税人的身上。另一方面，美国公司可能更倾向于用“支柱一”取代 DST 的做法，因为“支柱一”让他们不会受到太多征税影响（市场国征收的税收大部分会通过外国税收抵免制度抵消），并将摆脱 DST 的不确定性和复杂性（《全球数字经济税收动态》2021 年第 7 期）。

2. 法国每年可通过“支柱一”方案筹集 9 亿欧元收入。据法国经济分析委员会研究显示，法国每年将在“双支柱”全球税收改革计划的“支柱一”方案下筹集9亿欧元。研究人员利用Compustat数据库中各公司2019年的营业额和利润数据，计算出了法国适用于“支柱一”新征税权下的潜在剩余利润约为39亿美元。由于法国的法定企业所得税税率为26.5%，根据“支柱一”方案，法国可以获得约9亿欧元的额外税收（《全球数字经济税收动态》2021年第7期）。

3. 利益相关方支持支柱一金额A下的国内业务收入排除规则。在近期反馈给OECD的征求意见中，不少非政府组织表态支持国内业务收入排除规则。例如，OECD工商咨询委员会大力支持在适用支柱一金额A规则时，允许跨国企业选择性排除集团内那些并非参与全球化运营的企业。美国国际工商理事会进一步指出，在上述这些有限的情形下，有必要排除国内业务收入，以防止远超“市场国销售额产生的剩余利润的25%”的利润重新被分配到市场国，且避免出现多个市场国向其他市场国提供金额A双重征税减免措施的情形。日本经济团体联合会表示，在最终确定金额A规则适用门槛测试标准时，必须考虑经济状况的变化，因为跨国企业的全球收入和利润率可能会因此波动。同时，还应制定相应措施，将从国内经营活动中获得的收入占全球总收入很大比例（如不低于90%）的跨国企业排除在金额A规则的适用范围之外（《全球数字经济财税动态》2022年第5期）。

（二）保留性意见

1. 国际企业所得税改革独立委员会认为七国集团的税制改革可能会加剧全球不平等现象。根据七国集团（G7）达成的税制改革协议，只有当跨国公司在全球赚取的利润超过10%（他们将其定义为明显的“超额利润”）时，政府才有权对跨国公司在其国内赚取的至少20%的利润进行征税。这一限制效果，叠加上只对最大的跨国公司适用这一新规则的限制，将极大地减少符合征税条件的公司数量（少于200家）。这将意味着发展中国家在增加税收方面几乎一无所获，会加剧全球不平等现象。对于大多数发展中国家和整个世界来说，对跨国公司统一征税，按照简单和公平的公式来划分税收更为切合实际。遗憾的是，在谈判中，二十四国集团（G24）提出的关于部分分配法的提案没有得到应有考虑（《全球数字经济税收动态》2021年第6期）。

2. 非政府组织抨击全球税收改革协议对发展中国家不公平。税收正义网首席执行官Alex Cobham在2021年7月1日的一份声明中表示，许多发展中国家不太可能通过“支柱一”征回因取消单边数字服务税而损失的税收，各国应继续进行自己的改革（譬如单边的数字服务税），并建议考虑在联合国层面展开未来谈判。乐施会执行董事Gabriela Bucher指出，对金融服务等行业排除适用“支柱一”，可能会进一步削弱该协议中针对税基侵蚀与利润转移（BEPS）的机制。同时，七国集团、欧盟等将获得全球最低税带来的新增税收收入的三分之二。此外，国际企业所得税改革独立委员会认为该协议只利于“少数最富有的国家”，其建议将全球最低税税率设为25%，并提高跨国公司全球利润重新分配的份额（《全球数字经济税收动态》2021年第7期）。

3. 乐施会对OECD国际税收改革新框架的消极回应。2021年7月1日，乐施会执行董事Bucher对“双支柱”改革新框架作出回应，其主要观点包括：（1）富裕国家正在强迫发展中国家在原始协议或无协议之间做出选择。这只是另一种形式的经济殖民主义。这不是一个历史性的税收协议，它是历史的重演。（2）“支柱一”将只适用于约100家盈利能力最强的公司，规则的漏洞可能会让亚马逊这样的超级违规者逃脱。对金融业的排除使“支柱一”的税收效应大打折扣。……（5）新框架对富人有利且完全不公平，这对避税天堂来说是个坏消息，但将无法筹集发展中国家迫切需要拯救生命和推动经济复苏的资金（《全球数字经济税收动态》2021年第7期）。

乐施会的最新分析估计，52个发展中国家将在“支柱一”规则下获得约占其总体国内生产总值0.025%的额外年度税收收入。此外，新规则将迫使科技巨头和其他大公司在其销售商品或提供服务的国家纳税，其初衷本是为了增加公共财政收入，但却远远没有达到目的。据乐施会测算，在全球范围内不到70家跨国公司将支付更多的税款，而最需要更多税收收入的国家在新规则下将几乎不会得到任何用于医院、学校和社会保障的资金。拒绝签署OECD协议的尼日利亚，根据新规则每年将获得仅占其国内生产总值0.02%的额外资金，相当于每个公民获得48美分。发展中国家应争取更公平的税收协议。如果协议不能反映他们的利益，他们应该毫不犹豫地离开谈判桌（《全球数字经济税收动态》2021年第10期）。

4. BEPS监督小组认为支柱一方案只是权宜之计。2021年7月1日达成的“双支柱”改革协议是历史性的，它首次接受了采用公式化方法来分配部分跨国公司利润的建议。然而，目前制定的支柱一方案只是权宜之计，只为大约一百家规模最大、利润最丰厚的跨国公司建立了一项特殊税制，并只分配其利润的一小部分。大部分跨国公司的利润仍将按照目前不恰当且无效的国际税收规则继续分配。虽然出于政治原因，“支柱一”最初设定的有限适用范围可能是必要的，但其目的应是为形成更全面的长期解决方案奠定基础（《全球数字经济税收动态》2021年第8期）。

5. 多个利益相关方担心金额A规则可能造成双重征税。美国国际工商理事会和OECD工商咨询委员会均认为，实施支柱一的多边公约（MLC）无法包含支柱一的每一条规则，其他规则将通过示范规则由各国根据自身情况引入国内法，这必然造成不同税收辖区间存在规则差异，可能导致双重征税。德国工商联合会对此表示赞同，并认为MLC的缔约方必须以协调一致的方式执行支柱一的示范规则，并遵循对定义和应用的相同解释，因为收入来源规则最终决定了归属于各税收辖区的税收份额，而以不一致的方式解释示范规则会造成双重征税。硅谷税务总监集团（Silicon Valley Tax Directors Group）认为，金额A分配仅限于参与支柱一且构成新特殊联结度的税收辖区，而金额A中可能有很大一部分来源于没有参与支柱一的税收辖区，这部分利润应在这些辖区纳税，而这可能会导致双重征税。一些利益相关方希望OECD澄清支柱一与其他税种（如间接税、支柱二补足税）之间的相互作用（《全球数字经济税收动态》2022年第3期）。

（三）综合性意见

1. IMF认为，爱尔兰应巩固其非税比较优势，以应对全球企业所得税制改革。IMF指出，由于跨国企业的强劲增长，爱尔兰是2020年欧盟国家中唯一实现GDP增长的国家，且在2021年经济复苏中表现出色。然而，爱尔兰的经济前景也面临着风险，包括各国正在通过OECD框架进行谈判的全球企业所得税制改革。10家最大的跨国公司为爱尔兰贡献了约50%的企业所得税收入，全球企业所得税制改革可能将减少爱尔兰的税收收入。不过，IMF 认为，爱尔兰的非税比较优势将减轻国际税收变动的影响，这些优势因素不仅包括英语和普通法，还有熟练的劳动力、有利的商业环境、稳定的政策以及爱尔兰与美国、英国和欧盟的牢固贸易关系和文化联系。IMF 建议爱尔兰政府应通过增加对人力资本和基础设施的投资来巩固这些优势，并考虑在爱尔兰完成经济复苏后使其税基多样化，从而应对全球企业所得税制改革带来的冲击（《全球数字经济税收动态》2021 年第 5 期）。

2. 美国税收基金会就“双支柱”提案为爱尔兰财政部提供咨询意见。核心意见包括：（1）OECD 关于“双支柱”的经济影响评估显示，“双支柱”提案将为全球带来税收收入增加。然而，一些国家税收收入增加可能会导致包括爱尔兰在内的一些小型出口国税收收入减少。（2）关于“支柱二”的全球最低税税率，最新提案规定的是至少 15%。在这方面，为了应对全球最低税的冲击，爱尔兰一直在研究是否提高 12.5% 的法定企业所得税税率的问题。全球最低税使用的税基与目前世界上任何税基不同，它将从财务报告利润开始，依靠对这些利润的多次调整，并允许扣除一部分有形资产和工资成本。爱尔兰需要在考虑计算有效税率适用的税基情况下调整其税收政策。（3）一旦“双支柱”提案落地，跨国公司将面临在其总部管辖区、外国子公司管辖区和客户所在管辖区内计算和缴纳所得税的挑战，因为每个税收管辖区都有不同的规则。在这种情况下，像爱尔兰这种严重依赖外国直接投资的小国面临着巨大挑战。一些公司可能会选择限制其拥有资产和雇员的税收管辖区数量，以尽量减少计算“支柱一”金额 A 的复杂性；一些公司可能会选择避开那些因缴纳全球最低税使投资计划变得困难的税收管辖区（《全球数字经济税收动态》2021 年第 9 期）。

3. IMF 分析“支柱一”提案对亚洲的影响。IMF 在 2021 年 9 月 14 日发布的《亚洲的数字化与税收》报告称，“支柱一”提案对亚洲各经济体存在不同影响。就大型电子商务和数字服务提供商总部的数量而言，亚洲与美国不相上下。然而，亚洲的大型科技公司与美国不同，因为它们主要在国内市场运营，而美国大型科技公司大多是跨国经营，研究人员估算了“支柱一”对亚洲地区的影响，指出总部设在亚洲的跨国企业“在金额 A 所涵盖的全球剩余利润中产生了很大份额”。假设利润率的门槛为 10%，且只有 20% 的剩余利润分配给市场管辖区，包括中国、日本和韩国在内的拥有庞大国内市场的高收入国家将获得收入。相反，外国直接投资占 GDP 之比较高的发展中国家和投资中心的税收收入将略有下降。例如，由于日本跨国公司的利润重新分配，越南可能会损失相当于 GDP 0.11% 的税收收入，而包括印度、印度尼西亚和马来西亚在内的发展中国家可能会损失相当于 GDP 0.01% 的税收收入。此外，研究人员发现，新加坡、中国香港等投资中心可能也会减少相当于 GDP 0.15% 的税收收入，因为跨国公司在这些国家（地区）申报的利润高于这些国家（地区）从重新分配中获得的金额 A（《全球数字经济税收动态》2021 年第 9 期）。

4. 美国国际工商理事会对《支柱一金额 A 的联结度和收入来源规则范本草案》的评论。第一，建立满足草案规则要求的财务系统将需要大量的时间和成本。第二，收入来源规则所要求的信息详细程度将破坏跨国公司的商业实践，草案的实施需要一些目前还不存在的文档。第三，在许多情况下，追踪交易至最终用户的位置将过于困难或根本不可能。在处理零部件收入来源时，追踪信息的难度会增加，因为它们会被纳入最终产品，而最终产品在很多时候是相关纳税人无法控制的。第四，由于相关税收管辖区对披露信息的监管限制，有些信息企业可能无法提供。第五，经过测算，联结度门槛应至少设定在 1 000 万欧元的水平，并引入通胀指数化指标予以适时调整。这一收入判定门槛方能体现出跨国公司在市场管辖区的显著经济参与行为，且能在确保合规和征管成本不会高于跨国公司在该市场管辖区获得的税收收入，以彰显税收效率原则。第六，采用逐笔交易方法区分收入来源，这既在征管上是不可能实现的，又对后续审计产生了不合理的期望（《全球数字经济税收动态》2022 年第 2 期）。

5. IMF 公布了对双支柱影响的初步评估结论。IMF 工作人员利用标准普尔资本智商数据库、OECD 国别报告数据库和美国经济分析局的统计数据，对双支柱的影响作了初步评估。研究结果表明，一旦支柱一实施，收入将从低税率投资中心（约占其企业所得税总额的 2%）重新分配到其他国家，从而使低收入国家和发达经济体的收入分别增加 0.7% 和 0.9%。尽管支柱一带来的全球税收占总税收的比例相对较小，但它似乎与现行单边数字服务税（DST）带来的税收大致相当。DST 收入占国家 GDP 的比例因国家而异，这一比例通常都不到 0.02%（《全球数字经济税收动态》2022 年第 4 期）。

6. 联合国环境税收问题小组委员会成员 Tatiana 建议降低支柱一金额 A 规则的适用门槛。Tatiana 建议金额 A 规则生效实施的第八年后将 200 亿欧元的全球营业额适用门槛大幅降低至 7.5 亿欧元。Tatiana 指出，如果支柱一的目的是为解决跨国企业全部国际业务的所得税问题，且涵盖自动化数字服务（ADS）和面向消费者业务（CFB）之外的行业的可观利润，那么金额 A 规则的适用门槛必须降低至 7.5 亿欧元。在这一门槛下，受金额 A 规则约束的跨国企业数量将大幅增加，经营 ADS 和 CFB 的企业数量将增加 10 倍，而不经营 ADS 和 CFB 的企业数量将增加 16 倍。据此，被重新分配的金额 A 应税利润将从 1150 亿美元增至 2400 亿美元（《全球数字经济财税动态》2022 年第 5 期）。

四、跨国企业的意见

（一）支持性意见

1. 医药企业支持对支柱一征税范围进行行业限制。阿斯利康、辉瑞、强生和葛兰素史克等许多全球制药公司表示，处方药受到高度监管，以至于它们无法在没有实体业务的税收管辖区内销售，应予以排除。总的来说，它们也不能在除了美国和新西兰的地方直接向消费者做广告。即使在这些国家，直接广告也不一定能推动销售，因为产品必须适合病人的医疗需求，并得到保险公司的批准。此外，政府的定价规定有助于推动药品成本，而不是消费者的需求（《全球数字经济税收动态》2020 年第 1 期）。

2. 谷歌高管称“双支柱”改革的关键在于确定性和一致性。谷歌经济政策总监 Cohen 在 2021 年 8 月 19 日一次采访中表示，若全球始终如一地实施“支柱一”规则将最大限度地减少征税权重新分配争议的可能性。从纳税人角度看，改革的关键是在国际上为纳税人重建确定性，这样纳税人就可以根据其活动、投资和客户来确定自己的纳税义务。Cohen 补充说：“一个运作良好的国际税收制度所需要的是对税收规则如何运作有一定程度的共识和一致性，而美国税制与其他国家税制有很大的不同。因此，美国税制要与其他国家税制的运作方式相协调。”谷歌高层对“双支柱”改革的期望是达到一个“健全而稳定的政策环境”，让该公司可以更容易地与各国政府沟通，在税收规则运作方面达成一致（《全球数字经济税收动态》2021 年第 8 期）。

3. Facebook 和亚马逊对“双支柱”改革方案 2021 年 10 月声明的积极评论。Facebook 公司负责全球事务的副总裁 NickClegg 表示：“Facebook 长期以来一直呼吁改革全球税收规则，虽然这可能意味着需要在不同的地方支付更多的税。”亚马逊公司的一位发言人表示：“本公司欢迎各国在国际税收协调的共识基础上取得进展，我们期待着他们继续开展技术工作。”（《全球数字经济税收动态》2021 年第 10 期）。

（二）保留性意见

1. “双支柱”方案对韩国及其科技巨头三星电子、SK 海力士的不利影响。据《韩国先驱报》报道，三星电子和 SK 海力士可能会成为受 2021 年 10 月 8 日“双支柱”方案约束的公司。如果三星继续像 2020 年那样实现 1980 亿美元的收入和 15.1% 的营业利润率，那么 5.1% 的剩余利润中的 25%（约 25 亿美元）将分配给市场管辖区进行征税。由于三星电子在韩国的收入占总收入的 16%，根据“支柱一”利润分配规则，可分配剩余利润 25 亿美元中剩余的 84%（约 21 亿美元）将被分配到该公司销售芯片和智能手机等产品的境外市场管辖区纳税。SK 海力士在 2020 年的营业利润为 15.7%，营业额为 268 亿美元。如果根据 2020 年的营业状况适用金额 A 规则，它将就 5.7% 的剩余利润的 25%（约 4 亿美元）在市场管辖区纳税。为了减轻对三星电子和 SK 海力士的影响，韩国企划财政部正在酝酿减税，以防止双重征税（《全球数字经济税收动态》2021 年第 10 期）。

2. Netflix 和亚马逊对支柱一蓝图的评论。Netflix 全球税收副总裁 Lisa Wadlin 表示，该公司不同意将数字流媒体内容视为一种自动化数字服务，并认为自己属于商品和服务的在线销售商。亚马逊税务总监 Simon Graddon 指出，支柱一蓝图建议将消费场所作为确定收入来源的判定指标，虽然亚马逊支持这一想法，但购买者应该被定义为第一个为商品和服务付款的第三方客户，而非最终消费者（《全球数字经济税收动态》2021 年第 1 期）。

3. 西门子全球税收主管 Christian Kaeser：数字服务税可能会继续适用于“支柱一”征税范围外的公司。参与谈判的各国政府预计，关于“双支柱”的全球税收改革协议将要求各国撤销其对跨境数字活动已采取的任何单边临时性征税措施。一项同行审议机制可能对该撤销过程起到促进作用。然而，根据西门子全球税收主管 Christian Kaeser 的说法，目前尚不清楚的是分配给市场管辖区的利润以及“支柱二”带来的潜在额外收入，是否足以说服各国放弃征收 DST。有些国家可能会采取这样的立场，即只会针对征税范围内的公司取消数字服务税的适用，而对征税范围外的公司继续征收数字服务税（《全球数字经济税收动态》2021 年第 6 期）。

（三）综合性意见

1. 强生公司提出更精简的 OECD“支柱一”设计方案。在 2020 年 12 月 14 日提交的一封评论意见中，强生公司为 OECD 全球税收改革项目“支柱一”提出了一种更简单的设计方案，可以避免引发界定哪些公司在征税范围之内或之外的争议。该公司表示，“支柱一”应该被重新设计，以被称为“金额Z”的销售利润率（ROS）目标取代金额A和金额B的概念。固定的金额Z回报将取决于集团营业利润率（EOM）。本地市场公司的回报不受活动水平、国家或地区的影响，而仅受EOM的影响。强生表示，对全球经济而言，重要的是要使企业在全球范围内获得适当的回报，而不是因政治偏好产生赢家或输家（《全球数字经济税收动态》2020年第12期）。

2. 跨国企业认为确保税收确定性对支柱一的成功至关重要。跨国公司的代表参加了2021年1月14日OECD关于支柱一的公众咨询会，他们强调，新制度和相关税收争议解决程序的设计对支柱一项目的成功至关重要，除非OECD成功地为跨国公司提供税收确定性，否则有关支柱一谈判达成的任何协议最终都将面临失败。宝洁公司的Tim McDonald表示，对税收让利的管辖区而言，税收确定性是一个绝对必要的组成部分，这些管辖区不仅是投资中心，还是出口国和拥有大量知识产权的跨国公司的居民国，他们唯一能从中得到的就是更好的税收确定性和消除双重征税的承诺，这是确保该进程中所有参与者都获得双赢的关键因素。Uber的Francois Chadwick赞同税收确定性和避免双重征税的重要性，并强调金额A同根据已建立的转让定价规则作出的调整之间的潜在相互作用问题，需要一个有约束力的强制性争议解决机制来避免双重征税。如果没有税收确定性，将无法就这些转让定价调整能够并将如何影响金额A制定一项有约束力的强制性决议，进而会导致双重征税（《全球数字经济税收动态》2021年第1期）。

3. 贝克·麦坚时律师事务所：明确界定支柱一下的“数字服务税”和“相关类似措施”。“数字服务税（DST）”或“相关类似措施”是指对纳税人的总收入或净收入课征，并至少包含以下特征之一的任何税种：（1）根据税制设计或效果，专门或主要适用于提供数字服务的业务部门。其中，“数字服务”是指在互联网或其他电子网络上提供的、只需服务提供商最低限度人力参与的服务。（2）不属于大多数双边税收协定的规制范围，即该税种不符合《OECD税收协定范本》第2条“所得税税种的范围”定义。（3）创建一个替代联结度标准，该标准不同于《OECD税收协定范本》第5条的联结度标准，例如将客户、用户的所在地或任何其他类似基于目的地的标准作为重要因素加以考虑的措施。（4）通过对来源地或联结度的定义，全部或部分适用于非居民纳税人的总收入，特别是涉及提供数字服务获得的收入项目。一个税种是否是“相关类似措施”，应参照上述特征来确定，而非仅仅通过与DST的具体特征相比较（《全球数字经济财税动态》2022年第8期）。

五、专家学者的意见

（一）支持性意见

1. 关于“支柱一”的数字辩论：“支柱一”与价值创造标准的一致性以及前进的道路。瑞士洛桑大学的Chand和Canapa就“支柱一”的金额A提案是否符合价值创造标准进行了研究。研究指出，价值创造概念起到了“来源规则”的作用，它决定了哪些国家可以对企业的跨境经营收入征税。具体来说，在现行框架下，企业的收入一般“来源”于企业以其生产要素（如雇员）开展业务或进行经济活动的国家。在2019年下半年，OECD 公众咨询文件三种方法被纳入“支柱一”下统一方法的提案，该提案包括了金额 A。由此，产生了金额 A 是否符合价值创造标准这样的问题。一方面，从概念的角度看，金额 A 似乎是建立在 MI 提案的基础上的。可以认为，许多跨国公司由于自身努力（尤其是营销努力）创造了与市场相关的无形资产，这些无形资产与销售市场有着内在的联系。同时，许多高度数字化的企业，特别是那些作为在线广告商或在线市场运营的企业，创建了用户网络（目前其在本质上是无形的）。在现行国际公司税框架下，这些与用户或市场国有关的无形资产的价值是不征税的，而金额 A 试图将跨国公司的这部分利润分配给用户或市场国，所以它似乎符合价值创造标准。另一方面，可以认为，金额 A 超出了价值创造标准，因为它包含了三个方案的要素。这一点尤其正确，因为 G24 提出的 SEP 方法的某些要素已被纳入统一方法，如：（1）国际公司税基应基于“供求”方法，该方法考虑了需求侧因素——但这最终将取决于再分配百分比；（2）应使用预先确定的公式来解决利润分配问题，而不是各种情形下的转让定价规则；（3）金额 A 的范围涵盖云计算业务，这些业务主要是 B2B，而不是 B2C（《全球数字经济税收动态》2020 年第 12 期）。

2. 不列颠哥伦比亚大学教授崔威认为支柱一改革方案对亚洲的影响有限。据世界贸易组织（WTO）统计，对服务贸易方面处于世界领先地位的五个亚洲经济体——中国、中国香港、印度、新加坡和韩国而言，它们的跨国公司在过去 15 年里实际上已通过设立海外分支机构和子公司的方式大幅扩展了海外业务，而这会导致远程交付服务的份额相应大幅下降。从这个角度看，“支柱一”对这些国家的影响十分有限（《全球数字经济税收动态》2021 年第 11 期）。

3. 奥克兰大学教授 Elliffe 认为，双支柱在回应税收基本原则上有所欠缺，但总体是向前进的。Elliffe 指出，如果没有理论上的税收原则作为参考，国内税制改革将很难进行。在许多国家，制定税收政策必然要考虑四项税收基本原则：公平性、确定性、便利性和效率性。在现代税收政策的发展中，这些原则得到了更新和扩充，包括考虑“福利”在内的各种因素，而不仅仅再从纯粹的经济角度考虑。甚至一些国家会从文化和多样性的角度考虑税收政策。然而，经济数字化时代的国际税收改革似乎并没有那样进行。相反，双支柱改革更多地主张以各国的利益为先，并希望通过谈判达成令人满意的妥协方案。就当前的改革方案而言，学术界还无法确定其遵循的税收基本原则，传统的税收原则似乎已被抛弃，但没有任何明显的新原则将其替代。在 Elliffe 看来，最根本的变化可能是改革朝向目的地型税制（Destination Taxation）转变。特别是支柱一包含了部分目的地型征税原则的元素。抛开政策缺陷不谈，双支柱方案代表着国际社会携手向前迈进的重要一步，应被积极看待。国际税制正朝着更有效利用资源、倡导多边进程和减少税收竞争的方向发展（《全球数字经济税收动态》2022 年第 4 期）。

（二）保留性意见

1. 杜克大学国际发展研究中心高级研究员 Peter A. Barnes 对支柱一的消极评价。Peter 认为支柱一提案不明确、不详尽，几乎不可能执行。但可以理解的是，许多国家希望从谷歌、优步、脸书等数字巨头身上增加税收，并且它们正在“有所作为”以对付那些总是在本土获得成功的外国企业。然而，由于没有关于如何理解和执行 OECD 提案的具体细节，执行工作就显得很混乱。对此的看法：首先，国际税收制度还远未完善。对已有百年历史的规则进行修改可能是适当的，包括（甚至可能特别是）增加来源国或市场国（主要包括美国）所征收税款数额的变化。其次，确定归属于某一特定税收管辖区的"正确"收入数额是困难的。转让定价的独立交易原则很难适用。然而，抛弃既定的原则而采用公式化的收入分配，将导致不适当的结果和几乎无休止的争议。再次，关于数字服务税的争论背后是一个错误的概念，即客户所在地必然表明价值的创造地。早在数字经济出现之前的几十年，人们就考虑过并拒绝了这一观点。现在还不清楚为什么要重新考虑这一概念。数字服务税的争论集中在净基础所得税上，这是一个错误。消费税，或者可以想象的以总收入为基础的所得税，将更有利于提高地方收入。政治力量向大型成功的数字公司征税的压力是巨大的，这些公司大多是在美国成立。这些公司似乎势不可挡，危害极大，吞噬了我们的生活和工人的生计。随着广告资金流向网络公司，当地报纸难以生存。但是，我们必须清楚地认识到，对税收规则进行调整以适应商业环境变化的需要，必须通过明确理解为什么长期的税收原则是这样的来缓和。最后，对数字服务公司征税对中国和"一带一路"税收征管合作机制（BRITACOM）的成员来说非常重要。此外，中国和许多 BRITACOM 成员国已经在努力管理复杂的国际税收规则。OECD 的提案，由于其未经检验的复杂性，将加剧行政方面的挑战（《全球数字经济税收动态》2020 年第 3 期）。

2. 经济学家 Andrew Hughes 指出"支柱一"蓝图存在三个问题。一是收入来源规则过于复杂。该规则区分了九种不同的自动化数字服务商业模式，并建立了层次结构指标来确定收入来源地，这些指标有适用的先后顺序，当适用位列后面的指标来确定收入来源地时，需要相关证据材料，给税收遵从和征管带来了较大负担。二是对医药行业是否在"支柱一"适用范围内模棱两可。"支柱一"蓝图建议金融服务不在"支柱一"适用范围内，理由是金融行业属于高度管制的行业，且客户互动通常发生在本地市场管辖区内，相关利润将在本地实现。医药行业具有类似的性质，而"支柱一"蓝图却认为医药行业的高利润率和流动无形资产导致了税基的大幅流失，利润从市场管辖区转移到低税收管辖区。三是确定需要重新分配的超额利润（金额 A）的利润率门槛 10% 偏低。据测算，全球所有企业税前营业利润率平均为 8%。但在全球所有行业中，有许多行业的税前营业利润率超过了 20%，包括绿色和可再生能源、房地产投资信托等 7 个行业。此外，另外还有 15 个行业的税前未调整营业利润率超过了 15%。考虑到许多行业的营业利润率远高于 10% 是相当正常的，很明显在计算金额 A 时不应该把 10% 作为利润率门槛（《全球数字经济税收动态》2021 年第 5 期）。

3. 美国密歇根大学法学院教授 Avi-Yonah 认为支柱一缺乏创新且面临实施挑战。"支柱一"方案声称的主要创新是金额 A 规则，然而，这种基于销售收入的公式分配法可以追溯到 1911 年，当时美国就有州使用以销售收入为分配因子的公式分配法征收企业所得税，有些州甚至以销售收入作为唯一的分配因子。Avi-Yonah 教授在 1993 年就提出，公式分配法应该适用于国际税收（《全球数字经济税收动态》2021 年第 10 期）。同时。支柱一的实施正面临挑战，应考虑数字税收新框架。首先，支柱一要求在全球实施一个多边公约，预计该公约将修改所有现行双边税收协定关于实体存在和营业利润的条款。要让近140个国家加入这个多边公约，在理论和政治上都将面临巨大挑战。其次，各国可能不愿意放弃一种已建立的税收工具——数字服务税（DST）。有两种具有兼容性的数字税收方案：多边解决方案和单边措施。Avi-Yonah赞同联合国提出的《联合国税收协定范本》第12B条关于自动数字服务收入的多边方案。与支柱一相比，联合国的方案要简单得多，反映了许多征管能力有限的发展中国家的现实需要。就单边措施而言，受现有方案的启发，提出了一种新的数据消费税（Data Excise Tax，DET）思路。DET的课税基础将根据收集到的数据量来计算，以千兆字节为单位。它将只适用于营利性的数据收集者，并可设置一项安全港规则，以防止对个人用户和小企业征税。由于DET不会以总收入或利润来衡量，它可能会避免目前针对DST的怀疑以及有关它是变相课证的所得税或基于企业国籍的歧视性税收的指控（《全球数字经济税收动态》2022年第4期）。

（三）综合性意见

1. 哥伦比亚大学教授Graetz提出对OECD支柱一提案的简化建议。哥伦比亚大学法学院的法学教授Graetz近日撰文建议对OECD支柱一蓝图提案进行重大修改，通过聚焦跨国数字收入和某些产品销售建立新的征税权，从而大大简化该提案。Graetz提出的简化方案为：假设一家跨国公司达到了基本的收入门槛，并且在征税范围内，那么其在特定国家的税基增加值将通过以下公式计算：$(C\times f)\ (S\div W-P\div T)$。其中，C是财务报表反映的全球的“征税范围内”利润；f是分配给市场国或用户所在国的所有“征税范围内”利润的固定百分比；S是自动化数字服务（ADS）的本地销售额或收入；W是ADS的全球销售额或收入（即所有S的总和）；P是基于国别报告（CbCR）的征税范围内实体的本地利润高于特定利润门槛的利润部分；T是全球所有P的总和。这一计算遵循支柱一蓝图的基本政策和基本结构，即在消除双重征税的同时，将部分范围内跨国公司的利润按公式分配给市场国或用户所在国。它非常简单，并将产生明确的结果，而支柱一蓝图却没有做到这一点（《全球数字经济税收动态》2021年第1期）。

2. 美国国家经济研究协会提出基于经济评估的替代方案来取代支柱一提议的公式分配法。美国国家经济研究协会（NERA）经济咨询公司的Hervé和Homont提出了一个关于考虑基于数据的用户贡献经济评估的案例研究。该文提出了一个基于经济评估的替代方案来取代支柱一提案的公式分配法。数字商业模式通常不需要在当地开展业务。在某种程度上，当地用户是否仍然会构成所得税上的联结度，这是一个必须从政治层面回答的规范性问题。然而，还有一个技术问题，即如何从经济上评估当地用户贡献的价值创造。通常情况下，一家具有用户群的科技公司将主要由两个因素驱动：用户参与和底层技术。从经济学的角度来看，这两个因素都属于共同产生价值的独特价值驱动因素，因此应通过利润分割法获得报酬。而这就把问题转移到了每个无形资产类别应占利润的百分比上。特别是，对于技术和用户群部分的详细分析旨在确定哪些无形资产是属于OECD《税收协定范本》意义上“独特和有价值的”定义范畴的。因此，上述方法使公司能够确定对总体用户群的经济合理分配，然后将收入分配给用户所在的各税收管辖区。由于这首先在经济上是合理的，因此它将保持在既定的独立交易原则框架内，并减少国际税收争议的范围。（《全球数字经济税收动态》2021年第1期）。

3. 印度教授 Suranjali Tandon 对比测算了“支柱一”和“均衡税”的收入效应。国家公共财政与政策研究所教授 Tandon 使用《福布斯》“全球上市公司 2000 强”榜单这一数据集，测算了 2019 年与 2021 年“支柱一”金额 A 和均衡税的收入效应，结果显示：2019 年，有 89 家跨国公司在金额 A 规则适用范围之内，有 8 亿美元的金额 A 将分配给印度进行课税，印度将从中获取 1.8 亿美元的税收收入；2021 年，有 128 家跨国公司在金额 A 适用范围之内，有 10.5 亿美元的金额 A 将分配给印度进行课税，印度将从中获取 2.3 亿美元的税收收入。另一方面，印度的数字经济单边税收措施“均衡税”在 2019 年和 2021 年分别为印度带来 1.3 亿美元和 2.9 亿美元的税收收入。可以看出，金额 A 规则为印度带来的税收收入虽然少于“均衡税”，但相差不多，这也可以在一定程度上解释为什么印度与美国能够就单边措施达成协议（《全球数字经济税收动态》2021 年第 11 期）。

附录二 各国政府、国际组织、跨国企业和专家学者对支柱二的意见[①]

一、发展中国家政府的意见

（一）支持性意见

1. 墨西哥、印度尼西亚、南非、德国和美国五国财长：为什么我们需要一个全球最低税。五国财长发表的评论文章指出，每个国家都面临着巨大的技术变革、大公司激增的市场势力和资本流动带来的激烈竞争压力所带来的不平等现象。一个世纪以来最严重的全球健康危机也以非同寻常的方式对世界经济和公共财政提出了挑战。一些国家开始摆脱新冠疫情的危机，而另一些国家仍然深陷其中。作为财长，我们都看到了两个紧迫的问题，这可能威胁到我们所有国家的经济。（1）富人和大公司的境况比经济底层的人好得多。（2）各国政府迫切需要财政收入来重建经济，并进行投资以支持小型公司、工人和需要帮助的家庭。五国财长表示："我们团结一致，通过一个集体解决方案来纠正这些问题：全球最低税。我们五国政府都有权制定自己的税收政策，但是，共同行使这些主权权力，可以使我们的经济走上可持续和包容性复苏的道路，这比单独行动更加有效。我们代表横跨四大洲的五个非常不同的经济体，支持为21世纪更新我们的国际税收制度所作的这些努力。具体而言，我们赞成就最大和最赚钱的公司的利润更公平地在国家间分配征税权，以取代近年来破坏国际税收制度稳定而出台不协调的单边措施。我们还支持设定一个全球商定的最低税税率，确保各国至少在一个基础水平上对企业利润征税。我们坚信，一个强有力的全球最低税税率将为投资基础设施、医疗保健、儿童保育、教育、创新和其他重要的政府优先事项提供资金。同时，以这种方式恢复多边主义可以为公司创造一个稳定的环境，并有助于世界的繁荣。"（《全球数字经济税收动态》2021年第6期）。

2. 非洲税收征管论坛对2021年7月OECD国际税收改革新框架的积极评价。……就"支柱二"而言，ATAF强调：ATAF对"将STTR作为一项BEPS最低标准措施"的

① 摘自2020年1月以来阿里研究院编译的《全球数字经济税收动态》（2022年5月起更名为《全球数字经济财税动态》）月刊。月刊的信息来源主要包括：UN、OECD、IMF、World Bank、South Centre、European Commission、ATAF等国际组织，*Financial Times*、*The New York Times*、*Wall Street Journal*、*Forbes*等报刊，Brookings、World Economic Forum、ITEP、Tax Policy Center、Tax Foundation、Bloomberg、MNE Tax、Tax Justice Network等智库，*INTERTAX*、*World Tax Journal*、*EC Tax*等期刊，各国财税部门、著名跨国企业官方网站、知名学者个人博客以及IBFD、Law 360、Wolters Kluwer等专业数据库。

做法表示欢迎，发展中国家可以要求将其纳入与包容性框架成员的双边税收协定中（《全球数字经济税收动态》2021 年第 7 期）。

3. 全球最低税将获得印度的支持。彭博社 2021 年 8 月 25 日讯……印度有可能从 15% 的全球最低税税率中受益，因为适用于印度公司的国内税率高于上述门槛，全球最低税将获得印度的支持（《全球数字经济税收动态》2021 年第 8 期）。

（二）保留性意见

1. 拉丁美洲对 2021 年 7 月 OECD 国际税收改革新框架的担忧。哥伦比亚前财政和公共信贷部部长 José Antonio Ocampo 撰文指出，（1）全球最低税税率（至少为 15%）太低了，实际上接近瑞士和爱尔兰等避税天堂的税率。这反映了一些国家倾向于保护自己的跨国公司，而不是效仿美国和阿根廷的做法，呼吁最低税率至少为 21%。（2）根据现行提案，大部分额外税收收入将流向跨国公司的母国，而不是所谓的产生公司利润的来源国。发展中国家希望来源国优先适用最低税规则——特别是在利息、特许权使用费和资本利得的支付方面，以保护其税基。跨国公司的母国优先适用最低税规则将会加重目前国际税收制度中已经存在的不公平问题。（3）2020 年，拉丁美洲国家的平均企业所得税税率为 26%，因此 15% 的全球最低税税率实在太低，不太可能导致该地区利润转移大幅减少。全球最低税产生多少收入将取决于各国最终商定的最低税率（《全球数字经济税收动态》2021 年第 7 期）。

2. 非洲税收征管论坛对 2021 年 7 月 OECD 国际税收改革新框架的保留观点。就"支柱二"而言：（1）全球最低税税率应至少为 20%，这样才能有效保护非洲税基。（2）征税不足支付规则（UTPR）或应予课税规则（STTR）应成为"支柱二"的主要规则，以协助纠正目前居民国与来源地国之间征税权分配的不平衡。ATAF 一直主张优先适用 UTPR，而不是所谓的所得纳入规则（IIR）。同时，ATAF 建议扩大 STTR 的适用范围，以涵盖利息、特许权使用费、所有服务费和资本利得的支付（《全球数字经济税收动态》2021 年第 7 期）。

3. 部分发展中国家官员称支柱二的应予课税规则有所不足。牙买加和阿根廷官员表示，应予课税规则（STTR）可能是对发展中国家的一个让步，但他们仍然担心该规则的适用范围比预期的要窄。阿根廷财政部主管国际税收的官员 Carlos Protto 在 2022 年 1 月 26 日表示，支柱二预计不会对发展中国家有太大帮助，但基于税收协定实施的 STTR 是支柱二中唯一对发展中国家有意义的部分，但该规则在实施和适用范围方面有其局限性。发展中国家的利益相关者，如非洲税收征管论坛要求 STTR 应包括服务付款和资本利得。牙买加税务局负责立法、协定和国际税收事务的首席税务顾问 Parker 同意 Protto 关于该规则适用范围狭窄的看法，希望将服务费纳入 STTR 适用范围，并补充表示："OECD 双支柱改革的快速推进对发展中国家提出了挑战，牙买加政府没有足够的时间与利益相关者就未决的税法改革事项进行沟通。此外，确保我们获得足够的技术援助和足够的征税能力建设支持也至关重要，我们不仅需要这些支持来制定规则，还需要将这些规则纳入我们的国内法。"（《全球数字经济税收动态》2022 年第 1 期）。

（三）综合性意见

1. 海湾合作委员会成员国和企业应为全球最低税做好准备。目前，在海湾合作委员会各成员国开展业务的跨国公司的企业所得税税率为：沙特阿拉伯20%；阿拉伯联合酋长国无企业所得税；卡塔尔10%；巴林无企业所得税；阿曼15%。“支柱二”计划在2023年实施。虽然这可能还需要一段时间，但对于在海湾合作委员会成员国内运营的跨国公司来说，时间愈发宝贵。一个更加和谐、相互关联的国际税收体系可能会迫使跨国公司重新审视其商业模式和供应链，同时仔细研究他们如何在全球开展业务。引入或更新企业所得税税法的海湾合作委员会成员国税务机关需要确定计税依据的准确性，并评估关联方交易是否符合独立交易原则。同时，强有力的转让定价政策应有助于跨国公司优化供应链，并向当地税务机关说明收取关联方交易费用的合理性。海湾合作委员会范围内所有企业的主要决策者应尽快分析这些税收改革的潜在影响（《全球数字经济税收动态》2021年第8期）。

2. 发展中国家提出提高应予课税规则的最低税率。非洲税收征管论坛（ATAF）和24国集团（G24）的发展中国家在谈判中寻求将非关联方付款纳入应予课税规则（STTR）的适用范围，但这一提议遭到了其他国家的强烈反对。此外，ATAF建议STTR需要包含针对旨在规避关联方条件的反滥用规则。就最低税税率而言，ATAF认为足以阻止协定滥用的最低税税率至少是10%，这与发展中国家在其关于利息和特许权使用费的税收协定中通常协商的10%至15%的预提税税率保持一致（《全球数字经济税收动态》2021年第9期）。

二、发达国家政府的意见

（一）支持性意见

1. 美印法爱四国对全球最低税表示支持。彭博社8月25日讯，美国拜登政府对全球最低税表示欢迎，认为随着全球最低税的实施，跨国公司将不再能够利用国家之间的竞争来压低税负，也将不再能通过隐瞒在美国或其他国家产生的利润至低税率地而逃避其本应支付的公平份额的税款。印度有可能从15%的全球最低税税率中受益，因为适用于印度公司的国内税率高于上述门槛，全球最低税将获得印度的支持。法国财政部长LeMaire对该协议表示欢迎，认为这是一个世纪以来最重要的国际税收协议，他表示他将努力争取那些持反对意见的人（法国在2022年上半年担任欧盟轮值主席国——译者注）。爱尔兰财政部长Donohoe表示，爱尔兰以12.5%的企业所得税税率吸引了许多美国大型科技公司，虽然爱尔兰“无法加入共识”，但仍将努力寻找一个其可以支持的结果（《全球数字经济税收动态》2021年第8期）。

2. 美德英法四国对“双支柱”改革方案2021年10月声明的积极回应。美国总统拜登在一份声明中说：“历史上第一次建立起一项强有力的全球最低税制度，将最终为美国工人、纳税人以及世界其他地区创造公平的竞争环境。”与此同时，美国共和党参议员们表示，他们担心拜登政府正在考虑规避获得参议院授权实施条约的必要性。根据美国宪法，任何条约必须经参议院以三分之二多数批准。拜登的民主党同僚在100个参议院席位中只控制了50个席位。美国财政部长耶伦称赞全球最低税是美国家庭和国际商业的胜利：“我们已经把不懈的谈判变成了几十年的繁荣增长——对美国和世界都是如此。”德国财政部长Olaf Scholz在一封发给路透社的电子邮件声明中表示：“我们在实现税收公平方面又迈出了重要的一步。”英国财政部长 Rishi Sunak 也表示：“我们现在有了一条通往更公平税收制度的明确道路，全球大型公司无论在哪里开展业务，都要支付公平的税收份额。”法国财政部长 Bruno LeMaire 强调，法国将利用其在 2022 年上半年担任欧盟轮值主席国的机会，将该协议转化为欧盟法律（《全球数字经济税收动态》2021 年第 10 期）。

3. 爱尔兰财政部长阐述了加入“双支柱”改革新框架协议的理由。爱尔兰财政部长帕沙尔·多诺霍在 2021 年 11 月 10 日就财政、公共支出和改革问题向爱尔兰立法委员会和总理汇报时表示，加入“双支柱”改革协议对爱尔兰的好处“远远超过”不利影响。从不利影响角度看，“支柱二”可能会削弱爱尔兰作为低税投资地的吸引力，爱尔兰财政部估计爱尔兰将“在中期内”减少高达 20 亿欧元（约合 23 亿美元）的税收收入。但多诺霍认为，要继续成为吸引外来投资的首选目的地，爱尔兰必须适应并与国际规则保持一致。此外，加入协议和谈判为爱尔兰影响正在进行的“双支柱”改革方案技术细节讨论提供了发言权和机会（《全球数字经济税收动态》2021 年第 11 期）。

4. 欧盟委员会官员表示将在“双支柱”协议达成后制定一项实施“支柱二”的指令。欧盟税务与海关联盟总司司长 Gerassimos Thomas 2021 年 9 月 22 日表示，将不遗余力地说服所有欧盟成员国加入“双支柱”全球税收改革协议。Thomas 表示，一旦达成协议，欧盟委员会打算迅速实施新规则，并将立即提出一项实施“支柱二”的指令。欧盟税收指令需要成员国一致同意，以确保“支柱二”的实施是统一的，并提供法律确定性以及与欧盟法律体系的兼容性。如果欧盟成员国单方面实施“支柱二”规则，那么他们将制定规则，将最低有效税率要求限制在跨境案件中，根据欧盟法律，这种做法显然有可能被认为是歧视性的。Thomas 认为，虽然明显有必要制定一项实施“支柱二”的指令，但目前尚不清楚是否有必要制定实施“支柱一”的指令。关键是要看到 OECD 最终协议的详细程度，以评估指令是否会带来额外价值（《全球数字经济税收动态》2021 年第 9 期）。

（二）保留性意见

1. 美国参众两院部分议员对 OECD“双支柱”提案的担忧。美国众议院筹款委员会的共和党人在 2021 年 4 月 8 日写给美国财政部长 Yellen 的信中提出了对 OECD 谈判状况的担忧，认为 OECD/G20 包容性框架提出的“双支柱”“蓝图”严重背离国际公认的税收原则，该改革可能会直接减少美国的税收收入，也为其他国家继续攻击美国公司和国内税基敞开大门。就“支柱一”而言，OECD 未能阐明一种新的利润分配方法背后的核心原则。如果没有一套连贯和一致的原则，OECD 取得的任何共识保持长期持久性的可能性都很小，其他国家将继续通过数字服务税或其他方式从美国获得尽可能多的收入。关于“支柱二”，美国已经颁布并实施了全球无形低课税所得（GILTI）制度，这与 OECD 最初的 BEPS 项目原则相一致。因此，在 OECD 框架下，美国的 GILTI 制度必须被视为可接受的最低税制度。4 月 9 日，美国参议院财政委员会主席、俄勒冈州民主党人 Wyden 发布声明称，“长期以来，我对 OECD 进程有两个目标：结束歧视性的数字服务税和制定一个公平对待美国公司的全球税制。美国财政部“支柱一”新提案有可能实现这两个目标。当考虑“双支柱”的总体影响时，财政部的新提案可能成为全球共识的基础。”（《全球数字经济税收动态》2021 年第 4 期）。

2. 匈牙利官员认为征收全球最低企业所得税有损匈牙利利益。2021 年 8 月 14 日，匈牙利财政部国务秘书 Tállai 接受媒体采访时表示，匈牙利拒绝通过引进全球最低企业所得税放弃其财政主权，他认为该制度将会损害匈牙利的企业、消费者和整体经济。匈牙利的企业所得税税率为 9%，是欧盟中最低的，这就使得匈牙利在国际投资竞争中具有明显的优势。匈牙利不会同意放弃该优势。Tállai 强调，匈牙利政府既不会应欧盟的要求征收损害国内企业和经济的税收，也不会应美国的要求这样做（《全球数字经济税收动态》2021 年第 8 期）。

3. 由于匈牙利反对，《欧盟最低税指令》再一次未获通过。在 2022 年 6 月 17 日的经济和财政事务理事会（ECOFIN）会议上，《欧盟最低税指令》提案再一次列入会议议程。继 2022 年 3 月 15 日、4 月 5 日、5 月 24 日欧盟各成员国未能在 ECOFIN 会议上就实施支柱二的指令达成一致意见后，本次会议由于匈牙利的反对，该指令再次未得到全票通过。实际上，匈牙利议会经济委员会 6 月 13 日就已呼吁议会反对《欧盟最低税指令》提案，其认为受通胀压力和俄乌军事冲突导致的经济危机影响，若从 2023 年年初便按计划开征全球最低税，将增加欧洲公司（包括匈牙利公司）的税收负担并导致这些公司在全球竞争中处于劣势（《全球数字经济财税动态》2022 年第 6 期）。

（三）综合性意见

1. 德国寻求与拜登政府达成全球企业所得税协议，法国欢迎拜登政府对数字税的支持。2021 年 1 月 12 日，德国财政部长 Olaf Scholz 表示，他将寻求与拜登政府就全球企业所得税规则达成协议。OECD 已在超过 135 个国家之间就双支柱改革寻求共识，并表示双支柱方案将允许各国税务机关在全球多征收总计达 4% 的企业所得税。双支柱方案的目标是确保跨国公司，包括高利润的美国科技集团和欧洲奢侈品公司，在他们业务发生地（而非在他们的子公司注册地）就其利润缴纳企业所得税，同时，引入的全球最低企业所得税将避免逐底竞争。该方案得到了法国、西班牙、英国、意大利强有力的支持。他们认为苹果、Facebook、Google 等公司从欧洲市场获得了巨大利润，但对国库的贡献却微乎其微。目前，是否认可双支柱方案是对刚上任的拜登政府的首次考验，而美国此前的反对则是全球政治协议进展停滞的主要原因之一。在美国参议院 1 月 19 日举行的美国财政部长候选人 Janet Yellen 的听证会上，Yellen 表示，Google、Amazon,、Facebook、Apple 等数字公司应该在其运营所在国的税收中贡献更大的份额。随即，法国财政部长 LeMaire 表示欢迎拜登政府支持对跨国数字公司的利润征税。LeMaire 表示，Yellen 的言论标志着美国对数字巨头征税问题的立场真正转变（《全球数字经济税收动态》2021 年第 1 期）。

2. 拜登政府在协调全球无形低课税所得制度和全球反税基侵蚀规则方面还有很多工作要做。2020 年 10 月，OECD 公布了“GILTI 全球版本”的提案——全球反税基侵蚀（GloBE）规则，并希望各国就 GloBE 规则谈判并达成协议。然而，美国在近期的谈判中要求 GILTI 应被核准为与 GloBE 规则一致的最低税制度，而不能要求修改美国的税收制度以符合 GloBE 标准。然而，GILTI 制度和 GloBE 规则之间存在一些差异，其中包括税率和税基等方面的差异。拜登总统在竞选期间关于 GILTI 制度的两项政策建议将扩大这些差异。首先，拜登在竞选期间建议将 GILTI 税率提高至 21%，这一税率远高于 GloBE 规则的预期。其次，拜登在竞选期间和一些国会民主党人建议扩大 GILTI 的税基。如果要协调 GILTI 和 GloBE，显然还有很多工作要做。建议美国和其他 OECD 包容性框架国家的政策制定者应将重点放在最大限度地减少合规负担和对跨境收入广泛征收最低企业所得税相关的经济成本上（《全球数字经济税收动态》2021 年第 3 期）。

3. 欧盟官员指出欧盟成员国在实施支柱二规则方面具有灵活性，应尽快推动支柱二落地。2022 年 1 月 11 日，欧盟委员会税收与关税联盟总司直接税负责人 Benjamin Angel 在卢森堡企业联盟主办的座谈会上表示，欧盟成员国有三种选择应对支柱二（全球最低税规则）。一是将全部企业所得税税率提高到 15% 以上；二是仅对全球最低税规则适用范围内的公司将企业所得税税率提高至 15% 以上；三是根本不提高企业所得税税率，放任母公司成员国对在低税收管辖区开展业务的公司征收补足税。Angel 补充道："虽然支柱二的部分规则尚未最终确定，但欧盟委员会正支持法国在其担任欧盟理事会主席国期间（任期至 2022 年 6 月）尽快通过支柱二指令。时间至关重要，因为我们越早采纳支柱二，各国议会就会有越多的时间来讨论国内法转化的问题，税务部门和企业就会有越充足的时间应对好支柱二的实施。"（《全球数字经济税收动态》2022 年第 1 期）。

4. 德国考虑将支柱二扩展适用至规模较小的公司。据消息人士透露，在欧盟内部专家会议上，德国要求保留对未达到 7.5 亿欧元营业额门槛的较小公司实施支柱二的选择权。德国在实施欧盟支柱二指令时是否真的会这样做还有待观察。尽管 OECD 于 2021 年 10 月就双支柱改革方案发布的《联合声明》提到，各国可自由地对总部设在本国的跨国企业实施所得纳入规则（IIR），即使它们没有达到相应门槛，但这样做可能会在欧盟引发法律问题。有人认为，与非欧盟竞争对手相比，较低的门槛将使欧盟公司处于竞争劣势。而对于 7.5 亿欧元的门槛，只有少数欧盟成员国国内的公司处于该指令的适用范围（《全球数字经济税收动态》2022 年第 2 期）。

5. 欧洲议会发布专题研究报告讨论双支柱改革方案。2022 年 7 月 27 日，欧洲议会发布《消除单一市场中税收造成的障碍和扭曲以鼓励跨境投资》专题报告，其要点包括：（1）支柱二将有可能把各国的竞争转移到补贴方面，这是欧盟"国家援助规则"所禁止的，将给本已很复杂的税制额外增加复杂性，会使欧盟与美国、英国等政策更为灵活的国家相比处于不利地位。（2）尽管只扣除基于经济实质的排除所得后的超额收益才会适用 15% 的最低税率，但关于经济实质活动的国际税收竞争仍然存在。（3）欧盟各成员国过于依赖对劳动力征收的税收，有必要重新平衡欧盟各类纳税人之间的税收负担。（4）欧盟《反避税指令》中的受控外国公司（CFC）规则可与《全球最低税指令》相互协调，前者将优先适用，母公司在某一财年根据 CFC 规则支付的任何额外税款将根据支柱二规则在母子公司间分配，以计算各自的有效税率。（5）就支柱一向市场国重新分配跨国企业的利润而言，也可通过改革增值税以更简单的方式实现（《全球数字经济财税动态》2022 年第 7 期）。

三、国际组织的意见

（一）支持性意见

1. OECD 官员表示“支柱二”可能有助于解决税收优惠政策引起的不平等现象。OECD 税收政策和管理中心官员 Dickinson 在 3 月 23 日的全球发展中心网络研讨会上表示，OECD 希望“支柱二”能够消除目前在税收优惠政策方面的诸多混乱，加强税收优惠措施审查，提高税收透明度，以解决税收优惠政策引起的不平等现象。乐施会的 Ruiz 表示，税收透明度是一个良好的开端，但需要在全球进行改革。如果没有某种区域性或全球性工作，我们无法估计各国审查税收优惠措施政治意愿的能力，因此审查和透明度是第一要务。尽管发展中国家支持全球最低公司税，但它们一直在推动一个足够高的最低税率，以强烈抑制利润转移。这显然是一个政治问题，也是当前谈判的主题（《全球数字经济税收动态》2021 年第 3 期）。

2. 美国国会研究所对“双支柱”改革提案的积极评价。……“支柱二”（全球最低税）的一个优势在于，它可以减少各国为吸引资本投资而竞相降低所得税税率的现象。采用 GLoBE 条款来取代 GILTI，或者修改 GILTI 使之更符合 GLoBE，都需要通过国会立法来修改美国税法并修订相关税收协定（《全球数字经济税收动态》2021 年第 7 期）。

2. IMF 官员表示，全球企业所得税改革协议令人鼓舞。IMF 财政事务部主任 Gaspar 和首席经济学家 Gopinath 强调了缓和发达国家和发展中国家之间不平等现象日益加剧的重要性。特别是面对新冠疫情，各国政府必须加强税收以筹集更多的收入。但由于税收竞争、税基分配问题和激进的税收筹划策略，企业所得税面临的压力越来越大。他们认为，筹集收入可能是困难的，但并非是不可能的，因此应鼓励增长和包容性。他们表示，“各国政府应该寻求提高效率、简化税制、减少逃税和增加筹资累进性。只要新冠疫情还在继续，财政政策就需要保持其灵活性，以应对不断变化的情况。”同时，国际社会还必须帮助确保脆弱的国家融资，而得到 132 个国家政治支持的“双支柱”全球税收改革计划是一个“令人鼓舞的迹象”。“支柱二”设定的企业所得税税率下限“将会阻止国际企业所得税的逐底竞争”。因此，解决细节问题是很关键的，以便该协议为发展中国家的卫生保健、教育、基础设施和社会支出的重要投资提供资源（《全球数字经济税收动态》2021 年第 8 期）。

（二）保留性意见

1. 国际企业所得税改革独立委员会呼吁全球最低税税率要高于 21%。七国集团（G7）达成的全球税收协议设定了 15% 的全球最低税税率，该税率接近于爱尔兰、瑞士等避税天堂的税率。对此，国际企业所得税改革独立委员会（ICRICT）发表了评论意见。哥伦比亚大学教授、ICRICT 主席 JoséAntonio Ocampo 认为：“15% 的全球最低税税率太低了，无法终结全球企业所得税的逐底竞争，也无法适当打击避税天堂。G7 和 G20 国家必须超越这一全球最低税税率，并单方面承诺将最低税税率提高到 21% 或更高。全球最低税收所产生的额外收入也必须在跨国公司的母国（如美国）与发展中国家之间公平地分配。”马萨诸塞大学阿默斯特分校经济学教授、ICRICT 专员 Jayati Ghosh

表示："在疫情期间，一些跨国公司的利润大幅增加，而它们支付的税款却几乎没有增加，这表明国际税收改革的紧迫性。采取简单而公平的步骤，将全球最低税税率提高到21%或更高，将大大有助于跨国公司支付与本国公司相符的公平税额。G7 宣布的 15%的全球最低税税率几乎毫无意义。"哥伦比亚大学教授、ICRICT 专员 Joseph Stiglitz 说："欧洲主要国家要像美国一样，作出更加雄心勃勃的承诺，超越 15%的全球最低税税率。G7 和 G20 采用 21%的最低税率，再加上其他国家广泛采用至少 15%的最低税率，将确保从世界上绝大多数公司利润中得到有助于提供我们摆脱疫情时迫切需要的收入。"(《全球数字经济税收动态》2021 年第 6 期)。

2. 乐施会对 OECD 国际税收改革新框架的消极回应。2021 年 7 月 1 日，乐施会执行董事 Bucher 对"双支柱"改革新框架作出回应，其主要观点包括：……(3)"支柱二"所产生税收收入大部分流向发达国家，而最不发达国家所获比例将不到 3%。(4)与 15%的全球最低税税率相比，25%的税率每年将为世界最不发达国家多筹集近 170 亿美元，这足以为 80%的人口接种疫苗。15%的税率对结束有害税收竞争毫无帮助，澳大利亚和丹麦已经将其视为降低国内企业所得税税率的借口，这意味着有新的税收逐底竞争风险(《全球数字经济税收动态》2021 年第 7 期)。同时，针对 2021 年 10 月 8 日 OECD 宣布的"双支柱"税收协议，乐施会的税收政策负责人 Susana Ruiz 表示，世界正在经历几十年来最严重的贫困加剧和不平等的大规模爆发，但此项协议对阻止这两种境况几乎没有任何作用。相反，它已经被一些富裕国家视为降低国内企业所得税税率的借口，从而可能引发新一轮的税率逐底竞争。将"支柱二"最低税率设定为 15%的提议将使富国受益匪浅，并加剧不平等。七国集团和欧盟将获得新规则带来的税收收入的三分之二，而世界上 38 个最贫穷的国家将获得不到 3%的收益，而这些国家拥有超过三分之一的世界人口(《全球数字经济税收动态》2021 年第 10 期)。

3. 联合国《世界投资报告》认为"双支柱"改革可能对全球投资模式产生深远影响。联合国最近发布了 2021 年度《世界投资报告》，显示新冠疫情导致全球外国直接投资(FDI)急剧下降，2020 年全球 FDI 下降了三分之一，至 1 万亿美元，而 2019 年为 1.5 万亿美元。FDI 的下降在各地区和投资类型上的分布都不均匀，发达国家的 FDI 下降了惊人的 58%，而发展中国家的 FDI 下降幅度较小，为 8%。报告指出，"全球税收格局正在转型，这将对全球投资模式、投资促进战略和实现可持续发展目标(SDG)的融资有重大影响。"双支柱"改革，特别是"支柱二"(全球最低税)，会增加许多跨境投资的税收成本，将影响全球 FDI 流动。此外，由于这些提案的复杂性，跨国公司的合规负担以及税务管理部门的征管负担预计将相对较高，从而造成额外的不确定性。这些政策可能对全球投资模式产生深远影响。鉴于全球 FDI 的现状，各国政策制定者应仔细设计这些新的国际税收规则，并在此过程中尽可能提供更多的确定性(《全球数字经济税收动态》2021 年第 7 期)。

4. BEPS 监督小组认为支柱二方案是不公平且无效的。2021 年 7 月 1 日达成的"双支柱"改革协议是历史性的，……"支柱二"提出的全球最低税率可能是变革性的，但目前的设计对跨国公司母国来说是不公平且无效的。在全球范围内给予母国优先征税权，再加上最低 15%的低税率，并不会消除跨国公司将利润从来源国转移出去的动机，因为这些国家的税率大多为 25% 或更高。除非"支柱二"重新设计，否则对跨国公司母国来说，更好的解决方案是根据《联合国税收协定范本》第 12B 条，修改其所有的税收协定，允许跨国公司母国对自动化数字服务付款在内的所有付款征税（《全球数字经济税收动态》2021 年第 8 期）。

5. 美国税收基金会指出支柱二对美国的消极影响。各国引入全球最低企业所得税将减少美国税制改革带来的额外税收收入。美国税收基金会最近的一份报告显示，如果立法者将全球无形低课税所得（GILTI）税制修改为与全球最低企业所得税（"支柱二"）提案相一致的税制，可能会使美国跨国公司未来 10 年的应纳税款相比现行税法下的应纳税款增加 1060 亿美元。如果 GILTI 税制改革按照美国拜登总统目前的提议进行，美国跨国公司未来十年的税负将增加 1.37 万亿美元。然而，各国可以选择是否采用"支柱二"，而美国通过修改 GILTI 获得的额外收入取决于其他国家引入全球最低企业所得税的情况。如果一家美国公司目前支付的外国税率较低，那么它将有少量的外国税收抵免来抵消 GILTI 规定的美国纳税义务。但是，如果外国税率上升，该公司将获得更多的外国税收抵免，抵消更多的美国纳税义务。因此，如果有越来越多的国家引入全球最低企业所得税，美国财政部将承担实施最低企业所得税的低税国家的税收负担以及那些要求获得更多海外税收抵免的美国公司的税收负担。根据测算，如果 GILTI 的税负按照拜登总统的提议增加，那么全球采用 15% 的最低企业所得税将使拜登提议的政策带来的额外税收收入减少 1578 亿美元（《全球数字经济税收动态》2021 年第 8 期）。同时，支柱二全球最低税制将削弱美国部分税收优惠政策的效果。美国的许多税收优惠政策，包括低收入住房税收抵免（Low-Income Housing Tax Credit）、工作机会税收抵免（Work Opportunity Tax Credit）、绿色能源税收优惠和研发税收抵免，可以使跨国公司在美国的利润的有效税率降至低于全球最低税率 15%，这将为其他税收管辖区向美国公司征收更多税款创造机会。虽然美国政策制定者不需要为遵守全球最低税制而改变其税收优惠政策，但这些优惠政策的价值将被直接削弱。尽管跨国公司可以从税收优惠中受益，从而减少其向美国政府缴纳的税款，但这些好处将被跨国公司在其他地方缴纳的更高税收所抵消，而这降低了在美国对于相关投资的吸引力（《全球数字经济税收动态》2022 年第 1 期）。

6. 保险欧洲和美国商会对"支柱二"提案下应予课税规则的担忧。（1）OECD 正在关注利息、特许权使用费以及一系列表现出 BEPS 风险特征的其他付款。欧洲最大的保险行业组织"保险欧洲"担心，该规则可能会适用于已经受到高度监管的业务交易的相关付款（如保险费）。（2）美国商会表示，STTR 本质上与 OECD 成员国为减少和消除按交易总额征收预提税所做的工作相矛盾，数量众多的国家实施 STTR 可能会限制"所得纳入规则"和"征税不足支付规则"的有效性，并带来征管上的复杂性（《全球数字经济税收动态》2021 年第 9 期）。

（三）综合性意见

1. 德国工业联合会对支柱二征求意见稿存在疑虑。从征求意见看，支柱二重在实现如下目标：（1）解决与经济数字化相关的剩余 BEPS 挑战；（2）在更广泛的背景下应对类似的挑战，如位于低税管辖区的集团内融资交易；（3）停止在企业所得税上的全球恶性竞争；（4）解决将税收转移到流动性较低地区的风险，特别是发展中国家。一些评论人士认为，这些目标并不明确，而且应该在相互竞争的目标之间作出选择。例如，德国工业联合会问道："这是否意味着全球所有企业都必须缴纳最低企业税？是为了确保在正确的国家缴纳"正确"的税吗？是为了确保在创造价值的地方纳税吗？"关于逐底竞争的问题，英国工业联合会表示，这个想法是保护各国免受跨国公司投资的境外税收竞争，还是保护各国免受向外国公司支付可扣除款项的境内税收竞争。许多评论人士将阻止恶性竞争的目标与经济实质问题联系起来。尽管在这个问题上没有采取明确的立场，但征求意见稿指出，基于实质内容的排除将损害该提案的政策意图和效力（《全球数字经济税收动态》2020 年第 4 期）。

2. BEPS 监督小组对支柱二《全球反税基侵蚀规则范本》的评论。首先，这些规则非常详细且复杂，期望各国在其国内法中照搬这些规则既不现实，也不可取。除了语言差异之外，各国有权也应该保留在规则中引入自己的立法特色，这符合全球反税基侵蚀（GloBE）规则的目标和预期结果。其次，因为全球平均所得税税率是 25%，15% 的最低税率无法有效阻止利润转移。再次，规则允许跨国公司可以使用其他标准确定成员实体的财务会计净所得或净损失，只要它能确保信息是可靠的，且产生的永久性差异控制在一定范围内。这将进一步加剧纳税人和税务机关之间的信息不对称。最后，在征税不足支付规则（UTPR）下的补充税分配公式中"雇员数量"是分配因素之一，考虑到零工经济业务的范围及其对其运营所在税收管辖区的影响和作用，零工雇员应被记入雇员数量（《全球数字经济税收动态》2022 年第 2 期）。

3. 欧盟最大的商业组织之一商业欧洲建议欧盟不要急于实施支柱二。商业欧洲（Business Europe）认为，欧盟实施支柱二的决定要考虑来自美国的不确定性。目前，美国仍未能通过新的税改法案使其现行最低企业所得税制（包括全球无形低课税所得税制、税基侵蚀和反滥用税）符合支柱二提出的共存标准，如果美国不参与支柱二，那么欧盟国家和企业过早实施支柱二会将自身置于不公平的竞争劣势。尽管征税不足支付规则（UTPR）可以在一定程度上降低这一影响，但因 UTPR 在实际应用中非常复杂，其并不能完全解决上述问题。此外，支柱二的实施细则预计将在 2022 年底前公布。因此，商业欧洲建议欧盟不应急于推进支柱二的实施。如果欧盟指令在 OECD 评估和决定所有这些进一步的详细规定之前，已经在欧盟层面正式达成一致，那么欧盟企业和税务机关可能会面临欧盟最低税制不明确且发展不足的风险（《全球数字经济税收动态》2022 年第 2 期）。

4. IMF 公布了对双支柱影响的初步评估结论。据估算，支柱二的税基为 1.47 万亿美元，这将使全球企业所得税年度收入增加约 5.7%（约 1500 亿美元）。该数据是以超过有形资产总额 8% 和雇员工资总额 10% 的部分利润为税基计算而得的，即按照支柱二实施过渡期第一年的基于经济实质的排除规则。倘若取消排除规则将使支柱二带来的税收收入增加到目前全球企业所得税收入的 9%。支柱二适用范围内跨国公司的利润转移通常会减少，各国之间的税率差也会减小。利润转移的减少意味着低税率辖区报告的全球利润下降，从而增加了其他国家的税收收入。低税率国家可能会将其税率提高到最低税率水平，也可能只对支柱二规制范围内的跨国公司征收国内最低税，而不提高企业所得税税率。高税率国家可能会停止税率下降的趋势，并可能提高其企业所得税税率（《全球数字经济税收动态》2022 年第 4 期）。

5. 联合国贸发会议发布《2022 年世界投资报告》，专门分析了支柱二对投资的影响。第一，即使假设所有东道国都采用合格国内最低税（QDMTT）制度，那么发展中国家从税制改革中获得的收入也将相对少于发达国家。其中，发展中国家增收 15%，而发达国家则增收 31%。第二，支柱二给发达国家政府带来相比于发展中国家更多收入的原因，并非支柱二所得纳入规则（IIR）将补足税分配给母公司，而是因跨国公司就其在发达国家的外国直接投资（FDI）缴纳的税款与发展中国家相比相对较多。第三，预计支柱二将在三个方面影响全球外国直接投资网络。首先，支柱二增加的企业所得税税负对全球 FDI 的潜在下降影响约为 2%。其次，支柱二将导致部分投资从以前的低税率辖区转移到税率较高的辖区，随着离岸金融中心失去它们的税收优势，发展中国家可能会从转移中获得更多投资。预计非洲和亚洲的增幅最大，FDI 流入量保守估计分别增长 2.4% 和 1.7%，拉丁美洲和加勒比以及发达经济体的获益可能比较有限。最后，在支柱二将减少利润转移的情况下，最终投资者将更有可能与投资接受者建立直接联系，从而减少投资中转国 FDI 的份额（《全球数字经济财税动态》2022 年第 6 期）。

四、跨国企业的意见

（一）支持性意见

1. 资产管理领域的行业协会支持支柱二的排除规则。卢森堡基金行业协会（ALFI）等指出，保持投资基金的税收中性是公认的原则，是国际税收规则设计的基础，“支柱二”方案规定，集团所有权链顶端的某些实体或安排（如投资基金）将被排除在“支柱二”的适用范围之外，符合这项原则。另类投资行业的先进协会代表另类信贷理事会（ACC）和另类投资管理协会（AIMA）正考虑一项提案，规定非位于集团所有权链顶端的投资基金，可被视为税收透明实体，该分类方式将收入视为来自投资者而非基金，从而维持基金的税收中立性（《全球数字经济税收动态》2021 年第 9 期）。

2. 德勤中国：支柱二对中国香港房地产业基本没有负面影响。《GloBE 示范规则》对中国香港（或许也包括其他国家或地区）的房地产行业基本没有负面影响。根据香港会计准则（HKAS），拥有房地产的企业可选择采用成本模式或公允价值模式对房产账面价值进行会计处理，对于自用性房地产，只有在其公允价值能够可靠计量时才可采用重估模式。在成本模式下，不会出现较大的税会差异，对有效税率和补足税的计算基本没有影响。然而，鉴于房地产价格不断上涨，大多数企业通常更愿意采用公允价值模式而非成本模式，因为它可通过提高资产负债表上的资产价值的形式体现业绩上行。就香港利得税（Profits Tax）而言，公允价值模式下的重估收益是免税的，而重估损失是不可扣除的（前提是房地产在性质上是资本）。公允价值模式的会计处理通常会产生如下后果：净重估收益将降低跨国企业居民国有效税率，当有效税率低于最低税率时会产生补足税；净重估损失将提高跨国企业居民国的有效税率。不过，在《GloBE 示范规则》下，采用重估模式的企业不会受到太大冲击，甚至可能受益。对于投资性房地产，跨国企业可通过《GloBE 示范规则》下的“实现原则选择”来避免在实际处置之前对未实现的重估收益支付补足税。在作出选择当年之前的会计年度，已拥有的投资性房地产的未实现重估收益可在 GloBE 规则下免于计算处置收益。即使在实际处置投资性房地产时，跨国企业也有可能通过“国内总资产收益的选择性调整”将收益分摊到最长 5 年期间内，以减轻在一年内确认全部收益对有效税率和补足税计算的影响。对于自用性房地产，除了可受益于上述两项“选择”之外，也受益于基于经济实质的所得排除规则，该规则允许在计算补足税税基时排除自用性房地产的账面价值，可减少房地产所在国缴纳补足税（《全球数字经济财税动态》2022 年第 5 期）。

（二）保留性意见

1. 收益大增的大型制药公司有效税率仍较低，这些公司正集体反对全球最低税。据印度数字媒体平台 Newsclick 报道，新冠疫情的暴发，导致大型医药公司的收入大幅增长。与 2020 年同期相比，大多数全球制药行业巨头在 2021 年上半年的收入都出现了惊人的增长。最大的获益者是开发疫苗和相关诊断技术的公司。纽约大学教授 Aswath 研究成果显示：在过去 10 年中，全球最大的 20 家制药公司报告的全球有效税率平均约为 17%，而全球最大的 20 家科技公司平均约为 21%，均低于其他行业的大型公司报告的税率。”例如，强生公司 2020 年的有效税率为 10.8%、辉瑞公司为 5.8%。制药公司一直声称，税率的任何提高都可能导致削减研发支出，而这反过来又将对新药和疫苗的可用性产生不利影响。鉴于制药公司在抗击疫情方面的“典范”作用，制药公司一直反对任何税率的提高，对于“支柱二”规定的税率至少为 15% 的全球最低企业所得税，这些制药公司也持反对态度（《全球数字经济税收动态》2021 年第 9 期）。

2. 多家智库和行业协会认为支柱二的复杂性将给跨国企业带来负面影响。他们担心预想中的税法变化可能使跨国企业的经营成本更加昂贵，从而导致他们处于竞争劣势。立陶宛智库自由市场研究所主席 Elena Leontjeva 表示，通货膨胀会逐渐使更多的跨国公司进入支柱二的征税范围，增加合规负担。普华永道爱沙尼亚分所的税务主管 Hannes Lentsius 表示，目前几乎没有爱沙尼亚企业（包括跨国企业的子公司）在提交纳税申报时采用外部咨询。鉴于支柱二规则的复杂性，一旦支柱二实施，跨国企业大概率需要寻求外部援助来报税，这将是企业的额外成本（《全球数字经济税收动态》2022 年第 4 期）。

3. 毕马威会计师事务所：全球最低税率可能与更高的国内税率发生冲突。近日，毕马威会计师事务所华盛顿分所的国家税务项目负责人 Kevin Brogan 指出，在公司所得税税率相对较高的国家经营的跨国公司仍可能面临支柱二全球最低税制下的税款补缴，这主要与递延所得税资产有关。按支柱二规则，如果跨国公司在某一辖区的有效税率低于最低税率，就可能面临补税。用于计算有效税率的分母以公司基于公认会计准则编制的会计账目为起点，并考虑了许多国家都存在的税会差异，进行相应调整。当公司在不同期间在其会计账目中和纳税申报表中记录某些会影响应税所得的项目（例如经济损失）时，就会产生递延所得税资产或负债。当公司出现亏损时，在将该金额申报为减少应税所得的扣除之前，该金额先一步出现在其财务账目中时，即为递延所得税资产。按照《全球反税基侵蚀（GloBE）规则范本》规定，如果某一税收辖区的法定税率高于最低税率 15%，只能适用最低税率 15% 记录递延所得税资产。在这种情况下，如果用于计算有效税率的分母包括其他在辖区内不征税的所得（例如来源于短期投资组合股权的股息），那么跨国公司在该辖区的有效税率可能会低于最低税率，从而面临补税（《全球数字经济税收动态》2022 年第 4 期）。

（三）综合性意见

1. 利益相关方推动 OECD 支柱二方案中的简化措施——确定具有适当税率的低风险管辖区。部分企业和税务咨询机构提出了一个简化 OECD 过于复杂的支柱二方案并减轻征管负担的方法，即由税收征管部门确定具有适当税基和税率的低风险管辖区。OECD 税收政策与管理中心的 Peterson 指出，对税收征管强有力的支持，是支柱二蓝图咨询文件中提出的四项简化提案之一。简化措施将有效地要求税务机关根据将具有足够广泛的税基和高企业所得税税率的税收管辖区单列出来的客观标准，确定低风险管辖区。毕马威的 Eggert 表示，假设跨国公司在位于"天使名单列表"的税收管辖区（即低风险管辖区）的有效税率超过最低门槛是有意义的，这对简化合规具有巨大潜力（《全球数字经济税收动态》2021 年第 1 期）。

2. 毕马威就支柱二实施的数据管理问题发布实践指引。数据管理是支柱二赖以实施的核心，它涵盖了从数据收集、转换和加载到支柱二合规性报告的例行流程。此次，毕马威发布的实践指引主要包括三个方面：（1）适用支柱二所需数据的来源。数据输入分为两种类型：一是源提取（Source extracts），即位于不依赖于其他数据源的系统中的数据，这些数据通常在企业资源计划（ERP）系统中可以获得。二是派生数据，即根据源提取中的数据生成的数据。这些数据可从企业绩效管理（EPM）合并系统或报税材料中检索。源数据提取通常是生成派生数据的系统（如 EPM）的主要输入。（2）数据管理解决方案的总体设计。建议开发一个"税收数据矩阵"（Tax Data Matrix），该矩阵定义了执行 GloBE 有效税率计算所需的数据点，并将这些数据点映射到可靠的数据源。理想状态下，一个已经有税收数据矩阵的组织，可以据此评估支柱二的数据要求。这确保了用于其他目的（如国别报告）的支柱二数据点能被重复使用，而不是从不同来源收集。（3）数据管理解决方案的优势与具体选择。数据管理解决方案的实施可使一些工作自动化，如收集源数据和派生数据、执行逻辑检查、运行自动数据验证以及执行清理和转换例程。最适合的解决方案类型在很大程度上取决于商定的治理模型。例如，如果收集国别数据和实体数据是当地子企业的责任，那么动态调查表的解决办法将是适当的选择。如果将支柱二下的全球数据收集确定为一项核心责任，那么可以考虑实施基于 ERP/EPM 的自动数据提取器，并使用更复杂的数据建模技术，集中从 IT 和其他系统收集和转换数据，这将在有限的人工干预下生成支柱二计算输出（《全球数字经济财税动态》2022 年第 5 期）。

3. 普华永道伦敦金融服务税务部门合伙人 Amaar 等专家：银行应该如何行动来应对支柱二。总的来说，支柱二规则将给银行带来巨大合规负担，增加银行经营业务管理的复杂性。为妥善做好应对，银行要解决两项挑战：（1）要处理冗杂的数据收集要求；（2）要解决一些复杂的技术问题。就第一项挑战而言，目前可能缺失的数据包括：为测试集团是否在各辖区缴纳了足够的税款所涉及的利润和税收的辖区汇总数据；为确定是否可以通过支柱二的参股豁免测试所涉及的持股期限和少数权益股东持股比例的细节。就第二项挑战而言，银行应确定什么系统和工具支持支柱二的报告要求和合规流程，哪些现有流程可能会受到支柱二的影响，非税流程（如财务报告）的哪些方面需要调整或更新，以及税务和财务团队成员将如何接受关于支柱二的技能培训（《全球数字经济财税动态》2022 年第 8 期）。

五、专家学者的意见

（一）支持性意见

1. OECD 官员表示“支柱二”可能有助于解决税收优惠政策引起的不平等现象。OECD 税收政策和管理中心官员 Dickinson 在 2021 年 3 月 23 日的全球发展中心网络研讨会上表示，OECD 希望“支柱二”能够消除目前在税收优惠政策方面的诸多混乱，加强税收优惠措施审查，提高税收透明度，以解决税收优惠政策引起的不平等现象。乐施会的 Ruiz 表示，税收透明度是一个良好的开端，但需要在全球进行改革。如果没有某种区域性或全球性工作，我们无法估计各国审查税收优惠措施政治意愿的能力，因此审查和透明度是第一要务。尽管发展中国家支持全球最低企业所得税，但它们一直在推动一个足够高的最低税率，以强烈抑制利润转移。这显然是一个政治问题，也是当前谈判的主题（《全球数字经济税收动态》2021 年第 3 期）。

2. 不列颠哥伦比亚大学教授崔威认为支柱二改革方案对亚洲的影响有限。OECD 提出“支柱二”改革方案的一个考虑是，大多数国家都希望对跨国公司征收更多的税，但它们又害怕单独这样做，因为它们担心本国跨国公司可能会变得缺乏国际竞争力。但事实上，大多数富裕国家都拥有各种各样增加收入的税收政策工具。它们并不像美国那样仅限于以向跨国公司征税的方式来弥补增加的社会支出。许多国家（如日本、韩国）历来通过放宽企业所得税规则以外的其他方式支持其跨国公司的海外业务发展，因此放弃的企业所得税可能并不意味着政府的高成本（《全球数字经济税收动态》2021 年第 11 期）。

3. 慕尼黑伊福经济研究所称，最低企业所得税每年为德国带来最多高达 62 亿欧元的税收收入。目前，慕尼黑伊福经济研究所根据国别报告数据（2016 年至 2019 年的数据，包括 3 613 家跨国公司的信息，其中 434 家总部位于德国），对最低企业所得税为德国带来的税收收入进行了测算。测算结果显示，德国每年将获得的收入可能在 16 亿欧元到 62 亿欧元之间，具体金额将取决于低税辖区是否调整其税收政策。如果低税辖区引入了最低企业所得税，那么德国的额外收入将“仅限于被减少的利润转移部分所带来的影响”，约为 16 亿欧元；如果低税辖区不改变其税收政策，则德国每年可能会获得高达 62 亿欧元的额外税收收入。值得关注的是，据伊福经济研究所称，这项研究是为德国财政部准备的（《全球数字经济税收动态》2022 年第 3 期）。

4. 密歇根大学教授 Avi-Yonah 高度评价全球最低企业所得税。（1）支柱二带来可观收入。支柱二预计每年将产生约 1500 亿美元的额外全球税收收入，而支柱一的主要收入影响是每年重新分配约 1000 亿美元的应税利润给来源国。不难看出，支柱二才是双支柱改革的真正增收来源，其产生的额外收入可用于各国从疫情中恢复国民经济或支持与环境、社会和企业治理（ESG）相关的可持续税收政策。（2）支柱二将减少利润转移和税收竞争，践行单次征税原则。如果有足够多的大型经济体同意实施支柱二，那么企业将没有动力将其业务转移到低税地（《全球数字经济财税动态》2022 年第 5 期）。

（二）保留性意见

1. 牛津大学研究发现，OECD 支柱二可能只能产生适度的税收。2020 年 2 月 6 日，据牛津大学一份最新研究显示，OECD 最低企业税提案偏离了 BEPS 项目的政策共识，其对税收的影响可能是温和的。预计在各国基础上实施 10% 的最低有效税率，将使全球税收收入增加约 320 亿美元，而这一增长不到企业当期税款的 2%。如果对跨国公司以一种集合其海外活动的混合方式征收最低企业税，那么税收收入将会变得更少。OECD 估计，根据其计划的支柱二，全球收入的收益将高于可归属于支柱一的收益，尽管该计划的细节（如最低企业税的税率）尚未确定。同时，目前尚不清楚该计划将在逐个国家、逐个实体还是全球混合的基础上实施。报告称，以实质为基础的剔除设计对该提案所关注的税收竞争目标的达成构成了威胁。如果支柱二是为了解决税收竞争问题，则该提案就不能有基于实质的剔除设计。一些国家可能会争辩说，有针对性的剔除规则对于发展或支持对本国经济至关重要的产业而言，是必要的，但谈判桌上的大多数国家可能都有这样的担忧。该报告认为，GloBE 提案对税收竞争的关注代表着对 BEPS 原则的背离，即不征税或低税本身并不是一个令人担忧的原因。虽然近几十年来企业所得税的税率有所下降，这可能是国际竞争的结果，但企业所得税的税收并没有大幅下降。然而，税收竞争限制了政府实施最优税收政策的能力，并威胁到现有制度的长期生存能力（《全球数字经济税收动态》2020 年第 2 期）。

2. 美国密歇根大学法学院教授 Avi-Yonah 认为支柱二缺乏创新。“支柱二”的基本思想以单一课税原则为基础。根据该原则，跨境交易所得应且只应被征收一次税，这将避免双重征税，同时允许居民地税收管辖区在来源地税收管辖区对跨境交易所得不征税的情况下对其征税。“支柱二”规则效仿了这一原则，规定当来源地（或居民地）税收管辖区的税率低于特定水平时，由居民地（或来源地）税收管辖区补充征税。单一课税原则可以一直追溯到美国在 1918 年开始采用的境外税收抵免制度以及国际联盟在 1927 年制定的第一个税收协定范本，而 Avi-Yonah 教授从 20 世纪 90 年代便开始阐述和发展该原则（《全球数字经济税收动态》2021 年第 10 期）。

3. 荷兰伊拉斯姆斯大学法学院教授 Maarten 认为支柱二补足税与当前税收协定网络不兼容。《OECD 税收协定范本》第 7 条规定，只有跨国公司在来源国构成常设机构的情况下，来源国才能对可归属于该常设机构的利润征税。然而，支柱二规则允许来源国在不存在常设机构的情况下对跨国公司征收补足税。由于许多税收协定是以《OECD 税收协定范本》为蓝本签订的，其中包含了上述常设机构征税规则，这意味着支柱二与税收协定的不兼容广泛存在，这将导致未来以国内法方式引入的支柱二规则名存实亡。原因是，在许多国家，国内法的征税规则不会干扰任何现行税收协定下的征税权分配规则——许多国家的宪法规定，国际法优先适用于国内法。支柱二与税收协定的不兼容性会带来诸多问题。例如，在全球范围内引起一系列法律诉讼；又如，各国会发现支柱二的补足税违反了各国之间缔结的税收协定，然后各国会利用这一点继续税收竞争博弈，这与支柱二遏制各国税收“逐底竞争”的政策目标相悖。Maarten 的观点是设计一项平行调整各国税收协定网络的国际公法，以合法化支持支柱二的补足税实施机制（《全球数字经济税收动态》2022 年第 1 期）。

4. 牛津大学商业税收中心认为，仅实施支柱二不足以解决经济数字化带来的税收挑战。一是支柱二没有对联结度问题作出回应，即各国在什么条件下可以对哪些数字经济活动征税。二是支柱二也无法弥补基于功能分析的转让定价规则的弱点，这些规则对市场国行使征税权造成了阻碍。三是跨国公司的避税活动和国家税收竞争活动的问题不会完全终止，只是被限制在更有限的范围内，即支柱二 15% 的最低企业所得税税率范围内。四是独立交易原则面临的所有实施难题（例如确定适当的可比对象、内在复杂性等）也将继续存在，支柱二的核心所得纳入规则将征税权默认分配给母公司所在国并不能解决市场国提出的征税权请求。五是在支柱一失败或被严重推迟的情况下，许多国家很可能会迅速寻求其他目的地型征税方法（如数字服务税等单边措施），将不利于国际税收秩序的稳定（《全球数字经济税收动态》2022 年第 2 期）。

5. 前加拿大政府顾问 Allan Lanthier 对支柱二的批评意见。一是基于会计准则而非税收规则计算有效税率是不可取的。加拿大证券法要求公司使用会计准则报告其财务结果，以便股东和债权人评估其风险，而这些标准与税收规则无关。二是支柱二宣称将解决“税收逐底竞争”的目标与事实不符。尽管许多国家的企业所得税法定税率一直在下降，但也有扩大税基的举措，在美国以外的大多数发达国家，企业所得税占 GDP 的比例在近 50 年中一直在增加——对于 OECD 国家来说，从 1972 年到 2019 年，该比例平均增加了 48%。三是存在更简便的替代支柱二的措施。大部分税基侵蚀和利润转移（BEPS）问题已通过 BEPS 项目下的 15 项行动计划得以解决，但有一个关键遗漏：大多数国家的受控外国公司（CFC）规则不适用于有税基侵蚀风险的利息和特许权使用费的集团内支付，这可以通过一两句话添加到 CFC 规则中，而无需支柱二这么复杂的规则。四是支柱二违反了公平、中立的税收基本原则。年收入略高于 7.5 亿欧元的跨国公司将面临额外的税收和巨大的合规负担，而规模稍小的竞争对手则不会，这种设计缺陷可能会导致跨国公司将其部分业务分拆。五是支柱二可能违反许多双边税收协定。低税支付规则（UTPR）使用公式分配法分配补足税，可能会赋予税收辖区就不存在联结度的利润征税的权力。六是经济测算存在问题。2021 年 12 月，OECD 估计支柱二每年将带来 1500 亿美元的额外税收收入，但没有说明该金额是如何计算的。七是国内合格最低补足税制度（QDMTT）将使支柱二名存实亡。在这项新规则下，那些长期帮助大公司避税低税辖区将率先对该国实体的低税收入征收补足税，而不必提高它们的一般企业所得税税率（《全球数字经济税收动态》2022 年第 3 期）。

6. 印度国家公共财政与政策研究所助理教授 Suranjali 认为支柱二改革存在若干问题。（1）在打击有害税收实践方面，支柱二方案试图涵盖所有将税率降至 15% 以下的税收激励制度。Suranjali 教授认为，此举并未考虑这些激励措施的设计背景和原理，因较低税率可以成为监管和制度的重要替代品，发展中国家仍有理由采用较低税率。（2）支柱二聚焦企业所得税，而忽略了各国收入状况的差异。发展中国家可能更加依赖间接税，实施较低的企业所得税税率需要用较高的间接税税率来补偿。（3）支柱二确定补足税将在哪里征收的规则适用顺序，有利于拥有大型跨国企业总部的发达国家。（4）

应予课税规则（STTR）是支柱二解决方案的重要组成部分。虽然该方案的细节工作还在讨论，但其初步影响可从现行税收协定中估算出来。（5）各国未被强制要求签署支柱二协议，但原则上应接受其他国家适用这些规则的权利，这明显地侵犯了各国设计国内税收框架的主权权利。（6）支柱二的实施并不会改变百年来的税收制度，各国可继续为不在支柱二适用范围内的跨国企业提供税收优惠。因此，未来国际税收制度将被拆分成适用于大企业或小企业的两个部分（《全球数字经济财税动态》2022 年第 5 期）。

7. 南非开普敦大学副教授 Titus 撰文讨论非洲国家受支柱二的不利影响及其应对措施。Titus 教授认为，支柱二归属于发达国家，它不是为发展中国家而设，也不应该适用于发展中国家。支柱二成功地创造了适用于发达国家的公平和公正税制，当支柱二适用于非洲这些发展中国家时，它只会不公平地限制发展中国家利用自身掌握的政策工具来吸引合法投资并随之实现经济增长的能力。具体而言，发展中国家因跨国企业将利润转移到避税地而遭受的损失比发达国家更多。支柱二在这方面对发展中国家的帮助微乎其微，因为只有应予课税规则（STTR）能解决将利润转移到避税地的问题，且只适用于特定情况。此外，15% 的最低税税率远低于大多数非洲国家现行企业所得税税率，这将使发展中国家放弃的税收转移到发达国家。支柱二的支持者认为，这样做是为了确保投资决策的中立性。然而，目前尚不清楚为什么中立性应比公平性更受重视。为妥善应对上述问题，Titus 教授建议，在试图解决全球有害税收竞争时，应采取更为细致入微的方法，关键是应当区分真正的税收竞争与虚拟的税收竞争。前者需要各国相互竞争以吸引真正的经济活动，而后者则涉及一些国家竞相吸引没有相应实体经济活动的利润，也就是所谓的“账面利润”。在此基础上，Titus 教授主张所有国家（包括发展中国家和发达国家）都应同意消除虚拟税收竞争。发达国家不应干涉为争取实际经济活动而相互竞争的发展中国家（《全球数字经济财税动态》2022 年第 5 期）。

（三）综合性意见

1. 对 2020 年 OECD“双支柱”改革的展望。近日，美国翰宇国际律师事务所的国际税收专家范德沃克给出了他对 2020 年 OECD“双支柱”改革的展望。其中他认为与预期相反的是，除了就全球最低税达成协议之外，包容性框架似乎将不得不处理关于提案中的所得包含规则与征税不足支付规则应如何相互作用的分歧意见。发展中国家希望将征税不足支付规则作为优先原则，而发达国家则希望将所得包含规则作为首要规则。如果支柱二工作的意义不在于探索各国愿意时可以自由采取的不同类型的反税基侵蚀措施，那么就还需要以某种方式解决这一根本问题。与支柱一一样，支柱二中的许多重要设计功能目前尚未完成，因此在达成必要的政治协议后，将有大量的技术工作要做。在 2020 年上半年的某个时候，很可能会发布一份与征税不足支付规则有关的征求意见（《全球数字经济税收动态》2020 年第 1 期）。

2. 英国兰卡斯特大学教授 Picciotto 等学者就 GloBE 规则的完善提出修订方案。近日，Picciotto 等学者提议在现行方案基础上对 GloBE 规则进行修订，并提出了一种替代方法：“最低有效税率（METR）”法。METR 以用于编制跨国公司全球合并账目的组成实体一级的财务信息为起点，并按照“税收管辖区混合”方法计算有效税率，而后确定一个跨国企业的低税利润（Undertaxed Profits）中未被有效征税的份额，并将其分配给该跨国企业拥有应税存在的所有国家，以允许这些国家根据自己的规则（包括税率）进行征税，从而避免对各国税收主权的侵犯。其中，低税利润中未被有效征税份额（NETs）的计算方法为：NETs = 低税利润 × 最低有效税率 ÷（最低有效税率 - 实际有效税率）。METR 也可以在不需要修改协定的情况下实施，每个国家对本国和外国跨国公司都将采用同样的实质性规则，从而确保政策的公平和非歧视。通过数学建模测算，与现行 GloBE 规则方案相比，METR 预计在所有最低税率高达 30% 的水平下产生更高的整体税收收入，额外税收收入将达到 500 亿美元到 1400 亿美元不等（《全球数字经济税收动态》2021 年第 2 期）。

3. 诺贝尔奖获得者斯蒂格利茨表示各国应追求更高的全球最低企业所得税税率。诺贝尔经济学奖获得者斯蒂格利茨赞扬了国际社会对全球公司征收最低企业所得税的改革计划，但表示最低企业所得税税率仍然太低，“我认为最低企业所得税税率应该是 25%，但政治是妥协的艺术，我希望他们能达成税率至少为 20% 的协议。”斯蒂格利茨认为，已有 100 多年历史的跨国企业所得税制不适合 21 世纪的全球化经济，现行制度容易被滥用，这也是为什么实际税率比官方税率低这么多的原因之一。卢森堡和爱尔兰的税收逐底竞争破坏了全球团结，破坏了全球经济体系，是全球化黑暗面的一部分，全球最低企业所得税有助于对抗这一全球化黑暗面（《全球数字经济税收动态》2021 年第 9 期）。

4. 佛罗里达大学教授 Mindy Herzfeld 撰文阐述了“双支柱”改革方案对美国的综合影响。第一，关于“双支柱”的税收收入效应。据 OECD 2019 年 10 月发布的经济影响评估报告显示，“双支柱”综合效应可使全球企业所得税收入每年增加 500 亿至 800 亿美元。在“支柱二”方面，如果美国被要求对其全球低课税所得（GILTI）税制引入诸如“雇员工资排除”规则，即从 GILTI 税基中排除一定比例的雇员工资作为 GILTI 与“支柱二”共存的条件，这将减少美国的税收收入。第二，对美国公司的影响。事实上，缺乏有效的争端解决程序导致国际税收规则适用的不确定性将对其造成损害，因为它使美国公司难以作出合理的投资决定。一些美国公司表示，就投资而言，不确定哪个税收管辖区将对其征收额外税收会衍生出比提高最低企业所得税税率带来更大问题。第三，对美国工人的影响。“支柱二”对美国跨国公司的境外利润征收更多的税，使境外业务比国内业务成本更高，而这将鼓励美国公司在美国投资并增加就业。但是，如果税改使美国公司的境外投资成本更高，让公司的整体盈利能力下降，并导致其投资新项目的资金普遍减少，那么政策效果也可能适得其反（《全球数字经济税收动态》2021 年第 11 期）。

5. 欧洲著名税收研究智库对“支柱二”全球最低税制收入效应的测算。智库“欧盟税务观察站”的测算基于 OECD 发布的最新国别报告统计数据。测算结果显示，高收入国家从全球最低税制中获益最多，因为大多数跨国公司的总部都位于高收入国家。欧盟通过征收 15% 的最低企业所得税，每年将增加超过 800 亿欧元的企业所得税收入，这相当于目前企业所得税收入的四分之一。在全球最低税制背景下，美国每年将获得约 570 亿欧元的税收收入，发展中国家的税收增收规模较小，如中国为 60 亿欧元、南非为 40 亿欧元、巴西为 15 亿欧元。测算还发现，“公式化经济实质排除”减少了全球最低税制带来的收入。有形资产账面价值的10%加上雇员工资总额的10%的“公式化经济实质排除”将使全球最低税制每年为欧盟带来的税收收入从830亿欧元减少至640亿欧元，降低23%。十年过渡期结束后，“公式化经济实质排除”将减少到有形资产账面价值和雇员工资总额的5%，仍将使欧盟每年的增收减少约120亿欧元，降低14%（《全球数字经济税收动态》2021年第11期）。

6. 牛津大学商业税收中心多位教授撰文分析支柱二中合格国内最低补足税将带来的影响。近日，Michael Devereux等教授在《支柱二：规则顺序、激励与税收竞争》一文中阐述了几点重要看法。首先，《GloBE规则范本》建议引入合格的国内最低补足税（QDMTT）将有效地改变支柱二各项规则的适用顺序，赋予来源国优先收取支柱二产生的补足税的选择，QDMTT将优先于所得纳入规则（IIR）和征税不足支付规则（UTPR）适用。其次，QDMTT的提出，为来源国就企业利润征收的税款总额（即企业所得税和QDMTT）设定了税率15%的竞争底线，并没有就来源国所征收的企业所得税设立竞争底线，在引入支柱二后，各国仍有动力通过减少它们对公司征收的企业所得税来竞争，甚至可能将税率降低至零。因为各国可通过征收QDMTT满足支柱二设置的税收竞争底线，引入QDMTT并不会恶化来源国的竞争地位。最后，在引入QDMTT之后，各国可能有更强的动机在企业所得税方面展开竞争，因为他们可能不得不降低企业所得税税率，以保持它们目前相对于竞争对手国家所享有的同样的竞争地位。为了提高它们相对于竞争对手的竞争地位，它们必须比在没有支柱二的情况下降低更多的企业所得税税负（《全球数字经济税收动态》2022年第1期）。

7. 德国明斯特大学教授Englisch等学者提出支柱二的简化适用方法。应OECD秘书处邀请，德国明斯特大学的Dollefeld、Englisch以及慕尼黑大学的Harst、Siegel四位学者就《GloBE规则范本》中提及的支柱二简化实施方法之一——“基于税收征管指南的安全港”方法进行了详细设计。该方法将豁免预计不需要缴纳补足税的跨国公司不必要的GloBE报告义务。学者们提出了先后两级测试方法，以确定跨国公司是否有必要履行GloBE的报告义务以计算GloBE有效税率：国家层面测试和跨国公司层面测试。需要确定归属于当地成员实体的利润是否受益于低于15%最低税率的优惠名义税率，如不适用，则该辖区的实体将被豁免GloBE报告义务；如适用，则使用简化的有效税额和当地税基估算GloBE有效税率，若该结果低于15%，则需要履行GloBE报告义务，反之则不需要履行GloBE报告义务（《全球数字经济税收动态》2022年第1期）。

8. 宾夕法尼亚大学法律与经济研究所的学者们对全球最低税制的设计进行了博弈论分析。该研究考察了以国别有效税率为基础的最低税制（CbCM）和以全球平均税率为基础的最低税制（GAM）之间的政策选择。目前，支柱二全球共识倾向于CbCM，原因有二：一是能从跨国企业中征收到更多的税；二是能更有效地防止征税辖区之间的有害税收竞争。但宾夕法尼亚大学的研究结论与当前共识观点相悖，其认为GAM优于CbCM。在GAM制度下，高税率辖区最终选择了对其最有利的税率，而不考虑在其境内经营的外国公司可能的收入外移。一些转移确实发生了，但高税率辖区仍然从这些公司那里征收到了金额相当于“全球最低税率乘以转移前收入”的税收。在CbCM制度下，为了征收同样数量的税收，高税率辖区必须将其税率降低到全球最低税率——这可能会大大偏离其国内的最佳税率。因此，高税率辖区在 GAM 下可同时实现两大政策目标：选择一个国内最佳税率，并就在其境内的外国公司赚取的收入获得以“全球最低税率乘以转移前收入”计算的税收收入。但在 CbCM 制度下，这变成了一项两难的选择：必须放弃其中之一，即收入或税率（《全球数字经济税收动态》2022 年第 4 期）。

9. 密歇根大学教授 Avi-Yonah：支柱二和美国替代性公司最低税制度。近日，美国通过了 2022 年《通胀削减法案》，提出以企业的账面所得为税基征收替代性公司最低税（CAMT）。Avi-Yonah 教授认为，对于企业的境外所得，CAMT 是支柱二下的“有效税收”，可以分配给其他辖区的各个受控外国公司（CFC），如果分配的 CAMT 导致 CFC 的有效税率达到 15%，将使 CFC 免于被补充征税。就企业的境内所得而言，CAMT 中与美国国内低税所得有关的部分，本身就是一种支柱二下的合格国内最低补足税（QDMTT），理应具有优先性。Avi-Yonah 教授指出，CAMT 在许多方面似乎是比支柱二全球最低税制度更严格的版本，因为全球最低税制中包含许多 CAMT 中没有的例外情况。总的来说，美国采用 CAMT 后，受制于 CAMT 的美国跨国企业以及向美国投资的外国跨国企业应就境外和境内所得向美国支付更多税款。此外，与 2021 年众议院提出的《重建更好未来》法案中的税制改革方案相比，CAMT 可给美国带来更多的收入，因为 CAMT 可保护美国跨国企业的境外和境内所得不被其他采用支柱二的国家征收补足税（Top-up Tax）（《全球数字经济财税动态》2022 年第 8 期）。

参考文献

[1] [英] 卡萝塔·佩蕾斯. 技术革命与金融资本：泡沫与黄金时代的动力学 [M]. 田方萌等译. 北京：中国人民大学出版社，2007.

[2] 江小涓. 网络时代的服务型经济 [M]. 中国社会科学出版社，2018.

[3] [美] 詹姆斯·格雷克著. 信息简史 [M]. 高博译. 北京：人民邮电出版社，2013：5.

[4] [英] 舍恩伯格，库克耶著. 大数据时代 [M]. 盛杨燕，周涛译. 杭州：浙江人民出版社，2013：39.

[5] G20. 二十国集团数字经济发展与合作倡议 [R]. 杭州：2016 (9).

[6] 阿里研究院. 数字经济体：普惠 2.0 时代的新引擎 [R]. 北京：2018 (1).

[7] 阿里研究院. 中国信息化百人会. 数据生产和崛起：新动能，新治理 [R]. 北京：2020 (9).

[8] 阿里研究院. 数字经济 2.0 [R]. 北京：2017 (1).

[9] 财政部税政司. 消费课税趋势 (2012 年版) ——增值税/货物服务税和消费税的税率趋势以及管理问题 [M]. 中国财政经济出版社，2014 (05).

[10] 中国信息通信研究院. 全球数字经济白皮书 [R]. 北京：2021 (08).

[11] 中国互联网络信息中心 (CNNIC). 第 48 次中国互联网络发展状况统计报告 [R]. 北京：CNNIC，2022.

[12] 中国信息通信研究院. 全球数字经济白皮书 [R]. 北京：2021 (08).

[13] OECD. BEPS15 项行动计划最终版 [R]. 2015.

[14] 朱青. OECD 包容性框架达成协议，如何理解双支柱下的国际税收新规则 [N]. 中国税务报，2021-7-7 (B1).

[15] 朱青. 全球最低企业税：美欧博弈的产物 [N]. 中国财经报，2021-08-17 (008).

[16] 李艺铭. 李艺铭：数字经济核算统计标准出炉　为规范有序发展提供支撑 [N]. 中国经济时报，2021.

［17］刘奇超，沈涛．国际税收观察：支持经济复苏 加强征管合作［N］．中国税务报，2020－08－26（B2）．

［18］刘奇超，沈涛．经合组织发布双支柱蓝图和经济影响评估报告：共识性解决方案取得实质性进展［N］．中国税务报，2020－11－04（B2）．

［19］刘奇超，沈涛．数字时代的全球性税收协议达成 国际税收新秩序跨入BEPS2.0时代［N］．第一财经日报，2021－10－11（A12）．

［20］刘奇超，沈涛，吴芳蓓［J］．国际税收“支柱一”改革进展及影响分析［N］．中国财经报，2022－07－26（008）．

［21］薛伟：数字经济中的增值税——征税机制、BEPS问题及交易模式的征税讨论［N］．一带一路网站（xnai.edu.cn）2020年10月．

［22］刘奇超，沈涛，许维．OECD最新报告：共享与零工经济新挑战下的税收应对方案［N］．中国税务报，2021－5－19．

［23］何杨．经济数字化背景下的国际税收变革：理论框架与影响分析［J］．国际税收，2020（05）：48－53．

［24］蒋震，苏京春，杨金亮．数字经济转型与税制结构变动［J］．经济学动态，2021（05）：115－128．

［25］朱青，杨宁．关于OECD应对经济数字化国际税收改革方案的评论［J］．国际税收，2020（08）：3－7．

［26］徐翔，厉克奥博，田晓轩．数据生产要素研究进展［J］．经济学动态，2021（04）110－125．

［27］张斌．数字经济对税收的影响：挑战与机遇［J］．国际税收，2016（06）．

［28］冯俏彬．数字经济时代税收制度框架的前瞻性研究——基于生产要素决定税收制度的理论视角［J］．财政研究，2021（06）：31－44．

［29］杨元伟．历史视角的国际税收再认识（上）（下）［J］．国际税收，2020（05）、（06）．

［30］王卫军、朱长胜．应对数字经济的挑战：从生产增值税到消费生产税［J］．税务研究，2020（12）．

［31］李海舰，李燕．企业组织形态演进研究：从工业经济时代到智能经济时代［J］．经济管理，2019（10）：22－36．

［32］杨帆，刘怡．重构增值税地区间分享制度［J］．税务研究，2014（8）：12－18．

［33］刘怡，耿纯，张宁川．电子商务下的销售新格局与增值税地区间分享［J］．税务研究，2019（09）：25－34．

［34］廖体忠．公平和现代化的国际税收体系：回顾与探索［J］，国际税收，2019（11）：5－12．

［35］刘奇超．论经济数字化国际税收改革中统一方法的规则设计：一个观点综述［J］，国际税收，2020（02）：24－32．

［36］姜跃生．中国税制改革中先进国际税制的构建［J］，税收经济研究，2019

(06): 1-6.

[37] 张志勇. 近期国际税收规则的演化——回顾、分析与展望 [J]. 国际税收, 2020 (01): 5-10.

[38] 李晓红. 着力提升科技创新能力　实现科技高水平自立自强 [J]. 求是, 2021 (06).

[39] 张志勇, 励贺林. 数字经济、价值创造和财富分配——基于税收视角的分析 [J]. 国际税收, 2021 (09).

[40] 廖益新. 在供需利润观基础上重构数字经济时代的国际税收秩序 [J]. 税务研究, 2021 (05).

[41] 苏炳添, 邓民威, 徐泽等. 新时代中国男子100m短跑: 回顾与展望 [J]. 体育科学 2019 (02).

[42] 沈建州. 数据财产的权利架构与规则展开 [J]. 中国法学, 2022 (04).

[43] 申卫星. 轮数据用益权 [J], 中国社会科学, 2020 (11).

[44] 包晓丽, 熊丙万. 通讯录数据中的社会关系资本——数据要素产权配置的研究范式 [J]. 中国法律评论, 2020 (02).

[45] 何杨. 国际税收规则变革与中国的应对 [M]. 北京: 中国税务出版社, 2015.

[46] 廖体忠. 全球化与国际税收改革 (上) (下) [J]. 国际税收, 2021 (08)、(09).

[47] 朱青. 全球最低企业税——美欧博弈的产物 [J]. 中国财经报, 2021-8-17.

[48] 朱青. 如何理解拜登的增税计划与OECD的"双支柱"方案 [J]. 中国税务报, 2021-5-12.

[49] 习近平. 不断做强做优做大我国数字经济 [J]. 求是, 2022 (2): 4-8.

[50] 罗翔丹, 刘奇超等. 经济数字化时代的BEPS行动: 在规范与现实之间 [J]. 国际税收, 2018 (07): 24-34.

[51] 刘奇超, 曹明星等. 数字化、商业模式与价值创造: OECD观点的发展 [J]. 国际税收, 2018 (08): 20-29.

[52] 刘奇超. 论全球反税基侵蚀方案的规则设计: 一个观点综述 [J]. 国际税收, 2020 (08): 24.

[53] 刘奇超. 经济数字化税收政策体系建构的新观察与新思路: 一个总体分析框架 [J]. 国际税收, 2019 (03): 25-33.

[54] 刘奇超, 曹明星等. 直面经济数字化国际税收改革真问题: 利润分配新规则的重构、解构与建构 [J]. 国际税收, 2019 (08): 10-18.

[55] 刘奇超. 论经济数字化国际税收改革中统一方法的规则设计: 一个观点综述 [J]. 国际税收, 2020 (02): 24-32.

[56] 杨晓雯, 韩霖. 数字经济背景下对税收管辖权划分的思考——基于价值创造视角 [J]. 国际税收, 2017 (12): 53-56.

[57] 朱晓丹，曹港珊．论双支柱框架协议立法目的之变动与影响［J］．国际税收，2021（09）：43－50.

[58] 中国银行研究院．全球最低企业税率倡议的影响、挑战及建议［J］．宏观观察，2021（29）.

[59] 李承健，李若琳．全球最低税率加速国际税权博弈，2021－9. https：//mp. weixin. qq. com/s/wf0p_ f_ P-fJ-wIZO0b45sg.

[60] 姜跃生．透视全球最低税的六个角度［J］．国际税收，2021（08）.

[61] 朱青．OECD 第二支柱中的 IIR 规则与美国 GILTI 税制的差异［J］．税务研究，2021（01）：4.

[62] 傅靖．基于数字化平台的零工经济税收管理［J］．国际税收，2020（09）.

[63] 沈瑛华，梁紫．应对数字经济发展：澳大利亚货劳税税制借鉴与思考［J］．国际税收，2018（02）.

[64] 郑洁燕．跨境数字交易增值税管辖规则的国际比较研究［J］．国际税收，2021（03）.

[65] 刘奇超，何悦，沈涛．支柱一联结度和收入来源规则："变"与"不变"，http：//www. cfen. com. cn/dzb/dzb/page_ 8/202202/t20220208_ 3786453. html，2022－5－8.

[66] 国家税务总局．G20/OECD 包容性框架 136 个辖区就应对经济数字化税收挑战"双支柱"方案达成共识，2021－10－9。http：//www. chinatax. gov. cn/chinatax/n810219/n810724/c5169582/content. html.

[67] 财政部部长刘昆．"双支柱"方案达成共识将有效应对经济数字化税收挑战．HTTP：//WWW. GOV. CN/XINWEN/2021-10/14/CONTENT_ 5642609. HTM，2022－2－10.

[68] 国家统计局．国家统计局副局长鲜祖德解读，数字经济及其核心产业统计分类（2021），2021（06）.

[69] 程实．数字经济的价值创造与增长本质，财新网，2021 年 6 月．

[70] 美国商务部经济分析局．Digital Economy-Toward a Digital Economy Satellite Account. https：//www. bea. gov/data/special-topics/digital-economy.

[71] 国家统计局．数字经济及其核心产业统计分类，2021－6－3. http：//www. stats. gov. cn/tjsj/tjbz/202106/t20210603_ 1818134. html.

[72] 网易研究局．教授埃里克：幸福能被衡量吗？答案或在 GDP-B，2020－9－30. https：//www. 163. com/money/article/FNOU4KRH00259BNT. html.

[73] 深氢商业．当 GDP 遇见新经济：局限，不足与探寻，2020－10－9。https：//baijiahao. baidu. com/s? id＝1680054478900466186&wfr＝spider&for＝pc.

[74] Reuven Avi-Yonah. International Tax as International Law［M］. New York：Cambridge University Press，2007. Clausing，Kimberly A. Who Pays the Corporate Tax in a Global Economy，National Tax Journal［J］，March 2013，66（1），151－184.

[75] Michael P. Devereux，Alan J. Auerbach，Michael Keen，Paul Oosterhuis，Wolf-

gang Schön and John Vella. Residual Profit Allocation by Income [R]. the Oxford International Tax Center, Working Paper, WP 2019/01.

[76] OECD. Taxation and Electronic Commerce-Implementing the Ottawa Framework Conditions [R]. 2001.

[77] OECD. Attribution of Profit to a PE involved in Electronic Commerce Transactions [R]. 2001; OECD. Place of Effective Management Concept: Suggestions for Changes to the OECD Model Tax Convention [R]. 2003.

[78] OECD. Are the Current Treaty for Taxing Business Profits Appropriate for E-Commerce? [R]. 2005.

[79] OECD. Addressing the Tax Challenges of the Digital Economy, Action 1-2015 Final Report [R]. Paris, 2015.

[80] OECD. International VAT/GST Guidelines [R]. Paris, OECD Publishing, 2017.

[81] OECD. Mechanisms for the Effective Collection of VAT/GST When the Supplier Is Not Located in the Jurisdiction of Taxation [R]. Paris, OECD Publishing, 2017.

[82] OECD. Addressing the Tax Challenges of the Digital Economy, Action 1-2015 Final Report [R]. Paris, 2015.

[83] OECD. Addressing the Tax Challenges of the Digitalisation of the Economy-Policy Note [R]. Paris, 2019.

[84] OECD. Public Consultation Document: Addressing the Tax Challenges of the Digitalisation of the Economy (13 February-6 March, 2019) [R]. Paris, 2019.

[85] OECD. Programme of Work to Develop a Consensus Solution to the Tax Challenges Arising from the Digitalisation of the Economy [R]. Paris, 2019.

[86] OECD. Public Consultation Document Secretariat Proposal for a " Unified Approach" under Pillar One [R]. Paris, 2019.

[87] OECD. Statement by the OECD/G20 Inclusive Framework on BEPS on the Two-Pillar Approach to Address the Tax Challenges Arising from the Digitalisation of the Economy [R]. Paris, 2020.

[88] OECD. OECD/G20 Inclusive Framework on BEPS: Progress Report July 2019-July 2020 [R]. Paris, 2020.

[89] OECD. Tax Challenges Arising from Digitalisation-Report on Pillar One Blueprint [R]. Paris, 2020.

[90] OECD, Statement on the Two-Pillar Solution to Address the Tax Challenges Arising from the Digitalisation of the Economy (July, October, 2021) [R]. Paris, 2021.

[91] OECD, Statement on the Two-Pillar Solution to Address the Tax Challenges Arising from the Digitalisation of the Economy (October, 2021) [R], OECD Publishing, 2021.

[92] Michael P. Devereux & John Vella. Value Creation as the Fundamental Principle of the International Corporate Tax System [R]. European Tax Policy Forum Policy Paper, 2018.

[93] Response by Booking Holdings Inc. to the OECD Public Consultation Document:

Reports on the Pillar One and Pillar Two Blueprints [R].

[94] Microsoft. Re: Public Consultation Document on the OECD / G20 BEPS-Tax Challenges Arising from Digitalization-Report on Pillar One Blueprint [R]. 2020 - 12 - 24.

[95] IMF. Fiscal Monitor--Fiscal Policy from Pandemic to War [R]. April, 2022.

[96] Era Dabla-Norris, Ruud de Mooij, Andrew Hodge, Jan Loeprick, Dinar Prihardini, Alpa Shah, Sebastian Beer, Sebastian Beer, Sonja Davidovic, Arbind M Modi and Fan Qi. Digitalization and Taxation in Asia [R]. IMF Departmental Paper No 2021/017.

[97] IMF. Fiscal Monitor - Fiscal Policy from Pandemic to War [R]. April, 2022.

[98] S. C. Morse. Value Creation: A Standard in Search of a Process [J]. *Bull. Intl. Tax*, 2018, 72 (4/5). IBFD

[99] Mansi Agrawal, India at the Forefront in Implementing BEPS-Related Measures: Equalization Levy in Line with Action 1 [J]. *International Transfer Pricing Journal*, July/August 2016.

[100] Alistair Pepper, Thomas D. Bettge & Jessie Coleman. Amount B: The Forgotten Piece of the Pillar 1 Jigsaw [J]. *Tax Notes International*, July 11, 2022, p. 143.

[101] Alexander F. Peter, Stephanie Soong Johnston. U. S. Officials Mull 'Wizard of Oz' Amount B of OECD Tax Plan [J]. *Tax Analysts*, April 4, 2022.

[102] Mindy Herzfeld. The OECD Consults on a New Tax World Order [J]. *Tax Notes International*, February 18, 2019.

[103] Susan C. Morse. Value creation: A standard in search of a process [J]. *Bulletin for International Taxation*, 2018, 72 (4/5): 196.

[104] Vogel, K. Worldwide vs. source taxation of income-A review and re-evaluation of arguments [J]. *Intertax*, 1988, 16: 216.

[105] Wolfgang Schön. International Tax Coordination for a Second-Best World (Part I) [J]. *World Tax Journal*, 2009, 1 (1): 67 - 114.

[106] Johanna Hey. "Taxation Where Value is Created" and the OECD/G20 Base Erosion and Profit Shifting Initiative [J]. *Bulletin for International Taxation*, 2018, 72 (4/5): 203 - 208.

[107] Detlef Piltz. BEPS und das staatliche Interesse [J]. *Internationales Steuerrecht* (IStR), 2015, 24 (15): 529.

[108] Keen M, Perry V, Mooij R D, et al. Corporate Taxation in the Global Economy [J]. *International Monetary Fund Policy Paper*, January, 2019.

[109] KPMG. Comments on OECD Public Consultation Document on Addressing the Tax Challenges of the Digitalized Economy. March 6, 2019.

[110] Craig Elliffe. The Brave (and Uncertain) New World of International Taxation under the 2020s Compromise [J]. *World Tax Journal*, 2022, Vol. 14, No. 2.

[111] John L. Harrington. Building Anew with Old Blueprints [J]. *Tax Notes International*, December 21, 2020: 1695.

[112] Andrew Hughes. Amount A: Concerns and a Path Forward [J]. *Tax Notes International*, May 10, 2021: 759.

[113] Nana Ama Sarfo. U. N. Reemerging in Digital Economy Tax Debate [J]. *Tax Notes International*, July 6, 2020: 17.

[114] Kartikeya Singh. Amount A: The G20 Is Calling the Tune, And U. S. Multinationals Will Pay the Piper [J]. *Tax Notes International*, Volume 103, August 2, 2021.

[115] Martin A. Sullivan. Which Companies Could Be Caught in the Pillar 1 Net? [J]. *Tax Notes International*, Volume 104, October 25, 2021.

[116] Kartikeya Singh. Amount A: The G20 Is Calling the Tune, And U. S. Multinationals Will Pay the Piper [J]. *Tax Notes International*, Volume 103, August 2, 2021.

[117] Kartikeya Singh. Amount A: The G20 Is Calling the Tune, And U. S. Multinationals Will Pay the Piper [J]. *Tax Notes International*, Volume 103, August 2, 2021.

[118] M Olbert, C Spengel. International Taxation in the Digital Economy: Challenge Accepted? [J]. *World tax journal*, 2017 (1): 1 - 18.

[119] OECD. Public Comments Received on the Secretariat Proposal for a " Unified Approach" under Pillar One [EB/OL]. https: //www. dropbox. com/s/3pb98p1o3qnz3me/oecd-public-comments-secretariat-proposal-unified-approach-november-2019. zip? dl =0, 2022 - 8 - 18.

[120] MNE Tax, Leaked copy of US proposal for Pillar One and Two multinational group tax reforms available, https: //mnetax. com/leaked-copy-of-us-proposal-on-multinational-group-tax-reforms-available-43379, 2022 - 5 - 1.

[121] Rasmi Ranjan Das, The Concept of Value Creation: Is It Relevant for the Allocation of Taxing Rights? Bulletin for International Taxation, 2020 (Volume 74), No. 3; 2020, 74 (3): 134 - 143; 2020 (Volume 74), 3: 1 - 10.

[122] Tax Challenges Arising from Digitalisation - Interim Report 2018.

[123] BEA, Updated Digital Economy Estimates - June 2021.

[124] OECD. Income and Capital Model Convention and Commentary, 1977 - 4 - 17.

[125] UN. United Nations Model Double Taxation Convention between Developed and Developing Countries, 1980. https: //research. ibfd. org/#/doc? url =/linkresolver/static/tt_ u2_ 02_ eng_ 1980_ mo.

[126] OECD, Towards Global Tax Co-Operation: Progress in Identifying and Eliminating Harmful Tax Practices , https: //read. oecd-ilibrary. org/taxation/towards-global-tax-co-operation_ 9789264184541-en#page17.

[127] OECD, Action Plan on Base Erosion and Profit Shifting, https: //www. oecd. org/tax/beps/action-plan-on-base-erosion-and-profit-shifting-9789264202719-en. htm.

[128] J. Clement. Number of active advertisers on Facebook 2016 - 2020 [EB/OL].

[129] Brennan H G, Buchanan J M. The power to tax: analytical foundations of a fiscal constitution. Southern Economic Journal, 1980, 48 (2).

[130] Besley T, Persson T. The Origins of State Capacity: Property Rights, Taxation, and Politics. American Economic Review, 2009, 99 (4): 1218 - 1244.

[131] Kind HJ, Koethenbuerger M. Taxation in digital media markets. Journal Public Economic Theory. 2017; 00: 01 - 18.

[132] Melanie Dewi Astuti, Three Approaches to Taxing Income from the Digital Economy-Which Is the Best for Developing Countries? Bulletin for International Taxation, 2020 (Volume 74), No. 12.

[133] OECD/G20 BEPS Project, Tax Challenges Arising from Digitalization-Interim Report 2018, March 2018, pp. 180 - 182.

[134] OECD/G20 Base Erosion and Profit Shifting Project, Statement on a Two-Pillar Solution to Address the Tax Challenges Arising from the Digitalization of the Economy, 8 Oct. 2021.

[135] Members of OECD/G20 Inclusive Framework on BEPS joining the Oct. 2021 Statement on a Two-Pillar Solution to Address the Tax Challenges Arising from the Digitalization of the Economy as of Nov. 4, 2021, see https://www.oecd.org/tax/beps/oecd-g20-inclusive-framework-members-joining-statement-on-two-pillar-solution-to-address-tax-challenges-arising-from-digitalisation-october-2021.pdf.

[136] ActionAid International, World's largest economies losing up to $32 billion in annual tax revenue from Silicon Valley's top five tech companies, https://actionaid.org/news/2021/worlds-largest-economies-losing-32-billion-annual-tax-revenue-silicon-valleys-top-five, May 20, 2021.

[137] European Commission, Expert Group on Taxation of Digital Economy, May 28, 2014; European Commission, Communication from the Commission to the European Parliament and the Council, A Fair and Efficient Tax System in the European Union for the Digital Single Market, COM (2017) 547, Sept. 21, 2017, https://eur-lex.europa.eu/legal-content/EN/TXT/?uri=CELEX%3A52017DC0547&qid=1632123290472.

[138] 关于欧盟数字经济所得税收改革革的演进动态, Georg Kofler & Julia Sinnig, Equalization Taxes and EU's Digital Services Tax (Chapter 6), in Tax and the Digital Economy: Challenges and Proposals for Reform (Werner Haslehner, Georg Kolfer ed.), Wolters Kluwer, 2019, pp. 106 - 113.

[139] European Commission, Communication from the Commission to the European Parliament & the Council, Time to Establish a Modern, Fair and Efficient Taxation Standard for the Digital Economy, COM (2018) 146 final & Annex.

[140] European Commission, Proposal for a Council Directive on the common system of a digital services tax on revenues resulting from the provision of certain digital services COM/2018/0148 final-2018/073 (CNS) (on the DST).

[141] European Commission, Roadmap for the introduction of a digital levy (14 Jan. 2021), available at https: //ec. europa. eu/info/law/better-regulation/have-your-say/initiatives/12836-A-fair-&-competitive-digital-economy-digital-levy_ en.

[142] Pasquale Pistone, JoãoFélix Pinto Nogueira & Alessandro Turina, Digital Services Tax: Assessing the Policy Reasons for its Introduction in the European Union, International Tax Studies, 2021 (Volume 4), No. 4.

[143] Mery Alvarado, Digital Services Taxes Across Europe in the Midst and Aftermath of the COVID-19 Pandemic, A Plausible Option to Raise Tax Revenue?, European Taxation 2021, Vol. 61, No. 9.

[144] European Commission, Proposal for a Council Directive on Ensuring a Global Minimum Level of Taxation for Multinational Groups in the Union, COM (2021) 823, December 22, 2021.

[145] Office of the United States Trade Representative, Initiation of a Section 301 Investigation of France's Digital Services Tax, July 2019.

[146] Jannica Robles Santos, Maryland Comptroller Proposes Draft Regulations on 1st of its Kind Digital Advertising Tax, September 2, 2021.

[147] Mery Alvarado, Digital Services Taxes Across Europe in the Midst and Aftermath of the COVID-19 Pandemic, A Plausible Option to Raise Tax Revenue?, European Taxation 2021, Vol. 61, No. 9.

[148] IRAS, IRAS e-Tax Guide: Income Tax Guide to e-Commerce (first published on 31 Aug. 2000, and the latest edition published on 18 Aug. 2015).

[149] IRAS, IRAS e-Tax Guide: Income Tax Treatment of Digital Tokens, para. 5. 1 (17 Apr. 2020).

[150] Vincent Ooi, Adapting Taxation for the Digital Economy in Singapore, Asia-Pacific Tax Bulletin, 2021, No. 1.

[151] KPMG, Mexico: Tax on digital platforms for distribution and delivery of goods and food (Mexico City), Dec. 15, 2021, https: //home. kpmg/us/en/home/insights/2021/12/tnf-mexico-tax-on-digital-platforms-for-distribution-and-delivery-of-goods-and-food-mexico-city. html.

[152] OECD/G20 BEPS Project, Addressing the Tax Challenges of the Digital Economy, Action 1, 2015 Final Report, Sept. 2015, para. 302.

[153] Sagar Wagh, The Taxation of Digital Transactions in India: The New Equalization Levy, Bulletin for International Taxation, Sept. 2016; Ashok K. Lahiri, Gautam Ray, D. P. Sengupta, Equalization Levy, January 2017, https: //www. brookings. edu/wp-content/uploads/2017/01/workingpapertax_ march2017_ final. pdf.

[154] European Commission, Proposal for a Council Directive on the common system of a digital services tax on revenues resulting from the provision of certain digital services COM/2018/0148 final-2018/073 (CNS) (on the DST).

[155] Sriram Govind, Unilateralism in Taxing the Digitalized Economy: Comparing the EU Digital Services Tax Proposal and the India Equalization Levy (Chapter 7), in Taxing the Digital Economy: the EU Proposals and Other Insights (P. Pistone & D. Weber eds.), IBFD 2019.

[156] Fiona Simorangkir, How Should Indonesia Implement Direct Tax on Digital Economy? -A Comparative Study between the Equalization Tax in India, and the Digital Service Tax in the United Kingdom and France, Asia-Pacific Tax Bulletin, 2021, Vol. 7, No. 2.

[157] Cui, Wei, and Nigar Hashimzade, The Digital Services Tax as a Tax on Location-Specific Rent, Available at SSRN 2019 (3488812), pp. 4 – 5.

[158] Horzen Fred van, Andy van Esdonk, European Union Proposed 3% Digital Services Tax, International Transfer Pricing Journal, 2018, Vol. 25, No. 4, pp. 13.

[159] Craig Elliffe, Taxing the Digital Economy: Theory, Policy and Practice, Cambridge University Press, 2021, pp. 119 – 164.

[160] Georg Kofler & Julia Sinnig, Equalization Taxes and EU's Digital Services Tax (Chapter 6), in Tax and the Digital Economy: Challenges and Proposals for Reform (Werner Haslehner, Georg Kolfer ed.), Wolters Kluwer, 2019, pp. 134 – 137.

[161] J. Nogueira, The Compatibility of the EU Digital Services Tax with EU and WTO Law: Requiem Aeternam Donate Nascenti Tributo Chapter 11), in Taxing the Digital Economy: The EU Proposals and Other Insights (P. Pistone & D. Weber eds.), IBFD, 2019.

[162] KPMG, Cryptocurrency platforms potentially in scope of the UK DST, Dec. 20, 2021. See https://home.kpmg/uk/en/home/insights/2021/12/tmd-cryptocurrency-platforms-potentially-in-scope-of-the-uk-dst.html.

[163] Sabine Kirchmayr, Stefanie Geringer, State Aid Issues Regarding National Digital Taxes, European Taxation, 2020, Vol. 60, No. 7.

[164] OECD/G20, Tax Challenges Arising from Digitalisation-Economic Impact Assessment, 2020, p. 15.

[165] William Horobin, Bryce Baschuk Bloomberg, Why "Digital Taxes" are the New Trade War Flashpoint, https://www.dailyherald.com/business/20201010/why-digital-taxes-are-the-new-trade-war-flashpoint, Oct. 10, 2020.

[166] Sam Schechner, Paul Hannon, Global Digital-Tax Detente Ends, as U. S. and France Exchange Blows, https://www.wsj.com/articles/global-digital-tax-detente-ends-as-u-s-and-france-exchange-blows-11609333200, Dec. 30, 2020.

[167] Peter Braumann, Digital Permanent Establishments on its Way to Becoming a Reality? The EU Commission's Proposal on Taxing "Significant Digital Presence" (Chapter 7), in Tax and the Digital Economy: Challenges and Proposals for Reform (Werner Haslehner, Georg Kolfer ed.), Wolters Kluwer, 2019, pp. 147 – 176.

[168] European Commission, Proposal for a COUNCIL DIRECTIVE laying down rules relating to the corporate taxation of a significant digital presence, Brussels, 21. 3. 2018 COM

(2018) 147 final.

[169] Proposal for a COUNCIL DIRECTIVE laying down rules relating to the corporate taxation of a significant digital presence CM/2018/0147 final-2018/072 (CNS).

[170] EY, Israeli Tax Authorities Publish Official Circular on Internet Activity of Foreign Companies in Israel, Global Tax Alert, April 15, 2016.

[171] Nigeria-Nigeria's Significant Economic Presence Income Tax on Digital Economic Activities: Challenges and Opportunities, Bulletin for International Taxation, September 2020.

[172] Fiona Simorangkir, How Should Indonesia Implement Direct Tax on Digital Economy? -A Comparative Study between the Equalization Tax in India, and the Digital Service Tax in the United Kingdom and France, Asia-Pacific Tax Bulletin, 2021, Vol. 7, No. 2.

[173] Chang Hee Lee, Ji-Hyun Yoon, Withholding tax in the era of BEPS, CIVs and digital economy, IFA report, Volume 103B, pp. 35 – 41.

[174] HM Revenue & Customs, Change to the Diverted Profits Tax Rate from 1 April 2023 (Policy Paper), March 3 2021, https://www.gov.uk/government/publications/change-to-the-diverted-profits-tax-rate-from-1-april-2023/change-to-the-diverted-profits-tax-rate-from-1-april-2023.

[175] HM Revenue & Customs, Diverted Profits Tax Guidance, Nov. 30, 2015, DPT 1010, https://www.gov.uk/government/uploads/system/uploads/attachment_data/file/480318/Diverted_Profits_Tax.pdf.

[176] HM Revenue & Customs, Diverted Profits Tax Yield: Methodological Note, Sept. 13, 2017, https://www.gov.uk/government/publications/diverted-profits-tax-yield-methodological-note/diverted-profits-tax-yield-methodological-note.

[177] HM Revenue & Customs, Transfer Pricing and Diverted Profits Tax Statistics, to 2016 – 2017, Sept. 13, 2017, https://www.gov.uk/government/uploads/system/uploads/attachment_data/file/635330/Transfer_Pricing_and_Diverted_Profits_Tax_statistics.pdf.

[178] OECD/G20 BEPS Project, Tax Challenges Arising from Digitalization-Interim Report 2018, March 2018, p. 148.

[179] Tony Frost& Richard Vann, Australian DPT v. UK DPT, March 27, 2017, https://www.lexology.com/library/detail.aspx?g=b60df7a9-78d8-40ca-a1c9-eeae326db309.

[180] Tax Laws Amendment (Combating Multinational Tax Avoidance) Act 2015, No. 170, 2015, 11 December 2015.

[181] Australian Taxation Office, Section 177DA of the Income Tax Assessment Act 1936: Schemes that Limit a Taxable Presence in Australia, Law Companion Guideline 2015/2.

[182] Nupur Jalan & Elvira Misquith, What is the Road Ahead for Unilateral Digital Tax Measures?, Asia-Pacific Tax Bulletin, 2021, Vol. 27, No. 4.

[183] OECD. Pillar One-Amount A: Regulated Financial Services Exclusion, https://www.oecd.org/tax/beps/public-consultation-document-pillar-one-amount-a-regulated-financial-

services-exclusion. pdf, 2022 – 5 – 8.

[184] Title 2: Scope-Article 1: Covered Group, OECD. Pillar One – Amount A: Draft Model Rules for Domestic Legislation on Scope, https://www.oecd.org/tax/beps/public-consultation-document-pillar-one-amount-a-scope.pdf, 2022 – 5 – 8.

[185] Philip de Homont & Yves Hervé. Germany: Taxation of the digital economy-Analysing user base value [R/OL]. International Tax Review, January 06, 2021. Available at: https://www.internationaltaxreview.com/article/b1q0574ypldsl1/germany-taxation-of-the-digital-economy-analysing-user-base-value.

[186] Ministry of Finance, Global cooperation is key to address tax challenges from digitalization, Government Offices of Sweden (1 June 2018), available at: www.government.se/statements/2018/06/global-cooperation-is-key-to-address-tax-challenges-from-digitalization.

[187] Nikkei staff writers, China and US home to nearly 60% of companies likely to pay global tax. https://asia.nikkei.com/Economy/China-and-US-home-to-nearly-60-of-companies-likely-to-pay-global-tax (latest visited: December 28, 2021).

[188] Michael Devereux & Martin Simmler. Who Will Pay Amount A [EB/OL]. Europe ECONPOL, July 3, 2021.

[189] Nikkei staff writers, China and US home to nearly 60% of companies likely to pay global tax. https://asia.nikkei.com/Economy/China-and-US-home-to-nearly-60-of-companies-likely-to-pay-global-tax (latest visited: December 28, 2021).

[190] Thomas Tφrslφv, Ludvig Wier, Gabriel Zucman: The Missing Profits of Nations: 2018 Figures, 2021 – 8.

[191] European Union: "Council publishes an EU list of non-cooperative jurisdictions", 2017. https://www.consilium.europa.eu/en/press/press-releases/2017/12/05/taxation-council-publishes-an-eu-list-of-non-cooperative-jurisdictions/.

[192] Council of the European Union: "The Council conclusions on the revised EU list of non-cooperative jurisdictions for tax purposes", https://www.consilium.europa.eu/media/52208/st12519-en21.pdf.

[193] European Parliament: "EU tax haven blacklist is not catching the worst offenders", 2021 https://www.europarl.europa.eu/news/en/press-room/20210114IPR95631/eu-tax-haven-blacklist-is-not-catching-the-worst-offenders.

[194] KYJ, LLP: GILTI & BEAT IN PLAIN LANGUAGE, 2018 – 2. http://www.kyjcpa.com/news-updates/gilti-beat-in-plain-language/.

[195] The White House: FACT SHEET: United States Advances Shared Interests with G20 World Leaders and Delivers for the American People, 2021 – 10.

[196] OECD (2014): Addressing the Tax Challenges of the Digital Economy, Action 1. https://doi.org/10.1787/9789264218789-en.

[197] OECD (2011), International VAT/GST Guidelines, OECD Publishing, Paris. https://www.oecd.org/tax/consumption/guidelinesneutrality2011.pdf, the destination

principle.

[198] OECD (2005): The Application of Consumption Taxes to the International Trade in Services and Intangibles Progress Report and Draft Principles, p. 3.

[199] KPMG, Taxation in Digital Economy, updated by Jun 27th, 2022.

[200] OECD Consumption Tax Trends 2020: VAT/GST and Excise Rates, Trends and Policy Issues Executive Summary. oecd-ilibrary. org.

[201] Fabiola Annacondia, Laura Alarcón, VAT on Digital Services and B2C Transactions: Experiences in the Latin American and Caribbean Region, International VAT Monitor July/August 2021.

[202] The Ottawa Taxation Framework Conditions, 1923256. pdf (oecd. org), Oct 1998.

[203] OECD (2017). International VAT/GST Guidelines, OECD Publishing, Paris. https://www. oecd. org/ctp/international-vat-gst-guidelines-9789264271401-en. htm.

[204] OECD (2015), Addressing the Tax Challenges of the Digital Economy, Action 1-2015 Final Report, https://www. oecd. org/tax/beps/addressing-the-tax-challenges-of-the-digital-economy-action-1-2015-final-report-9789264241046-en. htm.

[205] OECD, Mechanisms for the Effective Collection of VAT/GST Where the Supplier is not Located in the Jurisdiction of Taxation, October 2017 mechanisms-for-the-effective-collection-of-VAT-GST. pdf (oecd. org).

[206] OECD (2019), The Role of Digital Platforms in the Collection of VAT/GST on Online Sales, OECD Publishing, Paris. https://www. oecd. org/tax/consumption/the-role-of-digital-platforms-in-the-collection-of-vat-gst-on-online-sales. pd.

[207] Applying GST to digital products and services imported by consumers; Applying GST to digital products and services imported by consumers-Parliament of Australia (aph. gov. au).

[208] Government of Canada, Doing Business in Canada-GST/HST Information for Non-Residents, https://www. canada. ca/en/revenue-agency/services/forms-publications/publications/rc4027/doing-business-canada-gst-hst-information-non-residents. html#P335_ 26554.

[209] Taxation of the digitalized economy development summary (updated June 27, 2022), KPMG. com.

[210] Australian Government Productivity Commission, Collection Models for GST on Low Value Imported Goods: Productivity Inquiry Report, 2017, https://www. pc. gov. au/inquiries/completed/collection-models/report/collection-models. pdf.

[211] International Post Corporation, CROSS-BORDER E-COMMERCE SHOPPER SURVEY 2020, February 2021.

[212] Evgeny Guglyuvatyy and Nikolai Milogolov, GST treatment of electronic commerce: comparing the Singaporean and Australian approaches, eJournal of Tax Research (2021) vol. 19, no. 1, pp. 17 -47.

[213] The Board of Taxation: The Review of the GST on LowValue Imported Goods

(2022), https://taxboard.gov.au/sites/taxboard.gov.au/files/2022-03/bot_review_of_gst_lvig_report.pdf.

[214] Government of Canada, GST/HST for digital economy businesses, https://www.canada.ca/en/revenue-agency/services/tax/businesses/topics/gst-hst-businesses/digital-economy-gsthst.html.

[215] Sergio Messina, VAT E-Commerce Package: Customs Bugs in the System? Analysis of the Issues Undermining the New Import VAT Platform Collecting Model, World Tax Journal (Feb 2021).

[216] GROUP ON THE FUTURE OF VAT, EU Commission, (Feb 2022) 0. Public Documents Repository-VAT-Library (europa.eu).

[217] OECD (2019), The Sharing and Gig Economy: Effective Taxation of Platform Sellers: Forum on Tax Administration, OECD Publishing, Paris.

[218] OECD (2020), Model Rules for Reporting by Platform Operators with respect to Sellers in the Sharing and Gig Economy, OECD, Paris. www.oecd.org/tax/exchange-of-tax-information/model-rules-for-reporting-by-platform-operators-with-respect-tosellers-in-the-sharing-and-gig-economy.htm.

[219] OECD (2020), Code of Conduct: Co-operation between tax administrations and sharing and gig economy platforms, OECD, Paris. www.oecd.org/tax/forum-on-tax-administration/publications-and-products/code-of-conduct-co-operation-between-taxadministrations-and-sharing-and-gig-economy-platforms.pdf.

[220] OECD (2021), The Impact of the Growth of the Sharing and Gig Economy on VAT/GST Policy and Administration, OECD, Paris. https://www.oecd-ilibrary.org/sites/51825505-en/index.html? itemId=/content/publication/51825505-en.

[221] Directive on administrative cooperation, Council Directive (EU) 2021/514 of 22 March 2021 amending Directive 2011/16/EU on administrative cooperation in the field of taxation; (http://data.europa.eu/eli/dir/2021/514/oj).

[222] HRMC (2021), Reporting rules for digital platforms-consultation; Reporting rules for digital platforms-consultation-GOV.UK (www.gov.uk).

[223] Parliament of Australia, Treasury Laws Amendment (2021 Measures No.7) Bill 2021, https://www.aph.gov.au/Parliamentary_Business/Bills_Legislation/Bills_Search_Results/Result? bId=r6760.

[224] OECD/WBG/CIAT/IDB (2021), VAT Digital Toolkit for Latin America and the Caribbean, OECD, Paris, https://www.oecd.org/tax/consumption/vat-digital-toolkit-for-latin-america-and-the-caribbean.htm.

[225] OECD/WBG/ADB (2022), VAT Digital Toolkit for Asia Pacific, OECD, Paris, https://www.OECD.org/tax/consumption/VAT-Digital-Toolkit-for-Asia-Pacific.htm.

[226] Keigo Fuchi: Digital Platforms and Their Role in the Collection of VAT/GST and RST, Japanese Yearbook of International Law, Vol.64, 2021.

[227] European Commission (2017): Analysis of the impact of the split payment mechanism as an alternative VAT collection method, https://ec. europa. eu/taxation_customs/system/files/2018-01/split_ payment_ report2017_ en. pdf.

[228] Bruins et al. Report on Double Taxation submitted to the Financial Committee, No. E. F. S. 73. F. 19. League of Nations. Geneva. 1923.

[229] OECD. Pillar One-Amount A: Draft Model Rules for Nexus and Revenue Sourcing, https://www. oecd. org/tax/beps/public-consultation-document-pillar-one-amount-a-nexus-revenue-sourcing. pdf, 2022 - 5 - 8.

[230] Devereux, M. P. , R. Griffith, and A. Klemm," Corporate income tax reforms and international tax competition", Economic Policy, 2002, 17 (35), 449 - 495.

[231] Devereux, M. P. and R. de la Feria, "Defining and implementing a destination-based corporate tax", Oxford University Centre for Business Taxation working paper 14/07, 2014.

[232] Auerbach, A. J. , M. P. Devereu, M. Keen, and J. Vella, "International Tax Planning under the Destination-Based Cash Flow Tax", National Tax Journal, 2017, 70 (4), 783 - 802.

[233] Auerbach, A. J. and M. P. Devereux, "Cash-Flow Taxes in an International Setting", American Economic Journal: Economic Policy, 2018, 10 (3), 69 -94.

[234] Tarcisio Diniz Magalhaães, What Is Really Wrong with Global Tax Governance and How to Properly Fix It, World Tax Journal, November 2018.

[235] C. Elliffe, International Tax Frameworks: Assessing the 2020s Compromise from the Perspective of Taxing the Digital Economy in the Great Lockdown, 74 Bulletin of International Taxation. 9 (2020).